AIR COCAÏNE

Du même auteur

Ouvrages

Alias, le nouvel empire des crimes d'identité, La Table ronde, 2005.

Sûreté aérienne, la grande illusion, La Table ronde, mars 2007.

Histoire de l'identité individuelle, d'hier et de demain, Ellipses, 2009.

Sûreté mode d'emploi, 2 t., Ellipses, 2011.

Identités criminelles, PUF, 2015.

Articles scientifiques

« Fausse identité, nouvelle menace stratégique ? », *Défense nationale*, n° 3, 2005.

« Cybercriminalité identitaire », *Cahiers de la sécurité* – INHES, n° 6, 2008.

« L'Union pour la Méditerranée contre Al-Qaïda », *Outre-Terre*, n° 23, 2009.

« Identité et défense : vulnérabilité d'hier, atout stratégique de demain ? », *Défense nationale*, n° 12, 2009.

« Personnel view on aviation security », *Aviation Security International*, n° 20, 2014.

CHRISTOPHE NAUDIN

AIR COCAÏNE

Les dessous d'une mystification

Préface d'Olivier Cadic
Postface de Dominique Rizet

l'Archipel

Un livre présenté par
Élisabeth Clémencey

Notre catalogue est consultable à l'adresse suivante :
www.lisez.com/larchipel/45

Éditions de l'Archipel
92, avenue de France
75013 Paris

ISBN 978-2-8098-3965-4

À Pascal et à Bruno

Depuis les enfers jusqu'à l'apocalypse,
nous sommes désormais liés à jamais.

À Olivier C. et à Dominique R.

Pour leur courage, leur intégrité et leur détermination
à faire éclater la vérité dans cette affaire.
Ils savent ce qu'ils ont fait.

À Michèle, Arthur et Victor

Qu'ils me pardonnent ma longue absence.
J'aurais dû être plus fort.

Préface

Le 19 mars 2013, la DNCD (office de lutte antidrogue dominicain) prend d'assaut un Falcon 50 sur le tarmac de l'aéroport de Punta Cana, en République dominicaine. Aux commandes du vol commercial THZ 192, Pascal Fauret et Bruno Odos, deux anciens pilotes de l'Aéronavale devenus salariés de la société SN-THS, une compagnie aérienne.

Au terme d'une opération théâtrale hyper-médiatisée, ils sont jetés en prison avec les deux passagers de l'avion et plus de quarante Dominicains (militaires pour la plupart). La DNCD affirme aussitôt avoir saisi 680 kilos de cocaïne dans les valises d'un des deux passagers. L'affaire « Air Cocaïne » est née.

Deux ans plus tard, dans le salon Victor-Hugo du Sénat, je découvre cette histoire en écoutant Philippe Heneman, président de l'association de soutien à Pascal et Bruno. Commandant de bord et ancien pilote de chasse de l'Aéronavale, il m'explique que seules les autorités policières ou douanières sont habilitées à solliciter l'ouverture des bagages au départ d'un aéroport international. La réglementation française, européenne et internationale n'autorise pas les pilotes à connaître le contenu des bagages de leurs passagers. Leur mise en cause était donc illégale. D'ailleurs, deux années plus tôt, des pilotes américains arrêtés en République dominicaine dans les mêmes circonstances avaient été relâchés.

À cette époque, je connaissais déjà Christophe Naudin. Expert reconnu, il était missionné par la Défense pour faire valoir l'application du droit international afin d'obtenir la relaxe des pilotes. Malgré plusieurs déplacements en République dominicaine, il n'avait jamais été entendu. Les dysfonctionnements de la justice dominicaine dans cette affaire avaient amené le ministère des Affaires étrangères à modifier sur son site la page « Conseils aux voyageurs ». Il alertait nos compatriotes sur les risques de se retrouver bloqués dans le pays pour une durée indéterminée en cas de mise en cause par la justice dominicaine.

Lorsque j'ai rencontré pour la première fois Pascal Fauret et Bruno Odos, à Saint-Domingue, nous étions à la veille de la première audience du procès, le 20 avril 2015. À cette date, le général de la DNCD responsable de leur arrestation avait été démis de ses fonctions depuis longtemps. Son adjoint, suspecté de trafic de drogue et d'assassinat, avait été incarcéré. Parmi la quarantaine de Dominicains appréhendés le même jour que les pilotes, seuls dix étaient encore mis en cause. Ils ne seront plus que trois à l'ultime audience. Le réseau de narco-trafiquants s'était évanoui… tout comme la cocaïne, dont le certificat de destruction était antérieur à l'arrestation. À aucun moment lors de l'enquête préalable, puis lors du procès, les accusés n'ont eu la possibilité de s'exprimer pour se défendre.

Pourtant, le 15 août 2015, la justice dominicaine condamne nos quatre compatriotes à vingt années d'emprisonnement alors que le ministère public n'a jamais pu démontrer leur implication ou leur complicité dans un quelconque trafic de drogue.

Convaincus que leur innocence allait être reconnue, Pascal et Bruno sont anéantis par le jugement. Ils perdent toute foi dans un système qui fracasse leurs convictions de militaires, fondées sur le respect envers l'autorité. Lors des échanges à distance qui ont suivi entre nous, j'ai senti que l'abattement pouvait les conduire à commettre l'irréparable. Aussi, animé par un sentiment d'urgence, j'ai tenté en 2015 de sensibiliser à leur sort le Premier ministre Manuel Valls, le ministre de la Défense Jean-Yves Le Drian et la ministre de la Justice Christiane Taubira. J'ai alerté l'opinion publique ; mobilisé à l'international à l'occasion du Festival du film français de Londres ; contacté Me Éric Dupond-Moretti pour nous aider à combattre cette erreur judiciaire flagrante.

Se sentant pris dans un piège face à un État qui ne respectait pas leurs droits fondamentaux, Pascal et Bruno ont saisi l'opportunité d'un départ clandestin pour rentrer en France afin d'être entendus par une justice qui avait leur confiance. Quand j'ai appris leur retour, j'ai respecté leur décision et je l'ai comprise. Mais je ne l'ai pas trouvée pertinente. On ne peut fuir l'injustice. Elle en sort renforcée, vous rattrape partout et ne vous lâche jamais. L'histoire le démontre aujourd'hui encore. Christophe Naudin a organisé l'exfiltration dans le plus grand secret. Michèle, sa femme, ses amis les plus proches, tout autant que moi, l'ignorions.

En menant cette opération, Christophe a cherché à sauver ses amis pilotes. Il l'a fait en professionnel pour des raisons humanitaires, par pur altruisme. C'est tout à son honneur. Le parlementaire qui a entraîné Pascal, Bruno et Christophe sur cette voie était habité par d'autres motivations. La communication aux médias des premières photos de l'opération avant même que les pilotes ne soient rentrés en France démontre qu'il souhaitait en retirer avant tout un bénéfice personnel. En dévoilant à ces mêmes médias l'identité de Christophe et son rôle d'organisateur technique, il porte la responsabilité de l'enchaînement qui conduira Christophe à vivre l'enfer décrit avec force dans ce livre.

L'opération d'exfiltration fut vite présentée par plusieurs médias comme l'œuvre d'un commando de baroudeurs d'extrême droite car le parlementaire qui revendiquait en être à l'origine portait l'étiquette du Front national. Pour témoigner du fait qu'il n'appartenait pas à cette tendance politique, Christophe m'a demandé de l'accompagner sur les plateaux de télévision. Je l'ai soutenu publiquement, sachant alors qu'il avait agi de manière désintéressée, pour lutter contre une injustice. À ses yeux, il avait arraché deux amis aux griffes d'un régime criminel cherchant à extorquer 100 000 dollars à chacun d'entre eux pour prix de leur libération.

Le ballet médiatique qui a suivi le retour des pilotes en France a ajouté à l'humiliation subie par la République dominicaine. Ses représentants politiques ont rivalisé en déclarations enflammées et virulentes promettant de se venger dès que possible des auteurs de l'affront. Aussi, lorsque Christophe a appelé mon bureau lors de son arrestation au Caire, le 4 février 2016, je n'ai eu de cesse d'éviter, avec l'aide du Quai d'Orsay, son extradition vers la République dominicaine. Trois semaines plus tard, j'accompagnais Michèle Naudin à l'Élysée. Les plus hautes autorités de l'État se mobilisaient alors, dans le prolongement du travail exemplaire du poste diplomatique au Caire, conduit par l'ambassadeur André Parant, et le consul général, Olivier Plançon.

Mais la pression diplomatique mise en place par la République dominicaine sur la justice égyptienne a pris de vitesse une France toujours sous le choc des attentats du Bataclan. Dans le même temps, le remaniement gouvernemental accompagné d'un changement de ministre des Affaires étrangères et du renouvellement de son cabinet nous a fait perdre un temps précieux.

Sur un plan juridique, l'extradition reste incompréhensible. Il a été fait droit à la demande dominicaine sur la base d'un mandat d'arrêt international douteux poursuivant Christophe pour « traite des êtres humains aux fins d'exploitation » et « trafic illicite de migrants » ! L'Égypte a mis Christophe dans l'avion au petit matin, sans prendre la peine de prévenir les autorités françaises. Un camouflet pour la France et un échec collectif pour tous ceux qui se sont engagés dans ce dossier.

Nous avons ensuite bu le calice jusqu'à la lie.

La mise en scène de l'arrivée de Christophe au tribunal de Saint-Domingue sous escorte militaire, normalement réservée aux plus grands trafiquants de drogue, fut accompagnée de déclarations de victoire diplomatique de la République dominicaine sur la France en Égypte.

À Saint-Domingue, le sort de Christophe paraissait scellé d'avance : le procureur dominicain Milciades Guzmán prévenait que son « traitement » serait « exemplaire ». Je déclarais ce soir-là par un communiqué public : « Il faut désormais serrer les rangs, car un autre combat débute. Un combat juridique, tout autant qu'humanitaire, car il faudra s'assurer que Christophe Naudin puisse demeurer en vie, en dépit de la volonté de représailles des autorités dominicaines. »

Le procès des pilotes avait été un simulacre de justice. Avec Christophe, la mascarade judiciaire a repris. Un an plus tard, l'invocation de chefs d'accusation imaginaires et évolutifs sans caractère définitif n'a pas permis de justifier les raisons de son incarcération, malgré une dizaine de comparutions devant le tribunal dominicain.

Pour en sortir, j'étais convaincu qu'il fallait en passer par une négociation judiciaire et le paiement d'une rançon. C'est le propre des pays qui pratiquent la « justice de l'otage ». Pour y parvenir, Christophe a dû se résigner à accepter une fausse culpabilité pour légaliser le temps passé arbitrairement en prison, au versement d'une amende de 33 000 euros et à conserver le silence sur cette tractation secrète pendant deux ans.

Il aura passé vingt-trois mois incarcéré en République dominicaine, soit huit de plus que Pascal et Bruno. Mais cette affaire est désormais derrière lui. Son honneur et sa dignité sont saufs. Sa femme, ses enfants, sa famille et ses amis peuvent goûter la joie de l'avoir retrouvé. Il a repris ses activités et conservé l'estime de ses relations professionnelles. Ce livre démontre qu'il a triomphé de cette épreuve et des autorités dominicaines, puisqu'il ne leur a rien cédé.

En lisant les détails de l'exfiltration et de ses séjours dans les prisons égyptiennes et dominicaines, le lecteur retrouvera des épisodes qui rappellent la vie du bagnard Henri Charrière, auteur de *Papillon.* Il découvrira également l'histoire du traquenard tendu à Larry Davis. L'armateur américain a été attiré en République dominicaine puis incarcéré. Il aura fini par payer 75 000 dollars pour repartir et aura abandonné son bateau, d'une valeur de 2 millions de dollars, en jurant qu'on ne l'y reprendrait plus.

Cette histoire illustre l'insécurité des entrepreneurs à l'international. J'en ai vu de nombreux exemples en sillonnant la planète, dont cet éleveur français en Amérique latine qui avait refusé de vendre son hacienda à des fermiers locaux. La police locale arrêta son véhicule alors qu'il sortait de chez lui, pour un contrôle de routine, et trouva opportunément… un paquet de cocaïne sur le siège arrière. Une fois incarcéré, son cheptel fut volé, son bien dévasté.

Dans certains pays où l'État de droit est incertain, les contrôles fiscaux peuvent être assortis de redressements astronomiques, les litiges commerciaux ou désaccords entre actionnaires voire les conflits sociaux peuvent vous conduire tout droit à la case prison. Jusqu'à récemment, ces difficultés étaient l'apanage des entrepreneurs de PME. Désormais, plus personne n'est à l'abri. Un grand groupe français a été contraint de vendre en catastrophe ses activités dans un pays africain pour éviter d'être spolié, à la suite d'un redressement fiscal fatal. Depuis, aucun des employés du groupe n'est autorisé à se rendre dans ce pays.

Le gouvernement français souligne, à juste titre et en toutes circonstances, qu'il respecte l'indépendance de la justice des pays étrangers. Pour autant, doit-il rester inerte quand la justice est instrumentalisée pour nuire à un compatriote, sinon pour atteindre la réputation de notre pays ?

Dans de telles circonstances, d'autres pays comme les États-Unis, la Chine ou la Russie n'ont pas la même retenue que la France.

Notre diplomatie doit se donner les moyens de défendre ses ressortissants lorsqu'ils sont pris dans les griffes d'une « justice de l'otage » pour reprendre l'expression des ONG de défense des droits de l'Homme… et de l'ONU.

Conscient de ces dérives, il m'a paru important qu'une association se crée pour établir une veille permanente sur les situations de détention arbitraire ou abusive de Français à l'étranger. Avec le cœur qui le caractérise, Christophe s'est engagé pour l'animer.

Plus de sept ans après les faits, je regrette que Pascal et Bruno soient toujours placés dans l'expectative. Je n'ai jamais cru que deux anciens pilotes émérites de l'armée française, au parcours d'une parfaite rectitude, puissent se transformer tout à coup en vulgaires trafiquants de drogue. Ils me sont toujours apparus comme des victimes… des boucs émissaires.

La séparation des pouvoirs m'interdit de me prononcer sur une affaire judiciaire en cours. Le temps viendra où je pourrai partager à mon tour mon regard sur certains dysfonctionnements de nos services qui ont eu de lourdes conséquences. Cela me permettra également de remercier ceux qui ont agi positivement et humainement au sein du corps diplomatique. Les épouses, Sabine, Nathalie et Michèle, accompagnées de personnalités comme Madame D., Philippe Heneman, Christophe Lekieffre, Polo Cavé ou bien d'autres ont fait preuve de qualités exceptionnelles pour défendre et aider Pascal, Bruno et Christophe.

Dans ce livre, chacun pourra découvrir que Christophe Naudin est muni d'un sixième sens exacerbé : le sens de l'honneur !

Olivier CADIC
Sénateur représentant les Français établis hors de France
Secrétaire de la Commission des Affaires étrangères,
de la Défense et des Forces armées

1

Un cannibale à Najayo

Novembre 2017

Après les odeurs d'urine et de purin, après le bruit, insensé, permanent, épuisant, après les attaques d'insectes de toutes tailles, organisés en redoutables bataillons sur pattes ou volant en agressives escadrilles, en plus de la chaleur moite, palpable, sale, dégoulinante, grasse, collante, voici le cannibale.

Il est arrivé à notre étage, le quartier de haute sécurité, sans prévenir, sans dire un mot, sans nous regarder, et il a posé son mètre quatre-vingt décharné à même le sol cradingue de la cellule numéro deux, les fesses et le dos calés à angle droit contre la cloison de béton brut. Aussi brut que son regard était vide. Autour de lui un semblant de calme, événement rarissime à Najayo, s'est imposé presque naturellement. Même Momo, surnommé « Le Gorille[1] », a arrêté de hurler les cris de singe dont il nous accable du matin au soir, sept jours sur sept. C'est que, remarquablement informés par Radio-Preso[2], nous savons déjà tous presque tout du cannibale. Il s'appelle Bienvenido, a environ trente ans, exerce la profession de *motoconcho* (conducteur de moto-taxi) et il a tué et mangé sa concubine, dans la *fritura* (baraque à frites) de la défunte, là même où cette dernière exerçait la profession de restauratrice spécialisée dans les *empanadas*[3] et donc la...

1. « Gorilla ».
2. « Radio Taulards ».
3. L'*empanada* est un petit chausson de pâte de maïs, farci de divers ingrédients, selon la région. On le retrouve dans la cuisine espagnole traditionnelle et dans plusieurs pays d'Amérique latine.

friture. Si on ne connaît pas le nom de cette malheureuse – appelons-la Teresa –, on sait qu'elle a disparu en centaines de petits beignets, dévorés jour après jour par Bienvenido, mais aussi servis aux clients habituels de cette brave Teresa et ceux-ci, allez savoir, les ont peut-être trouvés plus savoureux que d'habitude.

Bienvenido a été trahi par les chiens du voisinage. La police locale a retrouvé une partie du squelette de Teresa, à peine enterré, juste derrière la *fritura*, et le reste du corps, découpé en filets, dans le frigo. Bienvenido n'a même pas pensé à fuir. Pour aller où ? Né en République dominicaine, inculte, analphabète, résigné de naissance à vivre la même vie misérable que la majorité de ses concitoyens, il doit sans doute considérer son incarcération comme une fatalité inéluctable, dans un pays où la prison est un lieu de passage presque banal tant la violence et la corruption gangrènent cette société tropicale pourrie des pieds à la tête. Du chômeur au président. Les trois à quatre millions de touristes qui se succèdent chaque année dans les chambres des hôtels en principe climatisés, autrement surnommés « usines à dollars », ne s'en préoccupent pas. Ou refusent de s'y intéresser. On leur explique pourtant l'insécurité permanente[1], l'instabilité politique, juridique et judiciaire, les inégalités sociales, les invraisemblances économiques, rien n'y fait. Les touristes ne voient que le soleil, les plages et les cocotiers bordant la mer des Caraïbes. Derrière le décor de carte postale, traînent quelques cadavres, généralement issus de mort violente. Corps anonymes ou non, très très très nombreux chaque jour dans cette île « paradisiaque » où l'on se fait tuer pour tout et n'importe quoi, la plupart du temps par des *sicarios*[2] dégénérés. Également très très très nombreux en République dominicaine, ceux-ci sont payés une misère, une

1. « La République dominicaine connaît depuis plusieurs années une progression de la délinquance et de la criminalité [...] liée [...] au trafic et à la consommation de stupéfiants », https://www.diplomatie.gouv.fr/fr/conseils-aux-voyageurs/conseils-par-pays-destination/republique-dominicaine/#.

2. Terme désignant des « tueurs à gages » en Amérique latine. Le terme vient du latin *sicarius* (« sicaire » en français), désignant les activistes juifs opposés à Rome,

de plus, mais ne manquent pas de métier. Ces fameux cadavres finissent généralement, telle Teresa, en petits bouts dans les casiers à langoustes, lesquelles alimentent essentiellement les restaurants des chaînes hôtelières. À ce régime, les langoustes grossissent vite et bien, mais qui les mange ?

Le cannibale a intégré sans un mot notre univers confiné, déjà peuplé de nombreux malades psychiatriques, ajoutant une crainte supplémentaire à nos difficiles conditions de survie. Et s'il avait pris goût à la chair humaine ?

Bienvenue à Najayo. De son vrai nom « Centre numéro 17 de Correction et de Réhabilitation de Najayo », du nom du lieu-dit le plus proche. Saint-Domingue, la capitale, n'est qu'à quarante-quatre kilomètres, la côte de la mer des Caraïbes est à cinq kilomètres à vol d'oiseau. Pas très loin, les touristes s'y prélassent en dégustant des cocktails à base de rhum local servis dans des noix de coco. Ou en mangeant des langoustes, donc.

Najayo, c'est dix hectares de béton mal coulé qui craquellent sous l'effet du soleil et de l'humidité, cinq à six immenses couloirs entourés et segmentés de barreaux en acier montant jusqu'au plafond grillagé, une centaine de cellules occupées bon an mal an par environ mille sept cents *internos*. Ici, on ne dit pas « prisonniers » ou « détenus », mais « internes ». Un peu comme dans un pensionnat. Probablement pour faire croire au reste du monde que cet enfer peut avoir un côté humain. Dans la zone dite de *maxima seguridad* (haute sécurité) où je suis détenu, sept grilles de fer me séparent de la sortie. On pourrait croire que c'est infranchissable, et pourtant. Au-dehors, le long de la prison modèle, des cabanes de tôle bordent la route construite par agglomération de plaques de goudron, jonchée d'ordures comme tout le reste du pays.

La population carcérale de Najayo se divise grossièrement en deux catégories : les tueurs professionnels et les

---

qui portait la *sica*, petite épée recourbée, caractéristique de l'arme des assassins dans l'Antiquité.

narcotrafiquants. Les premiers ont rarement moins de dix assassinats à leur passif – normal puisque c'est leur gagne-pain. Les seconds sont essentiellement des petites mains, des revendeurs ou des passeurs de cocaïne, stupides ou inconscients, qui n'ont pas su, ou pas pu corrompre les bonnes personnes au bon moment. C'est-à-dire des policiers ou des militaires, voire des magistrats. À leur décharge, il faut reconnaître qu'il y a de quoi se perdre dans la hiérarchie flasque et mouvante du qui fait quoi et qui dirige quoi au sein d'institutions littéralement gangrenées par l'argent de la drogue, dans un pays où tous les uniformes se ressemblent et où les uniformes foisonnent. À croire que les Dominicains naissent habillés d'un uniforme.

Des uniformes, justement, il y en a beaucoup à Najayo, comme dans la plupart des quinze autres prisons de cette ridicule république affichant de faux airs de respectabilité. Sept policiers et militaires, de hauts gradés, occupent la cellule voisine de la mienne avec, pour faire bon poids, quatre procureurs, tous accusés de corruption, active ou passive, d'activisme politique contraires aux intérêts de l'État, voire les deux. Pour être sûr de les discréditer aux yeux du public, le *fiscal* (procureur de la République) – généralement sur ordre du procureur général – les met toujours en cause pour des questions de trafic de drogue, inculpation la plus vraisemblable dans ce décor d'opérette tropicale où la cocaïne est presque en vente libre. L'accusation de corruption est aussi un grand classique du théâtre juridique local. « Qu'ils soient innocents ou coupables n'a aucune importance », m'a expliqué Sigifredo, l'un des procureurs emprisonnés, vingt ans d'ancienneté, membre du parti communiste national, condamné, justement, pour corruption alors que son crime est d'avoir refusé d'inculper un homme poursuivi par le pouvoir : or cela ne se fait pas de s'opposer au pouvoir, c'est un exemple parfait d'*activisme politique*. « Dès qu'une personne va en prison, même en détention provisoire, elle devient coupable. Et elle le restera quoi qu'il arrive. C'est comme cela dans ce pays. Il y a peu de procès. Il n'y a que des accords avec la *procuraduría*[1]. Si l'accusé conteste sa culpabilité et demande à comparaître en procès, il perd automatiquement en première instance, en appel et en cassation (la Cour suprême). » S'il ose réussir à prouver son innocence, en admettant qu'il ait pu se payer un honnête avocat prêt à sacrifier sa carrière, il aura passé entre temps quatre ou cinq années derrière les barreaux en détention préventive qui suffiront à le détruire professionnellement et familialement.

Sigifredo connaît si bien le fonctionnement du système qu'il a préféré reconnaître sa pseudo-culpabilité, après douze mois d'emprisonnement tout de même, pour enfin rentrer *a su casa*, même assigné à résidence, afin d'y retrouver sa femme et ses enfants. Il est parti sous l'œil réprobateur de ses trois collègues magistrats, non sans ajouter : « Tu dois toujours accepter la culpabilité, même si tu es innocent. C'est comme ça que cela fonctionne dans une dictature. » Et on pourrait ajouter que, dans un pays où l'administration de la justice est vue comme un moyen de gouvernance, c'est une arme redoutable au service du pouvoir, qui héberge, bon an mal an, presque trente mille prisonniers. Rapporté au nombre d'habitants, environ dix millions, c'est presque trois fois plus qu'en France.

Le *fiscal* Sigifredo retrouvera sans doute le chemin des prétoires lors d'un prochain changement de régime. Comme tous les procureurs, il redeviendra avocat. À condition, bien sûr, de ne pas pousser l'insolence jusqu'à plaider contre le pouvoir.

Parmi les uniformes, il y a un cas exemplaire : celui du colonel Carlos Piccini, de l'état-major de l'armée de l'air dominicaine, un type bien, droit, honnête, cultivé, sympathique. Il a effectué toutes ses études aux États-Unis et parle parfaitement anglais. Il est injustement accusé, à l'occasion d'une transaction de 100 millions de dollars en mai 2009 portant sur l'achat, pour le compte de l'armée de l'air

1. L'équivalent du Parquet national ou du ministère public.

dominicaine, de huit Super Tucano[1], des avions de chasse turbopropulsés fabriqués par l'avionneur brésilien Embraer, d'avoir détourné ni plus ni moins que 3 millions de dollars US au profit de sénateurs proches de Leonel Fernández, deux fois ex-président.

Le colonel Piccini paye à l'évidence pour des personnages bien plus puissants que lui. À n'en pas douter, l'argent est tombé dans d'autres poches que celles auxquelles il était destiné, un scandale banal finalement. La France, qui a imposé, en 1991, sous la présidence de François Mitterrand, le « secret Défense » sur la destination de rétrocommissions suite à la vente de Frégates à Taiwan, n'a de leçon à donner à personne en ce domaine. Notons que le « secret Défense » à ce sujet était toujours en vigueur en 2020, sous la présidence d'Emmanuel Macron.

Enfin, à Najayo, il y a des politiciens, tel Victor Diaz Rua, belle barbe poivre et sel, ancien ministre des Travaux publics du président Leonel Fernández, ancien trésorier du PLD, Parti de la libération dominicaine, parti du pouvoir. Victor a été emprisonné avec sept autres hauts personnages pour des faits supposés de corruption, encore une fois. Le *fiscal* désigné, qui n'est que la marionnette du *procurador general* du pays, lui reproche d'avoir détourné très exactement 856 804 dollars de commissions dans le cadre de l'affaire « Odebrecht », du nom d'une entreprise de BTP brésilienne très investie dans la construction en République dominicaine[2]. Pas 850 000 ou 1 million de dollars, mais très exactement 856 804 dollars. Un chiffre ridicule. Qui a déjà vu des commissions occultes calculées au dollar près ? Coupable ou pas coupable ? Les

1. L'Embraer EMB 314 Super Tucano, est un avion conçu pour l'attaque légère, l'appui au sol, la lutte antiguérilla et les missions de formation de pilote. Il est propulsé par une turbine canadienne Pratt & Whitney PT6, et armé sommairement. Ses missions en RD seraient la défense territoriale, le contrôle des frontières aériennes et la lutte antidrogue.
2. Cette affaire de corruption impliquant les États-Unis, le Brésil, la Colombie, le Pérou, l'Équateur et les Pays-Bas entraînera une série de manifestations géantes en République dominicaine. Les manifestants excédés demandèrent, sans succès, la démission de leur président, Danilo Medina, et de toute leur classe politique.

Dominicains au bas de l'échelle ne se posent pas la question. Ils ne sont pas dupes quand on évoque devant eux l'honnêteté de leurs dirigeants, qu'ils soient élus ou fonctionnaires. Un sondage publié au mois de Mai 2017 dans *Hoy*, le principal quotidien du pays, révélait que soixante-sept pour cent d'entre eux considéraient leur classe politique comme chroniquement corrompue, voire très corrompue.

Néanmoins, en République dominicaine, il y a corrompus et corrompus. Il y a les corrompus ordinaires, soumis au régime commun, et les corrompus extraordinaires, proches du pouvoir. Victor Diaz Rua et ses amis font partie de cette seconde catégorie. Avant même qu'ils ne comparaissent devant un tribunal et soient condamnés à de la détention préventive, la directrice de notre prison, Jenny Hernández[1], avait reçu des consignes de Ysmael Paniagua[2], lequel tenait les siennes directement du procureur général Domínguez Brito. Ce dernier, connaissant par avance l'issue de l'audience, avait donné des ordres stricts. Il fallait faire de la place, pousser les murs afin de construire des cellules VIP. On a donc démoli à la hâte des bureaux, déplacé l'ersatz d'infirmerie, agrandi des placards à balais pour y installer à grands frais de vraies douches, des lits avec matelas dignes de ce nom, des toilettes neuves, une table, des chaises, la climatisation et la télévision.

Quand ils ont été incarcérés, nous avons pu constater que ces messieurs, assistés de leur secrétariat, déambulaient à leur guise dans la prison et échappaient naturellement au quotidien du *vulgum pecus*. Najayo s'était même dotée pour l'occasion d'un groupe électrogène neuf et plus puissant que l'ancien générateur essoufflé qui tombait régulièrement en panne, faute d'entretien, de pièces de rechange ou de carburant. Un produit de luxe régulièrement siphonné par

1. Directrice du Centro de Corrección y Rehabilitación Najayo-Hombres (Centre de correction et de réhabilitation du quartier homme de Najayo).
2. Directeur de l'administration pénitentiaire dominicaine, créateur du Nuevo Modelo Penitenciario (Nouveau modèle pénitentiaire), et directeur de l'ENAP (Escuela Nacional Penitenciaria – École nationale de l'administration pénitentiaire).

les surveillants pour leur usage personnel, et tant pis si les détenus n'ont pas de lumière ou de ventilation. Des avantages extravagants qui révoltent les prisonniers de Najayo – un univers impitoyable, au sens propre du mot, auquel l'enfer n'a rien à envier. Comparer les conditions de détention de ces nouveaux caciques et les nôtres était un exercice cruel.

Ainsi du logement. Alors qu'ils disposaient chacun de cellules individuelles de vingt mètres carrés environ, la mienne mesurait un peu plus de cinq mètres carrés et nous l'habitions à trois. Ainsi de leurs lits, qu'on imaginait douillets alors que nos couchettes étaient en béton et mesuraient seulement un mètre soixante-quinze de long. Impossible d'étendre les jambes. Ainsi de leur salle de bain privative, alors que nous ne disposions que d'un vague tuyau suspendu au plafond par où l'eau coulait faiblement, quelques heures par jour et parfois pas du tout. Il arrivait même qu'elle ne coule pas pendant des semaines. Ni dans le recoin qui servait de salle de bain, ni dans les toilettes. Ainsi de leur climatisation, un rêve impossible alors que nous ne survivions tant bien que mal à la chaleur écrasante que par la grâce de ventilateurs antiques, bruyants et poussifs, accrochés au plafond et aux murs du couloir du QHS – et encore, à condition qu'ils fonctionnent, l'électricité à Najayo, comme dans le reste du pays, étant sujette au quotidien à d'incontournables et longues pannes. Des pannes imprévisibles qui duraient de quelques minutes à plusieurs jours. Comme l'eau, l'électricité allait et venait. Il y en avait, il n'y en avait pas ; ça coulait, ça ne coulait pas. Et ainsi de suite.

Mais la plus douloureuse des iniquités en ce qui concernait les détenus, c'était l'accès au ravitaillement. Alors qu'il était totalement interdit de faire venir de la nourriture de l'extérieur et bien que les cuisines de la prison ne fonctionnent pas le week-end, les VIP se faisaient livrer tous les jours petit-déjeuner, déjeuner et dîner. À eux les agapes, à nous la fraîcheur douteuse du rata local, autrement dit du « riz croquant », une spécialité de l'île, des rondelles frites de banane plantain hyper salées (il faut aimer) et un morceau de poulet. Enfin, du poulet… des os, en fait, avec ou sans viande, cela dépendait de l'approvisionnement et de l'appétit des cuisiniers. Ce menu était l'unique menu, invariablement servi tous les jours, toutes les semaines, tous les mois. Il n'y en avait pas d'autre. Il n'y a en a jamais eu d'autre. Il n'y en aura sans doute jamais d'autre.

Nous étions pourtant dans une « prison modèle », gérée par un personnel pénitentiaire, des gardiens qu'on appelle VTP[1] (*agentes de vigilancia y tratamiento penitenciario*), prétendument formés à une gestion civilisée de la détention. Ces gardiens étaient au nombre de 18 000 pour quinze prisons et Najayo était le type d'établissement que l'on montrait en exemple aux observateurs étrangers, en opposition aux prisons d'ancienne génération, placées sous la responsabilité de la police. Il y avait bien une différence qui sautait aux yeux entre les deux modèles : la couleur jaune. Jaune délavé, passé, fané, écaillé, à peine visible parfois dans les prisons ancienne formule, mais jaune banane, jaune éclatant, aveuglant, puant, omniprésent dans les établissements nouvelle formule destinés à recevoir des journalistes, des avocats étrangers, des représentants d'ambassades ou d'organisations non gouvernementales. S'ils s'en présentaient, mais il ne s'en présentait pas, des politiciens curieux de savoir comment était dépensé l'argent de l'aide internationale. Voire tout simplement l'argent des détenus, priés de contribuer financièrement à leur « bien-être ». Repeints « pour la façade », les murs de ces prisons modèles y étaient aussi jaunes que les barreaux, ceux des cellules, des sas, des portes, des plafonds, ou le teint des malheureux qui se portaient volontaires pour étaler, sans protection, à grands coups de brosses, sur plusieurs couches, des litres et des litres de cette peinture, une espèce de mixture collante dégageant des vapeurs au moins aussi toxiques que de l'huile de vitriol, également appelée acide sulfurique. Des vapeurs que tous les détenus respiraient avec le même enthousiasme ; comment en eût-il été autrement puisqu'ils ne pouvaient y échapper ? Ni même s'échapper tout court,

1. En français, « agents de surveillance et de traitement pénitentiaire ».

selon la propagande locale – sauf quand j'aurai découvert que ce n'était pas si vrai et que j'aurai préparé ma propre évasion. Quant aux barbouilleurs, leur permettre de repeindre à leur frais leur cadre de vie idyllique était sans doute une faveur qu'on leur faisait et qu'ils ne méritaient certainement pas.

Hors éventuelles lésions hépatiques, intoxications rénales, dérèglements digestifs ou perturbations cognitives, que risquaient-ils, après tout ? Ils n'avaient au contraire qu'à se féliciter d'avoir tenu le pinceau puisque, dans la foulée, ils héritaient des seaux de peinture vides. Et un seau vide de vingt litres en plastique, en prison, cela vaut très cher. On n'imagine pas tout ce qu'on peut faire avec un seau vide :

– un pot de chambre, élément essentiel dans une cellule quand l'eau est coupée ou que les toilettes sont bouchées, ce qui était plus que fréquent. D'où les fameuses odeurs pestilentielles d'urine et de selles ;

– un réservoir pour transporter de l'eau, potable ou non, ainsi que le ravitaillement d'un groupe de prisonniers ;

– une bassine pour se laver ;

– une machine à laver le linge ;

– un tabouret ;

– une cachette pour téléphones ou armes.

Parlons-en, des armes. Il y en avait pléthore, sauf qu'on ne les voyait jamais. Les couteaux et les machettes apparaissaient miraculeusement dès qu'une bagarre se déclenchait. Le métal des lames provenait des boîtes de conserves, l'aluminium était soigneusement découpé, épaissi, soudé, martelé professionnellement et affuté pendant des heures. Une seule boîte de conserve suffisait à confectionner un ou deux petits couteaux. Il y avait des spécialistes, des artistes même, spécialisés dans cet artisanat qui trouvait toujours preneur. Car la prison est un monde violent, ultra violent ; à Najayo, prison modèle, comme ailleurs.

Certes, en dehors des pays d'Europe et d'Amérique du Nord, il y a bien peu de régimes qui peuvent se vanter de la qualité de leur politique carcérale. À Fleury-Mérogis, plus grande prison d'Europe, on accueille régulièrement 4000 hommes. Côté maison d'arrêt, ils peuvent être parfois cinq ou six dans neuf mètres carrés, avec des matelas au sol pour dormir. Généralement c'est propre, et 99 % des surveillants de l'administration française se comportent bien. Est-ce la faute des juges qui embastillent, par idéologie du tout-carcéral, des justiciables non dangereux ? Aux États-Unis, Rikers Island, à une encablure des gratte-ciel de Manhattan, est un cauchemar : « C'est ce que j'ai connu de pire » a pu affirmer un célèbre escroc français. À Londres, le taux de suicide des prisonniers est l'un des plus élevé des pays de l'OCDE. Et ce sont là des prisons de pays riches.

En bas de l'échelle, dans les pays dits « émergents », c'est évidemment pire. Il n'est pas rare qu'on s'entasse à cinquante ou plus dans les cellules thaïlandaises, indonésiennes, des Philippines ou dans celles de Madagascar. Le Vietnam a conservé les cachots indochinois du XIXe siècle hérités de la colonisation française, qui s'inspiraient de ceux du bagne de Cayenne. Au Mexique ou au Brésil, les prisons, immenses, sont de véritables poudrières. Qui explosent régulièrement.

En revanche, dans toutes ces prisons les détenus ont, en principe, des droits, ou des certitudes. Celles de mourir pour les condamnés à mort, de pourrir sur place pour les condamnés à de longues peines, de sortir pour les autres, une fois purgée une peine déterminée par la justice. Ce n'est pas vraiment le cas en République dominicaine.

Que disait le *fiscal* Sigifredo ? « Dès qu'une personne est incarcérée, même en détention provisoire, elle devient coupable. » Pour le procès… on verra plus tard. Au XXIe siècle, sur cette île aux faux airs de modernité, nous sommes revenus à la pire époque des ex-pays communistes comme la Chine, la Corée du Nord, l'Albanie, l'URSS, Cuba, sans oublier l'Égypte, dont on reparlera.

« Coupable, forcément coupable », aurait pu écrire Marguerite Duras.

Coupable, même sans être condamné. Coupable, parce qu'un procureur tout-puissant en a décidé ainsi, sans que personne à l'étranger ou dans la classe politique locale n'ose le contredire. Coupable, parce que cette république de pacotille, ce narco-État en perpétuelle apesanteur, très occupé à sauvegarder les apparences, à paraître démocratique, développé, éduqué, bien-pensant, équitable, organisé, a compris que l'apparence de justice suffisait pour jouir d'une forme de respectabilité que l'on accorde aux pays « estimables ». Les pays « normaux ». Entendez par là les pays occidentaux, ceux qui bon an mal an permettent à la République dominicaine de boucler ses fins de mois, mais qui néanmoins, toutes forces de police civiles et militaires réunies, sont impuissants à empêcher qu'une moyenne de cinq tonnes de cocaïne débarquent chaque jour sur l'île. Soit une bonne partie de la production annuelle sud-américaine[1]. De la même façon qu'en échange de quelques *pesos* les surveillants de Najayo fermaient les yeux sur le kilo de coke sniffé chaque semaine au sein même de la prison, c'est toute la chaîne de l'État de la République dominicaine qui pioche dans la corne d'abondance du trafic de cocaïne : les douaniers, les policiers, les forces armées, les magistrats gardiens de la loi, au même titre que toutes les petites mains qui facilitent ce commerce – importation, exportation, transport, distribution, vente. Ils y touchent tous, sans exception. L'argent coule à flots, ruisselle si l'on peut dire, dans toutes les poches. Il n'y a plus de loi que pour la façade, d'intégrité que pour les déclarations de bonne foi, d'honnêteté qu'au péril de sa vie et d'honneur qu'à condition de le garder au fond de sa poche.

Voilà ce qui arrive quand la corruption fait office de mode de gouvernance.

Je ne connaissais presque rien au trafic de drogue avant d'intégrer la prison de Najayo. En trois cents jours, je vais

1. L'ONUDC, Office des Nations unies contre la drogue et le crime, estime (2017) la production annuelle de cocaïne pure à 2 000 tonnes, ce qui représente *a minima* une présence de 10 à 20 000 tonnes de produits coupés sur les marchés occidentaux.

tout apprendre de certains de mes codétenus, qui me raconteront leur quotidien, et devenir un spécialiste. Recueillir leur parole m'a permis d'écrire un livre pour passer le temps[1].

Qu'est-ce que je faisais dans cette cellule ? J'étais coupable aux yeux de la République dominicaine. Je n'avais participé à aucun trafic de drogue, je n'avais tué personne, je n'avais pas volé, mais j'avais fait pire. Bien pire. J'avais humilié les représentants officiels de la République dominicaine, qui se veulent respectables, mais ne le sont pas du tout. J'avais piétiné leur susceptibilité, mis à jour leur petitesse, leur médiocrité, leur vanité et leur incompétence. Avec moi, les Dominicains avaient perdu la face et ils ne pouvaient pas me le pardonner. Pourquoi ? Parce que j'avais fait les gros titres de la presse internationale à leurs dépens. Parce que j'avais organisé et réalisé l'opération d'exfiltration de deux de mes frères d'armes français qu'ils avaient injustement condamnés à vingt ans de mouroir, dans une prison identique à celle dans laquelle je me trouvais. Un sauvetage réussi, que j'avais effectué sous leur nez.

Et pourtant cette histoire, mon histoire, n'était pas vraiment mon histoire, au début du moins.

C'était d'abord l'histoire de deux hommes, des pilotes de ligne chevronnés tombés dans un piège invraisemblable, victimes désemparées d'un conflit où l'on croise de vrais *narcos,* un policier français qui collabore étroitement avec un assassin, un consul magnifique, des experts tricolores au service de militaires infréquentables, des poissons volants et… Bob.

---

1. Narcos et Sicarios.

2

Extérieurs nuit à Punta Cana

Mars 2013

C'est presque un film d'action, une espèce de thriller. Cela commence sous les tropiques, en plein milieu de la nuit tiède du 19 mars 2013, sur le tarmac d'un aéroport international.

Les palmiers, éléments indispensables du paysage dans un pays exotique, bordent les alentours, tandis que des silhouettes noires et raides évoluent tactiquement vers un avion. Un bel appareil, avec trois turboréacteurs Garett en empennage. C'est un jet d'affaires exceptionnel par ses performances, et d'ailleurs il appartient à un célèbre homme d'affaires[1]. Le Falcon 50 est une vraie bête de somme qui peut emporter une tonne de bagages en soute et dix passagers. Il peut traverser l'Atlantique Nord sans escale. C'est un avion français, construit par Dassault Aviation, mais ce sont les Américains qui l'ont baptisé « Falcon », « le faucon », un nom beaucoup plus vendeur aux USA que son nom d'origine : Mystère.

La porte avant de cet avion, porte qui sert aussi d'escalier pour monter à bord, est ouverte. Au sol, devant cette porte et le long de l'aéronef, il y a quatre hommes, mal rasés, l'air choqué, et une vingtaine de valises en mauvais état. Deux de ces hommes portent des uniformes de pilotes, froissés à souhait, le troisième une veste bleu marine galonnée, et le quatrième arbore une tenue civile décontractée. Ils plissent les yeux, aveuglés par la lumière d'un projecteur.

1. Cet avion appartenait au lunetier Alain Afflelou, qui le louait à la société d'aviation SN-THS.

Ils sont interrogés par on ne sait qui, un homme autoritaire auxquels ils répondent. Nom, prénom, nationalité, avec l'air, visiblement, de ne pas comprendre à quoi rime cette mise en scène. Vers la soute arrière, dont la porte est ouverte elle aussi, les valises sont disposées au niveau du train d'atterrissage principal. Des valises bien trop nombreuses pour être, à première vue, de simples bagages accompagnés. Tous les « grands » voyageurs vous le diront, la taille et le poids des bagages en soute sont limités. Au-dessus d'une certaine limite, il faut payer. Et payer trop cher pour la plupart de nos contemporains, qui ignorent et n'imaginent même pas comment vivent et combien dépensent réellement les happy few de la jet-set, lesquels voyagent régulièrement avec vingt, trente ou cinquante valises. Ce sont les heureux utilisateurs de l'aviation d'affaires.

Donc, la conclusion s'impose. Tropiques, plus avion d'affaires discret, plus aéroport modeste (pas secret mais presque), plus personnages mal rasés, plus un tas de valises, plus une arrestation nocturne : c'est forcément un trafic. Comme sur le grand écran, ou comme dans les séries télévisées ; la séquence en cours est simple, les méchants, avec de gros moyens puisque c'est avec un jet luxueux qu'ils voyagent subrepticement, en plein milieu de la nuit, dans une ambiance chaude, moite et humide, donc louche, ont été stoppés par les bons, en uniforme, qui semblent être intervenus juste à temps.

Quand une grande chaîne de télévision française qui se veut irréprochable éthiquement reprendra ces images brutes de décoffrage, en dévoilant sans précaution, une fois n'est pas coutume, les identités des quatre hommes arrêtés, sans même flouter leurs visages, elles feront le tour du monde. Vérité télévisuelle ne se discute pas. Tous coupables. Les voyous de cité ont généralement le droit à un meilleur traitement puisqu'on ne cite que leur prénom, et encore…

Tous coupables, sauf ceux qui ont écrit le script, filmé l'action et en ont assuré la distribution auprès des journalistes. Ceux-là sont des policiers qui portent fièrement l'uniforme de la République dominicaine. Car nous y revoilà. Nous sommes à Punta Cana, à l'extrême est de cette île caribéenne coupée en deux par une frontière avec Haïti, bordée de plages merveilleuses, mais d'où chaque jour des dizaines de *yolas,* ces barques qui peuvent embarquer une centaine de clandestins pressés de fuir la République dominicaine, prennent la mer. Tous désireux de traverser le plus vite possible la dangereuse passe de la Mona pour débarquer en terre promise, à Puerto Rico, île-État associée aux États-Unis, ancrée à moins d'une centaine de kilomètres. C'est que la République dominicaine est tout sauf un paradis pour les malheureux qui y naissent. Il y a bien quelques gardes-frontières qui patrouillent sur le sable doré, mais si mal payés que pour seulement quelques centaines de pesos[1] ils ferment les yeux sur ce qui ressemble à des évasions. Pour les forcer à agir, il faut que Washington, excédé par ces vagues permanentes d'immigration clandestine, tape du poing sur la table. L'exode alors ralentit, quelques jours, quelques semaines, puis reprend au même rythme.

Ceux qui sont derrière la caméra, au pied de l'avion sur cet aéroport (nom de code « PUJ[2] ») de Punta Cana, haut lieu touristique[3] s'il en est, ne sont ni des gardes-frontières ni des gardes-côtes. Tout de noir vêtus, avec cagoules et gilets pare-balles, ils appartiennent à la DNCD, la Direction nationale du contrôle des drogues, un véritable État dans l'État, et accessoirement un vaste objet de rigolade dans toute la République dominicaine tant ses dirigeants valsent au rythme des accusations de meurtre, de trafic ou de corruption[4]. Pire,

1. Taux de change en 2020 : 100 pesos valent 2 euros.
2. Codification internationale IATA (Association internationale du transport aérien).
3. Cette partie de la côte dominicaine, achetée dans les années 1960 par une poignée d'investisseurs américains pour guère plus de dollars, est devenue une poule aux œufs d'or grâce au tourisme. Elle accueille de nombreux visiteurs de la jet-set. Jean-Marie Le Pen y a passé ses vacances pendant une vingtaine d'années.
4. Ainsi du général Rolando Rosado Mateo, qui a dirigé cette nuit du 19 au 20 mars l'assaut contre le Falcon 50, et de son assistant, le colonel Johan Emilio Liriano Sanchez, avant, tous les deux, d'être mis à pied dans le cadre d'une enquête sur un trafic de drogue. Le général fera même l'objet d'une demande d'extradition de la part des États-Unis et de l'Espagne avant, en 2019, de prendre une retraite

à cette époque la DNCD est dans l'œil du cyclone, autrement dit dans le collimateur de la toute-puissante DEA[1] qui lui fournit l'essentiel de ses moyens d'enquête et d'intervention[2]. Ce soir justement, un très discret agent de la DEA accompagne, peut-être pour le surveiller, le patron de la DNCD, le général de police Rolando Rosado Mateo, qui dirige en personne l'opération.

Le général a un air de bon père de famille et il triomphe, sous l'œil attentif de son collègue américain, car il a déployé les grands moyens pour effectuer « son » arrestation, celle qui doit asseoir sa réputation d'incorruptible, façon Eliot Ness. Il a même fait déplacer l'un des huit hélicoptères de l'armée de l'air dominicaine, un Bell OH-58 Kiowa[3], pour prétendument empêcher le Falcon de s'envoler furtivement, comme s'il était possible de décoller clandestinement dans la nuit à partir d'une piste d'un aéroport international, sur laquelle des avions de ligne continuent de se poser ou de décoller. D'autant plus que le Falcon, totalement transparent, a déposé un plan de vol officiel le matin même, un plan de vol accepté et validé par les autorités dominicaines. Qu'importe, le grand jeu peut commencer, le général Rosado Mateo va se faire le plaisir d'annoncer à la presse mondiale une saisie de drogue record, plus de 700 kilos.

Il aurait mieux fait de s'abstenir, car à partir de ce jour ses montages et ses mensonges, les siens et ceux de la machine judiciaire locale, aussi incapable que pervertie, vont emporter toute la République dominicaine dans une tempête médiatique jamais vue dans l'île, au risque de la rétrograder au rang de simple république bananière, boycottée par la plupart des

---

volontaire, avec pension. La République dominicaine refusera d'extrader judiciairement Rosado Mateo vers les États-Unis ou l'Espagne.

1. Drug Enforcement Agency ou Département de lutte contre le trafic de stupéfiants des États-Unis, les « stups » américains.

2. Nous apprendrons plus tard que la DCI française (Direction de la coopération internationale du ministère de l'Intérieur) participe également, discrètement et substantiellement, à l'équipement de la DNCD et de la DICAN (Dirección Central Antinarcóticos – Direction centrale antistupéfiants).

3. Version militarisée du Bell 206.

grandes compagnies aériennes, et ainsi privée de sa principale ressource, le tourisme low-cost.

En effet, dès le lendemain de l'opération, soit le 21 mars 2013, les accusations péremptoires de la DNCD et les incohérences du procureur local spécialiste national de la criminalité organisée, le *fiscal* Milciades Guzmán Leonardo – un nom qu'il faut retenir –, vont se succéder. Et à chaque fois, ils ont tout faux.

Leurs mensonges sont si flagrants que les premiers observateurs n'ont aucun mal à en dresser un catalogue digne de figurer au top du hit-parade de la plus bête des manipulations policières. Tous régimes confondus, même ceux qui se revendiquent encore comme les héritiers de Staline, l'homme dont la réputation pour organiser des procès iniques a traversé l'Histoire.

Ainsi, le procureur Guzmán, sous les ordres de Francisco Domínguez Brito – encore un nom à retenir ; on le reverra, tout-puissant procureur général de la République dominicaine, âme damnée du président Medina –, accuse l'équipage et ses passagers d'avoir tenté de dissimuler le fait qu'ils quittaient l'île en avançant de vingt-quatre heures l'heure de leur décollage. Faux, c'est le contraire. À la demande de l'un des deux passagers, le vol a été retardé de vingt-quatre heures. C'est facile à prouver. Comme pour tous les vols commerciaux, l'équipage du Falcon 50 a déposé un plan de vol, puis un autre, auprès d'une société agréée internationalement, Flyops, qui est située à Mérignac, près de Bordeaux. Et comme tous les plans de vol de tous les avions sont transmis à tous les opérateurs aériens, il est totalement ridicule de prétendre le contraire. En l'occurrence, Flyops a communiqué le plan à Eurocontrol, organisme international, qui l'a transmis à onze entités différentes, soit à tous les acteurs des espaces aériens concernés. Il va sans dire que ce nouveau plan de vol annulait le précédent. De la même façon, toutes les autorités en charge ont reçu, en temps et en heure, des copies des papiers d'identité des pilotes et des passagers, de l'avion et de ses certifications. Pour la discrétion, on fait mieux.

Le général Rosado Mateo s'obstine pourtant, et affirme être intervenu en urgence, en posant son hélicoptère au nez de l'avion pour l'empêcher de décoller. Encore faux, à ce moment le Falcon 50 se trouvait sur une place de parking, moteurs éteints, avec ses seuls feux de positions réglementaires allumés. Cela faisait plusieurs heures que les pilotes attendaient le feu vert pour décoller[1] et seul le groupe auxiliaire de puissance fonctionnait. De son vrai nom APU, pour *auxiliary power unit*, il fournit l'énergie indispensable pour l'éclairage, le conditionnement d'air, l'instrumentation de bord, les calculateurs, etc. Enfin, l'APU sert surtout à lancer les démarreurs des trois réacteurs. Il aurait été plus pratique, pour les pilotes, afin d'économiser les batteries de l'avion, de relier ce dernier à un groupe électrogène, une source d'énergie fournie par l'aéroport. C'est ce qu'on fait d'habitude en escale, sauf dans les pays où rien ne fonctionne et où il faut perdre des heures pour simplement faire recoudre un bouton. Ce soir-là, le 19 mars 2013, aucun groupe en état de marche n'était disponible.

Il est incontestable que le petit moteur de l'APU fait du bruit, mais rien de comparable avec celui émis par les réacteurs de l'avion. Personne ne pouvant s'y tromper, l'avion n'était donc pas sur le point de décoller. Surtout sans l'accord de la tour de contrôle, qui disait n'avoir toujours pas l'autorisation de mise en route, et alors que des avions de ligne continuaient de se poser ou de décoller. Le risque était trop grand. Conclusion, le général Rosado Mateo a encore tout faux sur ce point, et sur tous les autres points suivants.

Par exemple, autre affirmation du général, les occupants du Falcon auraient chargé dans l'avion vingt-six valises contenant exactement 700 kilos et 49 grammes de cocaïne. Complètement faux, et pour plusieurs raisons.

---

1. Officiellement, la tour de contrôle attendait la coordination avec Puerto Rico, premier centre de contrôle en route pour la traversée de l'Atlantique. Plus tard, les pilotes du Falcon regretteront de ne pas avoir choisi une route avec Miami comme premier centre de contrôle pour obtenir leur *clearance* océanique.

La première est que, aussi incroyable que cela paraisse, personne n'a jamais vu cette drogue. Ni à l'aéroport de Punta Cana, ni dans l'avion. Personne… sauf la DNCD ! C'est à peine si les passagers et l'équipage, quelques heures après leur arrestation, alors qu'ils sont menottés et couchés sur le sol à l'intérieur de l'aérogare entrapercevront quelques vagues paquets pouvant ressembler effectivement à ceux habituellement saisis dans ce genre de trafic. Des paquets d'un kilogramme précisément comme on en voit aux actualités. Une seule photo, vraisemblablement prise dans les locaux de la DNCD, sera diffusée plus tard, montrant des policiers lourdement armés posant devant des centaines de blocs hermétiquement fermés. Que contiennent-ils ? D'où proviennent-ils ? Qui les a apportés ? Mystère. D'où viennent les 49 grammes de cocaïne saisis en plus des paquets d'un kilo ? Un bonus offert par les trafiquants ? Les affirmations de la DNCD apparaissent d'ores et déjà douteuses. Une seule chose est certaine, à en juger par les estampilles apposées sur les paquets, au moins trois différentes : cette drogue, s'il s'agissait de drogue, appartenait à différents propriétaires. Or, on a rarement vu des trafiquants organiser des expéditions groupées pour optimiser les frais de transport.

Ni les juges, ni les avocats, ni la presse ne verront les valises quand elles contenaient encore cette fameuse montagne de cocaïne, par ailleurs officiellement détruite quarante-huit heures seulement après la saisie. Une précaution tout à fait officielle, paraît-il, tant la DNCD était connue pour remettre rapidement sur le marché, à son profit, les stupéfiants qui lui tombaient entre les mains. Par ailleurs, il est avéré que des officiers de la DNCD ont déjà été plusieurs fois pincés au moment du partage des bénéfices avec ceux qui avaient ordonné, puis couvert légalement de fausses destructions de drogues[1].

1. Il existe aussi de nombreuses affaires dans lesquelles les policiers ou les militaires de la marine dominicaine revendent à leur profit des saisies effectuées en mer. Menacés en interne par les chefs de services corrompus, les policiers ou militaires

Ni les juges, ni les avocats, ni la presse n'assisteront à cette destruction. A-t-elle vraiment eu lieu ? Et par quel moyen la drogue a-t-elle été détruite ? Par le feu ? Par un procédé chimique ? On ne le saura pas. Il n'y a pas de certification officielle de cette opération.

Comment savoir alors si les quelques paquets faisant office de preuves lors de la prise du Falcon contenaient vraiment de la cocaïne ? Par une analyse en laboratoire, bien sûr. Tous les pays engagés dans la lutte contre le trafic de stupéfiants réalisent ce type d'étude scientifique qui leur permet, le plus souvent, de déterminer non seulement la pureté de la drogue, mais aussi son origine : Colombie, Équateur, Bolivie... Premier problème, les scellés « test » ont été détruits. Par erreur. Aucune contre-expertise ne peut être réalisée. Dommage. Reste le rapport d'expertise. En République dominicaine, c'est l'INACIF[1] qui se charge de ce travail. Sauf que dans le cas présent, le rapport d'expertise est daté du 11 mars 2013[2], soit neuf jours avant la saisie. Second problème. Quant au fonctionnaire qui a signé ce rapport, où il est question de poudre de café pour tromper les chiens spécialisés dans la recherche de cocaïne, personne ne pourra l'interroger puisque, le 22 mars, il va se... suicider. Vous avez dit stupéfiant ?

À cela s'ajoute le fait que le nombre de valises supposées être pleines de poudre blanche, vingt-six selon la DNCD, ne concorde pas avec les images enregistrées, ni avec la réalité. On voit en effet sur les images du film tourné par la police un tas de valises ordinaires, identiques à celles de tous les

---

honnêtes n'ont d'autres solutions que de garder le silence. Une seule saisie permet généralement de faire tomber deux ou trois organisations de revendeurs de cocaïne, non sans arrière-pensée : amoindrir le pouvoir d'influence des criminels sur les services publics, et justifier auprès des États étrangers de résultats positifs dans la lutte antidrogue.

1. Institut national des sciences médico-légales en République dominicaine.

2. Noté 03112013, soit un format de date à l'américaine (format adopté par la République dominicaine dans ses documents officiels), signifiant le 11 mars 2013. Le ministère public prétendra qu'il ne s'agit que d'une référence sans rapport avec la date.

voyageurs, plus les bagages personnels des pilotes et des passagers, quatre au total, plus le sac (lot de bord) contenant les cache-réacteurs. À vingt-six, retirez cinq, il n'en reste donc plus que vingt et une. Peut-on faire entrer 700 kilos de cocaïne, répartis dans 682 paquets, chiffre annoncé par la DNCD, dans vingt et une valises lambda ? Cela reviendrait à entasser trente-trois ramettes de 500 feuilles de papier A4 dans chacune d'elle. Un exploit. Les Dominicains forcent le trait, à l'usage on comprendra que c'est une habitude[1].

Car ce n'est pas fini. Au royaume du faux et usage de faux, la République dominicaine est une monarchie qui s'ignore.

Une arrestation spectaculaire de ce type hors la présence du procureur de la République, est tout simplement... illégale ! En théorie, les policiers ne peuvent pas procéder à une perquisition de l'avion sans la présence du magistrat du ministère public. Un détail de droit qui échappera à tous ces hauts gradés de la police, qui piétineront leur propre Code de procédure pénale, pourtant succinct puisqu'il ne dépasse pas l'épaisseur d'un livre de la Bibliothèque rose. Ils procéderont ainsi à l'arrestation des quatre Français et à la fouille complète de l'avion sans sourciller.

L'un des deux signataires de « l'acte de flagrance », Liriano Sanchez, colonel de la DNCD adjoint du général Rosado, a été incarcéré pour complicité de narcotrafic le 12 septembre 2013, soit sept mois après la pseudo-saisie du 19 mars à Punta Cana. Quant au second signataire, le lieutenant-colonel Heredia, il n'était même pas sur place. Il

1. Voir le cas de Djamila Amara, détenue pendant vingt-quatre mois à Najayo Mujeres pour trafic de stupéfiants ; interpellée à l'aéroport de Santo Domingo le 21 mai 2017 avec prétendument 5 kilos de cocaïne (qu'elle n'a jamais vue au cours de la procédure) dans un bagage de soute ne lui appartenant pas. Djamila a toujours nié son implication. Voir également le cas de Liana Guillon, accusée en avril 2012 d'avoir eu dans ses bagages à main 11 kilos de cocaïne, ce qu'elle n'a jamais reconnu. Voir également le cas de Céline Faye et Sarah Zaknoun, condamnées à huit ans d'incarcération, accusées en juin 2008 d'avoir voulu rapporter en France 5 kilos de cocaïne, ce qu'elles ont toujours nié.

dira aux avocats être arrivé vingt-quatre heures plus tard, de Saint-Domingue, où il était d'astreinte, soit à 200 kilomètres de Punta Cana, et il n'est même pas certain qu'il ait signé quoi que ce soit de sa main. À moins qu'il ignore lui-même ses grade et qualité, qui varient selon les documents.

La suite du catalogue des mensonges du général Rosado Mateo et du procureur Guzmán est tout aussi grossière. Pour la DNCD, cette arrestation et cette saisie faisaient partie d'une série d'opérations d'infiltrations de trafiquants.

Qui sont les trafiquants, qui sont les infiltrés, des policiers ou des indics ? On ne le saura jamais, prétendument pour ne pas mettre la vie de ces derniers en jeu.

De quelles enquêtes s'agissait-il ? De trois transports de drogues vers la Belgique à bord d'avions de la compagnie Jet Air Fly, affirme la DNCD.

Qui en a entendu parler ? Pas la police belge, qui est tombée des nues à cette annonce. Et encore moins les dirigeants de Jet Air Fly.

D'où venait cette drogue ? Pas de commentaire.

Qui a été arrêté à la suite de ces livraisons prétendument surveillées ? Personne. Quels services de police en Europe ou ailleurs ont été alertés ? Aucun. Interpol ? Pas même. Europol peut-être ? Pas plus. Rien de très convaincant, en fait.

Tout juste sait-on que dans les heures suivant l'opération de Punta Cana, une cinquantaine d'autres individus, dont de nombreux membres de la DNCD, des militaires, des agents de piste et des douaniers, seront également appréhendés. Ceux-là étaient-ils également liés aux vols vers la Belgique ? Ou reliés à d'autres opérations clandestines ? Mystère.

Toujours au catalogue des aberrations, le fonctionnement de la chaîne judiciaire dominicaine. La DNCD, pour son flagrant délit au pied du Falcon, agissait, on l'a vu, en coordination avec le procureur Milciades Guzmán Leonardo. C'est un homme d'influence du parti au pouvoir, qui en impose, arborant un air menaçant, une petite moustache et une petite barbiche bien taillée. Il est beaucoup moins solennel en revanche quand on ose le contredire. Tel Néron, il n'hésite alors pas à menacer la terre entière des foudres de l'Enfer, à grand renfort d'éructations, de bafouillages, de borborygmes et de hurlements[1]. Toutes les audiences qui se succéderont, préludes à un procès retentissant, ayant été filmées, les crises de folie délirantes du procureur Guzmán sont immortalisées, ainsi que ses tirades nationalistes : « ... les pays occidentaux nous prennent pour des idiots, ils ont tort, nous sommes aussi civilisés qu'eux... nous allons leur montrer qui nous sommes... nous sommes un pays fier... » Etc.

Au fil du temps, cet énergumène va s'acharner à justifier toutes les inepties et tous les mensonges de la DNCD. Il va même en inventer pour justifier le procès à venir, en mettant en avant son pouvoir, sa prétendue intelligence supérieure, son flair, et justifier les moyens considérables[2] engagés pour réaliser « son » flagrant délire.

Il n'expliquera jamais en revanche pourquoi, en ces heures cruciales, il n'était pas présent. C'était prévu, on l'apprendra plus tard, mais, ce soir-là, celui du 19 mars 2013, soit il avait oublié la date et l'heure de ce rendez-vous de la première importance, soit il dormait, soit il avait d'autres obligations, plus agréables ou plus impérieuses. Quoi qu'il en soit, parce que le général Rosado Mateo tenait à sa présence, sans doute pour se couvrir en cas de pépin, il a fallu le faire venir en urgence de Saint-Domingue, à bord d'un de ces fameux Super Tucano dont la République dominicaine est si fière. Pendant ce temps, tout le monde patientait dans l'aérogare ou aux alentours du Falcon, l'équipage et les passagers couchés à

1. C'est aussi un homme violent qui a du mal à se contrôler. Douze mois plus tard, le 27 novembre 2014, il abattra un homme devant chez lui, à Ensanche Ozama (Santo Domingo) en prétendant être en état de légitime défense. Le prétendu attaquant n'était pas connu des services judiciaires et aurait attaqué le magistrat à l'aide d'un couteau. Les mauvaises langues pensent plutôt qu'il fréquentait régulièrement l'épouse du magistrat.
2. Démesurés étant donné les moyens limités dont dispose l'administration de la République dominicaine.

plat ventre devant l'avion, les militaires et l'observateur de la DEA, arrivé à l'heure lui, plus l'équipe de tournage.

Retard dommageable car, eût-il été présent, Monsieur le Procureur aurait peut-être eu quelques difficultés à mettre sur le papier les invraisemblances qui font le socle de son acte d'accusation. Il aurait pu, par exemple, constater de visu que contrairement à ce qu'affirmera, jurera, certifiera le général Rosado Mateo, ce ne sont pas les quatre personnes arrêtées qui avaient chargé les valises dans l'avion, mais bien des employés de l'aéroport. Enfin, « employés », hum ! Bien que vêtus d'uniformes de bagagiste, ils ne parlaient pas anglais, ce qui est illégal sur un aéroport international[1]. De plus, à ce moment-là, l'une de ces personnes, un pilote, était occupée dans l'aéroport à remplir les documents de voyage et payer les taxes diverses, tandis que l'autre, le copilote, était dans l'avion et se consacrait à la préparation de la machine. Quant aux deux passagers, en retard, ils n'étaient même pas arrivés à l'aéroport.

Ultérieurement, ces faits auraient été faciles à confirmer simplement en visionnant les images des caméras de vidéosurveillance de l'aéroport. Mais, pas de chance pour les avocats de la défense, le procureur Guzmán, avec la bonne foi qui le caractérise, prétendra que ce soir-là, justement ce soir-là, le système d'enregistrement de la vidéosurveillance de l'aéroport était en panne[2]. Quand le Diable s'y met…

Images ou pas images, M. Guzmán aurait pu par ailleurs s'incliner devant le fait que, comme c'est la règle pour tous les vols commerciaux internationaux, la compagnie aérienne

1. Ces fameux employés manquaient par ailleurs d'entraînement dans le chargement des bagages. Au lieu d'empiler les valises les unes sur les autres, ils se sont contentés de les jeter en vrac (elles n'étaient donc pas si lourdes) et ont vite saturé l'espace de la soute. Il restait cinq valises sur le tarmac, que le commandant de bord Pascal Fauret, excédé par cette mauvaise volonté, la chaleur et les explications incompréhensibles – en espagnol – des bagagistes, a dû monter lui-même dans l'avion avant de retourner à ses calculs de centrage.

2. En panne ou pas en panne ? Un officiel dira plus tard que les images avaient été effacées. Par erreur.

SN-THS[1], entreprise aéronautique en charge de l'exploitation du Falcon, se devait de faire appel à une société agréée pour tout ce qui concerne, justement, les bagages. En l'occurrence, il s'agissait de la société Swissport[2], suisse comme son nom l'indique et internationalement connue. On ne pourra donc pas accuser SN-THS d'avoir sciemment fricoté avec une petite société locale, histoire de dissimuler ses méfaits. Moyennant finances, ces sociétés, dites de « handling », ont la responsabilité du transport des bagages jusqu'à l'avion, des déclarations en douane, de l'inévitable inspection radioscopique de sureté[3] et du chargement à bord. À chaque fois, cette procédure donne lieu à réception d'un certificat proprement renseigné et tamponné par les autorités locales. Ce certificat, quand il sera présenté au procès, *el señor* Guzmán, *el grande fiscal*, va s'asseoir dessus, sans états d'âme et sans que le tribunal n'y trouve à redire.

Selon lui et malgré les preuves contraires, il soutiendra à l'inverse de toute logique une thèse totalement aberrante : les bagages auraient été déchargés depuis deux voitures garées le long du grillage de l'aéroport, « grillage dans lequel un trou aurait été découpé, pour que les passagers fassent pénétrer les valises clandestinement sur les pistes ». *Sic.* Et même, pour faciliter l'opération, les pilotes auraient fait reculer l'avion pour l'approcher le plus possible du grillage. Si cela avait été le cas, cet avion aurait été le premier de l'histoire de l'aviation à être doté d'une marche arrière.

---

1. Société nouvelle Trans Hélicoptère Services, dite « SN-THS », société par actions simplifiée créée en juin 2011 par son président, Pierre-Marc Dreyfus. Implantée à Lyon, elle réalisait en 2012 un chiffre d'affaires de 4 millions d'euros. La saisie injustifiée du Falcon 50 par les Dominicains, sans compter la mise en examen et l'incarcération aberrante de Pierre-Marc Dreyfus, ainsi que de l'actionnaire Fabrice Alcaud, en septembre 2013, à la demande de la juge marseillaise Saunier-Ruellan, a condamné la société SN-THS à une disparition prématurée. Cette décision de l'instruction a provoqué le licenciement de cinquante personnes.
2. Swissport International Ltd., dont le siège est à Zurich en Suisse, fournit des services de manutention aux avions pour environ 265 millions de passagers et gère 4,7 millions de tonnes de fret par an. Avec un effectif d'environ 68 000 employés, Swissport est actif dans plus de 315 aéroports à travers le monde.
3. Plus connue sous le vocable commun de « contrôle radioscopique aux rayons X ».

Qu'importe, de la même façon qu'il n'y a pas pire sourd que celui qui ne veut pas entendre, il n'y a pas pire aveugle que celui qui ne veut pas voir. Ainsi, bien que sur place, Milciades Guzmán ne verra pas les autres « bagagistes » de l'aéroport, cagoulés et habillés en tenue de combat, pénétrer dans l'avion et entasser n'importe comment tout ce qu'ils trouvaient, prendre des photos[1], avant de ressortir toutes les valises et les aligner au pied de l'avion. Toutes les valises, même les valises personnelles des pilotes, celles des deux passagers et les mallettes indispensables à la conduite du vol. D'où la confusion sur le nombre de bagages en cause.

Le procureur dominicain n'aura rien vu parce qu'aveuglé, lui aussi, par le projecteur de la caméra ? C'est en effet à ce moment qu'une équipe de télévision apparaît par magie et se met à tourner. Soit quatre heures après le début de l'affaire. Elle ne filmera pas le déchargement des bagages, ni les policiers entassant tout ce qu'ils trouvaient dans la cabine, ni les heures passées par les quatre occupants de l'avion couchés sur le béton sous la surveillance d'un homme armé, ni la messe d'action de grâce qui se tiendra pendant ce temps (authentique !), ni l'ouverture des valises, ni le grillage prétendument découpé, etc.

Bienvenue dans la vraie fabrique de *fake news* d'un narco-État.

Coupez. Le décor est planté, les principaux intervenants identifiés, le réalisateur, anonyme, peut se rendre en salle de montage, le piège se referme. Personne alors ne se doute que c'est le début d'un éprouvant et sensationnel polar juridique, politique, économique, transnational, un drame humain traduisible en toutes les langues, transposable sur tous les écrans.

Car le procureur Guzmán, ainsi que le général Rosado Mateo, dans leur grande sottise, n'ont à aucun moment

1. Ces photos, ainsi que la photo d'un grillage intact, serviront au procès qui suivra pour alléguer de la précipitation avec laquelle les occupants du Falcon voulaient décoller.

tenu compte de la personnalité des individus qu'ils viennent d'arrêter et qu'ils vont inculper de trafic de drogue.

Même si « nous sommes loin d'être tous des idiots », comme le hurlera bien plus tard Milciades Guzmán en salle d'audience, ce n'est pas faire injure au peuple de la République dominicaine que d'affirmer qu'ils sont bien mal dirigés par une clique de personnages au mieux douteux, au pire totalement infréquentables. Les Dominicains en sont d'ailleurs pleinement conscients.

La faute à l'Histoire ? Comme la plupart des îles des Grandes Antilles, celle-ci a été « découverte » par Christophe Colomb en 1492 et occupée par les Espagnols pendant trois siècles, puis d'abord par les Haïtiens, ensuite brièvement par la France de Napoléon, et enfin, au début du XXe siècle, par les USA. Deux fois.

Un fait est historique : l'omniprésence de la violence dans l'île. D'abord, celle des Caraïbes, ces indiens anthropophages venus de l'Orénoque, qui ont dévoré consciencieusement, au sens propre comme au figuré, chaque tribu indigène au fur et à mesure qu'ils remontaient l'arc des Antilles. En bout de course, les habitants d'Hispaniola[1] n'ont pas échappé au festin. Les Higüeys, les Maguas, les Maguanas, les Mariéns, les Xaraguas et les Taïnos, chacun dans leur caciquat respectif, terminèrent pour la plupart en *habichuela*[2]. Lorsque Christophe Colomb et ses compagnons débarquèrent dans le caciquat de Marién pour fonder le fort de La Navidad[3], les relations avec les autochtones arawaks et taïnos étaient cordiales (autant qu'elles puissent l'avoir été à cette époque), selon les ordres donnés par Colomb. Le 18 janvier 1493 le navigateur établit à terre quarante-trois hommes sur les quatre-vingt-sept de son équipage, puis repart vers l'Espagne. Lorsqu'il revient à

1. La « Petite Espagne ». Nom donné par les premiers colons espagnols à l'île qui regroupe aujourd'hui Haïti à l'ouest et la République dominicaine à l'est.
2. Spécialité culinaire dominicaine à base de haricots rouges ou noirs.
3. Fort créé le jour de la Nativité (la *Navidad* en espagnol) avec les restes de bois de la *Santa Maria*, la nef, en mauvais état, ayant souffert de précédentes tempêtes.

La Navidad, en septembre de la même année, il ne retrouve que des os brisés dans des cendres. Il comprend alors, comme tous les colons qui l'accompagnent, que les Espagnols ont été cruellement dévorés. Jusqu'à la moelle. Effroi, répugnance et incompréhension absolue pour ces nouveaux arrivants catholiques de l'Inquisition, qui considèreront sans recul ni discernement qu'un bon Indien est un Indien mort[1] quelle que soit son origine ou sa tribu. Au mieux, un sous-être sans âme à exploiter. Puis vient le commerce triangulaire, aux XVIe et XVIIe siècles. Des boucaniers français s'installent dans la partie montagneuse de l'île, dénommée Ayiti[2], laquelle est délaissée par les Espagnols (car ce sont de « mauvaises » terres, moins riches en minerai). Les Français développeront la culture du tabac, puis de l'indigo et de la canne à sucre. Le travail est accompli par des esclaves noirs, soumis aux règles très dures du Code noir de 1685. En 1697, l'île est partagée entre la France et l'Espagne[3] (qui en conserve les deux tiers orientaux). Immédiatement, les antagonismes se développent. Les deux nouvelles nations (composées des mêmes peuplades) se jalousent et s'agressent en permanence, guerroyant incessamment l'une contre l'autre sans raisons intelligibles. Une situation absurde de violences extrêmes qui se prolonge encore aujourd'hui.

Pour la plupart descendants d'esclaves, les Dominicains sont donc les héritiers d'un passé lourd de domination, d'une mémoire blanche et agressive, les petits-enfants d'un passé marqué de traces profondes, indélébiles. Avec cette particularité de nourrir un sentiment d'infériorité lié à leur couleur de peau, noire, tel qu'en octobre 1937, le plus connu de leurs

---

1. On estime la population amérindienne à 100 000 personnes au XVe siècle. Elle a chuté à moins de 10 000 quand les premiers esclaves africains débarquèrent sur l'île d'Hispaniola.
2. Haïti, ou « la montagne », en langue arawak.
3. Traité de Ryswick, signé le 21 septembre 1697 à La Haye, en Hollande. Les rois Charles II d'Espagne et Louis XIV de France répartirent entre eux les terres et les esclaves. En 1777, le traité d'Aranjuez acheva finalement le tracé de la ligne frontalière entre la République d'Haïti et la République dominicaine.

dirigeants, le dictateur Rafael Trujillo (1930-1961), qui sans doute s'estimait moins noir que noir, justifiera le massacre de 35 000 Haïtiens par le besoin de « blanchir le pays[1] ». Tout est dit et l'habitude est restée de vouloir « faire blanc », par l'imitation des institutions, des uniformes, de l'administration des « grands » pays. Une attitude parfaitement résumée par Rafael Perez, artiste-peintre à Saint-Domingue, interviewé par France Télévision en 2011[2]. « Nous, les Dominicains, passons notre temps à nous regarder pour nous comparer... par rapport à l'État blanc. »

Mais faire *comme si* ne suffit pas pour gérer un État aux ressources économiques et humaines rares. Il est loin le temps, le XVIIIe siècle, où les 500 000 esclaves africains de l'île produisaient soixante-dix pour cent des récoltes de sucre au niveau mondial. Les esclaves ont été affranchis, la misère, une misère noire, est restée ; d'où des manifestations populaires immenses et régulières, d'où cette corruption généralisée, encouragée par l'argent facile du trafic du drogue[3], d'où une susceptibilité à vif des hommes au pouvoir qui se rendent bien compte des faiblesses insondables de leur pays, mais refusent de reconnaître qu'ils y sont peut-être pour quelque chose.

Ainsi, si le procureur Guzmán avait pris le temps de réfléchir, il n'aurait pas inculpé bêtement de trafic de drogue les deux pilotes du Falcon, car ces deux hommes sont tout sauf des trafiquants. De drogue ou de quoi que ce soit d'autre. Ils ne sont pas n'importe qui, ils s'appellent Bruno Odos et Pascal Fauret, et ce sont d'anciens marins ou aviateurs qui appartenaient, avant de prendre leur retraite militaire, à la famille très restreinte des pilotes de la Marine nationale, décorés de la

1. Lire à ce sujet Christian Rudel, *La République dominicaine*, Karthala, 2001.
2. « Échappées belles en République dominicaine », France Télévisions, Bo Travail, 2011.
3. La demande est là, toujours plus pressante. Rien qu'à Londres, ce sont 500 000 lignes de coke qui sont sniffées chaque jour. La police britannique estime que 8 tonnes de cocaïne entrent chaque année en Grande-Bretagne (Sky News, 10 octobre 2019).

Médaille d'or de l'armée, d'anciens pilotes de chasse capables de décoller ou d'apponter sur un porte-avion et, cerise sur le gâteau, habilités au transport de l'arme nucléaire.

Autant dire que ne sont pas des rigolos. Chez eux, l'honneur est une vertu cardinale. La fierté de servir passe avant leur propre confort et, du confort, pour l'instant, quelques heures après leur arrestation, ils en manquent cruellement.

Transportés dans les premières heures du 20 mars à Saint-Domingue et jetés, au petit matin, avec leurs deux passagers, dans une minuscule cellule surpeuplée de la DNCD au centre de Higüey, la ville la plus proche de l'aéroport de Punta Cana. Une cellule sans fenêtre, où il n'y a même pas la place pour s'asseoir, ni de toilettes. Encore abasourdis par les événements de la nuit, persuadés qu'il s'agit d'un malentendu et qu'ils vont être libérés rapidement, ils prennent leur mal en patience. Ils ignorent que le procureur n'a dès lors plus intérêt à les relâcher, étant donné que leurs cartes de crédit, confisquées comme tous leurs effets personnels, circulent déjà de main en main, sans doute d'un officier de police à un autre, et que des retraits sont effectués sur au moins un compte[1]. Par ailleurs, la montre de marque prestigieuse d'un des deux pilotes est confisquée sous un fallacieux prétexte sécuritaire. Ils ne reverront jamais ni cette dernière, ni leurs précieuses cartes de crédit. Ni d'ailleurs leurs ordinateurs, ni leurs tablettes. C'est du vol, un larcin misérable réalisé par de minables détenteurs d'une parcelle de pouvoir, c'est théoriquement puni par la loi, mais nous ne sommes pas dans un monde où les lois, nationales comme internationales, sont respectées. Nous sommes en République dominicaine.

Ici s'arrête provisoirement l'histoire de Bruno Odos et de Pascal Fauret, là commence la mienne.

---

1. La carte de crédit de Bruno Odos sera utilisée et 10 000 euros prélevés sur son compte avant qu'il puisse faire opposition. Lui et Pascal Fauret seront littéralement dépouillés de tous leurs biens de valeur.

3

Fratern'Ailes

Printemps 2013

Le monde de l'aviation est un petit monde, même si les pilotes se comptent par milliers, en France et dans le monde. Pour les marins, c'est la même chose. Et quand ces deux mondes se croisent dans un troisième monde, celui de l'aéronavale, il n'est plus question de mots. Chacun sait, sans qu'il soit besoin de parler, quelle vérité se dissimule derrière l'écume des apparences, car il y a des réalités communes, un langage corporel implicite, des vies codées déchiffrables uniquement par les initiés.

Je suis un pilote, je suis un marin, j'ai commencé mon apprentissage dans l'aéronautique navale. Mais je suis aussi devenu criminologue, par quelques fantaisies du destin, une spécialité que j'ai enseignée plus de vingt années comme expert en sûreté aérienne et aéroportuaire. Les frontières de toute nature, les documents de voyage, les titres d'identité, les méthodes d'authentification sont des choses que je maîtrise bien. À ce titre, j'ai eu la chance de beaucoup voyager au cours de ma carrière. Les visiteurs qui découvrent mon bureau sourient à la vue de quelques souvenirs kitsch glanés ici et là. Ils sont signés soit par l'autorité aéroportuaire cliente, soit par les forces de police locales, soit par des responsables de forces armées. Ils proviennent d'Afrique, d'Asie, d'Amérique centrale ou d'Amérique du Sud. Des zones que je connais plutôt bien.

Comme les Antilles et la plupart des îles de la Caraïbe.

Il n'a pas fallu deux jours avant que j'apprenne l'arrestation de Bruno Odos et Pascal Fauret. Et seulement quelques heures pour comprendre que mes deux camarades pilotes s'étaient fait piéger. Question d'expérience. En auditant, en 2012, les mesures de sûreté appliquées sur l'aéroport de Punta Cana, à la demande de la Fondation Fundglode[1], j'avais pu me faire une idée bien précise de la fonction publique en République dominicaine, pays administré par des incompétents frustrés, mal éduqués, dont la seule spécialité est la corruption à tous les étages. J'espérais ne plus avoir à y revenir et ne jamais plus entendre parler de leurs fonctionnaires aigris et susceptibles. La République dominicaine est en effet connue pour ses manipulations douteuses de la réalité. Placée sous haute surveillance par son grand voisin et curateur, les États-Unis, en raison de son rôle majeur de plaque tournante du trafic de drogue dans les Caraïbes, la RD jongle entre démonstrations de bonne volonté, type grosses saisies de cocaïne en provenance du Venezuela, d'Équateur ou de Colombie, et recyclage de ces mêmes saisies pour le compte des officiels de tout grade qui se succèdent aux plus hauts échelons de l'administration. Ce n'est un secret pour personne que la plupart des vraies saisies de cocaïne sont revendues à d'autres trafiquants spécialisés dans l'export, essentiellement vers la côte Est de l'Amérique du Nord ou l'Europe[2]. Et même la Russie. À moins qu'elles ne soient présentées aux agents de la DEA, comme des prises de la veille. Par expérience, les stups américains n'ont aucune confiance en la police ou en la justice dominicaine, ni en l'ersatz d'armée locale. Ils préfèrent tout vérifier par eux-mêmes.

De la même façon, plus personne ne s'étonne que, régulièrement, d'innocents touristes se fassent arrêter à la fin des

1. Fundación Global Democracia y Desarollo (Fondation Globale pour la Démocratie et le Développement) fondée en 2000 par l'ex-président de la République dominicaine Leonel Fernández et actuellement (2020) président d'honneur de cette organisation privée. Funglode est essentiellement financée par des fonds Dominicains.

2. L'OCRTIS (Office central pour la répression du trafic illicite des stupéfiants) a été renommé OFAST (Office antistupéfiants) au 1er janvier 2020. Service équivalent à la DEA américaine. L'OCRTIS/OFAST estime que 60 % de la cocaïne entrant en France provient de la République dominicaine.

vacances, au moment d'embarquer sur le vol retour, accusés pour certains de transporter plusieurs kilos de cocaïne dans leurs valises. Placés dans leurs bagages à leur insu, bien évidemment. Qu'importe, à chaque fois la police dominicaine, et en particulier la DCND, peut non seulement se prévaloir auprès de la DEA du sérieux de son travail, et très important, mettre en avant le fait que ce sont bien des « Occidentaux », pas des Dominicains, qui sont à la base du trafic international de drogue. « Des dizaines d'Européens sont arrêtés chaque année dans les aéroports dominicains », affirmait l'agence France-Presse en cette fameuse année 2013.

Il se chuchote même qu'à Saint-Domingue, dans un des obscurs bureaux de la capitale, il se tient des statistiques visant à satisfaire spécialement le puissant allié américain. Autant dire que les chiffres sont forcément bons. Washington ne peut que se féliciter de cette bonne volonté et le Congrès, invariablement, débloque chaque année les sommes prévues pour l'aide au développement et à la coopération militaro-politico-judiciaire. Ce sont toujours des sommes considérables[1]. Touristes, méfiez-vous. Pour éviter de grossir les statistiques, pour éviter de devoir payer des rançons exorbitantes afin de sortir de prison, choisissez une autre destination de farniente.

Entrepreneurs et commerçants, faites de même. Sachez que tous les détenteurs d'une fraction d'autorité en République dominicaine sont susceptibles de vous mener la vie dure si vous investissez sur l'île. Racket, bien sûr, mais encore et toujours improuvables accusations de trafic de drogue, de blanchiment d'actifs, de corruption, vous enverront en prison le temps d'une enquête judiciaire qui n'en finira pas parce que jamais effectuée, et vos biens seront juridiquement saisis sans jamais vous être restitués. Essayez de résister avec avocat et procès, l'affaire sera déclarée « complexe », une fantastique disposition du code de justice spécifique à la République dominicaine qui permet à l'autorité judiciaire de prolonger votre détention provisoire jusqu'à dix-huit mois renouvelables

1. Elles se chiffrent en centaines de millions de dollars.

et sans avoir à se justifier. Adieu villa les pieds dans l'eau ou appartement de luxe, adieu hôtel, casino ou restaurant, adieu investissements, entreprises, usines, exploitations agricoles ou bateaux, il vous faudra signer une reconnaissance de culpabilité et accepter des années d'emprisonnement arbitraire pour regagner votre foyer. Après, bien sûr, avoir signé « de plein gré » des aveux et payé une « taxe de sortie » totalement aléatoire. Vous serez alors complètement ruiné, tandis que vos accusateurs prendront sereinement votre place. C'est tout un pays qui vit de ces petits et grands trafics rarement évoqués dans la presse internationale.

D'où, dès le début de l'affaire, mon inquiétude et celle de mes collègues, tous réunis au sein d'une association type loi 1901 de soutien à Pascal (Fauret) et Bruno (Odos), l'ASPB. Et nous étions d'autant plus inquiets qu'au début du mois d'avril, Bruno, Pascal et leurs deux passagers ont été soudainement extraits de leur effarante cellule de la DNCD, propulsés devant un tribunal sans avoir pu prévenir qui que ce soit, sans possibilité de s'exprimer, puis condamnés dans la foulée à attendre une enquête judiciaire qui ne viendrait jamais, à un an de détention préventive, et transportés *manu militari* à Anamuya, la prison d'Higüey. Exactement le même type d'épouvantable établissement dans lequel j'aurai, deux ans plus tard, le tragique et douloureux déshonneur de séjourner.

Il y avait donc urgence. En conséquence, à peine quelques jours après cette décision judiciaire gravissime, quelques personnes se sont retrouvées dans le cabinet d'un avocat, Me Jean Reinhart, avenue Kléber, dans le XVIe arrondissement de Paris. Étaient présents le président de l'ASPB, Philippe Heneman, commandant de bord chez Air France, le vice-président Jean-Philippe Belen, également commandant de bord dans l'aviation d'affaire, Sabine Fauret, ancienne pilote et contrôleuse aérien de la Marine nationale, la trésorière, et enfin Nathalie Odos, ancienne contrôleuse aérienne, la vice-trésorière.

À cette date, Aymeric Chauprade, qui jouera un rôle important dans la suite des événements, n'était pas présent à cette réunion. Il rejoindra l'association plus tard, à ma demande ; mais c'est un homme à propos duquel il faut d'ores et déjà dire quelques mots.

Capitaine de frégate, officier supérieur de réserve dans la Marine nationale, docteur en géopolitique, multi-diplômé, enseignant au Collège interarmées de défense (CID), conférencier international de talent, familier des Russes, il n'est pas encore à cette époque membre du Front national, bien que très proche de Marine Le Pen[1]. Il est en revanche, je le sais pour bien le connaître, comme mon ancien éditeur, un intime de Leonel Fernández, ancien président de la République dominicaine, dont il a été l'un des conseillers stratégiques entre 2009 et 2012. Il dispose par ailleurs d'un réseau d'influence très important, en France, mais aussi dans de nombreux pays étrangers. En conséquence, c'est tout naturellement que je l'ai appelé et que l'ASPB lui a demandé d'intervenir auprès de Fernandez.

Il fallait agir rapidement car nous savions déjà que nos deux camarades pilotes vivaient un calvaire dans leur prison. Il n'y a pas besoin d'être devin pour cela : il suffit de bien connaître le pays et d'avoir de bons relais dans le renseignement. Malheureusement, les événements s'accéléraient et ce n'était pas dans le sens que nous souhaitions. Dûment mandaté et financé par le comité de soutien, Aymeric Chauprade s'est donc envolé pour Saint-Domingue et en est revenu presque aussitôt. Avec de mauvaises nouvelles. Leonel Fernández était dans l'œil du cyclone, accusé par son ex-ami de trente ans, son ex-vice-président et successeur, le président Danilo Medina[2],

1. Aymeric Chauprade adhérera au Front national à l'automne 2013, sera élu député au Parlement européen en mai 2014 et quittera le Front national le 9 novembre 2015. Il essayera alors de rallier les Républicains en 2016, sans y parvenir, son attitude et positionnement douteux dans l'exfiltration des pilotes Odos et Fauret lui étant reprochés.

2. Danilo Medina Sánchez, chimiste de formation, né en 1951, est élu président de la république le 20 mai 2012 et succède à son ami politique Leonel Fernández,

pourtant du même parti, le PLD[1], d'être corrompu (tiens, tiens) et impliqué dans le trafic de drogue. L'idée étant bien sûr de l'empêcher de se présenter à nouveau à l'élection présidentielle, qui devait avoir lieu en 2016. De ce fait, il n'y avait rien à attendre de Fernandez, et ce d'autant plus qu'il venait de gracier deux Françaises, Céline Faye et Sarah Zaknoun, prises dans ce maelström d'arrestations arbitraires[2].

De plus, notre envoyé spécial était porteur de mauvaises nouvelles concernant la situation générale en République dominicaine. Depuis plusieurs mois, Américains et Dominicains s'échangeaient des noms d'oiseaux, avec toujours en toile de fond le trafic de cocaïne qui ne cessait d'augmenter. En conséquence, les arrestations d'étrangers se multipliaient. Coupables ou pas coupables[3], les accusés étaient disséminés dans l'une ou l'autre des quinze prisons de l'île, dont ils ne sortaient, on l'a vu, qu'après avoir plaidé coupable et payé *volontairement* la fameuse « taxe de sortie ». Autant dire qu'ils reconnaissaient officiellement leur culpabilité et qu'ils dédommageaient le pays de les avoir si bien maltraités pendant toutes ces années d'incarcération, ou d'assignation à résidence. Le procureur Sigifredo, toujours lui, avait raison : « C'est ainsi que cela fonctionne dans une

---

également membre du PLD. Il devait organiser l'alternance avec son mentor, mais il a refusé soudainement de lui céder sa place pour faire un second mandat en 2016. Il a été réélu le 15 mai 2016 avec le score confortable de 61,74 % des voix. Alors qu'il entendait modifier la loi pour pouvoir se présenter une troisième fois en mai 2020 à la magistrature suprême, il y a finalement renoncé.

1. Le Parti de la libération dominicaine, fondé en 1973 par l'ex-président Juan Bosch, est le principal parti politique de la République dominicaine. Sa ligne politique est assez mouvante. En principe de tendance libérale, elle tangue entre un nationalisme à l'excès, une forme de castrisme guevariste tiers-mondiste, et une autocratie que les dominicains appellent la « *dictablanda* » (la dictature molle).

2. Accusées de trafic de cocaïne, ces deux jeunes vacancières rentreront en France graciées après un an de détention, l'abandon du processus judiciaire et l'intervention de Carla Bruni-Sarkozy auprès du président Fernandez. Voir note numéro 25, chapitre 2.

3. Le 4 octobre 2012, une grand-mère de quatre-vingt-sept ans a trouvé 25 kilos de cocaïne dans sa valise à son retour de vacances en RD. Elle a appelé la police française, qui l'a rapidement mise hors de cause : erreur des trafiquants. Coût de la bévue : 15 millions d'euros.

dictature. » Les nouveaux maîtres du pays ne reculaient devant rien. Rien de nouveau sous le soleil.

Les Dominicains ont fait de leur mieux pour passer entre les balles une fois la nuit tombée, tout en espérant échapper à la case prison pour des raisons politiques souvent obscures, ou parce qu'ils avaient eu la malchance de déplaire aux nouveaux profiteurs du pouvoir en place. Néanmoins, c'est un fait qu'il n'y pas que des innocents dans les prisons dominicaines. Voyous divers, tueurs, trafiquants de drogues, fous dangereux, psychopathes sanguinaires y sont légion. Sans compter les cohortes d'immigrés illégaux, en provenance, le plus souvent, de Haïti, l'infortunée voisine[1] et désignés comme responsables de tous les maux du pays. Autant dire que dans les cellules, l'ambiance n'est pas vraiment propice à la méditation. Règlements de compte entre gangs, entre dealers, entre fournisseurs et distributeurs se succèdent et font presque quotidiennement les gros titres de la presse locale.

Et pourtant, à ce moment, malgré cette ambiance de Far West version tropicale, moite et dangereuse, nous n'avions pas d'autre choix, puisque Bruno et Pascal étaient déjà emprisonnés, que de nous en remettre à la justice dominicaine, si nous voulions les extraire du traquenard dans lequel

1. Après une violente révolte des esclaves (400 000 à l'époque), Napoléon Bonaparte choisit en 1804 d'abandonner les colonies de Louisiane et de Saint-Domingue pour soulager les finances françaises, territoires trop vastes, trop instables et trop éloignés pour être gérés par la France avec les moyens de communications de l'époque. Toussaint Louverture nommé gouverneur général à vie de Saint-Domingue par la France, rétablit l'ordre dans le sang, chassa les Espagnols et les Anglais avides de récupérer la partie orientale de l'île, particulièrement prospère. La République d'Haïti était créée. En 1822, le président Boyer tenta de réunifier par la force les deux territoires ayant été séparés artificiellement par le traité de Ryswick. En 1843, il perdit le pouvoir, ce qui laissa la possibilité aux anciens espagnols (Juan Pablo Duarte, Thomas Bobadilla, Buenaventura Baez, etc.) de reconquérir leurs terres et de créer en 1844 la République dominicaine. Depuis, les haïtiens s'estiment spoliés par les dominicains, lesquels accusent leurs voisins d'être des envahisseurs et des occupants. La situation en 2021 était toujours très tendue entre les deux peuples qui se haïssent avec absurdité. Les haïtiens en situation irrégulière représentent environ 10 % de la population dominicaine, soit à minima un million d'âmes.

ils étaient tombés. D'autant plus que nous étions certains d'obtenir gain de cause. Tout plaidait en notre faveur ? Oui… et non.

Oui, puisque d'un côté nous avions toutes les preuves de l'innocence de nos amis et, de l'autre, toutes les preuves des manigances auxquelles s'étaient livrées les autorités dominicaines. Au plus haut niveau.

Non, car un facteur, essentiel, nous échappait : nous sous-estimions gravement l'effroyable état de pourriture (*pais podrido,* disent les Dominicains eux-mêmes), au sens propre du mot, pourriture morale, intellectuelle, quasi institutionnelle, qui gangrène la société dominicaine. Pire, en dépit de l'impressionnante somme d'expériences individuelles et collectives réunies au sein de notre groupe de soutien, expériences acquises sur tous les continents et dans presque toutes les circonstances étant donné nos activités respectives[1], nous étions encore des enfants de chœur en ce qui concerne la République dominicaine. Il est vrai qu'à cette date, avril 2013, je n'avais pas encore rencontré mon infortuné compagnon de cellule, le procureur Sigifredo, et j'ignorais, nous ignorions, que la République dominicaine et son bras armé, une forme très particulière de justice, ne pouvaient pas perdre. En aucun cas.

Par ailleurs, nous ne disposions pas d'une vision d'ensemble de la réalité. Seules les ambassades sont assez informées pour recenser les innombrables abus de droit touchant leurs ressortissants, compilations qui font sans doute l'objet d'une transmission routinière à leurs correspondants respectifs via les traditionnels télégrammes diplomatiques. Et après ? Rien. Il n'y a jamais de sanction, ni diplomatique, ni économique, pas même un froncement de sourcils sur la scène internationale. Ni aux Nations unies, ni lors des assemblées de l'Organisation des États américains. C'est comme si les grandes puissances étaient désarmées face au cadre juridique

1. À cette date, le comité de soutien comptait 2 500 pilotes, quelques diplomates, quelques élus de la République, en plus des amis et des simples citoyens.

que leur opposent les autorités de Saint-Domingue. Le droit, après tout, est l'honneur des démocraties, et il serait malvenu de s'en prendre aux jeunes États, même ceux qui brandissent pour un oui ou pour un non l'étendard de la justice comme gage de leur moralité.

Les États-Unis, qui pourtant assurent les fins de mois de la République dominicaine, ont craqué au moins une fois, tapé du poing sur la table et l'ont fait savoir. C'était en 2011, pour obtenir la libération de deux de leurs ressortissants après… cinq mois de détention. Les deux hommes, deux pilotes de ligne comme l'étaient Bruno et Pascal, avaient été arrêtés suite à la découverte de cocaïne dans les bagages de leurs passagers. Une histoire qui nous en rappelait une autre, mais qui ne nous disait pas si les Américains avaient menacé d'envoyer un destroyer au large de Saint-Domingue pour obtenir satisfaction. Quoique, avec le recul, cela n'eût rien eu de surprenant.

En effet, nous ne le savions pas encore, mais nous allions l'apprendre à nos dépens : la constante de la politique dominicaine, sous un vernis de légalisme, semble être calculée pour pousser à bout ses interlocuteurs. Quels qu'ils soient. Il reste à comprendre pourquoi les pays occidentaux prennent autant de pincettes avec un État qui ne représente rien, ni au niveau géostratégique, ni au niveau politique, ni au niveau économique, et qui ne fait rien qu'agacer la communauté internationale. Un exemple ? En délivrant, en janvier 2018, un pavillon de complaisance à un navire qui sera repéré par la marine japonaise en train de livrer du pétrole à la Corée du Nord[1]. Une action contre-productive quand on prétend être les alliés des Américains, ceux qui ont justement décrété un embargo total sur toute forme de livraison à la dictature paranoïaque des Kim. Mais bon, les dirigeants dominicains ne sont pas des grands stratèges, sinon cela se saurait.

L'Europe non plus, il faut bien l'avouer. Car une autre de nos erreurs a été de ne pas avoir pris conscience de ce que représente le marché de la drogue dans le monde et la place

1. *The Telegraph*, 24 janvier 2018.

bien particulière qu'occupe la République dominicaine dans ce commerce. Cependant, nous avions des excuses.

La première est que nous sommes des Européens, fort peu préoccupés par une industrie qui nous semblait jusqu'alors cantonnée au continent américain, nord et sud. Une spécialité exotique essentiellement produite dans les jungles de Colombie, protégée par des guérilleros en treillis, qui revendent leur drogue à des consommateurs résidant essentiellement aux USA, et appartenant au show-business hollywoodien ou à l'élite des traders de Wall Street. Au moment des faits, et ce malgré les alertes du DRMCC[1], nous étions loin d'imaginer qu'en France, en dehors de quelques personnalités fantasques bien connues, cette drogue se répandait rapidement dans toutes les couches de la société. Du marin-pêcheur au maçon sur son chantier. Question came, comme on dit, nous en étions restés à la *French Connection*[2], film relatant l'époque à laquelle des chimistes marseillais fabriquaient de l'héroïne à tour de bras pour le compte de la pègre corse, qui la distribuait par conteneurs entiers sur la côte Est des États-Unis. Si on nous avait dit qu'en 2020 on ramasserait, simplement en se baissant, des centaines de kilos de cocaïne presque pure sur les plages du littoral atlantique, ou que la police espagnole saisirait en Galice un sous-marin de vingt mètres de long bourré de poudre blanche, nous ne l'aurions certainement pas cru. Après tout, en 2013, nous avions appris que les guérillas colombiennes, les FARC[3], avaient déposé les armes, que notre fameuse otage Ingrid Betancourt était libre et que le super grand patron, le *big boss* du trafic international de drogue, El Chapo (Joaquín Archivaldo Guzmán Loera), moisissait sur pied dans une de ces prisons-forteresses dont les Américains ont le secret.

1. DRMCC : Département de Recherche sur les Menaces Criminelles Contemporaines de l'Université Paris II Panthéon-Assas.
2. Film de William Friedkin qui recevra en 1971 l'Oscar du Meilleur film.
3. Forces armées révolutionnaires de Colombie.

Nous le savions parce qu'il s'agissait d'informations facilement accessibles, à la une des journaux télévisés. Nous en contenter fut encore une erreur, comme de croire que la lecture de la presse quotidienne était une affaire de spécialistes diplômés de Sciences Po. Ça l'est certainement si l'on ne vit que pour le sport, le jardinage ou le tricot, ou que l'on se croit informé par la simple consultation des réseaux sociaux, mais pas si on a la prétention de comprendre, au moins notre pays, et au mieux la marche du monde. Surtout quand on voyage.

Néanmoins, même une lecture attentive de la presse n'aurait pu nous préparer au cauchemar dans lequel nous nous sommes précipités du jour au lendemain, alors que des informations décousues nous parvenaient de République dominicaine par l'intermédiaire des avocats de Pascal et Bruno. Recommandée par l'ambassade de France, María Elena Gratereaux[1] avait décidé de s'adjoindre l'assistance de Fabiàn Mello, un ancien *fiscal* redevenu avocat dans le privé, par goût de la liberté j'imagine. La compagnie aérienne SN-THS qui gérait l'exploitation du Falcon 50 ayant elle aussi plongé dans la tourmente, mais cette fois à cause… de la justice française[2]. Il faut dire que les deux dirigeants n'ont pas eu l'idée de sauter dans un avion à destination de Saint-Domingue et de voler immédiatement à la rescousse de leurs employés pour s'assurer de la qualité de leur défense matérielle, juridique et diplomatique. C'est donc le comité de soutien ASPB, qui a dû prendre en charge les émoluments des avocats tropicaux, démesurés : 100 000 dollars par an, payables partout sauf en République dominicaine.

Ce que ces deux plaideurs allaient nous révéler malgré eux, c'est que nous étions sur le point de plonger dans un insondable gouffre judiciaire dans lequel mêmes les meilleurs

1. Dite « MEG ». Avocate dominicaine mariée à un ressortissant français établi comme avocat et notaire à Puerto Plata.

2. À la même époque, la juge marseillaise Saunier-Ruellan avait ouvert une enquête sur un supposé trafic de drogue impliquant la société SN-THS. La mise en examen et l'incarcération aberrante de son dirigeant et d'un actionnaire a provoqué la faillite de la compagnie aérienne.

pénalistes au plus près des événements allaient perdre tous leurs points de repères. Personne ne sera épargné, des vies magnifiques seront brisées, des épargnes modestes englouties, des institutions définitivement discréditées, des désespoirs exacerbés jusqu'à l'extrême limite, celle qui côtoie intimement l'irréparable.

Le meilleur moyen de comprendre l'ampleur que va prendre cette affaire désormais baptisée « Air Cocaïne », c'est d'abandonner provisoirement nos camarades pilotes dans la prison où ils attendent leur procès. Pour atteindre le cœur du réacteur, Saint-Domingue, pour comprendre l'étendue des pouvoirs dont jouissent les narco-États, il faut se projeter dans le temps, au début d'une autre expérience humaine. La mienne. Cap donc vers le Moyen-Orient, trois ans plus tard.

4

Le couloir de la mort

Février 2016

Retour à mon histoire. Nous ne sommes plus en 2013, date à laquelle Bruno et Pascal sont encore dans la prison d'Anamuya, mais en janvier 2016.

Je suis au Caire à la demande des autorités égyptiennes en ma qualité de spécialiste de la sûreté aérienne. C'est loin d'être mon premier voyage au pays des Pyramides. J'ai arrêté de compter, mais j'ai dû au moins y aller cinquante fois. Cette fois, accompagné de Daniel G., qui travaille avec moi à Paris, je suis attendu par un ancien officier de renseignement de la marine égyptienne que j'ai déjà croisé aux USA, Hassan Bidar. Un homme qui a naturellement beaucoup de contacts au sein de l'institution militaire, à laquelle il revend du matériel réceptionné au titre des accords passés avec des gouvernements occidentaux. C'est l'Égypte, tout est normal.

Il ne faut pas s'en étonner, en 2016 la guerre contre les djihadistes en Syrie fait rage, alors que le gouvernement de Bachar el-Hassad[1] est en pleine déconfiture. Et tout le monde a beau savoir que la marine égyptienne est en dessous de tout, il faut bien en passer par elle et sa relative efficacité sur les deux bassins essentiels du théâtre d'opération, la Méditerranée et la mer Rouge. Cela va très loin, au point qu'on ne peut pas simplement aller pisser dans le canal de Suez sans demander la permission ; même si, au final, ce sont les Occidentaux qui contrôlent l'ensemble des mouvements

1. Président de la République arabe syrienne.

des navires utilisant ce passage. Et quand je dis contrôler, ce n'est pas une figure de style. Pendant des années, toutes nos grandes oreilles, les stations d'écoutes, étaient basées là-bas, au Caire. Étaient, parce que depuis nous utilisons d'autres moyens. Pour cette seule raison, nous sommes tous très gentils et très patients avec le maréchal Abdel Fattah al-Sissi dit « Sissi », président-dictateur convaincu d'être le seul maître à bord. Autant flatter cet ego, dans la mesure où la position stratégique de l'Égypte en fait un point clé pour la défense de l'Europe et du Proche-Orient, tandis que Chinois et Russes, jamais très loin, n'attendent qu'une occasion pour nous remplacer. Au Caire, la coopération diplomatique et militaire avec les USA et la Grande-Bretagne nous permet, grâce aux porte-avions, de boucher littéralement l'horizon de toutes les forces hostiles. De plus, l'armement aérien fourni à l'armée égyptienne appartient à la série des vecteurs dits de « cinquième génération ». Autrement dit : « Tu tires seulement si je le veux bien. »

C'est le cas pour les deux BPC, bâtiments de contrôle et de projection de la classe Mistral que la France a vendu au Caire en 2015. Destinés à l'origine à la Russie[1], après l'invasion de la Crimée il avait fallu en urgence leur trouver une autre destination, et surtout d'autres payeurs[2] : en l'occurrence, ce furent des rois du pétrole[3].

Autre exemple d'armement sous contrôle, les vingt-quatre Rafale[4] vendus à l'armée de l'air, parfaits pour contrôler la

---

1. Il s'agissait du BPC *Sébastopol* et du *Vladivostok*. La Russie conservera les 150 000 pages de « documentation technique » déjà fournies au titre des « transferts de technologie ». Revendus à l'Égypte, les BPC deviendront respectivement l'Anouar el-Sadate et le Gamal Abdel Nasser.

2. Il y en avait tout de même pour 1 milliard d'euros.

3. La France équipe l'Égypte d'avions de chasse de cinquième génération payés par les Saoudiens, car nous avons besoin d'assurer le maintien de notre composante aérienne proche-orientale ce qui permet une redondance de défense avec les appareils stationnés en Arabie Saoudite et à Djibouti. Le contrat de livraison des Rafales à l'Égypte, estimé à 6,8 milliards de dollars, a été payé par Riyad.

4. Le vingt-quatrième et dernier Rafale commandé par l'armée de l'air égyptienne a été livré en juillet 2019, la flotte n'étant que de 23 appareils. En effet, en

zone Sud, de la sortie du canal de Suez jusqu'aux côtes méridionales de la mer Rouge, mais qui ne volent que si nous, à Paris, nous le voulons bien. Ainsi va la géostratégie moderne, au ras des boulons informatiques.

Nous sommes le vendredi 4 février 2016 et cela fait une semaine que Daniel et moi avons fait du Novotel de l'aéroport notre résidence provisoire. Jusqu'à maintenant, tout s'est bien passé. Nous avons dédouané sans trop d'encombres le matériel de démonstration, essentiellement des plaques céramiques spéciales pour, entre autres, des gilets pare-balles de nouvelle génération ; nous avons parlé d'améliorer les possibilités de détection des menaces explosives et chimiques ; nous avons même rencontré l'ambassadeur d'Irak, dans sa résidence personnelle. Son pays, lui aussi, est intéressé par les technologies de sûreté *made in France*.

4 février, dernières heures du dernier jour, hôtel Novotel. Il est dix-huit heures. Des coups sont frappés à la porte de ma chambre. J'ouvre à des hommes en civil, dont l'un avec de fausses Ray-Ban noires qui lui mangent le visage.

— Christophe Naudin, y'a un juge qui veut vous voir.

Je leur réponds en toute innocence. Depuis mon arrivée, beaucoup de gens ont demandé à me rencontrer, sans que je sache toujours qui ils étaient et quelles étaient leurs fonctions.

— Pourquoi pas ? Malheureusement, je m'envole demain matin à quatre heures.

— Il y en a seulement pour une heure. Préparez vos bagages et payez votre note d'hôtel.

Cette dernière instruction me rend méfiant, alors qu'en visite quasi officielle dans ce pays, je devrais avoir à ne m'inquiéter de rien. Je demande en conséquence à Daniel de prévenir Paris et, méfiant, j'envoie un message à Me Reinhart, l'avocat de Pascal et Bruno.

---

janvier 2019 le Rafale EM02-9352 piloté par le commandant Mohtady al-Shazly s'est écrasé sur la base aérienne militaire de Gebel el-Basur, devant les formateurs de Dassault Aviation. Les Égyptiens tentent de garder ce crash secret.

Nous descendons ensuite, direction le centre du Caire pour « voir le juge », dans l'une de ces voitures impossibles dont seuls les pays en voie de développement ont le secret. Nous nous garons dans la cour de ce qui m'est présenté comme un bureau local d'Interpol.

— Asseyez-vous et attendez, on va aller chercher le juge.

La salle d'attente est surpeuplée, mon instinct me dit que ça ne sent pas bon, dans tous les sens du terme, et je décide d'appeler l'ambassade de France, où l'attaché de sécurité intérieure me dit : « Surtout, jouez-la soft. » Je comprends alors que la diplomatie est en ordre de marche, et qu'on va s'occuper de moi ; j'ai tort. Quand mes anges gardiens reviennent, c'est pour m'informer que, vue l'heure, le juge est parti.

— Pourquoi venir ici, alors ?

— Vous êtes notre prisonnier, ne discutez pas.

Et ils se congratulent. Ce n'est visiblement pas tous les jours qu'ils sont chargés d'intercepter un Européen. Manifestement, cela les enchante ! Y'avait-il une récompense à la clef pour ma capture ?

— Pourquoi est-ce que je suis arrêté ?

— Pour ce que vous avez fait dans un autre pays.

Je comprends tout de suite de quoi ils parlent et, pendant qu'ils rigolent, je commence à m'inquiéter. Sérieusement. Il est certainement question de la République dominicaine, de mes « exploits » de l'année précédente pour exfiltrer mes camarades Pascal et Bruno. Pourtant, en principe, mais seulement en principe, je n'ai rien à craindre d'Interpol, même si Saint-Domingue, par la voix du procureur général Francisco Domínguez Brito, a fait savoir à qui voulait l'entendre que je faisais l'objet d'une notice rouge d'Interpol[1]. Faux !

Interpol édite en effet des notices de couleur, jaunes, bleues, vertes, violettes, noires (personnes décédées à

1. En novembre 2015. En réalité, il n'y a jamais eu de notice rouge Interpol ni de mandat d'arrêt international à mon encontre, ce que je découvrirai plusieurs semaines plus tard.

identifier), oranges, et rouges. Cette dernière couleur est au top de la liste. Prudent, j'ai vérifié, j'ai fait appeler Interpol par mes connaissances policières avant d'accepter de partir pour l'Égypte.

— C'est quoi cette notice rouge ?

La réponse est arrivée quarante-huit heures plus tard.

— C'est bidon, il n'y en a pas. Ils ont peut-être fait une demande depuis leur bureau, mais si c'est le cas elle n'a pas été validée.

Une notice rouge est émise à la demande d'un pays membre ayant lancé un mandat d'arrêt contre un individu, à la condition que ce mandat soit justifié et recevable en droit international. Il faut néanmoins se méfier des mini-dictatures qui se rendent des services sous les prétextes les plus spécieux et brandissent à tout vent le drapeau d'Interpol.

Dans mon cas, c'est certain, il n'y a pas de notice rouge. S'il y en avait eu une, très logiquement je n'aurais pas pu décoller de Roissy puisque la police aux frontières m'aurait immanquablement interpellé !

Quoi qu'il en soit, pour moi, c'est direction prison. À peu de choses près, je refais le même parcours que mes amis Bruno et Pascal, à partir de leur arrestation à Punta Cana, qui sont maintenant, à la même heure, le même jour, dans une autre prison, mais en France. Tout ceci commence à ressembler à une histoire de fous. Les deux pilotes ne sont ni responsables ni coupables, je ne suis ni responsable ni coupable, mais un vent délétère souffle depuis la Caraïbe et contamine la planète entière.

Un vent malsain qui me propulse dans un cul-de-basse-fosse. Au sens propre du mot. On me transporte de nuit et on me jette dans une minuscule cellule cauchemardesque, surpeuplée, au sous-sol d'un bâtiment en béton de la banlieue du Caire. Il n'y a naturellement pas de fenêtre, l'éclairage violent d'une simple ampoule suspendue au plafond nous aveugle en permanence, le couchage est au sol pour ceux qui arrivent à se faire une place entre les corps puants des autres détenus. N'oublions pas le répugnant lieu d'aisance.

Quand j'arrive, nous sommes douze dans cette antichambre de l'enfer, dans laquelle je vais vivre accroupi quelques jours, assez démoralisé par la lenteur de l'action diplomatique. Car malheureusement, j'y crois encore ; alors, je patiente stoïquement et naïvement. Je suis persuadé que le droit, le vrai, va vaincre l'imbécilité procédurale de pays immatures. Progressivement, je sombrerai dans la désillusion.

D'autres cellules du même type, des cubes de ciment, se juxtaposent le long du couloir, et il y a un autre sous-sol, avec encore d'autres cellules. Je le sais parce que montent de ces profondeurs des rumeurs sombres. J'imagine des centaines d'hommes enfermés comme nous, mais profondément sous terre, et sans avoir peut-être assez d'air pour seulement respirer. Cette prison qui ne dit pas son nom se trouve peut-être vers Héliopolis. J'ai retenu le nom de Salah Salem Street, et enquêter dans ce monde de barbares, pour ne pas dire de malades, est bien plus dangereux que sauter dans une piscine pleine de requins affamés.

Deux jours, deux très longs jours, passent avant qu'on m'extirpe de ce cachot tel que je suis alors, puant moi aussi, pour revenir au Caire, très précisément au New Justice Palace[1]. Comme je dors debout faute d'avoir pu fermer les yeux ces dernières quarante-huit heures, je ne fais même pas attention au décor. Nous sommes le lundi 7 février et, en attendant que le ministère des Affaires étrangères se décide à intervenir pour me sortir de là, je fais la connaissance du consul de France, venu accompagné d'un interprète, qui se révèle plutôt sympathique. Le juge[2] est jeune, lui aussi l'air avenant. Son entrée en matière l'est beaucoup moins :

— Vous êtes accusé de trafic illicite d'êtres humains et de trafic de migrants.

1. Je serai toujours surpris par la schizophrénie des peuples qui ne cessent de proclamer haut et fort leur souveraineté culturelle, mais qui recourent aux caractères d'imprimerie latins pour être compris. Cette réflexion vaut autant pour la Chine ou la Russie que pour les pays arabes.

2. Habillé à l'occidentale, alors que son greffier porte une *galabeya* et prend des notes en arabe à la main sur des feuilles blanches.

C'est du grand n'importe quoi. Le trafic d'êtres humains est une infraction internationale depuis la signature en décembre 2000 du traité de Palerme, dont une clause oblige tous les pays signataires à une stricte collaboration. L'accusation émane de la République dominicaine, un pays qu'il ne connaît pas et ne situe pas.

— Étiez-vous en République dominicaine à cette époque ?

Non, bien sûr que non, et mon passeport peut le prouver. Je ne suis même pas entré dans les eaux territoriales de la République dominicaine lors du fameux sauvetage des pilotes. Le juge prend note, avec son stylo à bille, sur une simple feuille blanche, puis décide que, d'une façon ou d'une autre, j'ai avoué être coupable et donc que je dois rester en prison, au moins quinze jours. En attendant que la République dominicaine lui fournisse de quoi motiver sa décision ? Comme par hasard, la très jeune ambassadrice de République dominicaine en Égypte fait son entrée, preuve qu'à Saint-Domingue on déploie les grands moyens pour obtenir mon extradition. La dame ne paye pas de mine. C'est une jeune femme habillée assez chichement pour une représentante d'État, épaulée par un avocat novice et escortée par un « conseiller » prépubère. Elle semble terrorisée à l'idée d'accomplir une démarche qu'elle devine totalement illégale.

— Livrez-nous M. Naudin, ses droits seront garantis conformément à notre formidable constitution, *bla bla bla*...

C'est légalement impossible, l'Égypte et la République dominicaine n'ont pas signé de convention bilatérale d'extradition. Par ailleurs, selon la convention de Palerme, j'aurais dû repasser par la France pour y être jugé et éventuellement extradé – sauf qu'à Paris, j'aurais été innocenté. Qu'importe, la République dominicaine me veut à tout prix et elle a les moyens d'acheter tous les juges d'Égypte, sans oublier de remplir les poches de toutes les forces de police du Caire, cash et en dollars. Non déclarés bien sûr[1].

1. *Le Caire confidentiel* (2017), film très réaliste du réalisateur Tarik Saleh sur la corruption en Égypte, montre parfaitement comment fonctionnent la police et la justice égyptienne. Dans mon cas, on ne change pas une image : c'est totalement identique. Ce film a été couronné par de nombreux prix.

Sur ce, on me transfère dans une nouvelle prison. Un vrai transfert surprise, puisque même le consul n'en est pas averti. Mon cachot se situe cette fois quelque part au pied de la Citadelle, le quartier historique et touristique de l'Égypte arabe. Cette prison est un vieux bâtiment, en très mauvais état, très sale, très poussiéreux, à l'image du quartier. Ma cellule est au sous-sol, à nouveau, mais aérée cette fois par une lucarne qui débouche au niveau du trottoir. Plus grande que la précédente, elle mesure vingt mètres carrés. Pour dix personnes, c'est presque du luxe. Nous faisons vite connaissance. Il y a, entre autres, un chef d'entreprise qui souffre d'une rage de dents, un présentateur de télévision célèbre, et un immigré érythréen de vingt ans à peine dont l'histoire est déchirante. Après deux ans de détention dans son pays, puis, après s'être évadé en passant par le Soudan, il a été arrêté en plein désert au niveau du barrage d'Assouan. Ses copains qui étaient partis vers la Libye sont tous morts, il a donc de la chance, même s'il ignore s'il sera libéré un jour. Ces trois-là, qui croupissent depuis déjà quelque temps entre ces quatre murs à l'ancienne, épais, crasseux, ont eu le temps de s'habituer au lieu. Et surtout aux bruits : bruits incessants de la rue, des bus, des camions et des véhicules, tous roulant klaxon bloqué, et bruits de la prison. En Égypte, les prisonniers ne crient pas, ils prient seulement cinq fois par jour, mais à gorge déployée. Allah est peut-être dur d'oreille.

À cela s'ajoute le froid qui vient par la lucarne, bien réparti par un ventilateur sans doute fort apprécié l'été, mais au mois de février, quand on dort par terre, sans couverture… Inutile de préciser que je suis arrivé dans cette deuxième prison comme j'étais parti de la première, avec un jean tenu par une ceinture en cuir, un polo, une paire de chaussures de sport et c'est tout. Les mains dans des poches vides de surcroît, alors que la règle intérieure, non écrite, est que tout se paye. Par exemple, il n'y a pas de cantine, ce sont les familles des prisonniers qui doivent apporter le déjeuner, en prévoyant pour deux personnes puisque, autre règle non écrite, les policiers[1] prélèvent environ la moitié de chaque colis. Il faut bien qu'ils se nourrissent, eux aussi. Faute d'argent et de famille sur place, je n'ai pas d'autre choix que de mendier ma pitance auprès de mes codétenus, qui se révèlent plutôt compréhensifs.

Je n'ai plus de montre non plus. J'ai eu la présence d'esprit de confier immédiatement au consul de France ma montre de navigant avant qu'elle ne me soit volée par les policiers égyptiens. J'y tenais beaucoup[2]. Progressivement, je perds la notion du temps. Le froid et le manque de sommeil influent aussi sur mes capacités cognitives. Seule reste ma rage, dont un sombre crétin va faire les frais.

Introduit sans précaution dans notre espace restreint, ce voyou qui se vante d'être un assassin veut aussi nous imposer sa loi. Comme tous les Égyptiens, ainsi que tous mes compagnons de cellule, il fume. En principe je peux le supporter, mais lui fume vraiment beaucoup et refuse de se restreindre.

— Je suis dans mon pays, je fais ce que je veux.

Ah oui ? En moins d'une demi-seconde, je me suis souvenu de mon entraînement militaire non pratiqué depuis des lustres, et à la fin de la seconde il était groggy, à terre. Il n'a plus jamais refumé, c'est une certitude. Il est resté étonnamment calme, immobile et silencieux tout le reste de la soirée. Emmené le lendemain matin on ne sait où par les policiers, j'ai appris qu'il était décédé lors de son transfert en camion. Pas d'un torticolis, je suppose.

Quand était-ce exactement ? Je dois reconnaître que je n'en sais plus trop rien, mais c'était avant la visite de ma femme, Michèle. Je ne souhaitais pas sa présence dans un pareil moment, d'abord pour des raisons de sécurité la concernant, ensuite parce que l'ennemi sait prendre appui sur ce que l'on a de plus intime. Dévastée, Michèle m'a

---

1. En Égypte, ce sont des policiers qui font le travail de surveillants pénitentiaires. Inutile de préciser qu'on ne sélectionne pas les meilleurs pour s'occuper des prisons. Ils sont tous corrompus, incompétents, violents, malhonnêtes.
2. Le consul aura la gentillesse de la renvoyer en France par la valise diplomatique. Aujourd'hui, elle est à mon poignet.

retrouvé grâce au consul, qui a dû remuer ciel et terre pour apprendre dans quelle nouvelle prison je croupissais, tant les autorités égyptiennes ne faisaient rien pour nous faciliter la vie. M. Planson, ce consul expérimenté, décidément adorable, qui savait comment ça se passe derrière les barreaux égyptiens, m'a apporté des sandwiches confectionnés par sa femme, des chocolats et un soda sucré. Il n'ignorait pas qu'en Afrique en général (et dans la majorité des pays du monde), les prisonniers ne sont pas nourris par le système carcéral. La famille doit pourvoir aux besoins du prisonnier ; et moi, ma famille, elle ne vit pas en Égypte. Une petite bouteille d'eau était la bienvenue tant j'étais déshydraté, car il n'y avait qu'un broc dans la cellule, qui servait indifféremment à nos besoins naturels et comme récipient pour l'eau potable. Je m'abstenais alors de boire, connaissant la qualité de l'eau en Égypte, ce que mes reins n'ont pas vraiment apprécié.

Michèle est venue avec un carnet pour que je puisse prendre des notes, un stylo et un livre, immédiatement confisqués par le cerbère de service, puis restitués devant ma colère grâce à l'insistance du consul. Ils me seront repris violemment dès qu'il aura tourné le dos. Toutes mes notes sur mes conditions de détention, mes codétenus, mon lieu d'incarcération disparaîtront. Il ne me restera que ma mémoire, altérée progressivement par le stress hydrique et la dénutrition.

Ma femme est venue accompagnée d'un avocat autoproclamé, Martin Reynaud, le premier d'une longue série de charognards appâtés par les gains faciles[1] extorqués à des familles en détresse. Celui-là se contentera de contacter un avocat égyptien[2], ce qui est totalement inutile, mais c'est à l'occasion de cette visite que j'apprends le départ de Laurent

1. Nous lui payerons des honoraires pour 30 000 € (+ ses frais de voyage plein pot pour venir en Égypte) alors qu'il ne fit absolument rien. Un véritable aigrefin, qui s'était présenté comme un spécialiste de l'OIPC (Interpol) que mon comité de soutien récusera très rapidement tellement il est apparu inutile à tous mes proches !
2. L'avocat égyptien réclamera 200 000 dollars payés d'avance pour intervenir. Ma famille ne lui versera que 34 000 dollars, qu'il empochera sans rien faire ni rien obtenir des autorités égyptiennes.

Fabius du MAE[1]. Mauvaise concordance des temps. Laurent Fabius était le seul membre du gouvernement à s'être illustré, deux ans plus tôt, en 2014, en intervenant vaguement en faveur des pilotes encore emprisonnés en République dominicaine. Son successeur serait-il à la hauteur ? Il le fallait car je comptais sur une véritable mobilisation politique, même si je savais ne pas peser lourd face à une vente de Rafale ou de BPC[2]. De plus, il faut du temps, beaucoup de temps, pour qu'un nouveau ministre prenne ses marques dans cette maison particulièrement difficile à diriger qu'est le Quai d'Orsay. Pendant ce temps, pas de cabinet ministériel, donc pas de décision.

Illustration : l'ambassadeur de France, qui pourtant avait déjeuné avec le procureur général égyptien au lendemain de mon interpellation, ne recevra jamais de consigne du Quai d'Orsay quant à la démarche à suivre à mon sujet, bien que le mot d'ordre à Paris ait été de me sortir de là. J'apprendrai par la suite que Paris est intervenu en ma faveur auprès de l'ambassade d'Égypte ; mais l'ambassadeur a répondu que des contacts politiques ne pouvaient « interférer avec la justice égyptienne ». Pourquoi pas, d'ailleurs ? Mon argument était alors le suivant : légalement, avec ou sans notice rouge en provenance d'Interpol, la République dominicaine se devait de saisir la justice française, l'Égypte n'ayant pas à se retrouver prise en tenaille entre la République dominicaine et la France. Cependant, ni l'ambassadeur ni moi n'avions encore compris le pacte de corruption qui unissait ces deux régimes dénaturés. Ils ne parlaient pas la même langue, mais partageaient le même amour des billets verts. Et, bien sûr, contrairement à ce que Milciades Guzmán déclarera plus tard sans en apporter la preuve, Saint-Domingue ne prit même pas contact avec Paris.

---

1. MAE ou parfois MEAE pour ministère de l'Europe et des Affaires étrangères français.
2. Bâtiments de projection et de commandement. Dans la marine française, les BPC sont des porte-hélicoptères amphibies de la classe Mistral. Leurs indicatifs visuels sont L9013 pour le *Mistral*, L9014 pour le *Tonnerre* et L9015 pour le *Dixmude*.

Une dizaine de jours plus tard, j'ai été reconduit au tribunal. Comme je disposais cette fois d'une minuscule ouverture pour me repérer, j'ai compris que nous traversions la ville via l'avenue Salah Salem, qui mène à l'aéroport et, plus loin, au canal de Suez. À New Cairo, au nouveau palais de justice, j'étais attendu par le consul et son traducteur, l'inévitable ambassadrice de République dominicaine, toujours escortée de ses conseillers qui ressemblaient à des gamins, le correspondant d'Interpol en Égypte, l'auteur de mon arrestation au Novotel, que j'avais surnommé « Ray-Ban » à cause des lunettes noires qu'il ne quittait jamais, et… Hassan Bidar, l'homme à l'invitation de qui j'avais fait le déplacement. Je n'arrivais pas à déterminer si sa présence était une bonne ou une mauvaise chose.

— Avez-vous les documents contre Naudin ? a demandé le juge à l'ambassadrice.

Non, évidemment non, puisqu'il n'y avait rien de juridiquement recevable contre moi. Elle a donc récité la liste des habituelles excuses dominicaines visant à dissimuler l'inefficacité crasse de son pays, sans vraiment convaincre bien sûr. Même aux yeux des Égyptiens, froisser la susceptibilité de quelques magistrats et militaires véreux n'est pas un crime. De ce fait, le consul a plaidé pour ma libération, le juge m'a rendu mon passeport, puis, coup de théâtre, il m'a demandé de quitter la salle d'audience, le temps qu'il s'entretienne avec… l'ambassadrice. Sans témoins, c'est tellement plus simple.

J'ai profité de cette occasion, du fait que Ray-Ban regardait ailleurs et de l'agitation provoquée par la masse des fidèles quittant l'espace réservé à la prière au bout du couloir pour confier discrètement mon passeport à Hassan Bidar, en lui demandant de partir immédiatement. C'était malin de ma part, puisque sans passeport, on ne pouvait pas m'extrader, mais j'aurais mieux fait de le détruire. Car j'ignorais que Bidar allait s'empresser de le rendre à « Ray-Ban ». Aussi ai-je eu l'air ridicule quelques minutes plus tard quand, de retour dans le bureau du juge, ce juge aux poches désormais bien pleines a annoncé, à la demande de l'ambassadrice sans doute :

— Je vais vous garder quelques jours de plus, rendez-moi votre passeport.

— Passeport ? Quel passeport ? C'est vous qui l'avez.

J'avais esquissé un sourire sardonique, il s'est achevé en grimace. « Ray-Ban », triomphant, a déposé en ricanant le précieux document sur le bureau du magistrat puis s'est tourné vers moi :

— Ne joue pas à ça avec moi.

Le consul s'est effondré, Bidar[1] a disparu, je ne le reverrai plus. Et moi, pour la première fois de ma vie, innocent ou pas, je me suis retrouvé menotté. C'est à ce moment précis que j'ai compris que l'Égypte de Sissi était devenue un pays aux institutions versatiles. Et encore, je n'avais pas tout vu.

Je pensais retourner dans la prison d'où je venais. Surprise, après une bonne heure de route en ville, j'ai découvert la troisième prison que l'on m'avait réservée pour mon séjour forcé, et c'était loin d'être un hôtel trois étoiles. Située quelque part dans un quartier populaire, des hurlements s'en échappaient, des cris incohérents résonnaient d'un mur à l'autre et, naturellement, le consul n'avait pas été mis au courant. Après une sorte de formalité d'entrée, on m'a soustrait de force mon polo et mon jean, ce que je regrettai aussitôt puisque faute de carnet de notes j'écrivais à l'intérieur de mon pantalon toutes les infos collectées, et j'ai dû enfiler la tenue de prisonnier que l'on me tendait. Blanche, la couleur a son importance. Dans le dos et sur la jambe gauche, était marqué en bleu et en arabe le mot « prisonnier »[2]. On m'a aussi volé les derniers sandwiches apportés par le consul au tribunal, les barres de chocolat, la bouteille d'eau. On m'a assuré que je récupérerai mes vêtements quand je sortirai, mais je n'étais pas dupe. Je connaissais par cœur la duplicité traditionnelle de l'administration égyptienne.

1. Hassan Bidar gardera d'ailleurs mes affaires personnelles, mon portefeuille, mes cartes de crédit et mon téléphone. Quand mes proches tenteront de les récupérer, il ne répondra jamais.

2. J'ai déchiffré avec peine les lettres SJYN سجين (SaJYNi).

J'ai été ensuite poussé dans un premier couloir au sol carrelé, défoncé, où tout était sale, cradingue, malodorant. Un boyau partait à gauche et un autre à droite, et c'était ainsi sur trois étages. En levant la tête, j'ai aperçu un empilement de coursives grillagées. Dans le couloir de droite les prisonniers s'entassaient comme des volailles dans de vraies cages, fermées par du grillage renforcé. Ils portaient tous des tenues rouges avec une inscription semblable à celle que je portais. Dans le couloir de gauche, les cellules étaient fermées par des portes de fer trouées à la perceuse, pour l'aération. Mon nouveau logement se trouvait dans ce couloir, mur de droite, troisième porte. Quand cette porte s'est ouverte, j'ai pris un grand coup sur la tête. C'était plein, plein à craquer. Dix visages éberlués me regardaient. Les hommes étaient assis contre les murs, les jambes dépliées ou recroquevillées. Un seul dormait, face contre terre. Je comprendrai plus tard que c'était son tour de sommeil, car faute de place, une seule personne pouvait dormir, durant deux heures maximum, allongée dans cette antichambre de l'horreur absolue.

Lumière permanente, crasse totale, bruit infernal, puanteur invraisemblable, cinq prières obligatoires par jour[1], je ne parvins pas à m'y habituer. Ceux qui avaient la chance d'avoir hérité d'un clou dans le mur avaient le droit d'y suspendre le sac en plastique contenant leurs maigres trésors. On m'a attribué une place au plus près du trou qui servait de toilettes et de salle de bain. Inutile de décrire la fragrance.

Il était bien sûr impossible de dormir. J'avais compris qu'il fallait prendre son tour pour s'allonger et dormir un peu, mais en une dizaine de jours je n'y ai jamais eu droit. Les douleurs ont vite commencé à se faire sentir. Assis sans bouger, le mal de dos arrive rapidement, puis les escarres. Un jour sur les fesses ça va, trois jours deviennent insupportables. Je fumais,

1. La prière de L'aube (Al-Sobh) à 5 heures, la prière de la mi-journée (Adh-Dhohr) vers 11 heures, la prière de l'après-midi (Al-Asr) vers 15 heures, la prière du coucher du soleil (Al-Maghrib) vers 19 heures, la prière du soir (Al-Icha) vers 23 heures.

involontairement. La consommation moyenne de tabac était de quatre à cinq paquets par jour et par personne. Il y avait un trafic de clopes avec les gardes, quelques blondes contre un entrebâillement de la porte pendant trente minutes. Un peu de fumée en moins, un peu d'air frais en plus.

Un Syrien trafiquant de cannabis n'arrêtait pas de me raconter des choses que je ne comprenais pas. Un Koweïtien était également emprisonné depuis plusieurs mois pour le même genre de trafic. Un Égyptien habitait cette cellule depuis sept années ! Je ne me souviens plus de son nom. Ni de la raison de son incarcération. Il n'était jamais sorti en promenade, pour la bonne raison que les prisonniers ne sortaient jamais de leur cellule. C'est illégal bien sûr, mais l'Égypte s'en moque. Il n'en sortira probablement pas et perdra la raison. Comme beaucoup.

Le consul ne sachant pas que j'étais là, je n'avais donc rien à manger. Je ne buvais rien, pas même une goutte d'eau provenant du tuyau sortant du mur, craignant que ce ne soit de l'eau du Nil, que je savais polluée et dangereuse. L'inévitable seau qui servait de toilettes trônait au fond de la cellule. L'appel à la prière rythmait tant bien que mal les journées, dans le désordre. En quelques jours, j'ai perdu mes repères. Nous ne voyions pas le ciel. Prière du matin ou prière du soir ? Impossible de le savoir sans montre. Aucune des mosquées alentour n'ayant la même heure, les appels à la prière dans les sonos se chevauchaient, se bousculaient, se disputaient les oreilles des croyants ou de ceux qui faisaient semblant de l'être.

Je sentais que je glissais. Un jour, je ne sais pas quand, on m'a fait sortir et on m'a emmené dans la salle des ablutions, sans doute réservée au personnel de la prison. Dans la tradition de la prière islamique, la purification est un passage obligé. On m'a fait asseoir au bord du bassin. Est arrivé un homme accompagné d'une vague traductrice, il se prétendait être mon avocat et m'a offert une boîte de chocolats, puisqu'on lui avait dit de m'apporter un peu de nourriture. Des chocolats égyptiens, consommables sans plus. L'heure n'était pas à la gastronomie, j'en ai goûté quelques-uns et j'ai immédiatement eu des nausées. Il y avait aussi une bouteille de soda, que j'ai bue d'un coup, bien que je déteste les sodas pétillants trop sucrés. Le soi-disant avocat égyptien ne servait à rien, et la traductrice, une jeune femme appartenant à la minorité copte, gentille, inutile et sans compétences, m'a offert une image de la Vierge pour m'aider à tenir le coup. Je n'avais même plus la force d'en rire. Je l'ai remerciée de son cadeau.

Un autre jour, un matin très tôt, alors que je cherchais à respirer à travers les trous de la porte de fer, j'ai vu passer une colonne de prisonniers en tenues rouges, menottes aux poignets, chaînes aux pieds. On m'avait expliqué les codes de la prison : tenue blanche égale prévenu, tenue bleue égale condamné, tenue rouge égale condamné à mort. J'ai saisi alors que je me trouvais dans le couloir de la mort. Les malheureux se dirigeaient à pas lents vers une autre cellule, située à quelques mètres seulement de la mienne. Ils étaient suivis par des porteurs de brancards en tenue bleue. Derrière encore venaient des tas d'officiels et de gradés en uniforme. Un silence complet régnait dans la prison, tout le monde était au garde-à-vous dans ma cellule, sauf moi qui étais accroupi, l'œil rivé sur ce que je pouvais voir du couloir. Et ce que je pouvais voir, c'étaient les brancards qui revenaient, chacun avec un corps dessus.

Il y avait d'abord une sorte de gros clac, ou crac, puis on voyait repasser un brancard. Chargé d'un homme. Cela a duré une bonne partie de la matinée. On m'expliquera plus tard qu'il y a deux types de peine de mort en Égypte. L'une avec le secours d'Allah, l'autre pas. Dans le premier cas, on place le condamné dans une cage et un imam vient le voir pour le sermonner et le rappeler au Tout-Puissant. Le lendemain, on l'exécute par pendaison. Si au bout de quarante-cinq secondes, chronomètre en main, il n'est pas mort, c'est qu'Allah le Tout-Puissant ne l'a pas voulu. On dépend le condamné et on recommence le lendemain. Si à la troisième tentative, au troisième jour, celui-ci gigote encore à la quarante-sixième seconde, c'est qu'il n'est pas coupable aux yeux du Miséricordieux ou qu'Allah ne veut pas qu'il meure. Le condamné est donc gracié et sa peine est commuée en prison à perpétuité. Une perpétuité réelle en Égypte, cela va sans dire, au cours de laquelle les prisonniers ne mettent pas si longtemps à mourir.

Dans le deuxième cas, le secours d'Allah n'est pas requis. Le condamné est pendu jusqu'à ce que mort s'ensuive, sans laisser aucune chance à aucune intervention divine. Pourquoi les uns et pas les autres? Seul le juge le sait, lui seul peut prendre la décision de s'en remettre au Créateur de toutes les existences.

J'apprendrai ensuite que la cellule de pendaison disposait d'un crochet solidement enfoncé dans le plafond à la verticale d'un simple tabouret et que chacun, par paquets de dix, attendait son tour dans le couloir. J'imaginais que d'autres prisonniers passaient ensuite pour nettoyer. Un matin, j'ai uriné du sang. On m'a transféré à l'infirmerie, on m'a donné une bouteille d'eau, on m'a fait une prise de sang, on a pris ma tension, puis un policier m'a injecté contre ma volonté je ne sais quel produit dans la fesse. J'ai tenté de résister, mais en vain. J'étais trop faible.

Comme ce jour-là c'en était trop, j'ai râlé, j'ai protesté, je me suis débattu, on s'est bousculé. « OK, OK », a dit le médecin, « on t'emmène à l'hôpital ». Il n'a pas précisé que cet hôpital se trouvait dans une autre prison, encore une. Ma quatrième prison en Égypte.

Je pourrais désormais écrire un guide touristique avec pour seul sujet les lieux d'incarcération dans ce qui fut autrefois la patrie des bâtisseurs de pyramides, des scribes et de l'épigraphie. Je distribuerai gratuitement cet ouvrage à toutes les organisations humanitaires[1], à tous les décideurs politiques, à

1. J'apprendrais plus tard que les ONG se moquent bien de ces sujets. Notamment la très fameuse Amnesty International, saisie en direct par l'un de mes amis. Réponse de son président en 2016 : « Cela ne nous intéresse pas de défendre Christophe Naudin. Nous n'interviendrons pas. »

tous les offices de tourisme. Entre le nouveau Musée du Caire et la vallée des Rois, ne manquez pas la visite de la prison de Tora. Quoique celle-ci, depuis sa construction au début du XXe siècle, ait déjà fait l'objet de milliers de rapports internationaux indignés par les conditions de détention qui y sont pratiquées, il semblerait que toutes les autorités se succédant au pouvoir fassent de leur mieux pour que la situation empire. Au point que Tora est devenue un vaste complexe pénitentiaire constitué de plusieurs unités, comme la célèbre enclave surnommée Scorpio, qui dispose de son propre cimetière et dont le seul nom provoque des frémissements d'épouvante chez tous les prisonniers.

Même les plus célèbres. L'ancien président Hosni Moubarak y est passé et en est ressorti sur un brancard ; son successeur Mohamed Morsi y est mort. On ne compte plus le nombre d'étudiants ou de journalistes incarcérés quelques jours ou quelques semaines qui en sont ressortis terrorisés au point de n'accepter de témoigner qu'anonymement.

Il est impossible en revanche de connaître le nombre des incarcérations secrètes, comme celles des étudiants ouïghours raflés par dizaines à la mi-2017 à la sortie des mosquées, interrogés pendant des heures et des heures par des Chinois anonymes, sans doute cordialement invités, avant de se voir attribuer des codes couleurs pour intégrer une aile discrète du complexe de Tora. Curieusement, ces couleurs, rouge, vert et jaune, correspondent exactement à celles employées par la police chinoise dans les fameux camps de « rééducation » du Xinjiang[1]. Rouge pour les déportés en Chine, vert pour les relaxés, jaune pour ceux préposés aux interrogatoires poussés[2]. Et dire que ces malheureux étaient venus en Égypte pour échapper à la répression du régime communiste de Pékin. Le pouvoir égyptien ne craint pas la contradiction et les dictatures s'entendent très bien, fraternité islamique ou pas, pour museler leurs opposants.

1. Source AFP reprise par le *Bangkok Post* du 18 août 2019.
2. Dans le poste de police n° 2 de Nasr City (banlieue du Caire).

La plus secrète des prisons d'Égypte a quand même fini par ouvrir ses portes à la presse en novembre 2019 à la suite d'une enquête de la Cour des droits de l'homme (ONU), mais dans des circonstances telles que les journalistes sont ressortis hilares de cette visite organisée. Cuisiniers en toque et gants blancs, terrain de football fleuri, très jolis animaux, paons et autruches, circulant librement, le décor ressemblait à un village Potemkine[1]. « C'est une villégiature de bord de mer... » a pu dire un député pro-régime à cette occasion.

En ce qui me concerne, j'y suis arrivé, comme d'habitude, dans un immonde fourgon de police d'origine russe, uniformément gris, sans siège, sans aucune poignée pour s'accrocher. Odeur d'urine en prime. Et le général commandant la place m'a accueilli par ces mots :

— Quel est ton crime ?

— Aucun crime, lui ai-je répondu.

Plus tard, il se vantera devant le consul de France, en ma présence, d'avoir commandé « 950 exécutions ». L'abruti nuisible parfait. Entendant ma réponse, il a donné l'ordre à ses sbires de me taper dessus, imaginant peut-être que j'avais la tête trop dure pour le comprendre.

Puis j'ai été conduit à l'hôpital, qui se trouvait au bout d'un long labyrinthe de couloirs, dans une sorte de pavillon qui n'avait rien d'une installation médicale. L'hôpital en lui-même se composait de deux grandes salles séparées par un muret, hébergeant à mon arrivée une centaine de malades, certains, comme moi, ayant droit à une espèce de lit métallique défoncé, tandis que des mourants gisaient au sol. Le toubib n'était jamais là, l'infirmier était un taulard presque comme les autres, sauf la blouse blanche. Les sanitaires se résumaient à une rangée de lavabos où, miracle, l'eau coulait sans retenue. Je ne l'ai pas compris tout de suite : cet espace était en fait très organisé, en fonction des pathologies, mais aussi de la politique.

1. La légende raconte qu'en 1787, le ministre russe Grigori Potemkine aurait fait construire de luxueuses fausses façades dans un village misérable de Crimée avant la visite de l'impératrice Catherine II.

Côté pathologies, dans la salle de gauche, où je me trouvais, il y avait les contagieux et ceux en phase terminale. Dans la salle de droite, il y avait une pièce pour les prisonniers de Daesh, où une trentaine de personnes était regroupée dans quinze mètres carrés, une autre pour les affidés d'Al-Qaïda qui étaient à peu près aussi nombreux, et une plus grande réservée essentiellement aux Frères musulmans, lesquels étaient particulièrement maltraités. Le tout était, et doit toujours l'être, fermé par une grille menant à une courette de quarante ou cinquante mètres carrés ceinte d'un mur de six mètres de haut et qui servait de cour de promenade, quand nous étions autorisés à y aller. Ce qui était rarement le cas.

Ma première journée à Tora[1] s'est révélée riche – façon de parler. D'abord, j'ai pu nettoyer ma tenue de prisonnier, même si j'en avais ras-le-bol de devoir laver mon caleçon sans pouvoir le retirer. Ensuite, j'ai découvert comment on évacuait très rapidement les cadavres[2], à l'intérieur d'une espèce de barbecue en inox, des boîtes en métal montées sur roulettes. Enfin, parce que toujours affamé, j'ai bénéficié de la compassion d'un homme remarquable, le Docteur Muhammad, chercheur à l'INSERM, qui partageait son « pas grand-chose » avec moi. Il avait la chance d'avoir une sœur au Caire qui nous apportait un peu de nourriture malgré de pauvres moyens, diminuée par la ponction policière et, indispensable petite part de la corruption. Condamné à sept ans de prison pour avoir photographié des manifestants pendant le Printemps arabe, le Docteur Muhammad sera libéré après trois années passées à Tora, dont deux dans une cellule de neuf mètres carrés avec onze autres prisonniers. Je le reverrai à Paris en mai 2017 ; malheureusement, je rencontrerai alors un homme très fragilisé par ses années de prison.

L'avantage de cet hôpital était qu'il me permettait d'assouvir mon besoin de recueillir des informations en côtoyant

1. Torah, la loi, en arabe ancien (لإ ىلإ), qui se translittère phonétiquement en Tora, en arabe égyptien moderne.
2. La décomposition intervenant rapidement, avec la chaleur, les cadavres sont évacués dans l'indifférence générale quelques minutes après le décès.

presque librement les uns et les autres. Il y avait cet homme paralysé, que j'ai pris sous mon aile. Avant chaque prière, je l'aidais à faire ses ablutions en lui lavant les mains et les pieds. Il y avait ce Frère musulman très politisé qui m'a expliqué comment certains détenus étaient torturés par la police et pourquoi il était régulièrement tabassé par les policiers de la prison : il avait eu le tort de se plaindre à la représentante de l'Union européenne venue pour le rencontrer. Il y avait cet homme squelettique, un ancien champion de bodybuilding qui, depuis son arrestation et à cause des coups qu'il avait reçus, ne parlait plus. Et cet autre, âgé d'une trentaine d'années, médecin, paraplégique après avoir été défenestré par des policiers, abandonné sans aucun soin. Et ce barbu, un intellectuel au service des autres dans la hiérarchie islamique, chargé de faire la lessive à la fois pour Al-Qaïda et pour les Frères musulmans.

Vingt-quatre heures après mon entrée à Tora, j'ai été convoqué dans le bureau du général. Merveille des merveilles, le consul avait réussi à me retrouver après avoir fait le siège des autorités. Il était venu avec le médecin de l'ambassade. Nous étions toujours en février, je tremblais de froid la nuit, je regrettais presque l'époque où, un an plus tôt en 2015, à Saint-Domingue, sous la chaleur gluante des tropiques, j'étais persuadé que mon témoignage suffirait à innocenter Bruno et Pascal. Or, toujours persuadé d'échapper à une extradition illégale, je ne devinais pas encore que la République dominicaine allait me revoir. Très bientôt. Trop vite, à mon goût.

5

Salades tropicales

2013-2015

Retour à Saint-Domingue. Nous sommes au mois de décembre 2014. Le 1er décembre, pour être précis, et il fait très chaud. J'ai déjà fait sept ou huit fois depuis Paris le voyage jusqu'au tribunal, situé via Fabio, un bâtiment néo-hellénique décoré de fausses colonnes doriques, pour témoigner en faveur de Pascal et Bruno. Les *imputados*, comme on dit là-bas.

C'est la deuxième tentative d'ouverture de leur procès, après une première audience inaboutie en septembre. Et c'est aussi la deuxième demande de renvoi, faute de la présence des témoins de l'accusation, peu pressés de déposer. Procès renvoyé, donc.

La troisième tentative d'ouverture aura lieu le 9 mars 2015. J'ai refait le voyage, avec deux commandants de bord d'Air France. Plusieurs témoins de l'accusation brillent toujours par leur absence; le procureur, le désormais fameux Milciades Guzmán, et la juge s'opposent. Le ministère public demande la récusation du tribunal, accusé d'incompétence. La juge refuse. La séance est renvoyée, pour la troisième fois, en attendant la décision de la cour d'appel.

Le 4 avril, quatrième tentative d'ouverture du procès. Bien que Milciades Guzmán ait perdu en appel contre la juge, il lui demande à nouveau de se récuser. Il y a des cris, et presque des pleurs, mais la magistrate refuse. Incompréhensible bataille d'égos dont les accusés font les frais. La séance est levée, ils se reverront une nouvelle fois devant la cour d'appel, c'est le quatrième renvoi.

Le 29 mai 2015, la cinquième tentative d'ouverture du procès est enfin la bonne. Nous, les témoins, avons encore fait le voyage depuis la France. Ainsi que les journalistes, les représentants diplomatiques, les avocats et leurs assistants. Le procès commence. Le 5 juin, le général Rosado Mateo, ex-chef de la DNCD, pourtant viré de ses fonctions deux mois après avoir arrêté les pilotes[1], témoigne.

Le 30 juin, Milciades Guzmán n'est pas présent, la séance est renvoyée au 6 juillet.

Le 6 juillet, les témoins de l'accusation ne sont pas venus, encore une fois, et le chef des opérations de la DNCD, Valentin Rosado Vicioso, n'est pas disponible. Renvoi au treize.

Le 13 juillet, toujours pas de témoins de l'accusation.

Le 15 juillet, les « témoins » sont présents, mais refusent de témoigner, Milciades Guzmán les engueule et les traite de « menteurs ». Ses propres témoins ! C'est le monde à l'envers.

Le 16, c'est au tour de Milciades Guzmán de ne pas se présenter, il faut aller le chercher de force, avec la police.

Le 17, le fantasque Milciades Guzmán est encore absent, sous le prétexte cette fois que ses enfants sont malades. Les pauvres petits.

Nous en revanche, Philippe Heneman et moi, nous sommes à Saint-Domingue. Nous avons refait le voyage jusqu'en République dominicaine, bien décidés à nous exprimer comme témoins de la défense, malgré l'opposition de Guzmán, qui redoute nos témoignages.

Discrets, nous restons terrés dans notre hôtel, en espérant que ce maudit procureur ignorera notre présence jusqu'à la dernière minute et sera dans l'impossibilité d'arguer d'une quelconque anomalie juridique pour nous récuser. Et tout se passe comme prévu.

Le 20 et le 21 juillet, les premiers témoins en faveur de la défense peuvent s'exprimer, le 22 est consacré à la présentation des « preuves » matérielles, et le 23, enfin, nous sommes

1. Et toujours « attendu » par les justices américaine et espagnole !

appelés à témoigner. Guzmán est sûr de son coup : en nous convoquant le matin pour l'après-midi et persuadé que nous sommes à Paris, il est certain que nous ne nous présenterons pas.

Mais nous sommes là, et bien là. À 14 heures précises, à l'appel de nos noms, nous faisons notre entrée dans la salle d'audience. Ce n'est pas une entrée triomphale, mais elle est suffisamment remarquée par le tribunal et le public pour que Guzmán en perde les pédales. Sa colère est spectaculaire. En hurlant, comme d'habitude, il tente d'abord de me faire récuser comme expert de la défense, sous un prétexte incompréhensible, mais le tribunal, qui veut m'entendre, ne le suit pas. Commence alors un épisode pénible : en transe sous sa robe noire, le pompon flageolant, la sueur ruisselant sur son visage, le procureur se lance dans un interrogatoire décousu et sans aucun sens. Essayer de lui répondre est inutile, il me coupe par des éructations chaque fois que j'ouvre la bouche. Il se fout de comprendre la réglementation de l'aviation civile internationale, principal objet de ma présence ; la seule chose qui l'intéresse est de savoir qui a payé nos billets d'avion. La tension monte dans la salle, des cris d'indignation se font entendre, les avocats se concertent.

C'est au tour de la présidente, exaspérée, de piquer un coup de gueule. Elle menace fermement Guzmán de l'expulser le temps qu'il reprenne ses esprits s'il ne me laisse pas parler. Nous nageons dans une telle confusion que tous les policiers présents ont instinctivement posé la main sur leur arme. Mais, cueilli à chaud, Guzmán se calme, non sans grommeler dans sa barbichette, et l'interrogatoire peut reprendre. Je n'ai encore rien dit au tribunal.

Nous faisons alors passer plusieurs messages dont un, primordial, qui est qu'en matière de droit aérien, les pilotes d'un vol commercial n'ont pas à contrôler les bagages embarqués et ne sont pas responsables de leur contenu. Il y a des prestataires pour cela, et justement SN-THS avait passé un contrat avec Swissport. Implacable. Conformément à la convention internationale de Chicago dont la République dominicaine est signataire depuis 1976, c'est bien le pays de l'escale qui est responsable de la mise en œuvre des mesures de sûreté et des contrôles anti-stupéfiants. De son côté, Philippe Heneman, documents à l'appui, illustre parfaitement le fait que le vol du Falcon était bien un vol commercial avec un plan de vol *ad hoc* et non un vol privé. Nous sortons épuisés de cette épreuve, mais satisfaits de la démonstration, persuadés que Bruno et Pascal ne pourront qu'être acquittés.

Une conviction bien trop optimiste, puisque le 14 août 2015, en dépit de toutes les preuves et témoignages à décharge, ils seront condamnés, avec leurs deux passagers, à vingt ans de prison.

Chacun. La peine maximale.

Cette brève chronologie n'est qu'un avant-goût pour aider à comprendre ce qui se cache derrière l'affaire « Air Cocaïne ». Et cet avant-goût dissimule un arrière-goût de cuisine locale particulièrement répugnante.

Comment en est-on arrivé là ? Revenons en arrière. Le 24 mars 2013, quatre jours seulement après l'arrestation des quatre Français, les deux pilotes et leurs passagers, s'est joué une comédie prélude à ce jugement inique. Les quatre hommes ont été présentés à un juge des libertés de la province de La Altagracia, à Higüey, la capitale régionale de l'Est de la République dominicaine, dont dépend l'aéroport de Punta Cana. Première surprise, ils ont découvert que cinquante et une autres personnes comparaissaient avec eux, dont des policiers et des militaires[1]. Seconde surprise, l'acte d'accusation se résumait au rapport de flagrance d'arrestation, signé par un officier qui n'était pas présent sur les lieux. Troisième surprise, après trois renvois d'audience, et donc deux semaines de plus à croupir dans les cellules de la DNCD, et alors que personne n'avait encore vu les 700 supposés kilos de drogue saisis dans leur avion, ce que soulignent tous les avocats sans

1. Nous apprendrons plus tard qu'il s'agissait des personnes compromises dans l'affaire des vols de Jet Fly vers Bruxelles. Vols dont personne n'a retrouvé la trace.

exception, ils ont été expédiés en réclusion. Pire, en QHS, un quartier de haute sécurité de la prison d'Anamuya, toujours dans le district de Higüey. Une prison qui n'a rien à envier à la prison de Najayo, et qu'ils vont avoir le temps de découvrir puisque cette détention « préventive » est prévue pour durer douze mois. Un an. En ce 2 avril 2013, c'était un vrai coup de bambou qui venait de leur être asséné sur le crâne.

Ce qu'ils ignoraient encore, c'est que cette année de prison, durée maximale de détention provisoire autorisée par le Code pénal dominicain, allait durer non pas douze, mais quinze mois. Un détail, pour la justice dominicaine.

Ce qu'ils vont découvrir, à leurs dépens, c'est l'effarante violence qui règne au sein même du corps judiciaire dominicain. Sans oublier la désorganisation totale de cette administration.

Qu'on en juge. S'il a fallu trois renvois de séance pour que, sans les entendre, le juge d'application des peines les envoie en préventive, il va falloir bien plus d'audiences préliminaires pour enfin arriver à ce qu'un procès se tienne. Le principal responsable de ces interminables délais n'est autre, encore, que le capricieux procureur Milciades Guzmán. Celui-ci avait plusieurs obsessions, d'abord obtenir que ce cas soit classé « cas complexe[1] », ce qui lui aurait permis de demander une peine de détention préventive plus longue, de dix-huit à trente-six mois, et donc de disposer de plus de temps pour monter un véritable dossier avec de « vraies » preuves et des témoins prêts à parler sous serment. Toujours dans cette optique, il exigeait aussi d'obtenir une prorogation, autre astuce lui permettant de gagner six mois avant de déposer le dossier d'accusation. Enfin, troisième obsession, il redoutait l'autorité de juges trop respectueux du Code pénal, des empêcheurs de faire n'importe quoi dans l'enceinte du tribunal. Une véritable paranoïa l'animait. Il subodorait que tous ceux qui s'opposaient à lui étaient contre lui, aussi il disposait de liasses entières de documents déjà remplis pour demander leur récusation. C'est que Milciades

1. *Caso complejo* en droit dominicain.

Guzmán, quoique sans doute un peu instable, n'était certainement pas aussi bête qu'il en avait l'air. Chaque demande de récusation de sa part entraînait un délai supplémentaire pour fixer la date du procès. Les renvois allaient de dix jours à quinze jours, voire plus. Ce qu'il n'obtenait pas d'un côté, il le grappillait de l'autre. Cela s'appelle de l'obstruction, un domaine dans lequel il était maître.

À cela s'ajoutait l'incompétence, ou la mauvaise volonté, ou la bêtise, ou la fainéantise, ou la corruption, chacun se fera son idée, des autres services judiciaires ou parajudiciaires. Ainsi, Bruno et Pascal auraient peut-être été libérés dès le 8 juillet 2013, après « seulement » quatre-vingt-dix-sept jours de QHS, si l'administration pénitentiaire n'avait pas « oublié[1] » de les transférer au tribunal pour assister à l'audience en appel de leur détention. Malheureusement, en leur absence leur recours a été rejeté.

A commencé alors une triste valse de robes noires tentant tant bien que mal de ne pas être éjectées de la piste par Milciades. Le 24 juillet, le juge Delby Peguero rejette la requête de prorogation déposée par Milciades, qui demande en conséquence la récusation de ce brave homme. Et l'obtient.

Le 9 août 2013, Milciades demande à nouveau, c'est la deuxième fois, le classement du dossier en « cas complexe ». Renvoi au 2 septembre.

Le 19 août, ce sont les avocats des militaires accusés qui demandent la révocation du deuxième juge. Un troisième juge sera nommé ultérieurement, la première séance préliminaire à l'ouverture du procès est renvoyée au 4 septembre.

Le 2 septembre, le recours de Milciades pour obtenir son « cas complexe » débouche sur une nouvelle demande de récusation du juge. La séance est renvoyée à une date à définir.

Le 4 septembre, pas de séance préliminaire, faute de juge désigné. Renvoi au 17 septembre.

Le 17 septembre, deuxième tentative d'ouverture d'une séance préliminaire avec une troisième juge. Milciades

1. Tristement authentique !

Guzmán, qui n'a toujours pas déposé ses preuves, ni sa liste de témoins, demande la récusation de cette juge qu'il juge trop jeune, et donc inexpérimentée. Elle refuse d'être dépossédée du dossier, la séance est renvoyée au 15 octobre. Bruno et Pascal sont alors au cachot depuis cent soixante-huit jours.

Le 15 octobre, la juge est confirmée dans ses fonctions par la Cour suprême de Saint-Domingue, mais pourtant la troisième tentative de séance préliminaire ne peut pas s'ouvrir. Motif? Le greffe du tribunal de Higüey n'a pas informé toutes les parties. La séance est renvoyée au 5 novembre.

Le 5 novembre, la quatrième tentative d'ouverture de la séance préliminaire échoue. Milciades n'a toujours pas déposé son dossier de preuves. Renvoi au 10 décembre.

Le 13 novembre, Pascal et Bruno espèrent obtenir une révision de leur « préventive » par le juge d'application des peines. Manque de chance, ça déraille à tous les niveaux, le greffe du tribunal ayant « oublié » de faire venir un traducteur assermenté, la séance est renvoyée au 19 novembre.

Le 19 novembre, la juge est malade, le recours en révision est renvoyé sans date.

Le 20 novembre, Milciades dépose enfin ses preuves accusatrices. Comme d'habitude, il n'en a fait qu'à sa tête. Quand on pense que le 24 juillet, le premier juge lui avait donné… dix jours pour s'exécuter. L'audience est cette fois fixée au 29 novembre.

Mais le 29 novembre 2013, Milciades, têtu, redemande à classer le dossier en « cas complexe ». En conséquence, renvoi au 17 janvier 2014.

Le 4 décembre 2013 doit enfin se tenir le recours en révision de la préventive. Pas de chance, la juge est guérie, certes, mais elle est partie en vacances. Renvoi au 20 décembre.

À ce stade, il est bon de préciser que tout ceci est rigoureusement exact et que si l'on peut en sourire, avec le recul, ce n'est absolument pas le cas pour Pascal et Bruno, qui en sont désormais à leur deux cent soixantième jour de détention en QHS.

Poursuivons.

Le 20 décembre 2013 est la date prévue du recours en révision. La troisième juge a été nommée pendant ses vacances dans une autre juridiction, elle est remplacée par une quatrième juge. Cette quatrième juge, aussitôt nommée, est aussitôt remplacée, à la demande de Milciades, par une cinquième juge encore plus jeune et inexpérimentée. Cette cinquième juge annonce immédiatement qu'elle a reçu des menaces de mort, qu'elle suspend toutes les audiences à venir et demande à être dessaisie. Film ethnico-comique version pays en voie de développement ? Non. Derrière ces ridicules pantalonnades théâtrales, il y a en jeu la vie de nos quatre compatriotes, dont Pascal et Bruno.

Le 17 janvier 2014, Milciades Guzmán, toujours lui, redemande pour la troisième fois à classer le dossier en « cas complexe ». La cinquième juge, toujours en charge, renvoie au 10 mars.

Le 24 janvier, il y a trois cent onze jours que Pascal et Bruno sont détenus arbitrairement, cette cinquième juge confirme la sentence d'un an de détention préventive.

Le 4 février 2014, sixième tentative d'ouverture de la séance préliminaire. Il manque des accusés en liberté conditionnelle et des avocats. Séance renvoyée au 25 février.

Bruno et Pascal connaissent désormais par cœur la route menant de la prison au tribunal de Higüey.

Le 19 février, enfin du nouveau. Répondant à la demande du premier juge, la Cour suprême dépayse le cas vers la capitale, Saint-Domingue. La septième tentative d'ouverture de la séance préliminaire sera présidée par une sixième juge, Mme Reyes, et se tiendra le 25 avril. Inconvénient, toutes les personnes emprisonnées devront lors de chaque audience parcourir deux fois par semaine les quatre cents kilomètres aller-retour qui séparent Higüey de Saint-Domingue. Qu'à cela ne tienne ! La République dominicaine s'amuse à jouer au pays riche en explosant les frais de justice, ce dont elle n'a pas les moyens.

La police dominicaine possède heureusement, à son insu, des dispositions humoristiques certaines. De quoi faire passer le temps du trajet. Une fois, c'est la panne d'essence, et pas un des policiers présents n'a les moyens de faire le plein du fourgon cellulaire. Une autre fois, autre panne d'argent, aucun des agents n'a de quoi avancer le prix du péage. Une troisième fois, ces braves garçons toujours habillés de noir des pieds à la tête, avec casques et cagoules trouées, gilets pare-balles, jambières et fusils automatiques, qui foncent comme dans les séries télévisées pour éviter d'être interceptés, freinent brusquement. C'est l'heure de la prière pour ces pieux serviteurs de l'État, désormais têtes nues au pied d'un calvaire, clairement identifiables et totalement à découvert.

Entre le 25 avril et le 29 mai 2014, la juge Reyes, redoutablement efficace, a obtenu l'ouverture de la séance préliminaire et enchaîné les débats dans une ambiance nettement plus calme qu'au tribunal de Higüey. Ouf, enfin! À Saint-Domingue, il est possible de parler sans être interrompu par le bêlement des chèvres ou les grognements des cochons qui se baladent en toute liberté dans la rue, cherchant parfois à s'introduire dans la salle d'audience de Higüey.

Enfin, le 17 avril, après douze renvois, six changements de juges, et d'innombrables coups de gueule du procureur, un dénouement provisoire s'amorce. Sans que personne ne comprenne pourquoi, le 17 juin, trente et un accusés sont définitivement déchargés de toute accusation[1], sept autres ont disparu dans la nature[2] et, surtout, la juge Reyes décide que les quatorze derniers prévenus, ceux qui restent, doivent être mis en liberté immédiate sous surveillance. Et parmi ces quatorze, il y a Bruno et Pascal.

Ainsi, le 21 juin 2014, quatre-vingt-seize heures plus tard, ils sortent de la prison de Anamuya, où ils ont passé exactement quatre cent cinquante jours, parfois à deux doigts de la folie, parfois proches de l'irréparable. À quelques jours près,

1. Nous comprendrons plus tard que le procureur ayant « oublié » de justifier devant le tribunal son enquête sur un prétendu pont aérien de cocaïne vers la Belgique, ces personnes ne faisaient plus l'objet de poursuites. L'une d'elles était le capitaine de l'armée de l'air Bolívar Alberto Marcado Díaz.

2. Ce n'est pas une plaisanterie et personne ne semblait s'en inquiéter.

l'un d'eux aurait pu s'emparer du pistolet d'un policier et se tirer une balle dans la tête ; l'autre envisageait, tout simplement, de se précipiter un jour d'audience sur les M16[1] des « *negros*[2] » en espérant être abattu. Tout en se posant la question de savoir si ces armes étaient vraiment approvisionnées[3], dans cette république d'apparences.

Quoi qu'il en soit, en ce milieu d'année 2014, ils vont enfin pouvoir souffler et contacter leurs proches. Furieux de cette toute petite victoire des accusés, le procureur général Brito reprochera vertement cette libération à la juge Reyes, et pour la dissuader de recommencer les mêmes errements, la magistrate sera immédiatement mutée au tribunal pour enfants, ce qui n'est pas vraiment une promotion.

Pascal et Bruno sortent de prison, mais ils vont y retourner bientôt, en France, alors que moi je vais passer des geôles égyptiennes aux culs-de-basse-fosse de la République dominicaine. Contre mon gré, bien sûr. Nos histoires se suivent, s'imbriquent et se combinent.

---

1. Le M16 est un fusil d'assaut américain de calibre 5.56 OTAN fabriqué par la société Colt. Les Dominicains sont équipés de la version M16A2. L'armée américaine de la version A4, la dernière évidemment.
2. Nom donné aux surveillants appartenant à l'unité UTAR, chargée du transfert des prisonniers dangereux. Ils sont entièrement vêtus de noir (*negro*), gantés et cagoulés de passe-montagnes hiver comme été.
3. À plusieurs reprises, j'ai pu constater que les escortes n'avaient pas de munitions et que leurs armes n'étaient pas chargées. Les mauvaises langues disent que les policiers revendent eux-mêmes leurs munitions au plus offrant. Elles n'ont pas tort.

6

Escale à JFK

Mars 2016

Le mois de mars 2016 a mal commencé. Le 2, Pascal et Bruno, sortis de prison le 21 juin 2014, ne sont déjà plus libres. Ils ont été arrêtés, en France cette fois, à la demande de la juge d'instruction marseillaise Christine Saunier-Ruellan, et placés en détention pour… « troubles à l'ordre public ».

Selon cette dame, résister à l'injustice équivaut à perturber l'ordre républicain. La juge, très politisée, aura beau justifier sa décision en arguant qu'il s'agit d'éviter tout risque de « concertation frauduleuse », c'est un habillage peu crédible. Une vraie galéjade, même, quand on sait qu'ils ont passé neuf cent cinquante jours enfermés ensemble. Un temps passé à quoi faire ? À ne pas se concerter, frauduleusement ou non ? Ainsi va la justice en France.

Quoi qu'il en soit, nos histoires se chevauchant : ce fameux 2 mars 2016, nous sommes tous en taule ; eux à Marseille, dans les sinistres Baumettes d'avant la rénovation, moi à Tora, en Égypte. Plus pour longtemps. Je suis appelé au palais de justice. Je vais y passer des heures à attendre, ce qui me donne, pour la première fois, l'occasion d'étudier en détail ce bâtiment de cinq ou six étages, à peine sorti de terre, dont les abords ne sont pas terminés. Et ne le seront probablement jamais, sans doute à cause de « fuites » dans le budget.

Tout est blanc, avec des colonnades à tous les niveaux, une abondance de marbres de piètre qualité et des rangées de bas-reliefs typiques de l'iconographie islamique. Une multitude de minuscules bureaux s'ouvrent de part et d'autre des couloirs, mais aucun ordinateur n'est visible, ce qui explique peut-être pourquoi juges et greffiers s'échinent à transcrire à la main, au stylo à bille, leurs diverses décisions et autres jugements. Les espaces réservés à la prière se trouvent au bout de chaque couloir, sur chaque palier, ouverts à tous les vents des incontournables ventilateurs, symboles de modernisme. Impossible de venir prier ici discrètement, mais ce n'est pas le but. Comme dans toutes les administrations égyptiennes, le contrôle social est omniprésent et étouffant. Il faut être vu à genoux et les fesses en l'air pour ne pas être suspecté d'être un mauvais croyant.

Tandis que les heures passent, mon inutile « avocat » égyptien et sa traductrice gironde, prévenus on ne sait comment, me rejoignent. Je leur ordonne alors d'appeler le consul. Ce dernier tombe des nues. « Qu'est-ce que c'est que ce b… ? Je n'ai pas été prévenu d'une audience aujourd'hui… Il y a deux recours qui ont été émis pour extradition irrégulière… Vous ne serez pas extradé… N'acceptez pas de participer à une audience tant que nous ne sommes pas arrivés. »

Je reprends espoir et recommence à attendre. Une attente monotone, passée à observer les déambulations des quelques fonctionnaires perdus dans cet immense palais, qui occupent leur temps à aller à la salle de prière et à en revenir. Productivité : zéro. Quelques femmes suivent, discrètes, toutes voilées forcément, exception faite de celles qui n'ont plus d'âge. Je somnole et me réveille brusquement, surpris par l'intervention impromptue d'un type hilare, sorti d'on ne sait où, qui me montre du doigt et affirme, en arabe, hurlant de joie : « Toi, tu t'en vas en République dominicaine ! » Inutile d'essayer de le convaincre du contraire, le seul fait de mentionner l'arrivée prochaine du consul le fait encore plus rigoler. À mon grand désespoir. Pour un peu, il se roulerait par terre. C'est un vrai moment de folie furieuse.

Je ne sais pas qui était cet olibrius et je ne le saurai jamais, j'ignore également pourquoi on m'a amené ici et je ne le saurai jamais non plus, puisqu'en fin de journée on me rembarque pour Tora sans explications. Sans que j'aie vu le juge ni le consul, sans que j'aie signé quoi que ce soit, et au grand déplaisir de mon escorte car je suis le seul prisonnier dans le fourgon. Alors qu'en temps ordinaire, les prisonniers qui sortent du palais de justice du Caire ont vu leur famille et recueilli un peu de nourriture que les gardes s'empressent de leur confisquer. Bien que le mot juste soit « voler ». Il ne faut pas s'y tromper, l'Égypte dépense peut-être des fortunes pour construire des bâtiments dégoulinants de marbre, mais c'est d'abord et avant tout un pays de crève-la-faim, les revenus de l'aide internationale étant avant tout attribués à la défense du pays, sans justifications réelles de ses besoins.

Retour à Tora, donc, et rien ne se passe jusqu'à 3 heures du matin, quand je suis brusquement réveillé par tout l'état-major de la prison, réuni devant moi, autour de l'ignoble général commandant.

— Ton ambassadeur a gagné, tu rentres en France, prends tes affaires.

Quoique l'heure soit indue, je ne vois rien d'illogique à cette nouvelle, qui confirme ce que m'a dit le consul la veille au téléphone. Quant à mes affaires, l'essentiel se résume à ma tenue carcérale, plus ou moins bien lavée, presque blanche. Plus une brosse à dents sans dentifrice et un savon que j'offre à mes codétenus. Généreusement.

Non moins généreuse, l'administration de Tora m'offre, elle, un survêtement pour revenir à Paris. Il restera dans son sac plastique. Je n'ai qu'une obsession, à ce moment : retrouver ma liberté, prendre place dans un fauteuil d'avion et fermer les yeux jusqu'à Orly ou « CDG ». L'heure, le milieu de la nuit, est un atout de ce rêve. Les vols d'Egyptair pour la France partent en début ou en milieu de matinée. Il faut se mettre en route tôt pour ne pas manquer l'embarquement, tenir compte du temps pour rejoindre l'aéroport, pour accomplir les formalités, pour passer les contrôles de sûreté… Sur la route, la bonne route, celle qui mène au nouveau terminal de l'aéroport international, que je connais si bien pour y être passé de nombreuses fois, je prépare déjà une phrase d'excuse à l'attention du consul qui, j'en suis persuadé, va m'attendre au pied de l'avion. Une phrase que je veux éternellement reconnaissante.

Si en apparence je reste calme, je jubile de satisfaction en mon for intérieur. Pour moi, les Égyptiens ont craqué sous la pression de la France, ils n'ont pas d'autre choix que de m'expulser. Ils doivent être verts de rage, ou rouges de colère, mais ils n'ont pas le choix, ils ne sont pas les plus forts. Après les semaines indescriptibles que je viens de passer, je me redresse mentalement, dopé par une grosse montée d'adrénaline. Une sorte d'ivresse m'envahit, joyeuse autant qu'euphorique.

Le véhicule ralentit, s'immobilise, et je tombe de haut. À peine la porte du fourgon ouverte, je reconnais devant l'aérogare la grande silhouette du général dominicain Calominas, ancien pilote d'hélicoptère de l'armée de l'air de son pays et surtout directeur de la DNI [1], les services secrets dominicains. Je l'avais rencontré en 2012 à Fundglobe, et je connaissais son profil, étudié en préparant six mois plus tôt l'exfiltration de Pascal et Bruno. Même au royaume des incompétents, il y a des exceptions, et le général Calominas en fait partie. Il a une bonne réputation comme pilote, a été détaché au groupe de transport présidentiel pendant plusieurs années, a été au service direct du président Medina, et enfin a dirigé les services secrets, après une formation aux États-Unis. Grand et chauve, intelligent, cet hyper nationaliste est cependant pourri de l'intérieur. Comble de malheur pour la France, il sera nommé attaché militaire à Paris en 2017. Quelle honte !

Je me suis fait avoir.

Et comme s'il fallait une preuve de plus de la collusion entre la République dominicaine et l'Égypte, l'insignifiante ambassadrice de Saint-Domingue est là aussi, cachée derrière des lunettes de soleil façon Paris Hilton. Elle n'est pas tranquille. Je comprendrai plus tard qu'elle redoutait une intervention de dernière minute de la part de l'ambassade de France.

1. DNI : Dirección Nacional de Inteligencia.

Nous sommes le 3 mars, et j'épuise vite cette mince réserve d'adrénaline de la dernière heure en gueulant dans les bureaux de l'aéroport contre les Égyptiens qui ricanent de joie, heureux de leur mauvais coup à l'égard d'un Occidental. Je demande à appeler mon ambassade.

— Oui, oui, nous allons le faire dans quelques minutes. Pourquoi tu t'énerves, tu rentres à Paris !

— Vous me prenez pour un imbécile ? Vous n'avez aucune intention de m'envoyer à Paris, vous êtes des menteurs et des abrutis cupides. Et des…

Et je reviens à la charge, avec le vocabulaire de la détresse, de la colère, de l'impuissance. Mais plus je gueule, plus les Égyptiens se marrent. Le général Calominas, accompagné du colonel Antonio Cabrera Sarita, directeur du bureau Interpol de République dominicaine, sans doute présent pour justifier la fiction de la notice rouge, dégustent leur victoire sans retenue. Ils vont réussir le rapt du siècle à l'aide de leurs complices égyptiens, au nez et à la barbe des Français !

Cabrera est le premier à m'annoncer officiellement que nous nous rendons à Saint-Domingue. Je découvre mon plan de vol : Le Caire-New York JFK par Egyptair (quinze heures de vol), puis une correspondance pour Saint-Domingue par Delta. Arrivée prévue à 2 heures du matin le 4 mars. Parce qu'il n'y a pas de vol direct entre l'Égypte et la République dominicaine, il aurait été plus rapide de passer par l'Europe, par Madrid par exemple, ou Paris, ou Amsterdam, mais c'était une solution inenvisageable pour les Dominicains, pour des raisons évidentes ; on ne passe pas par l'espace Schengen quand on organise l'extradition illégale d'un ressortissant européen[1].

Au pied de la porte d'embarquement, je cherche encore des yeux, en vain, le consul de France. Son absence finit de m'achever, il n'y a plus rien à espérer. On me pousse, on me presse, la foule des passagers ordinaires me dévisage : je suis

1. En passant par l'espace Schengen, les autorités policières m'auraient immédiatement récupéré.

sale, barbu et habillé en prisonnier. Immanquable. C'est écrit en gros sur ma tenue, sur mes épaules et sur ma jambe. Le personnel de cabine fait semblant de ne pas me voir.

À peine assis et ceinture bouclée au fin fond de l'A340 d'Egyptair, en classe éco bien sûr, mon moral tombe au plus bas, je m'écroule littéralement. D'un œil, je me confronte aux regards ébahis de ceux qui prennent place autour de moi et qui naturellement savent lire l'arabe. Tous fixent avec inquiétude ma tenue de taulard, limite terrorisés. Serais-je l'un de ces dangereux terroristes convertis ? Un de ceux qui se sacrifient pour faire sauter des avions de lignes ? S'ils savaient. J'ai passé ma vie à lutter contre le terrorisme aérien. Bref… La bouffe m'achève. Ayant perdu brutalement vingt-trois kilos au cours de ces trois dernières semaines, je me jette avec avidité sur le plateau-repas avant de tomber dans un sommeil comateux pendant les quinze heures du vol ou presque, à peine réveillé par les incessantes questions de mes accompagnateurs. Ils pensent sans doute profiter de ma faiblesse pour obtenir des infos. À quel sujet ? Au sujet d'« Air Cocaïne » bien sûr, le surnom que la presse a donné à toute l'affaire de Punta Cana. Ils veulent aussi des noms, et surtout les noms de ceux qui, il y a six mois, ont participé à l'exfiltration de Pascal et Bruno. Sans oublier le « comment ». Tout ce qu'ils savent, c'est qu'Aymeric Chauprade et Pierre Malinowski ont contribué à l'opération.

Je reste coi. Ils n'auront qu'à lire ce livre pour tout savoir. Et ce que je pense d'eux par la même occasion, exécutants idiots et complices actifs des agissements criminels de leur pays. Cabrera, directeur Interpol RD, le sait. Il n'est pas très à l'aise avec mon transfert à Saint-Domingue. J'apprendrai plus tard qu'il avait refusé d'exécuter cette extradition illégale, puis qu'il y a été forcé par Brito, dans la précipitation. Calominas lui, n'est là que pour surveiller Cabrera. Cela se sent. Pour l'instant, je suis fatigué, épuisé, éreinté, incapable de réagir. À l'arrivée sur le tarmac new-yorkais de JFK, l'idée ne me traverse même pas les neurones que c'est le moment idéal pour appeler au secours. Il suffirait de quoi ? De provoquer un incident ? De faire venir la police ? l'immigration ? la douane ? En quelques minutes la mystification serait levée, l'ambassade de France alertée et la vérité éclaterait. Non, il n'y a pas de notice rouge, non je n'ai jamais été inculpé de traite d'êtres humains.

Seulement voilà, je suis dans un incroyable état de faiblesse, tout me semble compliqué, impossible. Un membre des forces de l'ordre américaines, une femme, vêtue de noir comme le sont la plupart des représentants de la force publique là-bas, dotée d'une énorme ceinture à laquelle pendent les inévitables accessoires de sa fonction, matraque, bonbonne de gaz lacrymogène, menottes, revolver, m'attend à la sortie de l'avion.

Appartient-elle à la police, à la surveillance des frontières, aux stups ? Qu'importe, elle est d'origine dominicaine, comme elle l'expliquera au colonel Cabrera devant moi, et ce n'est pas une coïncidence, mais la preuve absolue que cet enlèvement a été pensé de A à Z[1]. J'apprendrai même plus tard que quinze jours auparavant, alors que je moisissais dans ma troisième cellule, au Caire, le procureur général de la République dominicaine, le sinistre Francisco Domínguez Brito, était venu en personne aux USA négocier ce transit avec la procureure générale des États-Unis, arguant de l'accusation de trafic d'êtres humains et de migrants. Un argument qui a touché l'administration d'alors, celle du président Barack Obama, plus portée sur les principes que sur le droit. La bureaucratie américaine me connaissait, pourtant ; personne à Washington n'aurait pu imaginer que j'étais coupable de cette accusation stupide[2].

Y avait-il un calcul politique derrière cette « négociation » entre la République dominicaine et les USA ? Si oui, le temps

1. En réalité, cette dame était du département de la Sécurité intérieure des États-Unis (US Department of Homeland Security), créé en 2002 par le *Homeland Security Act* à l'initiative du président George W. Bush, en réponse aux attentats du 11 septembre 2001. Étais-je donc considéré comme un terroriste ?

2. Depuis 1990, je me rends plusieurs fois par an aux États-Unis, en Floride notamment, pays dans lequel j'ai fait une partie de mes études ; du fait de mon activité professionnelle, je ne suis pas un inconnu pour leurs services de renseignement.

d'obtention de ce feu vert américain expliquait les semaines que je venais de passer en taule. Le juge égyptien qui avait signé l'ordre de mon extradition, bien que pressé par la France de ne pas le faire, n'avait sans doute pas eu le choix. Sans compter les liasses de dollars qu'il avait dû percevoir en remerciement de la part de la République dominicaine pour ses prompts services.

Autre tour de passe-passe diplomatico-administratif, selon mon escorte, mon statut a évolué entre Le Caire et New York. De simple trafiquant d'hommes, je suis devenu un gros narcotrafiquant, mais sans activité sur le territoire américain, ce qui justifie un traitement spécial, sans douane, sans présentation de passeport, sans aucun contrôle policier. Du top secret total. Prétendre détenir un *narco* est l'unique moyen d'obtenir tout et n'importe quoi de la justice américaine[1], même si celle-ci, éventuellement prise de doute, a pris la peine de contacter la police française. L'a-t-elle fait ? Je l'ignore.

La suite, les quelques heures avant le décollage pour Saint-Domingue à bord de la compagnie Delta Airlines, n'est qu'anecdote. Cabrera m'achète à manger, un hamburger que je dévore, et un jeans que j'enfile à la place de mon pantalon de prisonnier égyptien. Calominas disparaît de la circulation, il est remplacé par un commandant de la DNCD. Un abruti parfait, l'archétype même du policier véreux. Le simple fait que des militaires dominicains circulent comme chez eux dans les couloirs de Kennedy Airport ne me surprend même pas. Mais le fait qu'un type de cette trempe puisse avoir un visa US me laisse pantois.

Pourquoi. Pourquoi ne me suis-je pas rebellé ? Pourquoi n'avoir pas pris tous les risques lors de cette escale ? Qu'est-ce que j'avais dans la tête ? Je ne sais que répondre, c'est le flou complet. A posteriori, j'imagine que j'étais trop accablé par une succession d'événements sur lesquels je pensais n'avoir aucune prise. Laminé par le machiavélisme du piège au centre

1. Les organisations internationales spécialisées estiment que 60 % de la production mondiale de cocaïne est consommée en Amérique du Nord.

duquel je me trouvais. Et puis, j'étais débordé par une fatigue insensée, le résultat de trente nuits passées sans pouvoir vraiment dormir.

Je me suis d'ailleurs endormi avant même que les roues du Boeing ne quittent la piste de JFK, non sans espérer l'arrivée d'un plateau-repas pour calmer ma faim, insatiable. Mes paupières étaient en plomb, mon ventre était un gouffre. Je buvais de l'eau à volonté, enfin !

Je rêvais. Dans mon sommeil, je revenais sur les événements de ces derniers mois. Je me revoyais en République dominicaine, où j'étais revenu, avec Aymeric Chauprade, pour poser à mes deux camarades pilotes, en tête à tête, les yeux dans les yeux, cette question : voulaient-ils vraiment quitter à tout prix cette île de fous ?

Étaient-ils prêts à prendre ce risque ? Me faisaient-ils confiance ?

Nous étions en septembre 2015.

La réponse avait été « oui ».

7

« Salut, je suis Michel, de l'ambassade »

2013-2015

En ce mois de septembre 2015, Bruno et Pascal sont assignés à résidence dans un appartement de Bavaro, en banlieue de Punta Cana. Ils le louent à l'une de leurs « connaissances » de cellule[1]. Avant d'emménager dans ce deux-pièces inespéré, faute de pouvoir accéder à l'argent déposé sur leur compte à la prison[2], ils ont squatté à Verón[3] dans un « hôtel de papier », au sein de « L'Afrique », autrement dit dans un bidonville bâti par des sans-papiers d'origine haïtienne. Des « Africains », aux yeux des Dominicains. Leur logeur n'est peut-être pas un modèle de sainteté, mais ils disposent d'un téléphone, du wifi, et surtout de la proximité de l'aéroport, à quelques minutes de route seulement.

Il s'agit toujours du même aéroport, celui où tout a commencé, celui où se posent la majorité des avions de ligne transportant la première ressource du pays, les touristes. Il n'y a pas un pilote en escale qui ne rende visite à Bruno et Pascal. Tous ont signé ou adhèrent aux courriers adressés par l'Association internationale des pilotes de l'air (IFALPA) au président Medina ou au procureur général Brito, exigeant qu'ils soient reconnus innocents et libérés le plus tôt possible,

---

1. Il s'agit de Miguel, tueur supposé, accusé d'avoir occis deux personnes avec une seule balle.
2. Environ 800 euros, déposés par leurs proches et leurs visiteurs. Il faudra l'intervention de l'ambassade de France pour qu'ils puissent en disposer.
3. Petite commune dans la banlieue de Punta Cana.

et menaçant la République dominicaine d'un boycott aérien international.

Sauf que Pascal et Bruno ont été condamnés à vingt ans de prison, le 14 août, et ne sont encore en liberté que pour avoir fait appel de ce jugement invraisemblable.

Aussi invraisemblable que le procès délirant dont ils ont été les principales cibles. Un vrai procès de dingues, avec en vedette tropicale l'histrion Milciades Guzmán, le procureur. Sur scène, il arbore un pompon bleu sur sa toque noir anthracite. En République dominicaine, toute la magistrature porte des pompons. C'est mignon les pompons, quoiqu'un peu ridicule. Les juges portent des pompons mauves, les avocats des pompons blancs, ou verts s'ils sont commis d'office.

En deux années de réflexion, le procureur qui tire plus vite que son ombre n'a pas réussi à trouver une seule véritable preuve susceptible d'étayer son dossier d'accusation. Ce n'est pourtant pas faute d'avoir essayé. Il s'est même rendu en France à trois reprises, pour rencontrer la juge d'instruction française, Mme Saunier-Ruellan, qui mitonnait dans le secret de son bureau de Marseille la tenue d'un autre procès, contre les pilotes, contre les passagers du Falcon, contre un réseau supposé de trafic de drogue. Drogue qu'on ne verra pas plus à Marseille qu'on ne la verra à Saint-Domingue ; mais qu'importe, les justiciers des deux villes, de part et d'autre de l'Atlantique, tiennent absolument à décrocher un tableau de chasse digne de leur immense perspicacité.

Dans ce but, la juge d'instruction Saunier-Ruellan a même fait intercepter les communications téléphoniques de l'ancien président de la République Nicolas Sarkozy, soupçonné d'être à la tête du supposé réseau de trafiquants français. Pourquoi ? Parce qu'il devait voler comme passager dans le Falcon 50 le 21 mars 2013 pour aller de Paris à Bordeaux et peut-être même revenir le soir..., preuve évidente de sa culpabilité et bien évidemment de sa complicité totale. On ne peut pas parler de grand délire, ce serait injurieux – et d'ailleurs, selon la presse, la juge a été vertement remise à sa place par sa hiérarchie –, mais c'est certainement la preuve qu'elle, à

Marseille, et Guzmán, à Saint-Domingue, tenaient coûte que coûte à voir leur nom en haut de l'affiche, si possible écrit en lettres d'or.

Et pour cela, ils s'entendaient à merveille. Quelques semaines après l'arrestation des pilotes, en mai 2013, Mme Saunier-Ruellan était venue en personne les interroger dans leur prison. Un interrogatoire interminable, protégé par autant de policiers des deux camps, France et République dominicaine, à la fin duquel la juge les a informés de leur statut de témoins assistés. Autrement dit, pas coupables, mais presque.

C'est à cette occasion qu'elle a, probablement, fait la connaissance de son homologue, le procureur Guzmán. Ce dernier était sans doute trop bien informé sur les avancées de l'enquête marseillaise, étant donné qu'un représentant de la police française était à son entière disposition. Ce n'est pas une figure de style. Depuis 2011, deux officiers français au moins, policiers de la DCI[1], campaient, au sens littéral du terme, dans les locaux de la DNCD à Saint-Domingue. Comme le fait la DEA, qui elle ne se contente pas de bivouaquer en montant la garde aux heures de bureau mais contrôle autant qu'elle le peut ce cartel de policiers indisciplinés, menteurs et corrompus. Dotés d'un budget d'un million d'euros, les policiers français s'occupaient officiellement de « formation technique[2] » dans le cadre de la coopération policière. Michel Segura faisait-il partie de ce tandem ? Évidemment. En 2013, ce commandant de police français circulait comme chez lui dans les couloirs de la prison de la DNCD, où il avait rencontré Pascal, Bruno et leurs deux passagers, Alain Castany et Nicolas Pisapia, quelques heures seulement après leur arrestation.

— Salut, je suis Michel, je travaille à l'ambassade.

---

1. Direction de la coopération internationale, un service du ministère de l'Intérieur.
2. Source : ambassade de France en République dominicaine, publication web du 8 novembre 2019. https://do.ambafrance.org/ALCORCA-Atelier-de-formation-en-matiere-de-lutte-contre-le-trafic-de.

Michel leur avait fait raconter leur histoire puis avait conclu :

— On se reverra, de toute façon vous êtes là pour vingt ans.

Vous avez bien lu. En 2013, un Français au physique anonyme, maigre, brun et grand, qui ne leur avait pas dit son nom ni précisé qu'il était policier, leur annonçait le verdict d'un procès qui se tiendrait deux ans et demi plus tard, sur cette île à des milliers de kilomètres de Paris. Pour lui, qui connaissait bien le procureur Guzmán ainsi que le procureur général Brito, il ne faisait aucun doute que les pilotes allaient être condamnés. L'encore patron de la DNCD, le général Rosado Mateo, n'avait-il pas annoncé publiquement son intention de s'emparer du Falcon ?

Ce policier français, dont on apprendra plus tard qu'il se nomme Michel Segura, on le retrouvera en 2019 à Cuba, portant le titre d'attaché de sécurité de l'ambassade[1]. Avec un joli petit chien renifleur de drogue dans les bras, un cadeau de la France destiné à la police cubaine. Homme généreux, il aura laissé comme souvenir de son passage en République dominicaine une note à en-tête de l'ambassade de France, jamais rendue publique, que le procureur Guzmán brandira au cours du procès en hurlant : « Bien sûr qu'ils sont coupables, c'est la France qui le dit[2]. »

À pays de fous, procès de dingues. On ne s'en étonne pas, c'est le lot bien connu des administrations fragiles dans les pays en voie de développement. On peut s'étonner en revanche de l'implication, discrète mais réelle, de la police

1. *L'Express*, 9 janvier 2019.

2. « Aller voir des gars qui sortent de quarante-huit heures de cachot, se présenter comme quelqu'un de l'ambassade sans décliner sa qualité de policier, enregistrer une déposition sans le dire, la transmettre à la justice dominicaine hors de tout cadre de coopération, ce n'est pas exactement une assistance consulaire », explique Philippe Heneman, président du comité de soutien ASPB. « Cette note a immédiatement été exploitée par le procureur dominicain », https://www.francetvinfo.fr/societe/justice/video-13 h 15-air-cocaine-y-avait-il-des-valises-d-or-dans-le-falcon-50_1151717.html.

française, venant en soutien de la justice d'un pays universellement reconnu comme corrompu. Au détriment qui plus est de citoyens français. Par ailleurs, il est vrai qu'en France, c'est bien connu, la justice ne se trompe jamais. Jamais. Je sais, il faut le répéter pour s'en convaincre…

Que faisait exactement en 2019 Michel Segura à Cuba, pays bien connu pour son respect des droits de l'homme, de la liberté de la presse et ses prisons vides de tout prisonnier politique ? Ce qu'il faisait déjà à Saint-Domingue, c'est-à-dire fricoter avec la police de ce narco-État[1] ? Blandine Kreiss, ex-ambassadrice de France, a répondu à cette question dès son arrivée à Saint-Domingue en 2012 : « Il y a un intérêt à être ici. Nous avons un retour intéressant en termes de sécurité intérieure…[2] » Normal, quand on sait que cinquante à soixante pour cent de la cocaïne saisie en France provient de la République dominicaine[3], mais est-ce vraiment une raison pour frayer et, pire, offrir des cadeaux (motos, balises GPS, électronique diverse, matériel technique, bateaux) à l'une des administrations les plus corrompues au monde ? Qu'a dit Mme Kreiss du fait que le chef de la DICAN[4], le colonel Julio Ernesto Germosen[5], et douze de ses hommes, ont été arrêtés en 2013 pour avoir remis sur le marché une saisie de 960 kilos de cocaïne ? Et ceci quelques jours seulement après avoir sablé le champagne à l'ambassade ? Rien, absolument rien. En 2020, la « coopération » France-République dominicaine continue comme si de rien n'était.

---

1. Le 2 décembre 2019, en Colombie, les stups américains vont réussir à s'emparer du « roi de la cocaïne », le Dominicain César Emilio Peralta, surnommé « El Abusador » (« l'Escroc, le Menteur, le Mystificateur »). Cela faisait dix ans qu'ils demandaient en vain son extradition à la République dominicaine, où il séjournait régulièrement.
2. France-Antilles du 20 octobre 2012.
3. Source : OCRTIS, 2019.
4. La DICAN est la Direction centrale antinarcotique, l'un des services antistups de République dominicaine, en charge du micro-trafic, et gros bénéficiaire de l'aide française. En quoi la France est-elle concernée par le trafic local en RD ? Mystère.
5. En 2017, ce policier sera également accusé d'être complice d'un double homicide survenu en 2016.

Les Américains ont plus de courage. Eux aussi coopèrent avec la DNCD et la DICAN pour tenter d'éradiquer le trafic de cocaïne. Bien obligés. Eux aussi fournissent aux Dominicains des systèmes informatiques d'interception, des moyens aériens[1], dont un avion pour traquer les *lanchas*, les *go-fast*[2] de la mer, ces embarcations ultra rapides qui viennent de la côte Nord de l'Amérique du Sud. Les Américains, avec les Français, participent aussi à des manœuvres aéronavales d'entraînement[3].

Mais, à la différence de la France, l'Oncle Sam sait se mettre en colère et le faire savoir. Le 25 novembre 2015, l'ambassadeur US James Wally Brewster n'a pas retenu ses coups. S'exprimant depuis la chambre de commerce de Santo Domingo, il a affirmé, devant les officiels, les invités, les télévisions et les photographes que « chaque entrepreneur, américain ou dominicain, mentionne la corruption comme le plus grand problème de la RD, un cancer qui retarde la croissance, affecte le commerce et empêche l'application correcte de la loi ». Il a ajouté qu'il avait le devoir d'en parler en raison « des lourds investissements et des relations étroites entre les USA et la RD ». Avant d'ajouter : « Ceux qui ne sont pas contents peuvent venir à l'ambassade et rendre leur visa ». Puis, « la corruption est un problème (jusqu'au) plus haut niveau du gouvernement… elle imprègne tous les niveaux de la société. » On ne saurait être plus clair et dire plus vrai.

Allo Paris, vous avez bien lu ? Notre police française fricote avec une administration corrompue. Nos parlementaires en sont-ils informés ? Est-il normal que notre justice exemplaire collabore, c'est le verbe juste, avec une justice avariée ? Il paraît même que M. Michel Segura aurait été décoré par le procureur général Brito, celui qui organise des extraditions illégales de citoyens français. Est-ce vrai, est-ce normal ?

---

1. La surveillance de l'espace aérien est assurée directement par l'US Air Force, qui déploie un AWACS (avion radar) couvrant l'ensemble de la zone Caraïbe.
2. *Dominican Today*, 29 mai 2015.
3. Comme en 2014 sur la base navale de Las Calderas. Manœuvres conjointes avec la présence des US Coast Guards.

Passons, mais ne quittons pas des yeux notre belle France, là où tout a commencé pour Pascal et Bruno, et ce n'est pas seulement une question de certificat de naissance. Car il y aura aussi un procès en France. Un deuxième procès. Procès est naturellement un mot pluriel, cela tombe bien, car l'expression « procès de dingues » est tout aussi valable pour celui qui vient de se tenir en République dominicaine que pour celui qui suivra, en 2019, à Aix-en-Provence.

En France. Là où les magistrats sont infaillibles et ont forcément raison. Le pays où la justice ne se trompe jamais.

8

Premiers vols

Été 2012-mars 2013

Tout se chevauche, tout s'entrecroise, tout se mélange, tout s'embrouille et nous, pilotes, comité de soutien, avocats, amis, témoins, avons observé ébahis, ou participé douloureusement aux rebondissements incroyablement violents d'une tragédie qui nous échappait totalement. L'enquête marseillaise, nourrie des délires du vociférant procureur de Saint-Domingue, fait partie intégrante de cet engrenage irrépressible. Ce même procureur de Saint-Domingue, en manque de véritable matière, allait à la pêche aux informations sur le Vieux-Port. Concomitamment, la police française dansait le merengue avec les stups dominicains, tandis que les capitaines, colonels et généraux dominicains jouaient à cache-cache avec les stups américains.

Voici donc à nouveau réunis nos deux pilotes, Bruno Odos et Pascal Fauret, ex-compagnons d'armes dans la confrérie des pilotes de chasse embarquée sur porte-avions vingt-cinq ans auparavant. Leurs trajectoires professionnelles ont occasionné quelques pertes de vue plus ou moins longues, mais à l'été 2012 ils se retrouvent ensemble salariés dans la même compagnie d'aviation. Ils sont désormais tous les deux pilotes chevronnés dans l'aviation civile et volent au sein de la société SN-THS, compagnie aérienne d'aviation d'affaires basée sur l'aéroport de Bron, dans la banlieue lyonnaise.

Méconnue, l'aviation d'affaires opère dans le très strict cadre du transport aérien de passagers – la dénomination exacte est le « transport public ». Les passagers de ces avions qui volent beaucoup n'ont généralement aucun problème de fins de mois. On peut ainsi croiser dans de discrets salons d'attente de nombreuses stars du cinéma ou de la télévision, des politiques, des grands patrons, des écrivains célèbres, souvent accompagnés de leurs épouses officielles ou d'éphémères « assistantes », mais aussi des « inconnus notoires ». La presse non spécialisée et M. et Mme Tout-le-Monde appellent ça des « jets privés », quand bien même certains de ces avions sont turbopropulsés et attachés à une compagnie aérienne. La langue française dispose, et c'est toute sa beauté, de mots précis pour presque tous les cas particuliers. Précis et pratiques, à la seule condition de bien les utiliser, et que le locuteur ne sombre pas dans le raccourci par fainéantise sous couvert de simplification… En espagnol « dominicanisé », le problème est pire. Surtout quand le syntagme est manipulé par un esprit pervers, inculte, béotien en aéronautique qui plus est : un avion de faible masse est systématiquement désigné comme *una avioneta*[1], et un avion d'affaires comme un *jet privado*, quand bien même il appartient à une compagnie aérienne. Et voilà comment la justice dominicaine, inspirée par l'étincelant tribun Guzmán, passera d'un avion d'affaires doté d'un plan de vol commercial à un *jet privado* opérant dans le cadre d'un vol privé ! Magnifique démonstration d'intelligence juridique.

Il existe entre l'aviation privée et l'aviation commerciale une différence statutaire de taille. La première s'entend pour des vols de loisirs, tels que ceux pratiqués au sein des aéro-clubs et qui relèvent du droit national, la seconde est encadrée par des conventions internationales applicables par tous les États signataires et ne concerne que les vols commerciaux, dont l'aviation d'affaires. Privé, commercial, la différence est comparable à celle entre une voiture personnelle et un taxi. La première est un véhicule privé, le second un véhicule loué pour un temps donné, conduit par un chauffeur professionnel qui

1. Un petit avion, ou un « coucou » en termes péjoratifs.

n'a aucun droit de vous demander pourquoi vous souhaitez vous rendre à tel endroit et ce que vous transportez dans vos bagages.

SN-THS, créée sur les ruines de THS, menée à la banqueroute par son ancien dirigeant, est alors une boîte en devenir, certes prometteuse, mais qui en 2012 se contente principalement de faire voler ses clients « historiques ». Elle organise aussi quelques affrètements et offre des prestations techniques d'entretien aéronautique. Elle n'a qu'un an d'existence et prépare son véritable envol sous la direction de Pierre-Marc Dreyfus, le repreneur, neveu de l'ex-directeur, le fantasque Michel Dreyfus.

Cette compagnie aérienne ne compte que huit pilotes, qui mettent en œuvre quatre avions, de deux types différents, Falcon 10 et Falcon 50. Si tous les pilotes volent sur Falcon 10, seuls quatre pilotes possèdent également la qualification sur Falcon 50. Chacun, en plus de son travail de navigant, assume aussi une responsabilité dans les domaines connexes, la sécurité, la sûreté, la qualité, etc. Bruno Odos, embauché avec le titre de chef pilote, est notamment chargé de l'organisation des opérations aériennes, de la mise en conformité réglementaire et documentaire, du suivi des audits avec les différents organismes de surveillance, et des relations avec la Direction de la sécurité de l'aviation civile Centre-Est (DSAC-CE), la très tatillonne autorité de tutelle. C'est Bruno qui a hérité de la plus grosse part de la responsabilité et donc du boulot. Il a beau ne pas manquer de pugnacité ni d'ardeur à la tâche, il est quand même submergé. L'organigramme est sous-dimensionné. Un audit mené par le Pôle d'expertise du personnel navigant (un service interne à la DSAC) conseillera donc l'embauche urgente d'un adjoint *ad hoc*. Profil : pilote expérimenté et qualifié sur au moins un des deux types d'avions de SN-THS, instructeur et examinateur ayant une expérience préalable de l'encadrement. L'inspecteur a même un nom à proposer : Pascal Fauret ! Ce dernier est donc démarché et embauché au milieu de l'année, en qualité de « responsable désigné de la formation des équipages ».

Mais pour fonctionner, une compagnie de vol à la demande a aussi besoin d'un service commercial proactif et de « rabatteurs » aux carnets d'adresses bien fournis.

Fabrice Alcaud, pilote salarié dans une compagnie luxembourgeoise, est ainsi co-actionnaire et à l'occasion apporteur d'affaires pour SN-THS. En fin d'année 2012, il est indirectement saisi d'une possible commande qui pourrait ouvrir à la jeune société de nouveaux horizons, tant financiers que géographiques. Un transport transatlantique. De Paris-Le Bourget jusqu'à Puerto Plata, en République dominicaine, et retour en France via l'aéroport de La Môle[1]. Situé à proximité de Saint-Tropez, ce terrain est l'un des plus petits aéroports internationaux au monde.

Un certain nombre d'obstacles à cette mission se présentent toutefois. Le premier est que la société SN-THS n'est pas encore habilitée à effectuer des vols transatlantiques. Il lui faut donc demander une dérogation à la DGAC, la Direction générale de l'aviation civile, l'autorité de tutelle pour tout ce qui concerne l'aviation en France. La DGAC ne dit pas non, mais exige que SN-THS démontre la parfaite adéquation de l'état technique de l'avion et de l'équipage, certificats à l'appui, avec les normes des vols océaniques. Une première demande avec Bruno Odos et Laurent C., les deux pilotes les plus expérimentés sur Falcon 50, est refusée. La DGAC considère que l'équipage ainsi constitué ne dispose pas de l'expérience indispensable à la traversée de l'Atlantique. Il faudrait qu'au moins un des deux pilotes soit coutumier des vols en espace océanique. Pascal Fauret, embauché six mois auparavant, possède, lui, cette expertise transatlantique. En revanche, s'il a terminé sa qualification sur Falcon 50 en octobre, il a tout juste débuté la phase d'adaptation en vol sur ce type. Pendant cette période, ses vols en tant que commandant de bord sont donc effectués sous la supervision

1. Créé en 1964, cet aéroport, dit « de la jet-set », situé à 15 kilomètres au sud-ouest de Saint-Tropez, tire son nom du château de La Môle. Il accueille des vols internationaux depuis 1994.

d'un autre commandant de bord dûment désigné. Or, des trois autres pilotes de Falcon 50, le seul habilité à dispenser de l'instruction n'est autre que Bruno Odos. En effet Laurent C. n'est pas instructeur et Stéphanie R. n'est que copilote. La DGAC n'accordera donc une dérogation transatlantique qu'avec l'équipage constitué de Bruno Odos et Pascal Fauret, et personne d'autre[1]. Qu'à cela ne tienne !

Pour autant, le contrat n'est pas encore signé. SN-THS semble à cette époque n'être qu'en position d'outsider. L'apporteur de l'affaire, ou *broker*, dont le rôle premier est de conseiller le futur commanditaire sur le choix final du prestataire, s'est bien sûr rapproché d'autres compagnies. Ce *broker* n'est pas un inconnu dans le milieu de l'aviation d'affaire. C'est Alain Castany. Un nom à retenir. Pilote lui-même, jet-setter habitué à fréquenter les *people* à Marrakech, Ibiza ou Saint-Tropez, et ex-agent d'assurance, il a aussi été épinglé pour abus de bien social au détriment de la Fédération française de vol libre et a écopé d'une condamnation dont il ne se vante pas[2]. A contrario, il pratique l'épate à tout-va, à grand renfort de récits aéronautiques biens rodés où il tient forcément la vedette. « Castany Superstar », tel est son sobriquet auto-attribué. Il a fait sienne la maxime de Dumas : « Qu'importe de violer l'histoire pourvu qu'on lui fasse de beaux enfants... » Pour asseoir sa crédibilité, il déclare sans sourciller 25 000 heures de vol. Pour un ex-étudiant de médecine de troisième année reconverti en pilote free-lance, jet-setter endiablé, apporteur d'affaires en tout genre et ex-agent d'assurance, même après quarante ans d'errance, ça fait beaucoup ! Bruno Odos et Pascal Fauret, soixante-dix années d'expérience cumulée, n'en comptent pas autant

1. Cela démontre donc bien, à l'inverse de ce que dit la justice, que personne ne pouvait savoir que Bruno Odos et Pascal Fauret voleraient ensemble pour ces vols transatlantiques ! Ils ont été réunis pour cette mission (puis les deux autres) à la demande de l'administration.
2. Alain Castany aurait soustrait 24 millions de francs des caisses de la FFVL entre 1989 et 2003 (Source : commission d'enquête sur les assurances, doc FFVL.

à eux deux. Quant à moi, avec une licence professionnelle depuis 1990, en volant selon les besoins du temps, exactement comme Alain Castany, mon score reste inférieur à 2 000 heures.

Quoi qu'il en soit, le premier choix d'Alain Castany s'était porté sur la société IXAIR, basée au Bourget et co-animée par l'incontournable Fabrice Alcaud. Bien que diamétralement différents, Castany et Alcaud se connaissaient très bien et travaillaient régulièrement ensemble depuis des années. Tout comme SN-THS, IXAIR opérait ses vols sur une flotte appartenant à divers propriétaires d'aéronefs, qui rentabilisaient ainsi leurs coûteux bolides.

Ainsi, le Falcon 50 intercepté à Punta Cana était la propriété de l'opticien Alain Afflelou et avait un temps été en « liste de flotte » chez IXAIR. Alain Castany gérait les vols privés d'un Cessna Citation CJ1 [1] appartenant à Alexandre Balkany[2]. Ce petit jet était entretenu chez IXAIR...

Le Citation d'Alexandre Balkany ne disposant pas de l'autonomie nécessaire pour effectuer un vol transatlantique, et les Falcon 50 et Falcon 900 d'IXAIR n'étant pas disponibles pour la période souhaitée, Fabrice Alcaud met alors Alain Castany en relation avec Pierre-Marc Dreyfus. Tous les ingrédients sont là pour faire monter la mayonnaise, mais un aller-retour depuis Paris jusqu'aux Caraïbes se négocie aux environs de 100 000 euros, alors Alain Castany organise une rencontre de l'ensemble des futurs intervenants dans son bureau, en cette fin d'année 2012.

Martin G., responsable du service commercial de SN-THS, ne s'y rendra pas, Fabrice Alcaud étant parfaitement à même de représenter la compagnie. Il convient également de souligner que Martin G. a vingt-deux ans, qu'il est stagiaire depuis

1. Cessna modèle 525 Citation J et modèle CJ1 qu'il pouvait piloter lui-même.
2. Fils de Patrick (et Isabelle) Balkany, ancien maire de Levallois-Perret et membre (2019) à l'Assemblée Nationale du groupe d'amitié... France-République dominicaine.

moins d'un an au sein de SN-THS et que sa principale qualité professionnelle est son lien familial avec Pierre-Marc Dreyfus. Par ailleurs, Alain Castany a spécifiquement demandé la présence du commandant de bord susceptible de faire le vol. Pascal Fauret est à Paris, où il anime une séance d'instruction sur simulateur, tandis que Bruno Odos est quant à lui retenu à Lyon. Le 27 novembre 2012, voici donc Pascal au pied d'un très bel immeuble haussmannien du Quai d'Orsay, à deux pas du ministère des Affaires étrangères – cela ne s'invente pas. Alain Castany est là (nous sommes chez lui), ainsi que son client, Franck Colin, venu spécialement de Roumanie où il réside. Franck Colin est accompagné d'un homme jeune, Nicolas Pisapia, son partenaire dans des opérations immobilières, un garçon qui parle très peu. Castany connaît Colin pour être à l'occasion son partenaire de sorties nocturnes et lui avoir déjà servi de pilote, au moins deux fois, pour rejoindre La Môle, aux commandes du fameux Citation d'Alexandre Balkany. Exemple typique de détournement de la réglementation du transport aérien commercial sous couvert de vols privés. Un taxi clandestin, sans licence, en quelque sorte…

Pascal Fauret, s'il a déjà travaillé avec Fabrice Alcaud, ne connaît pas en revanche Alain Castany. Ou uniquement de très loin, et c'est bien sûr la première fois qu'il rencontre Franck Colin et Nicolas Pisapia. Quand Pascal a demandé à Castany ce qu'il attendait de lui et de lui expliquer pourquoi Alcaud, également présent, ne se chargerait pas de la présentation technique du vol, Castany lui a répondu, de sa hauteur : « Écoute, mon petit, tu sais bien comment ça se passe, les passagers sont en général morts de trouille[1] et aiment bien voir avant la tronche de celui à qui ils vont confier leur vie… ». Sur la forme, le tutoiement d'emblée est de rigueur chez les pilotes, mais ça faisait quand même longtemps que personne n'avait appelé Pascal « mon petit »…

1. C'est faux. Les clients de l'aviation d'affaires sont généralement des utilisateurs fréquents du transport aérien. Ils n'ont donc pas peur en avion, ou très rarement.

Sur le fond, ça se tenait ; il n'était question que de rencontrer et de rassurer les futurs clients sur la fiabilité du Falcon 50 et de ses pilotes, cela pouvait donc avoir de l'importance. D'ailleurs, à force de transporter des célébrités aux exigences parfois des plus originales, Pascal était parvenu à une sorte de « zénitude » quant aux lubies de ses passagers. À ce moment précis (novembre 2012), il n'est pas encore certain que le vol se fasse et même qu'il y participe. Consciencieux, il a préparé un exposé complet sur les capacités du Falcon 50 et les spécificités d'un vol transatlantique. Comme pour les vols qu'il effectuait presque tous jours, les raisons motivant ce voyage n'avaient pas suscité chez lui d'interrogation particulière. Comme beaucoup de pilotes, il avait déjà fréquenté des endroits bien plus exotiques.

La rencontre s'est poursuivie par un déjeuner offert par Alain Castany dans un restaurant de son quartier. Dans le rôle de l'hôte, il savait y faire, notre « Superstar »... Du grand show ! Le verbe haut, l'expression colorée, l'anecdote foisonnante, la conversation monopolisée du début à la fin du repas. Pas de doute, il était bien comme il voulait paraître, le maillon incontournable de l'aviation d'affaires. Et le conseil avisé, ça a du prix. Sans avoir pu placer dix pour cent de ce qu'il avait préparé, Pascal Fauret, totalement inutile, s'est éclipsé juste après le café pour rejoindre le centre de formation FlightSafety, au Bourget, où il avait mieux à faire. Il apprendra plus tard que la rencontre a perduré un peu plus longtemps, dans le bureau de Castany. Cet épisode futile figurera dans l'acte d'accusation français comme une « réunion préparatoire ». Sous-entendu entre narcotrafiquants, si l'on en croit l'instruction à charge de la juge Saunier-Ruellan ; il paraîtrait même que ce qualificatif serait de Castany lui-même.

Logique, puisqu'il s'agissait de « préparer » un vol – mais l'épisode méritait surtout le label de « joyeux repas ».

Hourra ! C'est SN-THS qui a gagné le gros lot. Merci Castany ! Toute la compagnie se réjouit d'avance et chacun œuvre dans son domaine pour que le vol décolle du Bourget au matin du 5 décembre 2012. Direction Puerto Plata, République dominicaine. Pascal Fauret est aux manettes, sous la supervision de Bruno Odos, qui bien qu'assis à droite (dans le siège du copilote), reste le responsable du vol, phase d'adaptation en vol oblige. Finalement, le Falcon ne transporte qu'un seul et unique passager, le mutique assistant de Franck Colin, Nicolas Pisapia, visiblement peu habitué à voyager dans un jet d'affaires.

Puerto Plata, ville balnéaire au nord de l'île, est rejointe en fin d'après-midi. La météo caribéenne est capricieuse en saison humide et la zone est balayée sans discontinuer par un défilé de grains plus ou moins actifs. Le terminal de l'aéroport est en grand chantier de rénovation ; passagers, employés et équipages doivent marcher sur des planches pour éviter de patauger dans la gadoue toute fraîche. Bien évidemment, le service d'assistance de l'aéroport se révèle vite déplorable. C'est la règle en République dominicaine, mais elle n'est pas encore connue de nos deux pilotes. Mouillés, fatigués et peu épaulés par le service d'assistance locale, ils décident de se limiter au minimum obligatoire à l'arrivée : faire vider les toilettes et poser les cache-moteurs, avant de rejoindre l'hôtel qui leur a été réservé pour y prendre un repos bien mérité. Classiquement, le réceptionniste ne retrouve aucune trace d'une quelconque réservation ou prépaiement, mais ça tombe bien, il lui reste des chambres… disponibles au prix fort. Bruno fera donc usage de sa carte de crédit personnelle.

C'est un hôtel touristique au standard du pays, un bloc de béton, cinq cents chambres et un peu partout des gardes armés d'*escopetas*[1] pour protéger les clients en villégiature *all inclusive*[2], à l'écart de la misère environnante. Pascal et Bruno n'ont pas le temps ni l'envie de faire du tourisme et doivent se remettre sur leurs ordinateurs pour rédiger les notes et parties pertinentes des manuels que la DGAC attend encore

1. Pétoires dominicaines, ressemblant souvent à des fusils indéterminés à canon scié.
2. Séjours « tout inclus ».

avant de pouvoir envisager d'autoriser de manière permanente l'exploitation de vols transatlantiques et de l'étendre à tout nouveau pilote dûment qualifié. De toute façon, c'est la saison humide et, sous les tropiques, « humide » est souvent synonyme de « trombes tropicales ». Le fait est qu'il tombe des seaux de flotte tous les après-midis. Pas vraiment les conditions idéales pour profiter de la troisième ville du pays, qui d'ailleurs n'est pas très affriolante. Puerto Plata est connue pour ses maisons coloniales, son spot de sports nautiques et son téléphérique du mont Isabel de Torres, qui mène à un Christ copie conforme de celui de Corcovado.

Située sur la *costa dorada*, Puerto Plata recèle une richesse unique au monde : un gisement d'ambre bleue très convoité par les Chinois[1], qui vaut cinq fois plus cher que l'or. Le littoral atlantique est également connu pour sa production d'or[2] et ses épaves de galions espagnols coulés au XVIIe siècle par des pirates lors de la conquête du Nouveau Monde alors qu'ils faisaient voile vers l'Espagne, les soutes pleines de trésors volés aux peuples autochtones.

Le lendemain soir de leur arrivée, Bruno et Pascal sont rejoints par Nicolas Pisapia dans l'un des bars de l'hôtel. Jusqu'alors, leur passager s'est contenté d'une communication limitée mais courtoise. Ponctuel, sans aucune exigence particulière, il a respecté les consignes en cas de turbulence... Pas tout à fait le passager habituel sur ce type de vol, donc. Ce soir-là, il exprime le souhait de retarder le retour de vingt-quatre heures.

Contrairement à ce qu'on peut entendre çà et là, dans l'aviation d'affaires, le client n'est pas roi – mais, bien sûr, il doit être traité comme un prince. Les jours d'immobilisation

---

1. C'est ainsi que j'ai découvert de nombreux détenus chinois à Najayo venus en RD pour l'achat d'ambre bleue. Ils sont régulièrement interpellés par la police dominicaine pour *lavado de activos* (« blanchiment d'argent ») et dépouillés de leurs énormes sommes d'argent en cash comme de leur ambre.
2. Site de Pueblo Viejo, en République dominicaine, sous concession canadienne (60 % Barrick Gold Corporation et 40 % Goldcorp).

se payent au même titre que les vols, ainsi que tous les frais annexes. La discrétion et l'adaptabilité sont érigées en vertus cardinales. Les jours, les heures, les trajets et destinations peuvent être modifiés à loisir. Publicité et communication minimales : un concurrent, un journaliste ou un détective privé mandaté légitimement aura bien des peines à effectuer une traçabilité. Les passagers habituels le savent et en usent, c'est aussi pour cette raison qu'ils choisissent l'aviation d'affaires. Seuls les services des États ont facilement accès à la base de données de la navigation aérienne.

Dans le cas présent, pour les pilotes, il suffit d'informer SN-THS, qui vérifiera la compatibilité du planning de l'avion et préviendra les deux sociétés prestataires, Flyops et Swissport. Déposer un nouveau plan de vol et décaler l'heure des services de « handling », rien de plus facile, deux ou trois coups de téléphone et la demande de Nicolas Pisapia est entérinée.

Le 8 décembre 2012, le départ de Puerto Plata est plus que laborieux. Le terrain est la cible d'orages diluviens qui s'appliquent telle une noria de Canadair déchaînés. Pascal et Bruno courent partout, dans le fol espoir pour l'un de rassembler les parties du dossier de vol expédiées par Flyops (mais comme dans tout l'aéroport, l'Internet du bureau des opérations, quand il fonctionne, n'offre que du bas débit), et pour l'autre de tenter de résoudre l'insurmontable problème du ravitaillement en carburant. À deux reprises, Bruno est conduit du Falcon à un bureau situé à l'autre extrémité de l'aéroport. D'abord pour se voir signifier que les prépaiements effectués auprès de la société pétrolière ne sont pas acceptés ici, puis que les autorisations de la Master Card et de l'American Express sont impossibles, et qu'il vaudrait mieux payer en cash, en dollars américain si possible… Pas d'espoir de récupérer la commande de catering pourtant payée d'avance… Puis que les courses en taxi entre l'aéroport et l'hôtel ont été oubliées dans la facture et qu'il faut repasser au terminal pour les payer, si possible en cash… Tout ce travail, normalement du ressort de l'assistance, prend trois fois le temps ordinaire et n'est fait qu'à moitié. L'heure tourne, le passager attend, rien n'est prêt, nos deux pilotes sont à cran !

Miracle, à 22 h 14, heure locale, le Falcon 50 décolle enfin. Reste encore à rejoindre et à se poser à l'aéroport de La Môle. Presque un jeu d'enfant, après ce départ. Presque, car ce terrain d'atterrissage est très particulier. Bien que situé à proximité du bord de côte, il est entouré de reliefs qui pénalisent l'approche. Pour un Falcon 50, l'atterrissage n'est autorisé que face à l'ouest. Encore faut-il qu'il fasse jour, que le vent souffle du bon secteur et reste dans des limites assez faibles pour ne pas induire trop de turbulences. Impossible d'approcher un jour de mistral ou de retour d'est. Par ailleurs, la piste est très courte (840 mètres) et le terrain n'est pas équipé d'un radar ; l'approche se fait donc à vue, ce qui induit qu'elle n'est possible que par beau temps. Pour utiliser l'aéroport, toute compagnie aérienne de transport doit avoir déposé un dossier, qui doit être approuvé. Mais aussi avoir démontré son savoir-faire et la continuité de son entraînement à la DGAC. Autant dire que les compagnies aériennes autorisées sont plutôt rares, et que le terrain est principalement utilisé par des avions privés, auxquels une réglementation moins contraignante s'applique. Programmer un atterrissage à La Môle ressemble donc à un jeu de pile ou face. Le risque majeur n'est que le déroutement vers un autre aéroport plus accessible, assorti de la contrariété, pour les passagers, d'avoir à finir le trajet par la route. En tout état de cause, si vous envisagez de faire du transport illicite en tout genre par voie aérienne, oubliez le terrain de La Môle, ça n'est vraiment pas le bon plan.

Quoi qu'il en soit, dix heures après son décollage, le Falcon 50 se pose comme prévu à La Môle. Il est garé au pied de la tour de contrôle, sur le minuscule et unique parking. Il y a foule, pour un dimanche midi. En plus de l'équipe de service, tous les employés ont été conviés à participer aux préparatifs de l'arbre de Noël du terrain. Si c'était le côté discrétion que l'on recherchait, c'est complètement raté. D'autant que les pilotes sont immédiatement informés de la présence de la douane. Ils n'en sont pas surpris, c'est assez habituel. Bruno part en direction du bureau de piste, régler la partie administrative préalable au départ vers Lyon-Bron. Départ qui doit se faire dès que possible car ils sont proches de l'amplitude maximale de travail autorisée.

À la barre du tribunal d'assises d'Aix-en-Provence, lors de l'étonnant procès qui se tiendra début 2019, Bruno Odos déclarera : « … quand je suis revenu du bureau de piste vers l'avion, j'ai tout de suite remarqué que Pascal avait sa tête des mauvais jours. Quand il a les sourcils qui se touchent comme ça, il vaut mieux rester au large. Alors, j'ai fait un détour prudent à l'avant, et suis remonté dans le cockpit préparer la suite… » Effectivement, à l'arrière du Falcon, il y a du grabuge. Une énorme valise bouchant l'accès extérieur de la soute, Pascal et l'agent de piste s'y sont mis à deux pour la décharger. Le bagage, qui pesait « le poids d'un âne mort », a échappé à ses porteurs et a fini à terre. L'exclamation lâchée alors par l'agent de piste fut assez maladroite, impolie et, bien que parfaitement justifiée, tout à fait déplacée car ils n'étaient pas seuls. C'est donc sans aucun ménagement – doux euphémisme – que Pascal a convié le soutier à aller œuvrer ailleurs…

Le déchargement de l'avion va prendre plus de temps que prévu, dans la mesure où derrière cette monumentale valise il y en a encore d'autres, moins volumineuses mais en nombre. Une dizaine au total, qui seront transbordées par Pascal et par les conducteurs des deux voitures autorisées à pénétrer sur le parking, à proximité immédiate de l'avion. Eh oui ! C'était alors l'usage, à La Môle. Pas très fier, le directeur de l'aéroport se réfugiera plus tard derrière une demande spécifique du douanier alors présent[1], François-Xavier Manchet[2]. Mensonge. Longtemps après décembre 2012, sur l'aéroport

1. L'information aux services de la Douane est obligatoire, préalablement à la programmation de tout vol en provenance de l'étranger. L'aviation d'affaires n'y échappe pas.
2. On apprendra plus tard que François-Xavier Manchet était un ami de Franck Colin. Il sera condamné en 2019 à cinq années de prison.

de La Môle, on verra les avions vidés des bagages de leurs passagers directement dans des véhicules privés, ou même des taxis, tous autorisés à pénétrer dans la zone réservée de l'aéroport et à s'approcher au plus près des soutes des avions. Et cette procédure « à la grand-papa » relève exclusivement de la responsabilité du directeur de l'aéroport.

Ce jour-là, le préposé à la barrière, également en charge du débarquement des bagages, a oublié de renseigner le cahier ou auraient dû figurer les immatriculations des véhicules ainsi que le nom des conducteurs. Oubli exceptionnel, paraît-il. On peut imaginer avec quel zèle directeur comme employés ont ensuite collaboré avec la justice, jusqu'au faux témoignage du directeur de l'aéroport mis en lumière à la barre des témoins.

Pascal est furax, les Dominicains sont vraiment en dessous de tout, « un vrai bordel doublé d'un racket organisé sur les taxes et le carburant, et maintenant le chargement ! ». Car c'est un fait : le chargement de la soute au départ n'a été supervisé par aucun des deux pilotes. Ils ont eu tort de faire confiance au service d'assistance de Puerto Plata, qui se révèle incompétent. Ils n'en avaient d'ailleurs pas pris conscience avant l'arrivée. C'est anormal et assez peu réglementaire, il faut bien en convenir. Dans l'apocalyptique ambiance qui a précédé le départ de République dominicaine, la gestion des tâches primaires a monopolisé toutes leurs ressources. S'il arrive régulièrement que les bagages soient livrés aux avions avant ou après les passagers et qu'ils soient chargés sans attendre par les agents de piste, il n'est pas admissible que les pilotes n'aient pas une idée de leur masse et volume. Surtout quand c'est conséquent. La pesée systématique n'était pas obligatoire, à l'époque, l'estimation ou le forfait étaient encore des procédures acceptables. Ajoutons à cela que si l'inspection au filtre de sûreté est théoriquement incontournable en droit aérien, l'étiquetage d'un bagage transporté n'a jamais été requise tant que le bagage était accompagné de son propriétaire, d'un membre d'équipage ou d'un représentant de la compagnie ou de la société d'assistance. En fait, vis-à-vis des aéroports, pour l'aviation d'affaires, les bagages de soute sont traités comme des bagages cabine.

Si a posteriori il est toujours plus facile de théoriser sur l'absence de curiosité de l'équipage, le fait est qu'à aucun moment les deux pilotes ne se sont inquiétés du contenu de ces fameux bagages. Logique, ce n'est jamais leur travail ! Une prérogative exclusivement du ressort des services des douanes à l'arrivée, et des prestataires de sûreté ainsi que de la police locale au départ. Selon la réglementation internationale, c'est-à-dire les conventions de Chicago[1] et de Montréal[2], les pilotes de vol commerciaux ne sont jamais responsables des bagages de leurs passagers.

Retour à Bron, compte rendu oral détaillé à Pierre-Marc Dreyfus, leur patron et, trois jours après, les revoici dans les airs. Pour un vol beaucoup plus simple, un aller-retour entre Le Bourget-Valence (Espagne) et Le Bourget, avec un passager très VIP, du genre qui murmure à l'oreille des grands patrons du CAC 40. Mais au retour, une surprise les attend. À peine le passager débarqué et disparu dans les méandres de l'aéroport du Bourget, une délégation de la douane assistée d'une équipe cynophile se présente et se livre à une fouille zélée de l'avion. Ce type de contrôle est fréquent sur l'aéroport du Bourget mais ordinairement la douane s'intéresse aux passagers et à leurs bagages, presque jamais à un avion vide. Le cabot grimpe partout, fouille, renifle, aspire, s'imprègne en vain de tout ce qui se trouve dans la cellule, puis repart bredouille, la queue basse et la truffe en échec.

En 2019, au cours du procès d'assises, un expert de la douane cité par le Parquet confirmera que si plusieurs centaines de kilos de cocaïne avaient voyagé en soute, trois jours après, le chien aurait forcément marqué. On découvrira vite

1. Annexe 17 de la convention de Chicago du 7 décembre 1944.
2. Convention de Montréal du 28 mai 1999, transposée en droit français par le décret n° 2004-578 du 17 juin 2004 sur l'unification de certaines règles relatives au transport aérien international, notamment celles concernant les bagages.

que l'équipe cynophile n'apparaît pas sur le compte rendu de la douane. Dommage. Tant mieux pour l'accusation, tant pis pour la vérité.

Il faut attendre le deuxième vol commandé par Alain Castany pour le compte de Franck Colin, avec toujours Nicolas Pisapia comme passager, pour qu'enfin une petite lumière s'allume sous leur casquette. Ce vol, ils ne s'y attendaient pas; pour eux, il n'avait jamais été question d'une série de vols. Nous sommes alors en février 2013 et la destination prévue est Quito. Ce n'est pas un voyage simple, il nécessite d'ailleurs une police d'assurance spéciale pour le vol. Entourée de hauts volcans, la capitale de l'Équateur est située dans une cuvette à 2800 mètres au-dessus de la mer. Du fait de cette altitude, les manœuvres de décollage et d'atterrissage requièrent des précautions particulières, en raison de la nette dégradation des performances et de la gestion particulière du système de pressurisation, qu'il faut leurrer pour éviter le déploiement intempestif des masques à oxygène. Consciencieux, Bruno Odos va s'entraîner au simulateur pour maîtriser ces procédures particulières.

Le vol est long, même pour un Falcon 50. La route retenue prévoit tant à l'aller qu'au retour deux escales, une à Santa Maria, aux Açores, et une autre à Saint-Martin, île franco-hollandaise des Caraïbes. Après des tergiversations, c'est finalement l'aéroport de Grand-Case Espérance, dans la partie française, qui est retenu, avec déroutement possible sur le grand aéroport international Princess-Juliana, en zone néerlandaise, en cas de besoin. Sur ce petit terrain, l'escale se révélera finalement plus facile, tant au niveau taxes, ravitaillement, transport que formalités. La seule contrainte fut là encore d'atterrir de jour et par beau temps. Sur place, nos pilotes ont eu droit à une assistance en béton, M. le délégué territorial de l'aviation civile en personne étant là pour les accueillir. Ce fonctionnaire de l'État assure à la fois les tâches régaliennes et opérationnelles pour le préfet, mais aussi les fonctions d'inspecteur de surveillance et de contrôle des aéronefs, des aérodromes et des personnels navigants ou au sol. En

2013, à Saint-Martin, il avait pour nom Jacques Mangenot et était un ami d'Alain Castany, à qui il avait promis de prendre grand soin de l'équipage. D'ailleurs, selon lui, Alain Castany ne put y résister et décida de rendre visite à son ami et de profiter du vol retour pour rentrer avec l'équipage.

Le fait marquant de ce voyage fut le départ de Quito. La veille déjà, alors que Pascal et Bruno étaient en train de mettre en route les réacteurs, Pisapia était soudain entré dans le cockpit et avait demandé de décaler le départ au lendemain, au motif qu'il devait immédiatement régler sur place un impératif inattendu. Il commençait à devenir franchement « lourdingue », le passager sans histoire… D'autant que durant le cheminement vers la sortie de l'aérogare, il fut pris en photo sans discrétion par les services de police de l'aéroport. Et que le lendemain matin, au moment de rembarquer, l'avion fut soudainement encerclé par un cordon de policiers équatoriens patibulaires. Nicolas Pisapia fut questionné, tandis que tous les bagages, y compris ceux des pilotes, étaient fouillés en profondeur, et que le Falcon était inspecté de fond en comble par une équipe cynophile. (Eh oui, les policiers équatoriens eux aussi, pareillement à leurs collègues latino-américains, ne se privent pas de prendre quelques libertés avec la réglementation aéronautique internationale. Passons.) L'ambiance était délétère et les représentants des forces de l'ordre très agressifs. N'ayant finalement rien trouvé de ce qu'ils cherchaient, un *flyco*[1] et un véhicule de police accompagnèrent l'avion jusqu'à l'entrée de la piste de décollage, en faisant de grands gestes menaçants avec leurs armes pour que le départ soit expédié dans les plus brefs délais. Charmant décollage.

Évidemment, lors de l'escale de Saint-Martin et en dehors de la présence de Pisapia, cet intermède sera rapporté à Alain Castany et son ami Jacques Mangenot. Le premier s'offusquera que l'on puisse autant maltraiter un passager, le second confirmera que l'Équateur n'est pas forcément un pays très accueillant pour qui n'y vient pas en touriste. Comme Castany

1. Voiture des services aéroportuaires siglée « *follow me* », chargée de guider au sol.

et Mangenot firent le vol du retour dans la cabine passagers, isolés du cockpit par une porte et par l'entrée, les pilotes n'ont pas su si Nicolas Pisapia et Alain Castany revinrent à cette occasion sur le sujet. Mais on peut imaginer que oui.

Si Bruno n'a rien dit, Pascal, quant à lui, déclara alors que plus jamais il ne retournerait dans ce foutu pays. C'était trop inhabituel pour les deux pilotes, qui non seulement se sont sentis très mal à leur aise au cours de cette opération de police, mais qui désormais redoutaient que leur passager douteux ne se livre à quelques opérations inavouables.

Dès le retour, ils s'en ouvriront à Pierre-Marc Dreyfus, président de SN-THS, et à Fabrice Alcaud, toujours dans la boucle. Seul ce dernier réagira de manière ostensible et appellera l'un de ses contacts dans la police nationale. C'est ce policier qui le dirigera vers l'OCRTIS. Fabrice Alcaud prendra alors langue avec les stups français, qui lui répondront : « Pisapia ? Inconnu, du moins jusqu'à ce jour ». On se doute que le nom de ce passager est désormais enregistré dans les ordinateurs sous la rubrique « personne à surveiller ». Pourtant, dès leur arrivée au Bourget, un discret comité d'accueil policier avait déjà pris Castany et Pisapia en filature jusqu'au domicile de l'un et à l'hôtel de l'autre. Bien sûr, les agents de l'OCRTIS l'ignoraient. Manque d'information initial qui sera à l'origine d'une certaine tension entre les services officiels d'enquête ultérieurement.

Nous sommes alors à un mois du choc de l'arrestation des pilotes à Punta Cana, et à trente mois de l'opération de sauvetage qui va leur permettre de rentrer en France.

En tout cas, tous ignorent alors qu'en février 2013, à la demande du tribunal de Draguignan, une brigade de recherche de la gendarmerie mène discrètement une enquête préliminaire. Sur dénonciation d'un employé de l'aéroport de La Môle. En effet, c'est bien plus tard que l'on apprendra : « … le 7 janvier, les gendarmes de la Brigade des recherches de Saint-Tropez recueillaient un renseignement anonyme relatif au mouvement suspect d'un avion d'affaires de type

Falcon 50 ayant, le 9 décembre 2012, atterri sur l'aéroport de La Môle, aux termes duquel deux individus se seraient avancés sur le tarmac jusqu'à l'avion avec deux véhicules et auraient déchargé les dix lourdes valises, d'un poids de 50 kilos chacune, de l'unique passager... » Mais l'enquête piétine, rien de tangible n'est mis en lumière et le Parquet envisage sérieusement la clôture du dossier.

Le 19 mars 2013, coup de théâtre à l'aéroport de Punta Cana. Le 22 mars, l'enquête marseillaise, sous l'égide de Mme la juge d'instruction Christine Saulnier-Ruellan, démarre... et bizarrement les Dominicains vont soudainement se précipiter pour lui présenter sur un plateau du tangible, du lourd, du gros autant qu'elle en veut. Par centaines de kilos, tant qu'à faire.

Sauf qu'en République dominicaine, tangible se traduit par « évidence[1] » sur parole... celle des intègres policiers et magistrats, le général Rosado Mateo, le procureur général Brito et le procureur adjoint Milciades Guzmán Leonardo... Et cela, Mme la juge d'instruction, tout attachée à son tropisme corporatiste, ne l'a pas encore compris.

1. Évidence : mauvaise traduction du mot *evidencia* – « preuve », en espagnol, vocable inspiré du mot *evidence* (« preuve » en anglais moderne).

9

Objectif : « Dîner à Paris »

Août-septembre 2015

Au moment où j'écris ces lignes, au début de l'année 2020, un événement de première importance vient de faire la une de la presse internationale. Carlos Ghosn, l'ancien dirigeant de l'alliance Renault-Nissan, a quitté discrètement le Japon, après avoir passé cent vingt-sept jours en détention provisoire. Il était en liberté surveillée depuis deux cent soixante-dix-huit jours. Pour lui, comme pour presque tous les Français sous le coup d'affaires politico-judiciaires à l'étranger, aucune chance de gagner. Seule solution pour ceux qui le peuvent : la fuite et le pied de nez à ceux qui vous veulent du mal en déguisant leur victoire en décision judiciaire. Car les juges sont, pour l'opinion publique mondiale, les nouveaux héros de la vérité absolue, de la défense de la veuve et de l'orphelin, et bien évidemment de la souveraine démocratie.

C'est un véritable exploit de la part de ceux qui ont organisé et réalisé cette exfiltration exceptionnelle, tant le Japon, à la différence de la Républicaine dominicaine, est un pays hautement policé par des agents efficaces et compétents qui ne sont pas connus pour être corruptibles. Quoi qu'il en soit, dès le lendemain, mon téléphone a commencé à sonner. Sans interruption. Où étiez-vous ? Y avez-vous participé ? Savez-vous comment cela s'est passé ? Il est vrai que l'opération d'exfiltration menée le 26 décembre 2019 entre l'archipel japonais et Beyrouth, au Liban, ressemblait fort à celle que j'avais montée pour faire sortir discrètement Pascal Fauret et Bruno Odos de la République dominicaine en octobre 2015.

Une opération qui, nous en étions tous d'accord, était plus que nécessaire et urgente. Pascal et Bruno avaient été condamnés le 16 août 2015, mais ils croupissaient, complètement démoralisés, depuis le 21 juin 2014, dans leur résidence surveillée, sans possibilité de travailler, entièrement dépendants de l'argent venant de leur famille et du comité de soutien. Sabine Fauret et Nathalie Odos observaient, impuissantes et à distance, la lente dégradation physique et morale de leurs époux respectifs. De l'argent, elles n'en avaient plus, ni pour elles ni pour leurs enfants, six à elles deux, moins encore pour leurs maris isolés, abandonnés par notre pays. Pour faire survivre sa famille, Sabine était devenue femme de ménage, tandis que Nathalie pointait dans une usine de traitement de fleurs. Bruno n'avait guère de meilleure ambition que de se supprimer, pour mettre fin à un calvaire injuste dont il ne percevait pas la fin. Pascal avait des problèmes de dents… et rêvait d'acheter une arme pour abattre le procureur Guzmán ainsi que les juges en pleine audience, certain de succomber sous les balles des policiers présents au tribunal. Je reviens sur cette phrase de Pascal, tant elle m'avait impressionnée lors de notre dernière rencontre : « J'achète un flingue, je rentre dans le tribunal, je flingue Guzmán et je tue jusqu'à ce m'on me flingue. » C'est ce qui m'a convaincu qu'il fallait agir en urgence pour les sauver. Les deux hommes étaient vraiment à bout de souffle et à bout de forces. De plus, la date de leur procès en appel approchant rapidement, ce devait être en novembre probablement, soit trois mois plus tard, nous ne disposions que de très peu de temps. Enfin, en cas de condamnation en appel avec réincarcération, nous n'aurions plus aucune chance d'agir selon le même plan s'ils devaient retourner derrière les barreaux. Il ne s'agirait plus de mettre en place une exfiltration, mais une évasion ! Risques et moyens très différents. Beaucoup d'entre nous, parmi le monde de l'aéronautique ou de la marine, pressentant que cette situation tournerait à l'urgence, avaient alerté les deux pilotes : « Cassez-vous dès que vous le pourrez, leur disait-on de toute part, prenez un bateau et foutez le camp. » Ils avaient refusé, ils voulaient sortir innocentés, la tête haute, de cette funeste farce dominicaine, et bien entendu, en tant que pilotes de ligne, ils ne voulaient pas faire l'objet d'une de ces fameuses notices rouges d'Interpol qui les empêcherait de travailler.

Quelques-uns en avaient parlé au sein du comité de soutien à Pascal et Bruno, avec Philippe Heneman, président de l'ASPB, et avec Aymeric Chauprade, autodéclaré chevalier blanc au service, non pas de Sa Majesté, mais de la Royale[1], dans une ambiance très solidarité d'armes, un peu comme dans la Résistance, tous unis contre la menace. Pour ce qui me concerne, je restais silencieux, sachant qu'un plan efficace ne fonctionne que si personne n'est au courant. Je savais aussi que Philippe Heneman et les familles de Pascal et Bruno avait déjà recueilli plusieurs propositions, dont quelques-unes loufoques. Mais je n'en dis rien.

Le 16 août 2015, au lendemain de leur condamnation à vingt ans de prison, Aymeric Chauprade m'appelle, je suis alors à Saint-Jean-de-Luz, en vacances. Il demande à me voir d'urgence. Quelques jours plus tard, nous nous retrouvons sur une terrasse de Saint-Germain-des-Prés. « Prépare-nous un plan d'action », m'a-t-il alors demandé, visiblement prêt à véritablement s'engager par la suite.

Pourquoi moi ? Il y avait une dizaine de Français capables de monter une telle opération et quelques scénarios circulaient déjà, dont un consistant à acheter un avion au… Canada, mais j'étais certainement l'un des rares à pouvoir mener un tel projet jusqu'au bout. Question d'expérience. Sans déroger au devoir de discrétion qui m'incombe à jamais, ayant été proche des services de renseignements de mon pays durant de longues années, il a pu m'arriver de connaître quelques opérations d'exfiltration sur différents continents. J'ai donc grandi dans le credo de la récupération du soldat à l'ennemi. S'il est vrai que depuis la chute du mur de Berlin

1. Surnom de la Marine nationale.

et l'effondrement de l'URSS, nous n'avons plus d'ennemis militairement parlant, ceci ne nous empêche pas d'avoir des adversaires. Étonnamment, ce sont surtout nos anciens amis, très défavorisés par les décolonisations non assumées de l'après-guerre, qui adorent faire chanter leurs anciens partenaires en développant le business de l'otage judiciaire.

Il se trouve donc qu'en quelques décennies, j'ai appris à maîtriser parfaitement les problématiques opérationnelles aériennes et, cerise sur le gâteau, les fraudes identitaires. Je sais étudier une frontière aéroportuaire, portuaire, ou terrestre, en détecter les fissures, les lézardes et les faiblesses. Pour des raisons professionnelles, j'ai beaucoup voyagé.

J'étais en conséquence l'un des meilleurs connaisseurs du sujet, ce que Aymeric Chauprade savait. Il prévoyait déjà de quelle manière exploiter à notre avantage les nombreux atouts dont il disposait, lui. Ses relations dans la marine[1], son carnet d'adresses époustouflant, son habitude de travailler avec les politiciens des pays du Sud. Je savais qu'il avait fait du business avec le Sud-Soudan, avec Madagascar, et sans doute avec la République dominicaine.

Une semaine après notre entrevue parisienne, j'étais revenu le voir avec une ébauche de plan en cinq phases. Un plan évolutif. J'avais d'abord imaginé une exfiltration par les airs, ce qui me semblait être le plus rapide et le plus sûr. Malheureusement, cela présentait aussi de nombreux inconvénients. Il fallait trouver un avion, puis un terrain d'atterrissage sûr, sachant que les Dominicains penseraient tout de suite à une évasion aérienne et ne manqueraient pas de lancer une alerte dans toute la région.

Or, dans la liste des aéroports proches, peu d'entre eux présentaient des garanties suffisantes pour qu'on puisse s'y poser sans risques. Haïti, c'est-à-dire la partie Ouest de l'île ? Hors de question. Au niveau corruption, l'ancienne colonie française vaut la République dominicaine, à la puissance dix. Inutile de

1. C'est un ancien de la marine, réserviste au grade de capitaine de frégate, enseignant au CID, le Collège interarmées de Défense, ex-École de guerre.

penser non plus aux Bahamas ou à Porto Rico, deux territoires sous domination américaine, avec des lois sur l'immigration illégale très strictes. Comme il n'était pas question de faire des demandes de visas US, il ne restait comme possibilités que les îles Vierges britanniques et les Antilles françaises.

J'avais également envisagé de rejoindre la Guyane, donc la France, mais étant donné la distance à parcourir, plus de 2 500 kilomètres de survol maritime jusqu'à Cayenne, soit 1 500 milles[1] et des poussières, il aurait fallu *a minima* un bimoteur doté d'une forte autonomie. En trouver un qui convienne à cette mission était une difficulté supplémentaire.

Une deuxième solution était de faire un mixte entre moyen aérien et moyen naval. Un hélicoptère aurait pu transporter les deux pilotes depuis un lieu d'embarquement clandestin jusqu'à un navire croisant hors des eaux territoriales de République dominicaine. C'est cette solution que j'ai présentée à Aymeric Chauprade, tout en échafaudant une troisième hypothèse que je gardais pour moi. « Combien ça va coûter ? » a été sa première question, sous-entendu que pour le reste, il me faisait confiance. Je lui ai répondu : « Au minimum 70 000 euros. » Au total, il y en aura pour 100 000 euros, mais l'important était que nous soyons d'accord sur ce point primordial. Heureusement, car à cette époque Chauprade habitait à Vienne (Autriche), voyageait beaucoup, surtout en Russie, et nous devions nous voir au hasard de ses disponibilités de député européen. À Bruxelles, bien sûr, mais aussi à Strasbourg, et chez lui, à Vienne.

Restait ensuite à peaufiner les détails. En quelques jours, j'avais déjà tout imaginé. J'envisageai classiquement la formation de deux équipes, d'une base de coordination, de leurres, et bien sûr de complicités locales, d'où l'intérêt du carnet d'adresses de Chauprade.

Enfin, un jour de septembre 2015, nous nous sommes retrouvés à Roissy, dans un B777 d'Air France à destination

1. Milles marins ou *nautical miles*.

de Saint-Domingue. Toujours avec le plan hélico en tête, et un rendez-vous avec un « contact » de Chauprade : Pedro.

Pedro n'est bien sûr pas le vrai nom de ce colonel de l'armée de l'air de la République dominicaine. Dans l'aéronavale, « le Pedro » est, sur un porte-avions, le sobriquet donné à l'hélicoptère en charge de récupérer les pilotes tombés à la mer. Bruno et Pascal comprendraient immédiatement ce que signifie « Pedro viendra vous chercher ».

Et ils l'ont très bien compris, dînant avec nous le soir même de notre arrivée, après avoir fait en autobus les 200 kilomètres qui séparent Punta Cana de Saint-Domingue. Nous nous sommes retrouvés au restaurant de notre hôtel, l'El Embajador, avenue Sarasota, pas dans une minable gargote type *cantina* du quartier colonial. Ils avaient besoin de se remplumer et de vider quelques verres, et surtout que l'on s'occupe de leur cas, nous le savions. Ce soir-là, après qu'ils eurent confirmé leur envie de « se casser » à n'importe quel prix, je leur ai expliqué les grandes lignes du plan « hélico marine », puis je leur ai remis un sac étanche, deux gilets de sauvetage[1], de l'argent, et les ai prévenus qu'ils devraient s'entraîner à la natation. Ce n'était pas un problème, ils étaient vraiment prêts à tout. Je leur ai aussi donné quelques instructions précises, sans rien dévoiler des détails du plan. Moins ils en savaient, moins ils pourraient en parler, au téléphone ou à quiconque.

Ces instructions étaient simples : après avoir reçu le feu vert sous forme d'une phrase codée, ils devraient abandonner derrière eux toutes leurs affaires personnelles et recharger le crédit de leurs deux téléphones d'une somme importante pour la RD, au moins 2 000 pesos[2]. Soit quatre mois de fonctionnement, même en abusant de la connexion Internet. Aymeric Chauprade et un autre homme seraient présents pour gérer l'opération de départ.

Le lendemain de notre arrivée, notre contact, le fameux Pedro, en grand uniforme, très impressionnant, est venu

1. Du type « Mae West », gilet à gonflage automatique, comme ceux qu'utilisent les pilotes.
2. Environ 40 euros.

nous chercher à notre hôtel puis nous a conduits sur une base aérienne militaire à quelques minutes au nord de Saint-Domingue où, scène surréaliste, nous, étrangers en habits civils, sommes entrés « en fraude » sur les pas d'un Pedro très à l'aise, ce qui n'est pas étonnant quand on sait qu'il a longtemps été en charge des voyages présidentiels. Ça ne s'invente pas. Notre premier contact avec un potentiel « loueur » d'hélicoptères était un général, pilote de l'armée de l'air, qui « disposait » à titre personnel de quatre ou cinq AS350 et AS355[1], des appareils rapides et efficaces. Mais pour voler sans poser de questions, l'homme voulait de l'argent, beaucoup d'argent. Trop à mon goût.

Profitant que Pedro discutait avec le général, nous avons jeté un coup d'œil à la base, plutôt désuète au premier coup d'œil, mais qui semblait néanmoins défendue comme Fort Knox par des militaires au garde-à-vous, lesquels nous saluaient impeccablement, à l'américaine. Du jamais vu. Ça commence comme un geste de cinéma façon John Wayne et ça s'achève façon Marx Brothers... Toujours dans l'apparence, les Dominicains en font trop, beaucoup trop.

Pedro ayant achevé sa conversation privée avec le général, il nous a rejoints, l'air un peu déçu. Les Écureuils n'étaient pas adaptés à cette mission, selon lui. Traduction : le général et lui ne s'étaient pas entendus sur le partage de la commission. Puis il nous a entraînés vers une autre partie de la base, où il lui a suffi de donner quelques ordres pour que nous puissions entrer sans autre forme de procès dans un nouveau hangar de maintenance. Le rêve continuait. De ce côté des barrières se trouvait un hélico bien plus imposant. Il s'agissait d'un Bell 206 biturbine, capable d'emporter six à sept personnes avec deux pilotes. Nous avons échangé quelques mots avec les militaires présents, Pedro traduisant à sa sauce. Il en est ressorti que même si les pilotes n'avaient pas le droit de voler jusqu'à Porto Rico, « tout pouvait néanmoins s'arranger ». Le contraire m'eût étonné.

---

1. Hélicoptères légers mono- et biturbine produits par Airbus. Dénommés Écureuil ou H125 ou EC135, et Écureuil 2 pour le second.

L'option Porto Rico, grossièrement expliquée à Pedro, faisait partie des leurres abandonnés sur notre trace, l'idée étant que si l'hélico y stationnait au moins vingt-quatre heures, les Dominicains seraient persuadés que Pascal et Bruno s'étaient enfuis en passant par là. Le fait même de leur faciliter la tâche en divulguant la destination de l'hélico n'était pas une erreur, car si la République dominicaine disposait de radars depuis 2012, ces derniers ne fonctionnaient plus depuis le début de l'année 2015, faute d'avoir payé les factures à une entreprise française que nous connaissions bien. Or, mon idée était qu'il fallait absolument qu'ils perdent leur temps sur cette piste plutôt que d'en explorer d'autres.

On a encore beaucoup palabré, on s'est donné rendez-vous pour dîner le soir, et on a fait un dernier tour de la base avant de rentrer à notre hôtel. Surprise, au hasard de cette balade, nous sommes tombés nez à nez avec le Falcon 50 F-GXMC, l'ancien avion d'Alain Afflelou désormais propriété de la République dominicaine, abandonné sur un bout de tarmac envahi par les herbes folles. Bien que les protège-réacteurs et les flammes[1] fussent en place, le bel appareil semblait en piteux état. Cela faisait maintenant trente mois qu'il n'avait pas volé et qu'il n'avait pas été lavé, une éternité pour un avion. Il n'avait vraisemblablement pas passé les visites de contrôle obligatoires et il n'en passerait sans doute jamais plus[2]. De

1. Une flamme aéronautique est une bandelette rouge sur laquelle est inscrite la mention « *remove before flight* » (« retirer avant vol »). Les flammes permettent de bloquer manuellement les trains d'atterrissage et sont reliées à des caches de protection sur les prises de pression statique ou sur les sondes Pitot pour les protéger.
2. J'apprendrai en 2016 par Miguel Valerio – avocat d'Alain Afflelou, propriétaire de l'avion – que le Falcon 50 avait été déplacé par l'armée de l'air dominicaine, qui comptait se l'approprier par saisie judiciaire et le transformer en jet présidentiel. Aucun équipage n'étant qualifié sur cette machine en RD, l'état-major a désigné trois pilotes militaires pour effectuer la mission de convoyage par les airs. Malheureusement, l'approche et l'atterrissage ont été mal contrôlés en descente et en vitesse, et le train avant a été légèrement faussé. L'évaluation des travaux par des experts dépassait la valeur réelle de l'avion, aussi Alain Afflelou a-t-il demandé à son avocat d'être remboursé par l'assurance et de classer l'affaire aussi discrètement que possible. Charge à la compagnie d'assurance de poursuivre l'État dominicain. En 2017, le colonel de l'armée de l'air Carlos Piccini me confirmera cette version.

quelques millions d'euros, sa valeur résiduelle était passée à la somme des pièces détachées réutilisables. Autant pour le procureur Guzmán, qui l'avait confisqué, et pour son patron le procureur général Brito, qui voulait l'équiper d'un radar et en faire cadeau au président. C'était un gâchis énorme et insensé, mais bon, nous étions en République dominicaine, une formule que je ne me lasserai jamais de répéter.

En m'attardant ne serait-ce que quelques secondes à contempler ce désastre, je savais que tous les militaires présents sur la base comprendraient vite que d'une façon ou d'une autre, nous étions intéressés par l'affaire « Air Cocaïne », et que l'info remonterait la hiérarchie. Voire plus haut encore. Ce qui me convenait très bien. Un leurre se doit d'être alléchant.

Il était temps pour nous de rentrer à l'hôtel, ce grand machin tout confort qui disposait d'une liaison Internet rapide. Je le connaissais pour y être déjà descendu une fois, en 2012, à la demande des autorités locales, pour un projet d'audit des aéroports visant, ô ironie, à faire réellement baisser le nombre de vols sauvages liés au trafic de stupéfiants par les airs[1]. À cette occasion, j'avais conseillé à Saint-Domingue l'achat de radars et même d'un Hawkeye[2], mais j'étais alors loin d'imaginer que j'aurai un jour à me confronter à cette technologie.

Les pilotes, eux, étaient logés dans un endroit beaucoup plus modeste, situé en plein centre-ville. C'est un choix que j'avais fait, pas par cruauté, mais parce que cet hôtel presque anonyme réunissait beaucoup d'avantages de mon point de vue. Un emplacement central dans ce qui s'appelle la Zone coloniale, pas de caméra de vidéosurveillance, un parking où garer une voiture de location, un concierge laxiste, la possibilité de payer en cash et plusieurs issues. J'espérais les

1. 5 tonnes de cocaïne débarquent en moyenne chaque jour sur les côtes dominicaines. La part aérienne est négligeable. En revanche, l'avion est très utilisé pour la réexpédition vers l'Europe, la Russie et la côte Est américaine.

2. Grumman E2, dit « Œil de Faucon » en français. Avion biturbine de surveillance aérienne et de commandement aéroporté AWACS (Airborne Warning and Control System). Système radar permettant de surveiller l'espace aérien et maritime à 360 degrés.

familiariser avec l'endroit, puisqu'ils devraient y revenir dans les heures précédant le jour J.

En attendant, pendant qu'ils s'accrochaient comme ils le pouvaient dans l'autobus bringuebalant les ramenant dans leur lieu de résidence surveillée, Aymeric Chauprade et moi nous préparions à dîner dans un restaurant tranquille, également en centre-ville, avec un équipage dominicain qualifié pour le Bell 206 : deux officiers de l'armée de l'air débauchés par Pedro, le pays n'étant pas en manque de traîtres. Ces deux hommes, un capitaine et un commandant de l'armée de l'air, se disaient intéressés par notre offre de mission. Discrets sans leurs uniformes, ils étaient venus avec Pedro et étaient parfaitement à l'heure, mais j'ai très rapidement commencé à me méfier car ils posaient trop de questions et pas les bonnes. Nous avions heureusement des réponses toutes prêtes. Dans le désordre : ce n'était pas nous qui allions louer le Bell, mais le Parlement européen (plus c'est gros...), et nous ne pouvions en dire plus car il s'agissait d'une mission de coopération militaire secrète impliquant au plus haut niveau la France et la République dominicaine.

Il n'y avait rien d'étonnant à cela, chaque année Paris et Saint-Domingue participent à des manœuvres communes dans le cadre de « Dunas[1] », manœuvres qui engagent pour la France les Forces armées aux Antilles (FAA), et pour la République dominicaine des soldats marins le plus souvent dépourvus de bateau, avec toujours en toile de fond la maîtrise des techniques d'interception des Pablo Escobar de tout poil.

Je les interrogeai longuement sur les capacités opérationnelles de leur hélicoptère, histoire qu'ils comprennent bien à qui ils avaient affaire, et la mayonnaise prit petit à petit. Ces deux militaires, très au courant de la coopération[2] France-Rép dom, n'avaient aucune raison de remettre en cause notre version.

---

1. Du nom d'un exercice impliquant une barge de débarquement française.
2. On peut honnêtement se demander combien d'opérations secrètes, ou discrètes, mène la France en ou avec la République dominicaine.

Je leur expliquais également ce que j'attendais d'eux. Ils devaient décoller de leur base, se poser sans couper le moteur à un point Y, récupérer deux hommes cagoulés (Pascal et Bruno) que je présentais comme des militaires participant à l'opération, rejoindre un point Z en mer à la verticale d'une vedette rapide, en volant à 2500 pieds[1] sol/mer, éteindre le transpondeur[2] qui indique la position de l'appareil sur un radar, descendre brutalement à moins de dix mètres de la surface de l'eau, larguer les deux hommes et remonter tout aussi rapidement, reprendre la route initiale en rebranchant le transpondeur. Une manœuvre possible grâce à la puissance des turbines du Bell 206, qui devait durer deux minutes au maximum, temps trop court pour alerter un éventuel observateur radar, et qui justifiait que j'aie apporté des gilets de sauvetage aux pilotes.

On en a beaucoup discuté, mais sans beaucoup avancer. Eux discutaient surtout finances et se montraient gourmands, exigeant entre 12000 et 15000 euros et la présence d'un deuxième pilote. En ce qui me concerne, j'ai essayé de leur expliquer mes réticences concernant le Bell 206. C'est un hélicoptère costaud en charge et en motorisation, certes, mais sur le modèle proposé, les passagers sont séparés des pilotes par une paroi et n'ont aucun moyen d'intervenir en cas de problème, ce que je me gardai bien de leur dire. En revanche, je ne cachais rien à Aymeric Chauprade.

Enfin, avant de nous séparer et alors que la nuit était bien avancée, nous sommes arrivés à un début d'accord, selon lequel chaque pilote toucherait 5000 euros si l'opération se faisait – et, pour faire bonne mesure, Chauprade a ostensiblement versé à Pedro 5000 euros en cash. Pour ses frais et pour notre crédibilité. Mais je suis resté sur ma première impression : je n'avais aucune confiance en ces types.

---

1. Vol à une hauteur de 750 mètres par rapport au sol survolé.
2. Transpondeur : en aéronautique, les avions possèdent des transpondeurs pour aider à leur identification par les radars, mais également comme système anticollision.

Le lendemain, nouveau rendez-vous, avec une autre connaissance de Chauprade, qui connaissait décidément tout le monde en République dominicaine. Appelons-le « le Groom ». Il était très intégré aux structures de l'ambassade de France, habitait sur place depuis dix ou quinze ans, dirigeait une petite boîte de tourisme et tenait absolument à faire partie de l'opération. Je détestais ça ! L'homme n'était pas à sa place. Il nous confirma que Pedro était certainement l'un des Dominicains les plus fiables, et que, selon lui, aucun ne le serait. Son enthousiasme était certain, sa haine de la société dominicaine vivace. Il n'en pouvait plus de se faire racketter du matin au soir et du soir au matin, que ce soit par des services administratifs corrompus, des policiers ou des militaires, et si on l'avait écouté il aurait fait l'opération à lui tout seul. Il nous vanta d'ailleurs ses exploits passés, affirmant avoir fait sortir une jeune femme de prison en soudoyant un magistrat, allant jusqu'à lui acheter un billet d'avion pour l'Europe afin qu'elle puisse fuir le pays. J'écoutais sans adhérer, je ne m'en cachais presque pas. Il semblait être qualifié pour entrer dans la boucle, pourtant je ne le sentais pas. Je ne le croyais courageux que sur le papier.

Malgré mon opposition, Aymeric Chauprade l'intégra à son équipe, sous ce sobriquet de « Groom », à un poste qui avait une importance certaine, et même une très grande importance : trésorier. En clair, il conservait l'argent nécessaire à l'opération. Je m'en contentais – après tout, je n'aurais pas à le gérer et il ne serait pas sous ma responsabilité.

Tout ceci s'était décidé à l'étage VIP de l'hôtel, autour de la table du petit déjeuner, entre café et tartines, une excellente heure et un excellent endroit pour résoudre une autre problématique : la mise en place de boîtes aux lettres mortes[1]. Une

1. Les boîtes aux lettres mortes sont des comptes email improbables que deux personnes partagent entre elles. C'est une technique classique de communication clandestine. Chacun consulte les textes enregistrés en brouillon sans jamais les envoyer. Aucun email ne circule sur les serveurs, les messages ne peuvent donc pas être interceptés.

étape importante, pour laquelle le Groom était un comparse parfait grâce à sa connaissance intime du pays.

Quelques heures plus tard, nous reprenions l'avion pour Paris afin de finaliser la deuxième phase de notre plan : monter la structure humaine et organisationnelle qui ferait le cœur de l'opération d'exfiltration, désormais baptisée « Dîner à Paris ».

Un nom qui ne devait rien au hasard, car nous comptions bien nous retrouver autour d'une bonne table parisienne à la fin de tout cela. De ce nom ont découlé tous les codes adoptés pour l'opération en elle-même. Des codes qui seraient comme une deuxième identité pour chacun de nous, au sein des deux équipes désormais sélectionnées, dans lesquelles nous avions tous un rôle précis à jouer. Cela peut sembler enfantin, mais c'est une méthode éprouvée et redoutablement efficace. Ainsi, la formule « Dîner à Paris » évoquant un restaurant, nous nous sommes référés aux titres professionnels des employés de brasserie. À la tête de l'équipe 1, j'étais le « Chef Poisson » ; Chauprade, à la tête de l'équipe 2, était le « Chef Volaille ». Poisson, parce que je devais être le responsable des opérations maritimes, en bateau, entre la République dominicaine et la France. Volaille parce que Chauprade était censé s'occuper de la partie aérienne. Il était assisté pour cela par un troisième homme en qui il avait toute confiance, Pierre Malinovski, le « saucier », une vieille relation, un ancien militaire devenu son propre assistant parlementaire, après avoir été l'assistant parlementaire et l'ex-garde du corps de Jean-Marie Le Pen. Un gros bras qui se révélera, à l'usage, un peu bas de plafond, au point de faire une crise en apprenant qu'il ne porterait pas d'arme au moment crucial de l'opération. Ce gros malin, à l'instar d'Aymeric Chauprade, voulait son quart d'heure de gloire ; il l'aura.

Les noms des personnes engagées dans cette aventure, une vingtaine au total, ne peuvent bien sûr pas tous être divulgués, et c'est compréhensible. Disons seulement que nous étions assistés par une Serveuse, un Groom, un Saucier, un Écailleur, un Poulet antillais, un Faisan, un Premier serveur, et Sénèque. Je ne peux même pas vous dire dans le détail quel était le rôle de l'un ou de l'autre, mais il y avait parmi eux quelques militaires, plusieurs pilotes de ligne, des marins, des policiers français, en activité ou à la retraite.

Il est impossible en revanche de passer sous silence le rôle de « la Serveuse ». Un titre sans doute trop modeste pour cette jeune femme « du cru » chargée d'une mission cruciale : veiller vingt-quatre heures sur vingt-quatre, sept jours sur sept durant quinze jours au bon déroulement du script. Parce que nous étions extrêmement prudents, elle avait été dotée de plusieurs téléphones portables d'origine russe rapportés de Moscou par Chauprade, qui avait souscrit en Russie des abonnements longue durée. Une précaution visant à déjouer toutes les tentatives d'interception ou de localisation. Il fallait en effet que nous puissions, à tour de rôle et à des heures précises, selon un chronogramme extrêmement contraignant, communiquer avec elle et l'informer, en code, toujours en code, de la bonne progression des événements. Voire des imprévus ou accidents de parcours demandant la mise en place immédiate d'un plan B. Autant préciser que durant la quinzaine de jours (entre J-8 et J+6) qu'a duré l'opération, la malheureuse n'a guère eu l'occasion de fermer l'œil.

Un chronogramme, pour qui l'ignore, est un document qui commence à un jour et à une heure donnée, disons zéro heure, et s'achève pareillement. Entre les deux, tous les épisodes opérationnels prévus par le plan sont recensés heure par heure, minute par minute, et ce, dans notre cas, pour chacun des acteurs des deux équipes. Mettre au point un tel document est un travail énorme mais indispensable.

Un autre travail, considérable, a été de fabriquer pour l'équipe 1, celle effectivement en charge de la partie « action » (l'exfiltration), les « légendes ». Le principe est bien connu depuis la sortie d'une série télévisuelle intitulée *Le Bureau des légendes*, basée sur le quotidien des agents de la DGSE[1]. Une « légende » consiste à s'approprier une autre vie, parfois une

1. Direction générale de la sécurité extérieure.

autre identité, à entrer littéralement dans l'âme et le corps d'un autre soi-même.

À titre d'exemple, je peux vous révéler ici quelques éléments des légendes de nos « croisiéristes » (noms de code « Homard » et « Langouste »). Il s'agit de légendes dites « faibles », capables de résister une semaine au maximum à une enquête approfondie. Les identités ne changeaient pas, les éléments essentiels de leur situation familiale non plus et leur présence à bord s'expliquait par l'occasion de faire une belle balade en bateau entre copains. Naturellement, les épouses de ces « croisiéristes » connaîtraient au dernier moment les grandes lignes de ce voyage, afin de pouvoir répondre sans avoir l'air surprises à l'appel téléphonique d'une police ou d'une autre. Pour le reste, tout était vrai, ou semblait l'être. La croisière, pêche et plongée sous-marine aux alentours de Porto Rico, avait été vendue par une véritable agence de location de bateaux, de vrais billets de train leur permettant de rejoindre Paris depuis leurs domiciles avaient été édités, des reçus de chambre d'hôtel également, ainsi que les billets d'avion entre Orly et Princess Juliana, l'aéroport international situé dans la partie néerlandaise de Saint-Martin. Tous ces documents étant dans leurs bagages, les croisiéristes pouvaient facilement justifier de leur présence à bord. Ils avaient également reçu des photos de tous les lieux caractéristiques de ce périple, des photos de leur hôtel et de leur chambre porte d'Orléans, des photos de la cabine de l'avion, avec ses fauteuils noirs et bleus, des couloirs de l'aérogare Princess Juliana, de quoi fournir spontanément, ou presque, des éléments vérifiables à un interrogatoire un peu poussé. Leurs « légendes » ne s'arrêtaient pas à cette fable touristique. Leur vie et leur carrière avaient radicalement été revisitées. Ils n'étaient plus des pilotes, mais des chauffeurs de car salariés de la même société, avec cartes professionnelles et permis de conduire *ad hoc*. À tout moment et où que ce soit, à Paris ou à Lyon, quelqu'un pouvait répondre au téléphone et justifier de ces légendes.

Au total, cela faisait presque une centaine de pages à lire, à apprendre par cœur et, naturellement, à détruire ensuite.

Gros boulot donc, pour eux, mais surtout pour les concepteurs de ces vies fabriquées de toutes pièces.

Il me restait deux démarches importantes à effectuer. La première était de téléphoner à de vieilles connaissances au sein des services de renseignement français. J'ignorais si nous étions « dans l'œil » de ces appareils toujours bien informés, même si je m'en doutais, mais j'avais surtout besoin de me rassurer. Il aurait été stupide d'être « retardés » pour une raison ou une autre avant même de réserver la table pour « Dîner à Paris ». J'ai été vite rassuré : « Allez-y les gars », « On est tous avec vous », « On vous dit m... », « Foncez ! », « La maison est OK »... Ce sont quelques-unes des formules d'encouragement dont je me souviens encore. Et je ne me rappelle pas d'une seule réaction négative.

La deuxième démarche consistait à m'adresser directement à « un ami de trente ans », à l'autre bout du monde, sur la base navale de San Diego en Californie, cœur battant de la marine américaine.

Rejoindre San Diego, en Californie, est une chose – il suffit de prendre l'avion jusqu'à Los Angeles et de faire quelques heures de voiture. Pénétrer dans la base navale, l'une des plus grandes de l'US Navy, port d'attache de la Flotte du Pacifique, en est une autre. Ici travaillent 35 000 personnes, civils ou militaires. La base accueille également les US Coast Guards, qui nous intéressent plus particulièrement puisque ce sont eux qui patrouillent inlassablement autour de Porto Rico, près des eaux dominicaines et parfois dans les eaux de la mer des Caraïbes. Il faut y être introduit et disposer d'un passe. Dans ce cas, mon « passeur » s'appelait Bob[1], c'était lui mon ami de trente ans. Nous n'avions pas fait la guerre de Corée ensemble, mais presque. En fait, c'est toute une histoire entre lui et moi, un peu trop longue à raconter.

1. Nom d'emprunt qui lui va bien.

Après avoir débarqué un samedi après-midi à LAX[1], loué une voiture et réservé une chambre dans un hôtel de Newport Beach, cité balnéaire site d'une célèbre série télévisée, je l'ai rejoint dans un petit restaurant de fruits de mer disposant d'une belle terrasse ouverte sur l'océan. Il y eut quelques accolades, quelques gros sourires pour célébrer le plaisir de se revoir, puis nous sommes passés aux choses sérieuses : la République dominicaine. Bob n'est pas idiot, c'est un vieux professionnel du renseignement. Il sait parfaitement que si j'effectue un aller-retour express Paris-Californie du Sud, ce n'est pas simplement pour recueillir son sentiment sur la météo du jour. Bien que nous soyons amis, concurrents, alliés, en guise d'introduction je l'informai dans les grandes lignes de ce qui se préparait à Paris. Évidemment, il s'en doutait.

Entre deux pinces de homard à décortiquer, j'avais besoin de savoir où en étaient exactement les Américains avec cette aberration géopolitique en plein milieu des Caraïbes, et je n'ai pas été déçu. En quelques phrases, Bob a totalement démoli le semblant de coordination affichée entre Washington et Saint-Domingue. J'ai compris que les Dominicains rendaient les Américains totalement dingues, essentiellement à cause de leur situation sur la route des stupéfiants et leur propension volontaire à être un « trampoline » à cocaïne, selon l'expression de l'ambassadeur Brewster. Pire, d'après Bob, à l'arrogance nationaliste des autorités dominicaines s'ajoutait une impudence intolérable qui consistait à prendre les agents de la DEA pour des pigeons, les membres du FBI et de la CIA pour des idiots, et les sénateurs, ceux qui votent les subventions d'aides qui leur sont accordées, pour des crétins.

Moyennant quoi ils se permettaient tout et n'importe quoi, non seulement en recyclant régulièrement des tonnes de coke mouillée[2], toujours la même drogue présentée à la

1. L'aéroport international de Los Angeles.

2. La cocaïne est dite « mouillée » quand elle est récupérée en mer après que les trafiquants s'en sont débarrassés plutôt que de risquer d'être interceptés avec leur

presse comme la pêche du jour, mais aussi en corrompant sans vergogne certains membres haut placés du système judiciaire américain et des surveillants de prison où croupissaient quelques-uns de leurs nationaux tous tombés, évidemment, pour trafic de coke. Il faut croire pourtant que le ratio risque-bénéfice de cette relation empoisonnée l'emportait sur les désagréments d'une collaboration truquée et que, d'une façon ou d'une autre, les USA y trouvaient quand même leur compte.

À cette époque du moins, car au début 2020, Patrick Ventrell, directeur à Washington du Bureau international de la lutte contre les stupéfiants dans l'hémisphère Ouest, finira par hausser le ton. Ses propos rapportés par les journaux[1] se résument en quelques mots: ras-le-bol de la corruption en République dominicaine, une tare générationnelle, fin de l'octroi de visas pour tous les corrompus mais aussi pour leur famille. « Il est intolérable que les épouses enrichies par la corruption de leur époux continuent à faire du shopping à Miami ou que leurs enfants profitent des meilleures universités américaines », ajoutait-il. « Des mots, juste des mots », ont réagi avec fatalisme les Dominicains, en soulignant que tous les membres de leur gouvernement et de leur administration étant corrompus, autant fermer *enseguida*[2] l'ambassade américaine.

Bob avait bien sûr suivi, comme tous les pilotes et tous les marins du monde, les péripéties de l'affaire dite « Air Cocaïne ». Sur la table du restaurant, entre le plateau de coquillages et les paniers de langoustes, des cartes sont miraculeusement apparues. Cartes de météo marine, cartes du système de surveillance des frontières de la République dominicaine, cartes des implantations des radars aériens primaires,

---

marchandise. Contaminée par l'eau de mer, la drogue n'a plus aucune valeur marchande, sauf à être traitée par des spécialistes colombiens de la chimie réparatrice, qui ne se déplacent ni gratuitement ni pour quelques kilogrammes.

1. *Dominican Today,* 14 février 2020.

2. « Sur-le-champ ».

ceux portant jusqu'à 75 milles marins[1], et celles des radars aériens secondaires, ceux qui couvrent 240 milles marins. Nous savions, chacun de notre côté et par différentes sources, que la plupart de ces radars étaient inutilisables ou inutilisés, mais il n'était pourtant pas question de prendre le moindre risque. Aymeric Chauprade m'avait également communiqué des documents issus de la présidence dominicaine qui confirmaient tous ces éléments. Nous avons aussi calculé qu'à une certaine distance entre les côtes de la République dominicaine et celles de Porto Rico devait se trouver une zone blanche, non couverte par les radars, à environ 40 nautiques ; un point idéal pour récupérer les pilotes[2].

Si deux précautions valent mieux qu'une, il est également recommandé de ne pas sortir sans parapluie quand la météo est incertaine.

J'ai quitté Bob ce soir-là avec une bonne liasse de documents transférés en PDF, un moral au zénith, des certitudes, et je suis retourné dormir à Newport Beach. Le lendemain, avant de rejoindre l'aéroport, j'ai pris une grande bouffée d'air californien, un air qui sent très bon, surtout quand on est proche du Pacifique. C'est un mélange de positivisme, d'iode et de varech, porté par des vents venus de loin, c'est un air toujours plein de promesses.

Il ne restait plus qu'à passer à l'action.

---

1. Unité de mesure utilisée en navigation maritime ou aérienne. 1 mille marin = 1 852 mètres.

2. La distance entre les deux côtes est d'environ 80 milles marins.

10

Les crustacés sont dans la nasse

Octobre-novembre 2015

Beaucoup de gens connaissent la photo, la fameuse photo, prise au large de Porto Rico, sur laquelle je tiens la barre du « *Cormoran* », nom de code du voilier de 16 mètres loué à Saint-Martin. Une photo synonyme d'exfiltration réussie pour Pascal et Bruno. Cette photo antidatée a été prise par l'Écailleur (dans le cadre du renforcement des « légendes » de Pascal et Bruno) et donnée sous la contrainte aux médias, toujours friands d'illustrations, après la divulgation sur la place publique de notre opération.

Une aventure qui aurait dû rester totalement secrète six mois, comme prévu, et comme je l'avais demandé pendant la préparation de l'opération, au moins le temps que la République dominicaine découvre le pot aux roses et que Pascal et Bruno soient placés sous la protection de la justice française. C'est ce que nous pensions à l'époque.

Malheureusement, un autre cliché avait déjà été publié quelques jours auparavant. Celui-ci a été pris le jour de l'exfiltration, à 7 h 05, par Aymeric Chauprade, et distribué par ses soins à la presse. On y voit les deux pilotes revêtus de brassières, des gilets de sauvetage à l'ancienne mode, pas du tout les Mae West que je leur avais apportés, fermement accrochés à la barre de maintien d'une barque de pêche (nom de code « *Crabe* »), propulsée au petit matin par un puissant moteur. En arrière-plan, on distingue une silhouette floutée, celle du propriétaire de l'embarcation, louée par Malinowski. Avec trois mots d'explications, tout le monde comprend qu'on assiste à un épisode essentiel de notre équipée, le moment où Pascal et Bruno quittent la République dominicaine.

Ce qu'on ne sait pas, c'est que la publication de cette photo dans le monde entier entraînera la divulgation de mon identité, ce qui finira par me conduire en taule, en Égypte d'abord, puis à Najayo. Huit cent cinquante jours de calvaire, huit cent cinquante jours de souffrances, une interminable descente aux enfers accompagnée d'une intolérable déchéance physique. Un scandale judiciaire doublé d'une honteuse démission, celle de la France, incapable de réagir quand ses citoyens sont en danger. Pire, coupable de coopérer honteusement avec la justice notoirement corrompue d'un narco-État. La meilleure preuve étant que c'est l'ambassadeur de France en personne qui s'est déplacé pour informer le procureur général de la République dominicaine, Domínguez Brito, de l'arrivée des pilotes en France.

Tout ça à cause d'Aymeric Chauprade, qui ira jusqu'à se présenter[1] comme le héros du sauvetage de nos compatriotes, omettant de préciser qu'il a quitté sans prévenir le champ de bataille. Je choisis d'éviter ici les commentaires désobligeants qui risqueraient d'être nombreux. Et dire que l'opération « Dîner à Paris » s'était déroulée sans aucun accroc ! Une opération très réussie que j'aurais voulu garder secrète.

Quelques jours avant la récupération de Pascal et Bruno, comme prévu, j'avais retrouvé le voilier à Saint-Martin. Le matelot, l'Écailleur, magnifique homme de confiance, s'était chargé de l'avitaillement, des essais en mer, de faire le plein de gasoil à ras bord, de vérifier les voiles, l'instrumentation de bord et même de tracer la route jusqu'à quelques encablures de Saint-Domingue.

En République dominicaine, tout allait bien également. Pascal et Bruno, fins prêts et remontés à bloc, avaient suivis mes instructions à la lettre. Leurs téléphones, destinés à être abandonnés, étaient chargés au maximum, et ils laissaient

1. *Paris-Match*, 29 octobre 2015.

sans regrets tous leurs effets personnels derrière eux, dans leur hôtel de Saint-Domingue, sachant qu'ils trouveraient à bord des vêtements neufs à leurs tailles, correspondant à leurs légendes de touristes en goguette. Il n'était en effet pas question de les embarquer avec leurs uniformes de pilotes. Leurs femmes, mises à contribution, avaient préparé une valise pour chacun avec des vêtements neufs. Pour ce qui me concernait, nous avions acheté des vêtements de mer, des bottes, des cirés au cas où ce serait nécessaire. Le tout avait été acheminé à Saint-Martin et embarqué sur le *Cormoran* grâce à toute une chaîne de solidarité. Il ne fallait rien laisser au hasard.

Le Groom avait rempli son rôle, accueillir Pierre Malinovski – dit « le Saucier » – à l'aéroport de Saint-Domingue, le guider, l'aider à trouver l'embarcation et le pilote chargé de les prendre vers 5 heures du matin depuis un port tranquille à trois heures de route de la capitale, dans la baie d'Altagracia.

Le plan A, l'évacuation en hélicoptère, pas assez fiable car impliquant trop de Dominicains prêts à toutes les trahisons (une spécialité locale), avait été abandonné – même si l'appareil était toujours réservé au nom du parlement européen comme Chauprade l'avait imaginé, pour la semaine suivant notre départ. Un leurre parfait, destiné à leur laisser le temps de monter un piège parfait qui ne marcherait pas. Double humiliation. J'espérais que la DNCD, ou la DICAN, ou n'importe quelle autre police de la République dominicaine se jetterait sur cet appât laissé en pâture en cas de soupçon. Oublié également, parce que trop compliqué, le plan B que j'avais échafaudé : faire du cabotage sur un petit bateau de pêche jusqu'à rejoindre le *Cormoran*. Un plan risqué, du fait des contrôles de la marine dominicaine, toujours à la recherche de migrants à racketter ou de paquets de cocaïne inconnus. Il n'était pas non plus question du plan C, le transport des pilotes en jet-ski jusqu'au *Cormoran*, une idée intéressante, Chauprade et Malinovski se vantant d'avoir appris la conduite de ces engins capricieux à… Vladivostok. Sauf que le jet-ski est interdit en République dominicaine et que personne ne peut en posséder, à part les *narcos* qui s'affranchissent de toute forme d'interdiction. Restait le plan D, mon idée de base : utiliser une *lancha*[1] au moteur suffisamment puissant pour rejoindre rapidement le *Cormoran* dans les eaux internationales.

Pour comprendre, il faut se représenter la position de la République dominicaine dans les Caraïbes. L'île est orientée, presqu'à l'horizontale, d'ouest en est. À l'ouest, à une latitude moyenne très légèrement supérieure, 21°30' Nord[2], se trouve Cuba ; Porto Rico est à l'est et à une latitude très légèrement inférieure, 18°14' Nord. L'île de Saint-Martin, quant à elle, se situe à une latitude encore plus basse, 18°04'.

La Républicaine dominicaine, elle, qui se trouve à une latitude moyenne de 19° N, est bordée au nord par l'océan Atlantique, et au sud par la mer des Caraïbes. Pour n'importe quel navigateur, amateur ou pas, il n'y a pas photo. La route la plus courte entre Saint-Martin et Saint-Domingue passe par le sud de Porto Rico, donc par la mer des Caraïbes, protégée de l'océan par un croissant d'îles innombrables, en telles quantités qu'on pourrait se croire dans une mer intérieure. Sur des eaux forcément plus calmes que la route nord, celle qui, ouverte à tous les vents, passe par l'Atlantique et la pointe sud du triangle des Bermudes.

Seulement, la mer des Caraïbes a aussi pour frontières des pays peu recommandables, tels la Colombie et le Venezuela, et cette grande bassine bordée au sud par le continent sud-américain est aussi le terrain de jeux des trafiquants de tout ce qui se fume ou se sniffe. Tous jetés dans une course « au gendarme et au voleur » avec des *coast guards* arborant tous les pavillons possibles dans la limite des 12 milles des côtes. Même les quelques rafiots dont dispose la marine de

1. Petite vedette légère.
2. Les positions géographiques sont exprimées en degrés, minutes et secondes d'arc. [utilité ???]

la République dominicaine y font de la figuration, pour la forme, mais quand même.

S'il m'était passé par la tête, un temps, de cingler d'abord vers l'ouest, vers la Jamaïque par exemple, où nous aurions pu rester un moment pour nous faire oublier avant de repartir plein est, vers les îles Vierges britanniques, j'y ai vite renoncé. Trop long et trop cher. Ce n'était que reculer pour mieux sauter. Restait l'option océan Atlantique, la route au nord de Porto Rico, vers le fameux triangle des Bermudes, où j'étais sûr de ne trouver que des US Coast Guards dont je n'avais en principe rien à redouter. S'ils ignoraient pourquoi et comment ils se trouvaient informés (tout comme la DGSE l'était) qu'une équipe allait réaliser l'exfiltration de deux pilotes français, ils étaient tous derrière nous. Tous les militaires, du moins.

La meilleure preuve étant qu'après une navigation tranquille à partir de Saint-Martin, j'ai été intercepté par ces fameux US Coast Guards, aux alentours de 5 heures du matin, alors que le *Cormoran* venait de passer la longitude Ouest de Porto Rico. Cet épisode, auquel je m'attendais, mérite d'être raconté, puisqu'à environ 4 heures locales, le bateau a été survolé à la verticale à moins 500 pieds/mer par un Casa (Airbus CN 235)[1] tous feux éteints. J'ai bien reconnu le sifflement particulier des deux turbopropulseurs General Electric CT7. À cet endroit, peu de doute sur l'origine d'un tel avion qui vole si bas : il s'agit forcément des *coast guards* américains, les seuls du secteur à en utiliser. J'imagine qu'ils ont effectué une belle photo de la passerelle dans la nuit. Une heure plus tard, alors que j'étais toujours de quart et que nous étions à deux heures de Tango 1, le point de transbordement, quelque chose m'a alerté. J'ai fait un tour d'horizon avec les jumelles sans rien voir. Il n'y avait pas âme qui vive. Tout d'un coup, dans un silence époustouflant, la mer s'est illuminée sous le coup d'une lumière puissante et

1. J'ai envoyé à cette occasion un message à la Serveuse : « 0103Z Contact Victor Air (contact aérien visuel à 04 h 03 Zulu Time). »

aveuglante. De quoi éblouir tous les poissons réfugiés autour de la coque. Nous venions d'être rattrapés par l'arrière par une frégate légère furtive américaine de classe Freedom [1] avançant tous feux éteints et, petit miracle technologique, dans un silence absolu jusqu'au moment où, à deux cents ou trois cents mètres de notre poupe, elle a révélé sa présence. Un bon point pour nous ? Depuis que nous avions été survolés, je n'avais changé ni de cap ni de vitesse. Peinards, rien à se reprocher, rien à redouter. Nous avons tout de suite mis en panne et la VHF a crachoté sur le canal 6 : « Voilier faisant route au 290, stoppez les machines. Identifiez-vous, dites provenance et destination ? »

Réveillé en sursaut, l'Écailleur me rejoignit sur le pont.

— Qu'est-ce qu'on fait ?

— Du calme. Je prends [la manœuvre].

— J'envoie un message à la Serveuse.

— Surtout pas ! Nous ferons cela plus tard. N'émettons pas, sur aucune fréquence, le temps du contrôle.

« Voilier faisant route au 290, identifiez-vous. Mettez en panne ou coupez les moteurs. »

Nous avons mis en panne[2]. J'ai eu envie de leur répondre, à la façon de Pierre Dac, « je suis moi, je viens de chez moi, et j'y retourne », mais sachant que le sens de l'humour des Américains diffère grandement de celui des Européens, je me suis contenté de leur répondre bien poliment, dans un anglais académique, que nous ne débarquerions pas en République dominicaine, et de les inviter à bord. Ce n'était pas une invitation risquée. Nos cartes, avec les caps dessinés à l'ancienne, au crayon papier, prouvaient comme les tracés GPS enregistrés sur une tablette que nous ne nous dirigions pas vers la République dominicaine. Tout juste auraient-ils

1. La classe Freedom, ou Independence, est une classe de frégates de l'US Navy qui équipe les garde-côtes américains, de type Littoral Combat Ship (LCS). Ces navires font 118 mètres de long, jaugent 3 500 tonneaux et peuvent atteindre une vitesse opérationnelle de 47 nœuds grâce à leurs deux turbines à gaz orientables.

2. Dans la marine, « mettre en panne » consiste à disposer ou orienter les voiles de manière que le bateau n'avance plus.

pu remarquer les deux couchettes vides des cabines à l'avant. Deux cabines avec deux lits bien faits, un sac sur chaque lit contenant les vêtements de rechange prévus pour Bruno et Pascal, plus une bonne bouteille sur chaque oreiller, histoire que nos deux héros se sentent bien accueillis. Un esprit curieux aurait pu, éventuellement, se poser des questions sur ces invisibles occupants. Ils nous ont demandé de passer sur le canal 72. Était-ce un vrai contrôle, ou une façon polie de dire : « Nous sommes là… et nous sommes au courant ! » L'habituel jeu des services de renseignement concurrents. Mais ils ne sont pas descendus à bord du *Cormoran* et se sont contentés d'effectuer toutes leurs vérifications depuis leur frégate. Puis nous avons entendu : « *Everything is OK. Remain on your initial course and… good luck*[1]. »

Ce contrôle avait duré un peu moins d'une demi-heure, le temps pour nous de prendre le petit déjeuner avant qu'ils nous souhaitent bon vent, éteignent leurs projecteurs et s'évanouissent tout aussi discrètement dans cette fin de nuit. Par l'arrière, comme ils étaient venus, et toujours dans un silence surprenant. Ces grosses bêtes sont d'une furtivité exceptionnelle.

Problème, cette « petite » demi-heure était – au bout de cinq jours de navigation –, ma seule marge de sécurité pour être à l'heure au rendez-vous fixé avec le *Crabe*. Il fallait donc mettre les voiles, toutes les voiles, et ne plus perdre de temps.

Autre problème, Malinovski avait foiré le point de rendez-vous. Son pilote, celui du *Crabe*, refusait soi-disant de rejoindre le point Tango 1, situé dans les eaux internationales, au nord de l'île de la Mona[2]. C'est pourtant ce qui avait été négocié avec le Groom, qui m'avait par ailleurs fourni les éphémérides dont j'avais besoin pour préparer la mission, mais le pilote, qui ne doutait de rien, avait fixé un autre point

1. « Tout est OK, vous pouvez continuer votre route. Bonne chance. »
2. Cette île qui donne son nom au canal entre la République dominicaine et Porto Rico a un statut de parc national et héberge essentiellement, en plus de quelques touristes logés dans des cabanes, une population d'iguanes.

de rendez-vous, Tango 2, situé quasiment au point d'embarquement. Il aurait ainsi touché ses dollars sans vraiment se fatiguer. C'était inacceptable et surtout infaisable, faute d'une quantité suffisante de carburant. J'ai donc dû faire pression sur Chauprade, qui a fait pression sur Malinovski pour que celui-ci fasse pression sur le caboteur. Malinovski, qui se vante toujours de n'avoir jamais fait d'études, a un atout : son physique. C'est une boule de muscles, ce qui facilite forcément les négociations. On a vaguement transigé par téléphone satellite, je leur ai indiqué un nouveau point de contact, Tango 3, dans l'axe de Tango 1, mais dans les eaux territoriales de la République dominicaine. En échange, il devait m'apporter les cinquante litres de gasoil qui me feraient défaut pour le trajet retour.

Ensuite, tout est allé très vite. La Serveuse m'a appelé à 5 h 30 Zoulou[1] pour m'avertir qu'ils étaient en mer. Je croisais les doigts pour que Malinovski ait su reprogrammer le GPS que je lui avais confié, dans lequel le point Tango 1 avait été préenregistré.

À partir de ce moment, j'ai emballé le moteur. Il fallait impérativement que le *Cormoran* soit sur place à 7 heures, quatre minutes avant l'heure précise à laquelle le soleil sort sur l'horizon, pour que le transbordement puisse avoir lieu en toute sécurité. Pas parce que nous avions peur du noir, mais pour que d'éventuels observateurs, éblouis par les feux violents du soleil levant, soient incapables de distinguer ce qui se passait à notre bord. Tout était vraiment calculé.

Il restait à voir si entre Tango 1, Tango 2 et Tango 3, Malinovski et consorts ne s'étaient pas mélangé les degrés et les minutes. Ils avaient 30 nautiques environ à parcourir, soit deux heures de navigation à une vitesse de 15 nœuds, et chaque déviation de compas, même minime, pouvait se traduire par un retard conséquent. J'ai été vite rassuré en les voyant apparaître à l'heure prévue à l'horizon, dans la curieuse clarté qui précède l'aube. Je n'étais pas exactement

1. GMT.

au point Tango 3 bordant les eaux territoriales. Une fois certains qu'ils nous avaient vus, lorsqu'ils eurent répondu à nos signaux lumineux, nous avons affalé les voiles et j'ai remis le moteur en marche. En arrière toute ! J'étais persuadé que, navigant à vue, ils ne s'inquiéteraient désormais plus de leur position GPS, mais se concentreraient sur le *Cormoran*. Un beau voilier, une belle illusion d'optique, toujours bien visible sur la calme surface de la mer des Caraïbes, et pourtant pas là où ils l'imaginaient.

Car le *Cormoran* reculait et reculait encore. Si, vu de loin, le voilier semblait à l'arrêt, un imperceptible mouvement le tirait, mètre après mètre, vers les eaux internationales. Il était en effet impensable que le transfert s'effectue dans les eaux de la République dominicaine, où nous aurions été, légalement, à la merci des Dominicains. Chat échaudé… À l'époque, je croyais encore au droit et surtout au droit international. Une illusion qui m'est passée.

Mon tour de passe-passe a fonctionné à merveille. Le *Crabe* n'y a vu que du feu et à 7 h 06, une précision inespérée, il a fait sa jonction avec le *Cormoran* et entrepris de nous contourner par bâbord arrière, notre angle mort. Le bastingage tribord avait été démonté en prévision du transbordement. À 7 h 08, bercée par la houle, l'embarcation s'arrimait à notre poupe, à 7 h 09 les pilotes montaient à bord du *Cormoran*, au moment même où le soleil faisait son apparition. Joli moment, mais mauvaises surprises. Au lieu de s'intéresser à la manœuvre, Aymeric Chauprade la mitraillait en continu, les jerricans de pétrole manquaient, dans l'affolement une brassière est tombée à l'eau et Malinovski a perdu son sang-froid. Il hurlait « On se casse, on se casse ! » Pascal et Bruno, vite transbordés et immédiatement confinés dans leur cabine, avaient le visage tendu. Trois minutes plus tard, à 7 h 11, le *Crabe* reprenait la mer, toujours dans la même direction, nord-nord-est, tandis que le Cormoran, provisoirement, s'éloignait vers le sud, pour mieux tromper l'ennemi.

Même avec les meilleures jumelles, que ce soit depuis les falaises de l'île de la Mona ou depuis un canot trop bas sur l'eau pour être aperçu, personne n'aurait pu rien distinguer de la manœuvre. Il n'y avait pas autre chose à voir qu'une barque de pêche ordinaire croisant derrière un voilier nonchalant, et il était même impossible de deviner qu'en l'espace de cinq minutes cette barque de pêche avait fait une halte à la poupe du voilier. Si l'on ajoutait à cela le soleil…

Quelques minutes plus tard, la Serveuse recevait ce message : « Les crustacés sont dans la nasse. » La phase 1 de l'opération était un succès, les familles allaient être prévenues et le soulagement était général. Il ne restait plus qu'à faire le plus dur, revenir en France.

En apparence, tout était parfait, le vent, le soleil et la mer. C'était une belle croisière, une croisière entre copains et tout allait bien. Très bien.

À un détail près, un gros détail. J'avais demandé à Aymeric Chauprade de me livrer cinquante litres de gasoil, seul moyen de revenir à Saint-Martin sans escale, ce qu'il n'avait pas fait. Il n'avait pas oublié son appareil photo, mais les jerricans, oui. Si je l'avais écouté, il serait venu avec une équipe de télévision au complet, y compris un éclairagiste pour soigner son meilleur profil, mais il n'avait pas été capable de m'apporter un simple bidon de gasoil…

Il n'avait pas réalisé qu'il allait nous faire prendre des risques, je n'avais pas imaginé quel serait son comportement dans de telles circonstances. Car il a fait pire. Lui et Malinovski nous ont littéralement abandonnés en pleine mer, au troisième jour de notre traversée.

Comment ? C'est très simple, le Chef Volaille et le Saucier ont perdu les pédales. Après avoir déposé les pilotes sur le *Cormoran* le dimanche 25 octobre, ils devaient attendre le samedi 31 pour, comme nous, prendre l'avion vers la France. Nous aurions volé en parallèle. Entre-temps, ils avaient une mission simple, faire « vivre » la chambre des deux pilotes comme si ceux-ci n'avaient jamais quitté l'hôtel. Il s'agissait d'une précaution, dans l'hypothèse, peu probable, où la police dominicaine se serait inquiétée de leur absence, voire dans le cas où la direction de l'hôtel se serait posé des questions, ce qui était encore moins probable étant donné le laxisme du personnel. Faire vivre une chambre n'a rien de bien compliqué, j'avais même rédigé un vrai mode d'emploi à ce sujet, à suivre au quotidien. Prévoir des ordures[1] à renouveler, un journal du jour, au pire de la veille, déplié, froissé, un livre en français posé une fois sur la table de chevet, une autre fois sur le bureau, déplacer le marque-page, défaire les draps du lit d'un côté seulement, les froisser et les humecter d'un spray imitateur de sueur (fourni[2]), principalement la taie d'oreiller, déplacer les chaussures abandonnées négligemment dans la chambre, défaire et mouiller les serviettes de la salle de bain, les abandonner en vrac, mouiller la douche, le bac, la baignoire, les murs, reposer le pommeau de douche n'importe comment, vider une partie des produits d'accueil, shampoing ou autre, ne pas toucher aux produits de beauté réservés aux femmes, mouiller le tapis de sol, défaire le rouleau de papier toilette, en retirer un certain nombre de feuilles et les jeter dans les toilettes, asperger de gouttelettes la partie basse du miroir puis essuyer, laisser traîner quelques traces de mousse à raser et de dentifrice sur les bords du lavabo, déposer du linge sale tous les deux jours dans le sac prévu à cet effet, consommer un ou deux trucs dans le minibar… le tout pendant une semaine. Une toute petite semaine pendant laquelle les Dominicains n'auraient dû avoir aucune raison de s'interroger, Pascal et Bruno ayant régulièrement respecté leur contrôle judiciaire en pointant le troisième lundi du mois, le 19 octobre, à la *procuradoria* de la *calle* Fabio, juste en face du palais de justice[3]. Ce n'était pas compliqué, tout de même.

Eh bien non, Chauprade et Malinovski n'ont pas été suffisamment courageux pour appliquer le dixième du millième

1. Journaux, cotons-tiges, emballages de médicaments, bouteilles vides…
2. Il s'agit d'un arôme fabriqué à base d'eau à 95 %, d'urine, d'acide lactique et de soufre.
3. Nous avons quitté la Républicaine dominicaine dans la nuit du samedi au dimanche 25 octobre en profitant du fait que la plupart des dominicains passent leur week-end à s'enivrer au mauvais rhum et que les services publics ne fonctionnent pas.

du plan. Tout juste ont-ils consenti, et encore je n'en suis pas sûr, à « perdre » les téléphones des pilotes, une mesure de précaution au cas où les autorités dominicaines auraient exercé une surveillance de routine[1] pour les tracer, comme la police dominicaine en a librement l'habitude en droit local. Abandonnés avec leurs chargeurs branchés sur une prise de table dans un boui-boui quelconque, les deux portables étaient certains de trouver preneurs assez rapidement, et de circuler largement dans l'île, du moins tant qu'il resterait des unités à dépenser[2].

Enfin, et alors qu'ils devaient rester à Saint-Domingue, passer tous les jours des appels aux femmes de Bruno et Pascal avec des messages préétablis en cas d'interception, et surveiller les infos pour, en cas d'alerte, prévenir la Serveuse, ils ont fait le pire de ce qu'on peut redouter de soldats : ils ont déserté. Littéralement. Ils se sont présentés à Las Americas, l'aéroport de Saint-Domingue, le mercredi 27 octobre au soir, trois jours avant la date prévue, et ont pris chacun un vol, l'un vers Miami, l'autre vers Madrid. Le prétexte d'Aymeric Chauprade pour fuir était qu'il pensait avoir été reconnu par Michel Segura (l'attaché de police français) quand lui et Malinovski buvaient un verre en plein quartier colonial, à deux pas de l'ambassade de France. Plus amateur, ça n'existe pas.

C'était évidemment un prétexte totalement bidon, doublé d'une lamentable explication d'Aymeric Chauprade pour justifier sa cavale : la peur puérile que lui, Malinovski et le Groom aient pu être sacrifiés par la DGSE sur l'autel des amitiés franco-dominicaines et en conséquence être arrêtés par les Dominicains. Pitoyable défense de ceux qui non seulement n'avaient pas les épaules pour assurer leur devoir,

1. Grâce à du matériel d'interception très performant fourni par les USA. Une décision assez logique, qui permet du coup aux Américains de contrôler tout ce que les Dominicains interceptent, et d'éviter d'être espionnés par ces derniers.
2. Une opération à ne jamais tenter dans une grande chaîne de restauration à l'organisation structurée, laquelle recueille scrupuleusement les objets oubliés pour les remettre à la police. Surtout ne pas oublier, si besoin, de noter le code de déverrouillage sur un papier scotché à la coque de l'appareil…

mais qui surtout avaient décidé tout seuls de changer le plan de base, quitte à mettre en danger le reste de l'opération et des personnes impliquées. Une mentalité qui leur a valu de plonger immédiatement au plus bas possible dans l'estime de la communauté des pilotes, des services de police, de l'armée et de ceux du renseignement. Je me contente aujourd'hui du plaisir de les savoir *personæ non gratæ* en République dominicaine comme chez tous leurs alliés sud-américains[1]. Ça leur apprendra à vouloir passer à la télé.

En attendant, sur le *Cormoran,* il était temps de penser à se remettre à la table à cartes et faire de la « nav[2] ». Dans un premier temps, une fois les pilotes à bord, nous avions pris plein sud, comme si nous nous dirigions vers l'île de la Mona. Il s'agissait d'une ultime précaution visant à endormir le toujours possible observateur trop curieux, avant de faire une boucle et de repartir plein nord. Personne ne connaissait notre route, que j'avais gardé secrète. Pas même Chauprade. Nous aussi, nous nous dirigions vers le triangle des Bermudes, histoire de nous faire oublier – mais en fait, nous repartions vers Saint-Martin par la voie atlantique, la plus longue et la plus agitée. La plus calme aussi, si l'on considère que nous nous éloignions des routes de la drogue. C'est ainsi qu'après avoir laissé Porto Rico par le tribord arrière, nous avons bifurqué plein est avec l'idée de contourner le croissant des îles Caribéennes avant de piquer en direction de notre port d'attache : la baie de la Potence, pour être précis, et ce n'est pas un clin d'œil douteux, mais bel et bien l'anse d'où nous avions largué les amarres le 19 octobre au soir.

---

1. Hélas, je crains que les services secrets dominicains n'abandonnent progressivement leur chasse à l'homme, alors qu'ils avaient juré de capturer Chauprade et Malinovski en prétendant – comme ils l'ont fait avec moi – avoir émis des notices rouges à leur encontre, notices qui se sont révélées fausses et inexistantes. Bizarrement, et c'est à ce genre de détails que l'on mesure l'absurdité du système judiciaire dominicain, ils n'ont jamais déclaré avoir émis de notice rouge contre Pascal Fauret et Bruno Odos.
2. De la navigation. Action de tracer une route sur une carte marine.

Le *Cormoran*, toutes voiles dehors, roulait à 5 nœuds, le pilote automatique veillait sur le cap, la houle était douce, les deux pilotes épuisés dormaient dans leur cabine. Nous croisions beaucoup de trafics dans le détroit de la Mona, qui est un peu le passage obligé avant ou après le canal de Panama pour la marine marchande mondiale. Tous nos sens étaient en alerte, je gardais un œil sur la mer et sur l'horizon, d'où je m'attendais à chaque instant à voir surgir un avion des garde-côtes US ou un Super Tucano dominicain. Mais par chance, rien. Pascal, accro à la clope, me tannait pour monter sur le balcon arrière[1] fumer une cigarette. Négatif. Il était uniquement autorisé à crapoter assis en haut de la descente[2], sans sortir la tête et à la condition de réintégrer ses quartiers à la moindre alerte. Bientôt, ce serait le temps de servir le dîner, j'espérais qu'ils apprécieraient les quelques bouteilles que j'avais fait embarquer.

Vers 1300Z[3], nous avons passé la latitude du cabo de Samaná, ou cabo Cabrón. Pascal et Bruno ont été autorisés à sortir à l'air libre. Enfin ! Il était désormais impossible que nous soyons rattrapés par qui que ce soit. L'air était doux et chaud. Le soleil commençait à décliner. Que la nature est belle quand elle nous offre quelques moments exceptionnels dans une vie ! Rien ni personne à l'horizon pour troubler ce moment de grâce. Aucune parole. Juste le vent et la mer ainsi que ces lignes invisibles que nous suivions vers notre salut.

— Paré à virer vent arrière ?

— Parés.

— La barre au 090.

L'élégant voilier s'inclina sur tribord pour venir au portant. La bôme s'écarta presque naturellement vers bâbord, tandis que la contre-écoute du foc devenait folle. Les voiles se placèrent en ciseaux. Le clapotis de l'eau contre le bordé se fit plus pressant. Nous voguions plein est dans l'Atlantique.

---

1. Le pont sur lequel se trouve le cockpit.
2. Escalier qui permet d'accéder au carré et aux cabines.
3. 13h00 zulu ou 13h00 GMT.

Ainsi s'achevait leur première journée de liberté, après un millier de jours passés dans l'univers aussi absurde que violent de la République dominicaine.

Tranquille.

J'avais quand même un souci, le carburant, celui que Chauprade ne m'avait pas fourni. Comme j'avais dû mettre la gomme pour nous éloigner au plus vite des côtes de la République dominicaine, à la voile et au moteur, nous avions consommé à cette occasion pas mal de gasoil. Or, je ne disposais pas d'éolienne ni de panneaux solaires pour alimenter le générateur du bord, indispensable pour désaliniser l'eau de mer, alimenter l'électronique et garder au frais les vivres – y compris les indispensables glaçons pour l'apéro. Eh oui, je voulais que « mes » passagers gardent un souvenir ébloui de cette traversée. Naturellement, si Aymeric Chauprade m'avait livré les cinquante litres que je lui avais commandés, nous n'aurions pas eu ce souci, mais dans l'immédiat il fallait trouver une solution. Nous nous sommes concertés, l'Écailleur et moi, et nous avons décidé de prendre le risque de faire une escale clandestine pour nous ravitailler. La Serveuse, avec qui j'étais en contact deux fois par jour, à midi et à minuit heure Zoulou, n'envoyait pas de signaux de détresse. Preuve que notre fuite n'avait pas encore été signalée aux autorités dominicaines. Faire escale était donc un risque mesuré, que j'acceptais de prendre. Il restait à savoir où apponter. Le plus pratique était de prendre pied sur les îles Vierges britanniques, territoire civilisé, un archipel très bien placé sur la route que nous suivions. Nous pourrions y trouver une station-service et, à partir de là, Saint-Martin ne serait plus qu'à quelques heures de navigation.

Mer belle, bonne brise, la météo était du côté de Bruno et Pascal qui se décontractaient au fur et à mesure que nous avalions les milles marins. Sans nous ennuyer et même avec quelques moments de franche rigolade, comme le jour où Bruno a décidé de s'essayer à la pêche à la traîne, avec le cadenas de mon sac marin en guise de plomb. C'était tout ce que nous avions sous la main. Ou encore quand un exocet, un poisson volant, a pris le nez de Pascal comme cible. Un peu étourdi par le choc, l'exocet, pas Pascal, a été mis au repos dans un seau d'eau de mer et baptisé à l'unanimité Guzmán. Il faut dire que les deux avaient un peu la même tête, surtout la bouche ouverte. Le moral était au beau fixe. Aucun service à bord n'était imposé à nos passagers. L'Écailleur et moi assurions tous les quarts. Pascal et Bruno nous tenaient compagnie sur la passerelle s'ils le voulaient.

Au troisième jour, alors que les îles Vierges britanniques étaient en vue, Guzmán est mort. Malheureusement, ce n'était pas le bipède. Aussi incompétent que son alter ego, le poisson volant, sans doute avide de liberté, a sauté hors de son seau en plastique et s'est assommé sur un winch[1]. Même pas capable de voler. Son corps sera rendu à la mer, sans gloire ni honneurs. La journée avait commencé ce matin-là par un formidable lever de soleil dans le calme aquatique des aurores tropicales. Quelques dauphins sortis de nulle part avaient décidé de nous accompagner un moment, jouant avec l'étrave du bateau. Puis ils avaient disparu aussi soudainement qu'ils étaient apparus. En me rapprochant des côtes, je croisai alors quelques bateaux de pêche. Sacrés dauphins ! Attirés par les poissons, ils les avaient repérés bien avant que je ne les voie. Jumelles sur la poitrine, les yeux à la fois rivés à la carte, au traceur et au compas, nous avons louvoyé comme les pirates d'autrefois entre les multiples îles, îlots et cachettes qui surgissent ici et là à l'approche de la grande île de Tortola, en évitant la trajectoire des ferrys et autres bateaux. En temps ordinaire, c'est un spectacle superbe, dans notre cas, c'était *touchy*[2] ; nous avons fait du rase-cailloux entre Guana Island, Scrub Island et Beef Island avant d'entrer dans le Francis Drake Channel. Nous avions à peine le temps de répondre aux grands gestes de salut des

1. Cabestan électrique
2. Délicat.

cargaisons de touristes croisant toutes guirlandes allumées sur des paquebots d'un blanc immaculé.

Enfin, aux environs de 21 heures, nous sommes discrètement arrivés à l'entrée de Port Purcell, dans la baie de Baughers. Kingston était à tribord, Fort Burt à bâbord, au bout de l'inévitable Francis Drake Highway, et l'eau semblait refléter des lumières à l'infini. Quelques minutes plus tard, sans que personne ne nous demande rien, nous avons amarré au ponton réservé aux visiteurs. Là, je dois avouer que j'ai eu, sans jeu de mot, un coup de barre. Cela faisait dix jours maintenant que l'Écailleur et moi étions en mer, à nous relayer par quarts de deux heures, à scruter le ciel et la mer, à surveiller toutes les embarcations approchantes et éviter toutes celles qui auraient pu se révéler menaçantes ou trop curieuses.

C'est en amarrant que j'ai reçu le message d'urgence de la Serveuse m'informant que le contact était coupé avec le Chef Volaille, le Saucier et le Groom. Le Saucier n'avait appelé ni Sabine Fauret ni Nathalie Odos comme il le devait pour faire vivre les téléphones de Pascal et Bruno. La Serveuse avait bien déclenché la procédure d'urgence, mais en vain. Aucune réponse, ni des uns ni des autres. Elle avait fait scruter la presse locale sans y trouver aucune info particulière, c'était incompréhensible. Je décidai de me taire et de garder la pression pour moi, histoire de ne pas affoler l'équipe.

D'autant que nous étions vraiment crevés. Nous ne connaissions ni le port ni la ville, et pourtant il fallait absolument faire le plein. À cela s'ajoutait le fait que le port était fermé par une superbe grille de deux mètres cinquante de haut, et personne ne pouvait ni nous aider ni nous renseigner. Discussion à bord : qui part chercher du carburant ? Nous avons décidé que j'irai avec Pascal, tandis que l'Écailleur et Bruno garderaient le bord.

Aussitôt dit, aussitôt fait, après un peu d'escalade Pascal et moi sommes sortis discrètement du port, et nous avons rejoint la route qui fait le tour de la baie. Fallait-il prendre à gauche ou à droite ? Nous avons pris, bonne pioche, à droite, et après une petite vingtaine de minutes de marche nous sommes arrivés à une station-service ouverte, une espèce de clin d'œil envoyé par nos anges gardiens. Pourquoi ? Parce que cette station-service s'appelait et doit toujours s'appeler Bob's Gas. « Hello Bob, encore merci Bob. » Le temps d'acheter deux jerrycans de vingt litres et de les remplir, nous sommes repartis, lourdement chargés. Encore vingt minutes de marche, puis nous avons retrouvé le *Cormoran,* où Bruno a récupéré les bidons à travers la grille et transféré le gasoil dans le réservoir. Et nous sommes repartis pour un deuxième service, Pascal devant, moi derrière. Même trajet, mêmes gestes, mais Pascal, beaucoup moins fatigué que moi, avait l'œil plus affuté. C'est lui qui a d'abord repéré la brouette, abandonnée ou oubliée à l'entrée d'une impasse, puis le One Mart, un petit supermarché. À sa demande, après avoir fait le plein des bidons, nous avons aussi fait le plein d'alcool. Il faut dire que nos deux amis s'étaient un peu laissés aller pendant la traversée, ou disons qu'ils s'étaient apaisés en partie grâce à la cave, que je pensais avoir bien remplie. Erreur. La cambuse avait été vidée. Ils avaient pris de mauvaises habitudes en République dominicaine, mais bon, avec une brouette tout était plus facile.

Cette brouette, nous l'avons abandonnée devant la grille du port et j'ai fait cadeau des jerrycans à un autre voileux, qui les a découverts sans doute avec plaisir dans son cockpit le lendemain. En ce qui nous concerne, nous avions largué les amarres aux alentours de minuit, encore plus discrètement que nous étions arrivés, nos feux dissimulés sous des sacs en plastique, moteur au ralenti, à une vitesse d'escargot. Coup de chance, une petite brise de côte a commencé à souffler et le *Cormoran* s'est mis automatiquement dans l'axe de sortie de la baie. Autre coup de chance, une vedette de la police portuaire qui rentrait nous a croisés sans se poser de question sur notre identité ni notre destination à cette heure indue.

— Ça commence à sentir bon la France, ai-je dit.

— Tant que je ne verrai pas le cul de mon sac à Orly, je n'y croirai pas, a répondu Bruno.

Il y avait à nouveau des glaçons, à boire, à manger[1], et on a pu rouler toute la nuit, sous les étoiles et dans la bonne humeur. Une excellente nuit à discuter sur la passerelle en écumant quelques bouteilles.

Au petit matin, Saint-Martin se dessinait à l'horizon.

Il faut le reconnaître, quand je me relis, je ne peux m'empêcher de me demander : *c'est tout ?* Des mois de préparation, des centaines de coups de téléphone et presque plus d'heures de vol, des milliers d'euros dépensés ici et là, parfois inutilement, parfois simplement par précaution, des compromis désagréables avec des personnages encore plus désagréables, des dizaines de vies généreuses plongées brutalement dans l'horreur d'une réalité inimaginable, des nuits sans sommeil, de la fatigue et de la rage, des larmes, presque, parfois, et tout ça pour ça : quelques lignes. Un peu d'encre noire sur une feuille blanche, quelques mots qui ne diront jamais vraiment comment nous sommes tous passés, Pascal Bruno, moi, nos amis, nos proches et l'équipe, au travers de cette épreuve. Ni le soulagement, provisoire étant donné la suite des événements, que nous avons éprouvé en retrouvant le sol de la mère patrie.

Alors, pour faire bonne mesure, et mieux comprendre la suite, voici les dernières heures de ce qui restera quand même dans l'histoire des grandes escapades comme une véritable épopée…

Comme s'il fallait faire durer le plaisir, et toujours pour rester discrets, nous n'avons pas tout de suite abordé à Saint-Martin, mais avons jeté l'ancre à l'abri d'une petite île, Tintamarre[2]. Il n'était pas encore midi, nous avions jusqu'au lendemain 8 heures pour prendre l'avion, il était inutile de se faire repérer. Autant profiter de cette dernière halte pour jouir des plaisirs de l'endroit, comme d'un bon bain de mer.

1. C'est une petite fierté, mais à aucun moment de cette traversée nous n'avons été obligés de cuisiner des pâtes. Tous les matelots me comprendront.

2. Saint-Martin regorge de lieux aux noms surprenants. Dix jours auparavant, pour la traversée aller, nous avions levé l'ancre depuis la baie de la Potence. Heureusement, ni le matelot ni moi n'étions superstitieux.

Lorsque nous avons branché la radio et appris que toute l'île était en grève, nous avons rigolé. Il ne fallait plus en douter, nous étions bien de retour en France.

En fin de journée, on a déplacé le *Cormoran* pour aller mouiller dans la baie de Grand-Case, presque en face de la piste de l'aéroport, au milieu d'autres voiliers ancrés pour la nuit, avec comme décor les très jolies maisons du village, construites au ras de l'eau.

J'ai fait un repérage rapide des lieux et je suis revenu avec la ferme intention de faire bouger les pilotes, toujours inquiets pour leur sécurité. Avec la nuit, ils ne risquaient rien à descendre à terre, il n'y avait pas un touriste, et une bonne dizaine de petits restaurants n'attendaient que nous. Est-ce moi qui ai réussi à les décider ou ont-ils cédé aux effluves de *chiquetaille*[1] flottant dans l'air tiède ? Quoi qu'il en soit, nous étions dans notre annexe quelques minutes plus tard et moins d'un quart d'heure après attablés autour d'une « cuisine de pirate » sur la terrasse de L'Auberge gourmande.

C'est à ce moment que j'ai compris qu'ils commençaient enfin à se sentir libres. Et ce fut une très bonne soirée. Ils redoutaient encore d'être incarcérés à leur arrivée en France, mais je les rassurai. « Que pourrait vous reprocher la justice si vous vous présentez à elle ? Et puis Jean Reinhart et Éric Le François sont d'excellents avocats. La juge verra bien que vous êtes de bonne foi, sinon vous auriez fui ailleurs ! » Quelle erreur de ma part…

Le lendemain matin, à 6 heures, après avoir rejoint à pied l'aéroport de Grand-Case, que j'étais allé repérer la veille, nous étions dans l'aérogare, munis des sacs de voyage de style « touristes ». Il ne nous manquait que les chemises à fleurs. Le matelot, lui, avait toute la journée pour nettoyer le *Cormoran* et le rendre à son propriétaire. Il s'envolerait le lendemain soir vers Paris. Mon contact à Grand-Case était un policier. Arrivé en retard et souffrant d'une bonne gueule de bois, il n'a

1. Plat antillais à base de morue effilée.

pas été d'une grande aide apparente, mais nous avons passé les contrôles sans aucun problème. En cas de souci, il était supposé intervenir. Je présentais nos trois passeports[1] l'un sur l'autre, comme c'était prévu dans le signe de reconnaissance, je reçus en échange une bordée d'insultes de mauvaise humeur, moitié en français moitié en créole, par un *makoumé malparlant*: « On vous a dit un passeport à la fois. »

Ceci n'était pas prévu au programme, mais je ne mouftai pas. Nous avons attendu patiemment la fin du contrôle. Impeccable de régularité, l'ATR d'Air Caraïbes a décollé à l'heure, 8 heures, atterri puis redécollé une heure plus tard de Pointe-à-Pitre, et finalement s'est posé sans encombre vers 11 heures à Aimé-Césaire, l'aéroport de Fort-de-France, où l'ami Faisan nous attendait. Notre organisation aussi était impeccable.

Avec lui, nous avons rejoint la marina de la Pointe du Bout, à l'autre extrémité de la baie de Fort-de-France, pour y déjeuner et passer quelques heures, les premières depuis longtemps dans le calme d'une chambre d'hôtel. Avec un vrai lit. Certes, les pilotes disposaient de leur propre cabine à bord du *Cormoran,* mais une bannette, même confortable, reste un couchage provisoire.

Bref, tout allait bien ce samedi 31, c'est ensuite que ça s'est gâté. Alors que nous repartions vers l'aéroport pour embarquer à destination de Paris, mon téléphone de mission a sonné. Philippe Heneman, le président de l'association de soutien à Pascal et Bruno, avait une voix grave: « Il y a un problème, la presse annonce que Pascal et Bruno se seraient évadés. Sabine a reçu un coup de téléphone d'un journaliste. » La Serveuse me l'a confirmé un instant plus tard, exactement dans les mêmes termes: « Il y a un problème… »

Grave, déstabilisant. D'un coup, tous nos espoirs de rentrer en métropole sans publicité s'envolaient. Qui pouvait avoir

1. Les pilotes ont souvent plusieurs passeports, du fait des contraintes de demande de visa. J'avais donc récupéré leur second passeport chez eux, que j'avais apporté avec moi pour l'exfiltration.

l'information ? Il n'y avait pour moi qu'un seul informateur possible : Aymeric Chauprade.

L'homme qui se vantait de parler à l'oreille des décideurs de la planète, de tous ceux qui voulaient bien l'écouter, n'avait pas respecté le seul impératif du métier : fermer sa gueule.

11

Commandante !

Avril 2016

Il n'y a qu'une sorte de justice : la justice. Voilà pour le principe. Et il y a la réalité, souvent beaucoup moins reluisante.

Soulever les robes noires magistrales pour voir ce qu'il y a en dessous, c'est prendre un risque. Le risque de désespérer d'une institution fondamentale de la démocratie.

Exemple : la condamnation de Bruno et Pascal en République dominicaine à vingt ans de prison, pour un crime qu'ils n'ont pas commis, par une institution judiciaire si corrompue qu'elle est elle-même condamnée, jour après jour, d'année en année, par toutes les institutions internationales et toutes les organisations non gouvernementales sans exception[1].

En revenant en France, les deux pilotes espéraient *a minima*, étant donné les incohérences de leur procès à Saint-Domingue, incohérences relevées et disséquées par les meilleurs avocats et les plus éminents experts, profiter d'un

1. Au cours de sa première année de mandat, le président Danilo Medina n'a pas endigué la corruption ni l'impunité des politiciens comme des agents de l'État, pratiques déjà très reprochées à son prédécesseur Leonel Fernández (2004-2012). Depuis 2012, les ONG s'inquiètent d'un projet de réforme qui entraînerait des sanctions allant jusqu'à trois ans de prison en cas de critiques contre des élus et des fonctionnaires. (…) Les procureurs se rendent régulièrement complices de tortures policières. Hipólito Caba Tineo, arrêté et torturé en octobre 2010 dans une affaire d'enlèvement, a rapporté : « Quand ils m'ont conduit devant la procureure et que je lui ai montré mes bras, elle m'a dit "c'est ce qu'on est obligé de vous faire pour que vous parliez" ». https://www.acatfrance.fr/un-monde-tortionnaire/Republique-dominicaine

examen bienveillant de leur situation. Leurs avocats en étaient si sûrs qu'ils avaient même contacté le bureau du juge d'instruction du volet français de l'affaire, la dame de « l'enquête marseillaise », pour la prévenir de leur retour et l'informer qu'ils se tenaient à sa disposition. Pouvait-on faire mieux[1] ?

Il aurait suffi que la dame en question leur passe un coup de téléphone, ou leur envoie une convocation, et ils seraient immédiatement montés dans la voiture de leurs avocats, deux maîtres du barreau dont on ne met pas la parole en doute, et se seraient présentés au palais de justice de la cité phocéenne quelques heures plus tard. C'est ce que leurs avocats avaient prévu, c'est ce à quoi ils étaient prêts, c'était la suite logique de cette histoire invraisemblable dans laquelle la justice française apparaissait comme un recours logique face à l'arbitraire d'une narco-dictature[2] tropicale.

Comment aurait-il pu en être autrement ? Ces deux hommes, deux anciens militaires qui venaient de vivre trente mois d'enfer, qui avaient été soutenus pendant cette épreuve par des officiers supérieurs, et pas des moindres, par des milliers de pilotes de ligne de toutes nationalités, des experts internationaux, des témoins de moralité de très haute qualité, des avocats renommés, revenaient enfin dans leur pays et n'attendaient qu'une chose, pouvoir enfin s'exprimer.

Sûrs de leur innocence, ils n'imaginaient pas que la juge d'instruction enverrait d'autres militaires, des gendarmes, les cueillir au saut du lit, chacun dans leur maison respective, l'un dans le Vercors, l'autre en banlieue de Lyon, au cours d'une grosse opération très voyante avec gyrophares et barrages routiers. « Supposés armés et dangereux », disait le mandat d'arrêt signé par la dame aux pouvoirs illimités, à l'autorité incontestable et dont la conviction intime vaut condamnation.

1. La démarche ne manquait pas d'honneur, au contraire de celle effectuée quelques jours plus tôt par l'ambassadeur de France en République dominicaine auprès du procureur général Domínguez Brito pour l'informer que Pascal Fauret et Bruno Odos avaient atterri à Paris.

2. « *Narco-dictadura* » : expression fréquemment utilisée par les opposants politiques dominicains.

« Vous ne pouviez pas ne pas savoir[1] » leur avait-elle dit après des heures d'interrogatoires, et c'était la même phrase, au mot près, que martelait à longueur d'audience le maniaque à pompon bleu de Saint-Domingue, le procureur caractériel Milciades Guzmán. Un homme avec qui elle semblait bien s'entendre, au point de l'avoir reçu trois fois en France et lui avoir, on le suppose, communiqué de nombreuses pièces de son enquête.

Et le simple fait qu'ils ne pouvaient pas « ne pas savoir » les a renvoyés en détention dans la plus charmante des prisons de l'hexagone, les Beaumettes avant rénovation. Être ignorant n'étant pas un crime, le risque de concertation inconcevable après trente mois de promiscuité, le risque de fuite, peut-être en ballon cette fois, limité, il ne restait plus qu'un motif totalement ridicule pour les arrêter et les emprisonner : « troubles à l'ordre public ».

Eh oui, il faut se le répéter pour y croire. Et sans que l'on sache de quel ordre public il s'agissait. Était-ce en France ou en République dominicaine ? Personne n'y comprenait plus rien. Le discours de l'une était calqué sur le discours de l'autre, et inversement, comme si les deux magistrats, chacun de son côté de l'Atlantique, s'étaient concertés avant d'écrire leurs textes.

Pascal Fauret et Bruno Odos ont eu cinq mois pour y penser. Cinq mois de détention préventive avant d'être relâchés en attendant leur procès. Cinq mois juste pour rien ! Cinq mois de perdus, cinq mois de stress, cinq mois de souffrances supplémentaires.

Et dire que seulement quarante-huit heures avant cette arrestation, au cours d'une conférence de presse à grand spectacle organisée par leurs avocats, ils répondaient librement

1. Autrement dit, pour paraphraser la pensée de la juge d'instruction Saunier-Ruellan : « Vous n'êtes peut-être pas des trafiquants notoires, mais vous avez manqué de curiosité en ne vérifiant pas les bagages de vos passagers. Ma conviction personnelle est que, comme pilotes de cet avion, vous ne pouviez pas ignorer ce que transportaient vos clients dans leurs valises. Je vous considère donc comme coupables au même titre que les narcotrafiquants que vous transportiez. »

aux médias du peu qu'ils savaient, et ils ne savaient pas grand-chose, sauf en ce qui les concernait directement : leur métier, les circonstances de leur capture, leur calvaire, quinze mois dans une prison de haute sécurité où tout se paye. Le droit de rentrer en prison, le droit d'en sortir, le droit de manger, le droit à un verre d'eau, le droit à la sécurité.

Tout ce que la juge d'instruction Saunier-Ruellan savait déjà, puisqu'elle les avait interrogés elle-même longuement dans cette même prison dominicaine, vingt-neuf mois auparavant.

Quant à moi, je n'aurais jamais dû répondre à la presse si j'avais pu rester anonyme. Mais je n'ai pas pu, la faute incombant à l'illustre Aymeric Chauprade qui avait balancé tout et tout le monde dès le mercredi 30 octobre 2016 au journaliste Louis de Raguenel [1], l'opération « Dîner à Paris », le transbordement, la croisière, les deux pilotes, la date de notre arrivée à Paris, tout pour avoir son quart d'heure de gloire. Et, selon certains, un bonus de quelques milliers d'euros provenant d'un grand hebdomadaire. J'ai bien tenté de ne pas en parler, mais devant le cyclone médiatique et l'insistance d'une certaine presse, Éric Dupond-Moretti (le nouvel avocat de Pascal et Bruno, qui ont décidé de lâcher Jean Reinhart), décide d'organiser une réunion dans son cabinet pour étudier les mesures à prendre. Sont présents le sénateur Olivier Cadic, son attaché parlementaire Christophe Lekieffre, qui est aussi un ami personnel, Dominique Rizet, journaliste, autre ami, Antoine Vey et moi-même. Après quelques bordées

1. Louis Marie Cyril Servane de Raguenel de Montmorel, dit Louis de Raguenel, ancien responsable des réseaux sociaux de la police nationale au ministère de l'Intérieur, rédacteur en chef internet du groupe Valmonde & Cie pour le journal *Valeurs actuelles*. Aymeric Chauprade a informé Louis de Raguenel qu'une opération était en cours et que les deux pilotes Fauret et Odos avaient quitté la République dominicaine, avant lui-même de prendre la fuite vers Miami et l'Europe. Le journaliste s'empressera alors de contacter dès le lendemain le sénateur Olivier Cadic ainsi que Sabine Fauret pour les faire réagir à cette information, les accusant avec un certain cynisme d'être au courant de l'opération et de ne pas vouloir le reconnaître.

d'insultes collectives concernant Aymeric Chauprade et Louis de Raguenel, il nous fallait prendre des décisions.

— Il faut parler à la presse, dit « EDM », et c'est vous qui allez le faire !

— Moi ? Pourquoi moi ?

— Il faut éteindre le feu. Sinon, cette opération de sauvetage sera considérée comme une initiative du Front national… ce qui serait une catastrophe. Vous n'êtes pas du Front national. Vous allez donc faire quatre médias, pas un de plus. Deux radios et deux télévisions.

Il faudra l'insistance de ces gens qui m'entourent et quelques arguments pour vaincre mes réticences. Je mesurais parfaitement le sacrifice personnel qui m'était demandé. Pas le temps de consulter qui que ce soit, famille, amis, supérieurs hiérarchiques. En m'exprimant dans les médias, je savais que je me grillais *intuitu personae* jusqu'à la fin des temps, mais au moins je concentrerai les responsabilités sur ma personne et protègerai mes camarades impliqués. Je retins immédiatement RMC et BFMTV, entreprises avec lesquelles j'ai des relations de confiance. France 2 fit partie des gagnants à la demande de Frédéric Crotta, grand reporter que je connais bien. Sur ce, EDM décrocha son téléphone et appela immédiatement Marc-Olivier Fogiel, qui nous reçut très gentiment le soir même, Olivier Cadic et moi. Fin de la communication dont je ne voulais à aucun prix.

Et le feu s'éteignit aussitôt. EDM avait eu raison. Je refuserai dès lors de m'exprimer sur le sujet, conformément aux consignes convenues, une position que je respecterais jusqu'à aujourd'hui.

En théorie, tout cela n'aurait jamais dû exister si Aymeric Chauprade n'avait pas parlé… Tout serait resté parfait. À partir de là, débute une lente dégringolade. Après le fameux quart d'heure de gloire d'Aymeric Chauprade, j'ai malheureusement eu le mien le 4 mars 2016, en revenant à Saint-Domingue entre deux gros bras de l'UTAR, après mon séjour dans les geôles égyptiennes et l'escale à New York. Un quart d'heure qui a duré des heures et des heures, dans une ambiance de cirque avec un clown triste au pied de l'avion, le consul de France, un clown hilare, le tristement célèbre procureur Milciades Guzmán Leonardo, et un Monsieur Loyal parfaitement francophone, un policier dominicain né d'une mère française.

À 1 ou 2 heures du matin, quelques minutes après que le vol de Delta Airlines se fut posé, c'est lui qui m'a dit : « Monsieur Naudin, vous êtes en état d'arrestation. » Dingue ! Cela faisait des semaines que je croupissais dans les prisons du Caire, des semaines que je ne pouvais pas aller me soulager sans être surveillé, on m'avait ensuite embarqué manu militari vers la République dominicaine, et j'ignorais que jusque-là j'étais libre !

Libre et tout de suite menotté, revêtu de force d'un gilet pare-balles alors que je refusais, poussé dans une voiture et jeté dans la cage aux fauves dès la sortie de l'aéroport où une cinquantaine, voire plus, de photographes et de cameramen m'attendaient. Projecteurs, flashs, cris et hurlements, le chauffeur a fait durer le plaisir en conduisant le plus lentement possible avant de passer la seconde et de se dégager de la meute, non sans entraîner derrière lui une nuée de pétrolettes surmontées d'autres objectifs et caméras. Le convoi se composait de quatre véhicules sirènes hurlantes, avec gyrophares, feux à éclats, escorte armée et cagoulée en tenue de combat, c'était du grand direct pour les télés locales et internationales jusqu'à l'arrivée à Ciudad Nueva, *el palacio de justicia*, le nouveau palais de justice de Saint-Domingue, donnant sur la *calle* Fabio. Là, d'autres photographes et d'autres télévisions ont pris le relais du direct. Tous ces braves reporters m'attendaient bien sagement, parfaitement alignés, de chaque côté des marches. La mise en scène avec son et lumière dans la petite rue menant à l'entrée du palais de justice était spectaculaire.

Et ridicule, bien sûr. Il n'y a que dans ce pays qu'une escorte de haute sécurité tout de noir vêtue, avec casques, passe-montagnes, fusils d'assaut, arme *back-up* à la ceinture, aux cuisses, au mollet, s'arrête pour poser en photo avec son prisonnier. Dans des tenues d'occasion, dons des États-Unis, encore brodées sur la poitrine de l'écusson SWAT[1] comme dans les séries télévisées. Du cirque, toujours du cirque. Dans le palais de justice, nous sommes passés au pas cadencé devant les reporters avides d'images pour nous diriger vers un escalier, avant que le chef d'escorte constate qu'il s'était trompé d'accès, donne l'ordre à toute sa cohorte de faire demi-tour, et essaye un autre détour, non sans repasser avec une satisfaction non dissimulée devant les objectifs. Au-delà de l'incompétence, ils se faisaient plaisir. Ils étaient là dans l'action, ce qui les éclabousserait de prestige. Des enfants avec des pistolets en plastique jouant à se prendre au sérieux avec un prétendu ennemi public « *Numero Uno* » pour venger l'affront fait à leur « dignité », à leur « respectabilité », sans réaliser qu'ils célébraient médiatiquement par la même occasion leur insuffisance autant que leur insignifiance.

Ce que les simples badauds dominicains comprenaient aussi bien que moi, à en juger par les murmures montant de la foule venue spécialement en pleine nuit pour me voir en chair et en os. J'ai entendu à cette occasion les premiers *commandante*, le surnom qui me collera à la peau tout le temps de ma détention. Sur le moment, ce soutien populaire et spontané m'a aidé à rester digne dans l'épreuve, et même à sourire, tête haute, face aux caméras. Un sourire qui ne me quittera plus, preuve que je me considérais comme un témoin amusé par un spectacle de cour de récréation et non comme un criminel accablé par son arrestation. C'est ensuite que j'ai compris que j'incarnais pour une partie du peuple dominicain la figure du résistant victorieux. Celui qui, au-delà de l'involontaire humiliation infligée aux représentants du système le plus corrompu au monde, avait prouvé qu'il était possible de mettre en échec l'institution gouvernementale du narcotrafic, profitant impunément des milliards de dollars transitant sur leur territoire, absolument indispensables à leur économie. Impunément puisque placée à tous les postes

1. Special Weapons And Tactics.

décisionnaires du système judiciaire: juges[1], procureurs[2], administration pénitentiaire. Une justice exclusivement au service des transitaires de la cocaïne provenant d'Amérique du Sud et de ceux qui « taxaient » ces mouvements d'import-export si particuliers[3].

Pour avoir écouté attentivement Bruno et Pascal raconter leurs interminables mois de détention dans la prison d'Anamuya, je savais que je devrais non seulement me montrer fier,

1. En 2017, une trentaine de magistrats ont été destitués par le pouvoir politico-judiciaire central, pour de bonnes ou de mauvaises raisons, vraies ou fausses. On citera: Regina Carvajal Vizcaíno, juge du district judiciaire de San Cristóbal, accusée d'avoir touché 300 000 pesos pour favoriser un trafiquant lié à une saisie de 333,13 kilos de drogue. Aleyda Jiménez Acosta, juge à San Francisco de Macorís, destituée pour avoir prononcé l'assignation à résidence du narcotrafiquant « Quirinito », aujourd'hui en fuite; Altagracia Esther Mejía Roca, juge à l'exécution de la peine de San Francisco de Macorís, pour avoir autorisé des étrangers condamnés pour trafic de drogue à quitter le pays; María Elena Quevedo Rosario, juge de l'instruction de Las Matas de Farfán, pour avoir remis en liberté sous caution des accusés sans justification; Margarita Cristo Cristo, du district national, pour avoir expliqué à un avocat comment faire déclarer une affaire irrecevable; Awilda Reyes Beltré, présidente de la quatrième chambre criminelle du district national, destituée pour appartenance à un réseau criminel présumé négociant des peines pour des personnes liées au trafic de stupéfiants; Willy de Jesús, juge à l'exécution de la peine de San Cristóbal, qui a ordonné le transfert du narcotrafiquant « Quirinito » de la prison de Najayo à celle de San Francisco de Macorís; José Antonio Cepeda Marty, chef du tribunal foncier de Samaná, pour avoir approuvé des délimitations cadastrales irrégulières. Etc.

2. En 2017, 2018 et 2019, de nombreux procureurs de la République ont été démis de leurs fonctions et emprisonnés là aussi pour de bonnes ou de mauvaises raisons, vraies ou fausses. On citera: la procureure Carmen Lisset Núñez, qui aurait fui la RD et réussi à se réfugier aux États-Unis. Elle supervisait des policiers corrompus soupçonnés d'avoir placé de grande quantité de cocaïne chez un coiffeur dans la ville de Villa Vásquez. Les procureurs Ramón Augusto Veras Castro et Máximo Antonio Díaz Ogando ont été incarcérés dans le cadre de l'affaire DICAN pour complicité dans la substitution d'une saisie de 950 kilos de cocaïne et condamnés à quinze et dix années de réclusion criminelle. Etc.

3. Le 16 mars 2020 encore, 350 kilos de cocaïne ont été saisis à Bruxelles, sur l'aéroport de Zaventem. Le vol régulier était en provenance de la République dominicaine, la drogue se trouvait dans huit bagages placés en soute, au milieu des bagages des touristes. Une preuve de plus de l'implication des douaniers, des personnels du contrôle de sûreté, du contrôle antidrogue, de la piste et des policiers dominicains dans le trafic. (Source: AFP)

mais également fort. Très fort. Et pourtant, j'étais encore loin de m'imaginer à quel point. Je l'ai découvert quelques minutes plus tard en entrant, toujours entouré de mon escorte dans la prison du palais de justice.

On m'a poussé dans l'une des cellules, un cachot plutôt, du béton et des barreaux, pas de fenêtres, une inévitable odeur d'urine, bien puissante. Une cellule bien noire aussi. Et dire que nous étions dans un bâtiment appelé Nueva Court House. Pourquoi *Nueva* ? Ma cellule, prévue pour vingt-cinq personnes, je l'ai appris par la suite, avait été vidée de ses occupants et n'était plus occupée que par deux hommes, dont un accusé de viol. La cellule à côté n'était habitée que par des femmes, vingt-quatre femmes exactement, dont deux, Mariana et Minerva, deviendront des copines. Il y avait aussi une policière officier de la police de l'air et des frontières de l'aéroport de Punta Cana, accusée de trafic de visas. La plupart des autres femmes, dont beaucoup de prostituées illettrées, ne comprenaient pas pourquoi elles avaient été arrêtées et emprisonnées. Toutes les femmes vivant dans ce cachot avaient entendu parler de l'affaire « Air Cocaïne », aucune d'entre elles ne croyait la version policière, institution bien connue pour arranger la vérité. La réputation du duo justice-police, en République dominicaine, est tellement pourrie que personne ne lui accorde aucun crédit.

Je suis resté deux semaines au moins dans ce trou, et nous avons eu l'occasion de parler entre deux mondanités, car dans la journée les couloirs étaient de vrais salons de réception. Les avocats arrosaient les gardes du matin au soir et se succédaient devant nos barreaux, revenant toujours à la charge, prêts à tout pour séduire un potentiel client. Les familles aussi se pressaient en bas du palais de justice, apportant linge propre et ravitaillement à faire passer à leurs détenu-e-s contre gratifications aléatoires offertes aux policiers.

J'étais l'attraction, tout le monde était curieux de me voir, mais avec beaucoup de gentillesse, et j'essayais de faire bonne figure. Il faisait pourtant chaud, très chaud, la sueur ruisselait sur les corps. Les odeurs variaient au fil de la journée, il y avait des cris et des rires, des chants religieux soir et matin, des pleurs bruyants, jamais un moment de silence.

J'ai vu passer des détenus de type européen ou américain qui jouissaient d'un régime de faveur, téléphone portable à la main, sans menottes, et qui ne s'arrêtaient pas devant ma cellule, trop noire, trop puante. J'ai également vu des policiers détendus, confortablement installés devant un ventilateur, s'aspergeant d'eau de Cologne.

J'ai eu aussi des visites, à commencer par une femme mariée à un Dominicain, Angélique Martin, que je ne connaissais ni d'Ève ni d'Adam, et qui avait pris la liberté d'appeler ma famille en se présentant comme avocate française, ce qu'elle n'était pas, et lui demander de l'argent pour s'occuper de ma défense, m'apporter de quoi manger, prendre soin de moi en général. J'ai également revu Stéphane Sobanski, le consul de France à Saint-Domingue, connu de Pascal et Bruno pour n'être jamais intervenu en leur faveur, présent à mon arrivée à Saint-Domingue en spectateur bien intentionné. Cette fois, il était venu me voir à la prison de Cuidad Nueva avec le minimum légal, une liste d'avocats recommandés par l'ambassade et quelques produits d'hygiène. Très sympathique, très empathique, il me mettra en garde contre un avocat escroc qui tentera l'impossible pour me représenter. Il faut dire que l'Occidental aux mains d'une justice étrangère est une proie de grande valeur pour tous les carnassiers qui flairent la bonne affaire. Pour des raisons de continuité, j'ai souhaité faire contacter « MEG », María Helena Gratereaux, avocate transparente de Pascal et Bruno, qui à ma grande surprise, a refusé d'assurer ma défense. Comme d'habitude, elle a enrobé ses arguments d'un verbiage consensuel. La plaideuse a proposé de m'envoyer une collègue, histoire de ne pas se mouiller, mais j'ai refusé, pour moi c'était elle ou rien. Pour l'avocate, qui a probablement eu peur d'avoir l'air de cautionner l'exfiltration de Pascal et Bruno auprès des autorités dominicaines, donc potentiellement de finir ruinée et en prison, ce sera « rien ». Les juristes autochtones savent mieux que quiconque que la justice de l'île est… versatile.

La tornade Angélique Martin lui a succédé. Cette semi-folle mythomane, comme je le découvrirai plus tard, qui m'apportait aléatoirement un vague déjeuner venu du fast-food latino du coin de la rue. Elle m'annonça ce jour-là que mon comité de soutien, ASCN[1], l'avait chargée de me trouver un avocat. N'ayant aucun moyen de communication avec la France, je me contentais de la croire, sans avoir de raison de douter de sa parole. Et de ce fait, elle me présenta quelques jours plus tard Miguel Valerio Jiminian, un homme brillant, intéressant, agréable, sympathique. Ce n'était pas un charlatan, mais un juriste de qualité, j'ai donc accepté d'être représenté par lui. Miguel Valerio n'était pas le moins cher, loin de là, il demandait 100 000 dollars, payables à Miami et au Panama, mais il était probablement le plus efficace. Je mettais comme condition que ces 100 000 dollars issus des fonds récoltés par mon comité de soutien ne soient virés sur ses comptes qu'après ma libération. Que j'espérais rapide.

Pour la petite histoire, cet homme grand, bien bâti et imposant, au teint clair, avait été l'avocat d'Alain Afflelou quand celui-ci cherchait à récupérer son avion. Je l'avais vu plaider au tribunal durant les audiences de Saint-Domingue.

« Il y a de nombreuses irrégularités dans votre dossier », m'avait-il dit lors de notre première rencontre, ce dont je me doutais. Le courant était passé entre lui et moi, heureusement car je n'avais pas le choix de toute façon, puisqu'on n'existe plus quand on est prisonnier. Sans moyens pour communiquer avec l'extérieur, sans pouvoir aller et venir, et pire, sans la maîtrise du charabia juridique local, agir, se défendre est très difficile. J'étais incapable de faire la différence entre rumeurs et réalité, entre les bons et les méchants (Guzmán mis à part), entre le possible et l'impossible.

À cela s'ajoutaient la fatigue, la colère, l'humiliation calculée, la violence, la crasse, le sordide, les senteurs fétides, la misère. Jusqu'à ce que Angélique Martin me reverse un peu de l'argent transféré par ma femme. Mes nouvelles amies

1. Association pour le soutien à Christophe Naudin.

Mariana et Minerva m'ont donné à manger, en plus de laver mon linge. Sans contrepartie. J'ai compris par la même occasion ce que voulait dire le mot « payer » dans les prisons dominicaines. C'était un mot magique permettant de tout obtenir. Absolument tout.

Une quinzaine de jours après mon arrestation, j'ai été convoqué pour voir un juge. Le consul m'a apporté une chemise neuve, sans doute payée par ma femme qui avait ouvert un compte auprès du consulat et, sous escorte bien entendu, nous avons redescendu les escaliers biscornus pour accéder au tribunal. Une nouvelle occasion pour moi de faire le show. Alors que j'attendais seul dans la salle d'audience en compagnie de mon escorte, hilare du mauvais tour qui m'était joué, j'observais qu'un colonel de la police affecté au tribunal empochait devant moi 2 000 pesos[1] de la part d'un photographe qui voulait une exclusivité. Pour ce prix, il a eu le droit de me photographier, longuement. À l'extérieur de la salle, la foule des journalistes attendait avec délectation de pouvoir assister au massacre programmé. Parmi les spectateurs se trouvait Jean-Michel Caroit[2], le correspondant local de l'AFP vendu au régime dominicain, détracteur hyper motivé des deux pilotes du Falcon 50.

Après une bonne heure d'attente sans raison particulière, les portes se sont ouvertes et une nuée d'impatients s'est précipitée à l'intérieur. Il n'y avait pratiquement que des journalistes. Il aurait fallu les compter, mais je pense qu'il y avait dans cette grande salle d'audience autant de photographes, journalistes et cameramen qu'à mon arrivée. J'ai retrouvé par la même occasion la lumière et la multitude colorée qui semble camper dans les chambres de justice de ce

1. Environ 40 euros.

2. Ce journaliste français, également correspondant du journal *Le Monde,* s'était évertué à partir de 2013 à relayer les thèses invraisemblables de la justice dominicaine sans aucune objectivité, sans rien vérifier et sans jamais se poser de questions. Malveillance caractérisée ? Probablement pas. Couardise, basse flatterie politique et incompétence.

pays, expérience déjà vécue lors du procès de Bruno et Pascal. Une caricature de latino, avec moustache et fausses Ray-Ban, s'est présentée à moi tout sourire comme le traducteur officiel agréé par la Cour de cassation dominicaine. Il était désigné par le ministère public pour traduire mes propos bien que son français fût particulièrement médiocre. À peine introduit, il m'a demandé la permission de faire un selfie en sa compagnie. J'ai refusé, et je l'ai écarté de ma défense. Angélique Martin lui a hurlé qu'elle se chargerait d'assurer la traduction.

Pendant ce temps, la salle continuait de se remplir, de se vider, de se remplir dans un brouhaha permanent sans que rien ne commence. Qui était qui, dans cette foule ? C'était impossible de le dire, tant il y avait de gens qui allaient et venaient en parlant à voix très haute, presque en criant, d'autres qui couraient, d'autres encore qui pleuraient en embrassant leurs fils ou leurs filles cantonnés par les gardiens sur les bancs de prévenus. Certains avec des menottes, d'autres non.

Mais j'étais l'événement du jour, au point que le colonel de police au tribunal continuait, moyennant finance, d'autoriser à ce qu'on me photographie en gros plan. Je le voyais entasser les billets de 100 pesos dans ses poches. Pour lui c'était une aubaine. J'étais également le seul prisonnier étranger dont tout le monde semblait connaître l'histoire et je percevais de nombreux signes de sympathie, des sourires authentiques et d'autres plus surprenants, comme ce greffier qui, lui aussi, m'a demandé un selfie. Que cette fois j'ai autorisé.

Il était 10 heures quand j'ai pris place, comme les autres, sur des inconfortables bancs de bois et depuis, comme eux, j'attendais. Et j'attendais. Je réalisais, je le savais déjà, mais je l'avais oublié, qu'en République dominicaine, les juges font ce qu'ils veulent quand ils le veulent. Quitte à ne pas venir s'ils n'en ont pas envie.

Nous avons parlé, Miguel Valerio, Angélique et moi, et j'ai ainsi appris que le surnom de Jose Alejandro Vargas, notre juge, était « Satanas ».

Satanas !

Tout le monde porte un surnom en Républicaine dominicaine, mais… Satanas!

« En plus il est pervers et méchant », me dit mon avocat. Méchant au point de faire régner la terreur. « Et en plus il vous en veut, a ajouté une personne bien informée en pointant son doigt sur moi, il a déclaré officiellement qu'il allait venger l'honneur de la République dominicaine. » J'étais prévenu, et je savais que mon avocat l'était aussi.

Il était 15 heures quand Satanas nous a fait l'honneur de sa présence. Âgé d'environ soixante ans, avec des petits yeux durs protégés par des lunettes presque carrées, il avait à l'époque des cheveux courts et blancs contrastant avec son teint très noir. Mon cas a été presque aussitôt présenté par l'incontournable Guzmán, très en forme, toujours aussi violent, qui a braillé sa haine de moi, de Pascal et Bruno, des Français, des étrangers occidentaux, organisateurs des trafics de drogue qui empoisonnaient la douce République dominicaine, seuls responsables de tous les malheurs accablant son pays. Un *one man show* d'une heure au moins, à base de harangues, d'énervements, de cris, de gesticulations. Tout cela pour justifier l'accusation de « trafic illicite de migrants et trafic d'êtres humains », comme disait le mandat d'arrêt local, valable uniquement sur le territoire du district national de Saint-Domingue. « Balivernes », a aussitôt répondu Miguel Valerio, qui semblait dominer le tribunal avec son petit chapeau quadrangulaire au pompon blanc règlementaire. Il a commencé une longue plaidoirie à laquelle rien ne manquait. Ni l'absence de témoins, ni l'absence de plainte des supposées personnes victimes de trafic d'êtres humains, ni l'illégalité d'un mandat d'arrêt qui n'avait rien d'international, ni, ni, ni… Rien ne collait. En un peu plus d'une heure, il avait dressé une liste de onze violations flagrantes du droit[1],

1. Absence de notice rouge Interpol valide; extradition d'Égypte illégale, non conforme à la convention de Palerme dont la France et la RD sont signataires; absence de mandat d'arrêt international, le mandat délivré par le procureur général

autant du droit dominicain que du droit international, onze points qui justifiaient tous une relaxe suivie d'une libération immédiate.

Ce qu'il a demandé.

Après un moment de flottement, Satanas, semblant très gêné par les arguments de Miguel Valerio, a déclaré : « Nous allons faire une pause d'une quinzaine de minutes. » Miguel Valerio en a profité pour m'engueuler, sans doute à juste titre parce que j'avais répondu « trop gentiment » à l'interrogatoire d'identité. Il avait raison, il ne faut pas respecter une justice qui n'est pas respectable. Naïf, j'avais tenté de rester courtois et de ne pas vexer mes interlocuteurs. Quelle erreur !

Nous avons recommencé à attendre, en imaginant Satanas, secoué par la plaidoirie implacable de mon avocat, impressionné par la présence de nombreux journalistes internationaux, accroché au téléphone dans son bureau, discutant alternativement avec cette ordure de Milciades Guzmán qui s'était tristement illustré lors du procès des pilotes par ses outrances, puis avec Domínguez Brito, le tout-puissant procureur général de République dominicaine, ami intime du président Danilo Medina. J'ai été jusqu'à recréer leur dialogue :

— Qu'est-ce que je fais ? Légalement, on ne peut pas le garder.

— Il faut le garder, il nous a humiliés... (Milciades Guzmán)

— Mais ce sera illégal, et la presse internationale est présente...

— Il faut le garder, l'honneur de la République est en jeu... (Domínguez Brito)

Ces échanges ont duré deux heures et Satanas est revenu, l'air impassible. La nuit était tombée sur Saint-Domingue, la

Brito n'étant valable que dans le district national de Santo Domingo ; arrestation à l'aéroport de Saint-Domingue illégale, puisque hors du district national ; détention arbitraire par personne dépositaire de l'autorité publique en Égypte et en République dominicaine ; enlèvement ; etc.

salle avait largement été désertée par la presse, lassée d'attendre une décision qui ne venait pas. Après tout, seuls comptaient pour les journalistes locaux les mots terribles du procureur Guzmán.

Ignorant cette désaffection du public, Satanas a pris la parole d'une voix pateline.

— Oui, oui, oui, a-t-il dit, vous avez raison sur bien des points. Toutefois, monsieur Naudin s'est montré complice de narcotrafiquants en avouant sur les radios françaises avoir aidé MM. Fauret et Odos à fuir la justice dominicaine, qui a pourtant toujours pris soin de garantir l'ensemble de leurs droits les plus fondamentaux. Sur le fond, nous avons peut-être fait quelques erreurs de procédure. Le mandat d'arrêt international n'était pas valable, la notice rouge ne pouvait pas avoir été demandée, l'extradition n'était pas légalement justifiée, nous n'aurions donc jamais dû vous arrêter ainsi, mais ce n'est pas de notre faute. C'est la faute des Égyptiens, ce sont eux qui ont pris toutes ces initiatives illégales. Nous ignorions qu'ils n'avaient pas respecté le droit. Mais puisque vous êtes là et que vous vous êtes présenté spontanément en République dominicaine, on va vous garder quand même.

Tel quel ! C'est facile à dire maintenant, mais je m'y attendais. Mes deux amies de cellule m'avaient prévenu le matin même, preuve qu'elles connaissaient mieux le système judiciaire local que mon avocat ou mon ambassade. À Saint-Domingue, la loi n'est faite que pour épater la galerie, les preuves ne servent absolument à rien, il n'y a jamais d'enquêtes indépendantes, l'arbitraire est la règle et il n'y a pas d'exception à cette règle. Même la presse dominicaine ne s'est pas fatiguée à reprendre les arguments de ma défense[1], exercice inutile voué à la censure, tant mon cas était emblématique d'un système en état de putréfaction avancé. Quant

1. En effet, la presse dominicaine, aux ordres du pouvoir, n'a jamais repris un seul des arguments de Miguel Valerio. Les journalistes ont reproduit uniquement les éléments assenés par le procureur Guzmán.

à la presse internationale[1], elle n'y a rien compris et s'est abstenue de commenter.

S'il est normal en République dominicaine de s'en sortir dans les affaires mineures en glissant un billet à la bonne personne, voire des liasses de billets pour les affaires plus sérieuses, ou même en effectuant des virements bancaires massifs si besoin est, rien n'est prévu pour les « crimes » d'atteinte à l'honneur de la patrie. J'étais un symbole politique, un trophée allégorique de la résistance contre le colonialisme, une justification des paroles de l'hymne national qui dit « notre étendard invaincu et glorieux sauve le peuple intrépide et fort (...) quand un défi guerrier de mort (brise) ses chaînes d'esclaves[2] ».

J'ai tout de suite compris qu'on ne me laisserait partir qu'après avoir payé le prix de l'humiliation façon République dominicaine, le souvenir cuisant de l'esclavage des Noirs par les Blancs. Une mémoire toujours vive dans les *calles*, régulièrement évoquée pour justifier tout et n'importe quoi, y compris un séjour de dix ou quinze ans dans les oubliettes de l'une ou l'autre de leurs sinistres prisons dans lesquelles aucun prisonnier ne meurt jamais puisque les décès se produisent toujours soit sur la route, dans l'ambulance menant les détenus à l'hôpital, soit dans l'hôpital. Les statistiques mortuaires sont donc à zéro pour les prisons dominicaines, un exemple dont le monde entier devrait s'inspirer.

Bruno et Pascal m'avaient tout raconté de leurs conditions de vie en détention, leur récit, épouvantable, me trottait dans la tête. Je m'étais demandé à l'époque comment ils avaient réussi à survivre dans le quartier de haute sécurité de la prison d'Anamuya, j'allais découvrir à mon tour si j'en étais capable

1. La presse française s'est contentée de reprendre sans les vérifier les éléments présentés par l'AFP. Jean-Michel Caroit, lui aussi, s'est bien gardé d'introduire les arguments de la défense dans ses dépêches. Seul BFMTV et RMC ont été objectifs.
2. « Nuestro invicto glorioso pendón. Salve el pueblo que intrépido y fuerte [...] cuando en bélico reto de muerte sus cadenas de esclavo rompió... » Extrait de l'hymne national dominicain, Quisqueyanos valientes, écrit par Emilio Prud'homme.

dans l'une ou l'autre de la quinzaine des autres sinistres prisons de ce pays. Je n'en étais pas sûr.

Aussi, pressentant ce qui m'attendait, je n'étais pas pressé d'abandonner le « confort » du cachot putride du palais de justice, lieu de décision, facile d'accès à la fois pour mon avocat et pour le consul de France, mais Satanas et Brito n'étaient pas du même avis. Le lendemain, Minerva, qui avait une amie travaillant dans le palais de justice, me passa le mot : « Tu pars dès ce soir à Najayo. Tu seras mieux qu'avec nous ici. » Mon escorte, l'escorte de l'année pour la République dominicaine, était déjà prévue, neuf véhicules cette fois, pas un de moins, m'attendaient dans la *calle* Fabio depuis des heures.

Nous avons démarré sur les chapeaux de roues, toutes sirènes hurlantes et gyrophares stroboscopiques pour faire joli. Mon transfert vers cette prison, proche de la ville de San Cristóbal, à 40 kilomètres à l'ouest de Saint-Domingue, se voulait démonstratif et il le fut. Quant à mon entrée dans la prison, après une demi-heure de rallye sur une voie rapide entre les innombrables *cabañas*, les baraques à prostituées, de vraies baraques avec des toits en tôle ondulée, typiques de l'habitat misérable des pays en voie de développement, elle s'est faite encore plus spectaculairement, mais pas sous l'œil des caméras.

La nuit était tombée, il faisait noir, j'étais sonné. Très vite, j'ai été propulsé à l'intérieur du bâtiment et reçu dans le bureau du directeur en personne, un malade psychiatrique du nom de Marino Antonio Popoteur Toribio. Un apprenti dictateur hurlant, un de ces insignifiants valets du pouvoir central qui confondent terreur et autorité. Ça s'est tout de suite mal passé entre lui et moi, surtout après que je lui eus fait remarquer qu'en m'enfermant il se faisait complice d'une détention illégale. Ce n'était pas son problème, il agissait au nom de la justice dominicaine sans se poser de questions et sans prendre d'élémentaires précautions de courtoisie. Il a fait réveiller le coiffeur, pour une coupe à zéro, à la tondeuse, avant qu'on me conduise dans « mes appartements », au premier étage, dans le quartier de haute sécurité, *maximum seguridad* du Centro de Corrección y Rehabilitación Najayo Hombres[1]. Un vrai *modelo de gestión penitentiara*[2].

« Bonjour, Monsieur, comment ça va ? » est la première phrase en français que j'aie entendue dans cette prison. Et aussi la dernière, car son auteur, l'ex-colonel de police Carlos Valerio, ne connaissait que celle-là, alors qu'il venait d'affirmer à Popoteur qu'il parlait français, et qu'à ce titre il pouvait veiller sur moi. Veiller ?... Je ne dirais pas ça. Surveiller peut-être. Espionner, ça c'est certain. Assis derrière une table à dominos bancale et assisté de deux de ses lieutenants du moment, ce Valerio, de son vrai nom Carlos Valerio Fernandez, colonel déchu pour une sombre histoire de disparition d'une saisie de drogue, semblait faire la loi et l'ordre à cet étage. Dans sa chute, il avait entraîné neuf de ses hommes, qui lui vouaient désormais une haine à peine dissimulée. J'ai à peine eu le temps de jeter un œil à la cellule qu'on m'avait attribuée, un « *resort*[3] » selon Valerio, qu'il a fallu redescendre les escaliers pour se rendre sous bonne escorte au réfectoire.

J'ignore si Popoteur voulait profiter de cette occasion pour une démonstration de son pouvoir auprès des autres détenus, du type « c'est à moi qu'on a confié le plus célèbre prisonnier de RD », mais il a vite déchanté. À peine passée la porte du réfectoire, une cathédrale de grilles et de béton pouvant accueillir près de mille personnes d'un coup, les ovations ont commencé à fuser.

« *Commandante ! Commandante ! Commandante ! Bravo bravo !* »

J'étais vraiment la surprise du chef, sans jeu de mot, pour les centaines de prisonniers[4] réunis à cette heure autour des

1. Vrai nom de cette prison : Centre de correction et de réhabilitation de Najayo Hommes. Les bâtiments de la version Mujeres (prison pour les femmes) étaient adjacents.
2. Un modèle de gestion pénitentiaire. Najayo était officiellement une prison modèle.
3. Lieu de villégiature.
4. La prison de Najayo abritait à cette époque environ 1 700 prisonniers.

tables, en béton également, qui ne s'attendaient pas à ma présence dans « leur » prison.

Tous savaient qui j'étais. Leurs postes de télé dans les salles communes n'arrêtaient pas de parler de moi depuis des jours et des jours.

« *Commandante ! Commandante ! Commandante !*
Commandante llévame en tu Barco para Francia !
Me voy contigo si quieres commandante[1] *!* »

Leur sympathie pour moi était palpable, j'avais gagné un surnom au niveau national. Popoteur, qui venait de se ridiculiser, a pris peur devant cette soudaine popularité qu'il n'attendait pas et a donné quelques ordres claquants à l'escorte de VTP pour que ceux-ci me remontent immédiatement au QHS. Du coup, j'ai été privé de repas et bouclé en cellule. Je comprendrai avec le temps que je n'avais pas manqué grand-chose question cuisine, cette privation étant par ailleurs largement compensée par l'accueil enthousiaste de mes camarades de détention.

« *Commandante ! Como estas ? Como te sientes ?* »

Les cris ont retenti longtemps, le béton a vibré d'un bâtiment à l'autre, mon euphorie est retombée, la réalité est revenue me frapper en pleine gueule. J'entrais dans un tunnel immonde, vêtu seulement d'un jeans et d'une chemise déjà puante, sans le mode d'emploi de ce nouvel univers et surtout, surtout, ignorant pour combien de temps.

---

1. « Commandant, emmène-moi en France sur ton bateau !, Je suis prêt à partir avec toi. »

12

Prieto, Globo, Mormon et les autres

Printemps-Hiver 2016

Celui qui dormait au-dessus de moi s'appelait Prieto. Prieto était un homme dangereux, un tueur responsable d'une cinquantaine d'assassinats et tenancier d'au moins autant de *puntos*, points de vente de la drogue en ville. Doté d'une mémoire d'éléphant, il passait toutes ses nuits à gérer son business l'oreille collée à son téléphone portable, composait les numéros à l'aveugle sans jamais se tromper, comptabilisait mentalement ses gains et ses pertes d'heure en heure, multipliait les bénéfices, accordait des primes à ses sous-traitants, envoyait des *sicarios*[1] régler le compte de ceux qui le trahissaient. Au petit matin, vers 4 ou 5 heures, il était épuisé. Alors je pouvais commencer à dormir.

Celui qui dormait en dessous de moi était une pourriture absolue. Franck Carela, un ancien policier placé là par la *procuraduría* pour m'espionner. Il faut dire que la République dominicaine n'avait pas renoncé à mettre la main sur tous les autres participants de l'opération « Dîner à Paris ». Il essayait donc de sympathiser avec moi en douceur et de me faire parler, espérant obtenir le bon renseignement qui lui permettrait de négocier une réduction de peine.

Confiné entre ces deux zigotos, j'ai passé une première nuit sans sommeil, sous la lumière crue de l'ampoule du plafond, couché sur un matelas en mousse à peine plus épais qu'une feuille de carton, mais moisi à en vomir, sans oreillers ni draps

1. Tueurs à gages.

ni couvertures, interdites de toute façon. À l'aube, à la lumière du petit jour, la crudité de cet espace innommable révélée dans toute son horreur m'a soulevé le cœur.

Vue la taille de la cellule, à peine plus de cinq mètres carrés, il suffisait de tendre le bras pour toucher le mur en face des couchettes. À notre tête, un recoin servait de salle de bain, un terme dont il vaut mieux rigoler. La salle d'eau en question, dissimulée par un simple rideau volant, se composait d'un bout de tuyau sortant du mur, délivrant quelques gouttes de temps en temps, et d'un siège de toilette totalement inutile la plupart du temps faute… d'eau.

Il n'y avait pas de fenêtres, seulement un trou dans le mur donnant sur l'extérieur, une ouverture bouchée par quelques briques grossièrement espacées pour que l'air circule, et pas de toit au sens propre du terme, que des barreaux et du grillage sous une simple tôle ondulée, corrodée et trouée, pour nous protéger de la pluie tropicale qui tombe six mois par an dans les Caraïbes.

Nous étions, selon les saisons, trempés et gelés ou dégoulinants de sueur. Pendant les trois premiers mois, je n'ai pas eu le droit de passer le seuil de cette cellule sans être escorté. Les Dominicains tenaient vraiment à ma présence. Des barreaux nous séparaient d'une espèce de coursive d'une dizaine de mètres sur laquelle donnaient les autres cellules, sept au total, plus le sas permettant d'accéder à l'escalier. Ma cellule était la plus petite dans la rangée des petites cellules, à droite quand on arrivait par l'escalier. J'ai compris pourquoi Valerio l'avait comparée à une « villégiature » en découvrant que la cellule précédant la mienne, à peine plus grande, hébergeait neuf hommes. En face de l'escalier, à gauche une fois franchie la dernière marche, se trouvaient deux grandes cellules dont une, immense à mes yeux, mesurait quinze mètres carrés.

Pour être exhaustif, il faut ajouter la présence de quatre ventilateurs plus ou moins rivetés aux murs ou aux poutres de soutien qui brassaient en couinant bruyamment un air lourd, chaud, gras et sale en saison sèche, ou un air humide et glacé quand il pleuvait. Lorsqu'ils fonctionnaient.

Et puis je suis passé à la phase d'apprentissage, savoir qui faisait quoi et quelles étaient les règles. Et à apprendre vite, si possible. Pour le gros Valerio, il n'y avait pas beaucoup de mystère. Colonel à la DICAN[1], il avait été chargé d'entrer en contact avec les services de renseignements français pour dresser le profil des quatre Français impliqués dans l'affaire « Air Cocaïne ». À cet effet, il avait été envoyé en France (toute occasion de voyager en Occident est bonne à prendre) pour recueillir des infos à Paris auprès de nos services de renseignements. À son retour, au mois de septembre 2015, il avait été convoqué à une réunion dans les bureaux de Domínguez Brito, le procureur général, qui jouxtent le palais de justice. Rosado Mateo, l'ex-général, l'ex-patron de la DNCD (rappel : qui accueillait dans ses locaux une équipe de la police française dans le cadre de la coopération policière internationale) était là. À cette occasion, Carlos Valerio a passé un bon moment à relativiser les accusations contre les deux pilotes et à expliquer qu'ils étaient totalement inconnus comme narcotrafiquants et n'avaient rien à voir avec un quelconque trafic. Il a également dit que le procureur Guzmán ferait mieux de s'informer sur leurs passagers, Alain Castany et Nicolas Pisapia, en ignorant le fait que le procureur général Brito tenait vraiment à l'époque à mettre la main sur le Falcon, au titre d'une « saisie de moyens » lié à un trafic illicite, pour le faire attribuer à la présidence de la République dominicaine[2] qui justement n'avait pas d'avion présidentiel ! Pas besoin de préciser que l'intervention du colonel Valerio n'a pas vraiment été appréciée dans les hautes sphères du pouvoir politico-judiciaire. Il aurait probablement mieux fait de se taire. Étonnamment, en décembre 2013, il tombait à son tour pour… trafic de drogue, et était immédiatement incarcéré. La DNCD affirmait alors que les services de la DICAN avaient détourné pas moins de

1. Pour mémoire : l'un des trois services antistupéfiants dominicains, choyés et en partie financés par la France, l'Espagne et les États-Unis.
2. Finalement, le projet ne se fera pas, l'avion ayant subi une avarie grave lors de son convoyage depuis l'aéroport de Punta Cana sur une base militaire. Il avait été piloté par un équipage non qualifié pour la machine.

1,4 tonne de cocaïne[1] subtilisée au cours d'une perquisition et dissimulée dans… un appartement. Le même jour, dix autres policiers dont les deux principaux responsables de la DICAN ont également été arrêtés par la DNCD, eux aussi pour trafic de drogue. Et comme d'habitude, non seulement personne n'avait jamais vu cette drogue, mais en plus il n'y a jamais eu de représailles, ni de la part des exportateurs, ni de la part de leurs clients. Une curiosité, quand on sait que la disparition de quelques dizaines de grammes de coke dans la *calle* entraîne ipso facto des règlements de comptes sanglants.

Il allait de soi que le colonel Valerio, de par son grade et ses moyens financiers, faisait la pluie et le beau temps dans le QHS – il régnait littéralement sur les cent dix mètres carrés que nous étions quarante-neuf à nous partager, dont une quinzaine d'esclaves. J'appelais ainsi les hommes à tout faire, la lessive, le ménage, la cuisine, le service à table et qui rendaient bien d'autres services encore.

Totalement insupportable, n'arrêtant pas de proclamer qu'à sa sortie il se mettrait au service du Mossad[2] et de ne « niquer que des femmes blanches », Valerio, qui occupait la cellule à la droite de la mienne, était assez riche pour avoir ses propres gardes du corps, son cuisinier personnel et ses hommes de ménage. Ses deux compagnons de cellule et ex-subordonnés, le colonel Felix Paulino et le commandant Luciano, emportés avec lui dans la tourmente d'une affaire probablement inventée de toute pièce par la DNCD, avaient été sacrifiés par l'autorité politico-judiciaire pour mieux écarter leur ancien patron de toute fonction à responsabilités, alors qu'il était sur le point de passer général. Tous, y compris mon avocat Miguel Valerio, me disaient que le colonel Valerio, un pou de vanité et d'arrogance, pétri de

1. 1,4 tonne de cocaïne représente un volume d'environ 3,5 mètres cubes. Il paraît difficile de faire disparaître un tel volume pendant une perquisition. Des mois plus tard, la quantité de cocaïne prétendument disparue sera ramenée par la justice dominicaine à 950 kilos, soit 2,375 mètres cubes quand même. Pourquoi ? Mystère…

2. Les services secrets israéliens.

discours antioccidentaux politiquement corrects, était incontestablement corrompu depuis toujours. Celui qui, depuis des mois, procédait à des essayages de son futur uniforme de général, avait déjà été emprisonné pendant une dizaine de mois il y a quelques années, soupçonné d'avoir abattu arbitrairement un trafiquant de drogue, avant d'être blanchi et réintégré dans la police.

Très objectivement, l'affaire dite de la DICAN n'avait rien de vraisemblable. Cela me faisait de la peine pour ces hommes, y compris pour Carlos Valerio. Aucun de ces policiers ne méritaient un tel traitement. Pourquoi ne pas simplement les écarter ou les licencier ? Non. En République dominicaine, la justice n'est qu'un outil de gestion de la dictature ; il faut impérativement humilier, détruire ceux qui deviennent les importuns gêneurs du régime de Danilo Medina et de sa maudite cour rapprochée.

J'ai appris à connaître les autres locataires de ce palace au fur et à mesure et ce n'étaient pas forcément de mauvais bougres, même s'ils avaient tous, y compris le colonel Valerio, deux ou trois cadavres au minimum à leur passif. Ce dont personne ne leur tenait rigueur. Ces gros méchants avaient néanmoins un point faible : leur peur de la *plancha*[1]. Dès les premiers jours, ils m'en ont parlé avec terreur. La *plancha* à Najayo est une espèce de cage pour les fauves, pas plus haute et pas plus large, sans aucune ouverture. Les détenus ayant eu le malheur de déplaire aux VTP ou au fluctuant règlement pénitentiaire étaient jetés torse nu, en slip, et abandonnés, sans eau ni nourriture ni toilettes, pour un temps indéterminé dans une cellule d'attente à la vue de tous. Deux jours, cinq jours, dix jours… tout dépendait de la nébulosité intellectuelle du surveillant de garde, de son taux de rhum dans le sang, et peut-être de la vitesse du vent à marée haute. Puis on les transférait dans un cachot aveugle, cachés du monde. Certains y sont restés des mois, ne vivant que de la charité

1. Le mitard (la prison de la prison).

des détenus les plus émus par leur sort, ne grignotant que quelques cuillères de riz croquant par jour. D'autres y ont vécu enchaînés aux barreaux, l'un d'eux, Churuco, y a même passé plus d'un an, le poignet droit relié à sa cheville gauche par une paire de menottes[1]. J'étais heureux de ne pas être présent quand il en est sorti furieux contre les agences de défense des droits de l'homme qui avaient, cinq ans plus tôt, décerné à Najayo la médaille d'or des « prisons modèles » version pays misérables[2].

Que d'aveugles, que de sourds ! Quelle hypocrisie !

Cette *plancha,* je suis passé devant plusieurs fois quand j'ai enfin eu le droit de recevoir des visites ou de me rendre à l'infirmerie. On ne pouvait pas la manquer, simplement à cause de l'odeur qui s'en dégageait, et j'avoue ne pas avoir eu le courage de trop m'attarder pour voir ce qui se passait au fond, dans les ténèbres d'où émanaient des plaintes pour de l'eau ou de faibles cris de douleur. J'en suis resté à la vision de membres squelettiques en guenilles mendiant pathétiquement à travers les barreaux, tout en sachant fort bien que les VTP, nobles représentants d'une administration présentée par les autorités dominicaines comme le nec plus ultra du genre, se défoulaient la nuit sur ces malheureux.

Entre-temps, j'avais appris à plus ou moins me débrouiller dans cette jungle, à la façon des autres détenus, en les imitant parfois, voire en écoutant leurs conseils. Même si le règlement interne de Najayo était du genre drastique, pour un quartier de haute sécurité où il était strictement illégal de posséder un téléphone ou de l'argent liquide, il se trouvait que beaucoup

1. « Churuco » (prononcer *chourouco*), Carlos Cenao Almánzar de son vrai nom, *machetero,* libérable en 2049, a été complice d'une tentative d'évasion qui a coûté la vie à deux surveillants. Pendant des mois, des surveillants masqués entraient la nuit dans sa cellule et lui brisaient régulièrement les côtes à coup de matraque de façon à engendrer une souffrance permanente. Quand il est ressorti de la *plancha,* il a dû apprendre à remarcher, et sans traitement kinésithérapique évidemment, ses jambes sont restées atrophiées. Son état mental n'a pas résisté à un tel traitement et s'est fortement dégradé, de façon incurable.

2. http://www.prisonsystems.eu/fr/dominican-penitentiary-reform-an-example-to-follow-in-latin-america/

de prisonniers disposaient quand même d'un téléphone caché et que l'argent circulait, discrètement mais régulièrement. Il fallait bien payer, non seulement les surveillants, mais aussi tout le reste.

Les trois premiers jours, je n'avais rien eu à manger parce qu'interdit de cantine. De toute façon, je n'avais pas très faim. Au bout de trois jours, j'ai compris qu'en payant des hommes à tout à faire de l'étage, l'un d'eux pouvait me ravitailler, à condition que je paye aussi le seau de peinture servant à transporter le plat du jour. Mais comment payer quand on n'a pas d'argent ? Comme dans la vie normale, en empruntant, en vivant à crédit grâce à quelques bailleurs de fonds bienveillants. Mes banquiers n'avaient pas grand-chose à craindre, je ne risquais pas de m'échapper. Le colonel Valerio fut le premier à me proposer sa générosité, désintéressée naturellement, que je finis par accepter.

J'ai donc acheté à manger, le même menu que lui, le fameux plat du jour qui était en fait le plat de tous les jours, riz croquant, os de poulet brisés, deux rondelles de banane plantain frites hyper salées, une petite bouteille d'eau, et ce premier repas ne m'a pas remonté le moral. Au contraire. À cela s'ajoutait le fait que je n'avais pas de nouvelles de mon avocat, ni de l'ambassade, ni de savon, ni de papier toilette, pas de rasoir. Et aucune communication d'aucune sorte avec l'extérieur. Il y avait de quoi déprimer, et j'ai sérieusement déprimé. Pendant plusieurs semaines.

Bruno et Pascal étaient passés par là. Leur « détention provisoire » avait duré quinze mois, trois mois de plus que le maximum légal selon les propres lois de la République dominicaine, écrites pour amuser la façade, pour être en conformité avec les règles et accords liant Saint-Domingue et l'Organisation des États américains, les Nations unies et la Cour interaméricaine des droits de l'homme[1]. Des lois qui ne sont respectées que lorsque la presse internationale

1. http://www.corteidh.or.cr

s'en mêle, et encore. L'arsenal législatif de la République dominicaine est tel que le moindre délibéré de quatre lignes peut être précédé de vingt pages d'énumération de lois et d'arguments juridiques plus obscurs les uns que les autres servant uniquement à justifier l'incurie, l'incompétence et la mauvaise foi des services judiciaires et de la police. Ainsi, on retrouvera presque systématiquement le même triptyque criminel dans toutes les accusations : trafic de stupéfiants en bande organisée, blanchiment d'argent et assassinat. Des accusations qui ne donnent à personne l'envie de s'impliquer pour la défense de ces mis en cause, car chacun sait qu'il « n'y a jamais de fumée sans feu ». Pour décourager toute intervention extérieure dans ses procédures, le système judiciaire dominicain gère à merveille les délais, les reports, les sursis, les retards, les ajournements, etc. À ce petit jeu de « la procédure est toujours en cours », les Dominicains sont forts, très forts, et les ambassades désarmées. « La République dominicaine est un pays souverain... », affirment en chœur les pays du G7, où le droit est à la base de la démocratie. La formule « pays souverain » n'est qu'un *bla-bla* diplomatique.

La vérité est que la République dominicaine est une dictature, *una dictablanda*[1], disent les Dominicains, coiffée de petits chapeaux noirs hérités de la colonisation espagnole, et que sa pseudo-justice est au service de la narco-infrastructure qui s'enrichit à chaque transit de coke sur son territoire. Car l'administration de ce pays ne peut pas fonctionner sans l'argent de la drogue. Magistrats, policiers, militaires, fonctionnaires sont misérablement rémunérés[2] en comparaison

1. *Dictablanda* : néologisme dominicain pour dictature molle, ou dictature qui ne dit pas son nom. Régime démocratique d'apparence ou de théâtre, masquant une dictature politico-judiciaire.
2. La solde d'un colonel est d'environ 1 700 dollars (90 000 pesos dominicains) sans les primes, et celle d'un simple soldat, marin ou policier est de 5 000 à 7 000 pesos (100 à 130 dollars). Le coût de la vie étant globalement identique au nôtre (essence, biens importés, etc.), comment un colonel peut-il avoir sa voiture personnelle, faire le plein chaque semaine, nourrir sa famille, et envoyer plusieurs de ses enfants étudier aux États-Unis ? Certains généraux sont propriétaires de

des connaissances théoriques et des responsabilités que l'on exige d'eux, alors que chacun aspire légitimement à vivre sur le modèle du consumérisme occidental. On ne compte plus les membres de l'administration, et particulièrement ceux appartenant aux diverses officines de lutte contre le trafic de stupéfiants, qui s'exilent aux États-Unis une fois fortune faite. Ceux qui restent au pays, juges, procureurs et avocats, valsent au gré du bon vouloir des passeurs. Ceux-ci ont leurs favoris et font momentanément la pluie et le beau temps dans la haute hiérarchie de l'État. Les écartés, ceux qui se sont montrés trop gourmands ou ceux qui ont refusé d'être des marionnettes soumises aux caprices des *narcos*, se retrouvent généralement en prison, accusés de trafic de... drogue. La pire des infamies aux yeux du monde extérieur, celui qui compte en tous cas : l'Occident.

Comme d'habitude.

Ceux qui échappent à ce sort fatal sont des résistants. Le 11 mars 2020, une ancienne procureure, Yeni Berenice Reynoso, a osé mettre les pieds dans le plat. Elle a dénoncé dans les colonnes des journaux, dont l'anglophone *Dominican Today*, le fait qu'entre 2018 et 2019 plus de procureurs avaient démissionné de leurs fonctions que pendant toute l'histoire de la justice en République dominicaine, sans doute dégoûtés par le spectacle donné à l'étranger à la suite de la mystification de l'affaire « Air Cocaïne » et ses retombées.

Pris au piège dans cette toile d'araignée exotique, nos deux pilotes n'auraient eu aucune chance de s'en sortir s'ils n'avaient pas pris la décision de quitter, à leur risques et périls, les charmes de ce faux paradis.

Quant à moi... j'analysais la situation et j'essayais de me mettre en colère, sans succès. J'aurais aussi bien pu être enterré vivant, cela n'aurait fait aucune différence question espérance. Sauf que les morts, eux, ne sont pas harcelés par

plusieurs appartements dans les stations balnéaires et ne cessent de faire des allers et retours à New York ou Miami.

les millions de bestioles qui se régalaient jour et nuit de mon sang, qu'ils ont le droit de dormir sans être dépouillés ou agressés, et qu'ils ne souffrent pas d'une diarrhée chronique.

Au plus profond de ce cauchemar, j'ai commencé à développer une tumeur temporale. Une petite boule très inesthétique. Un motif de réjouissance pour les cafards qui exploraient mon être des pieds à la tête chaque fois que je restais immobile plus de cinq secondes. « Enfin du nouveau », devaient-ils se dire. Faut-il préciser que l'utilisation des insecticides (sous toutes les formes : vaporisateurs, plaquettes, pièges, etc.) était totalement interdite par le règlement ? Najayo... prison modèle.

Ces trois mois d'isolement ont été interminables, que ce soit dans la moiteur infernale du climat tropical, branché en permanence sur les hautes températures, rarement moins de 40 °C dans la journée, sous la tôle, ou sous les ondées tout aussi tropicales qui, faute d'un plafond digne de ce nom, rinçaient régulièrement le plancher de la cellule. J'ai rapidement compris qu'il ne fallait rien laisser par terre, même pas les chaussures. Si l'été, à un moment, nous vivions en caleçon, le corps ruisselant de sueur, à la première pluie nous faisions la course au moindre bout de tissu nous empêchant de grelotter de froid. Pull-overs ou sweat-shirts étant interdits, nous avions juste la possibilité de superposer plusieurs tee-shirts de la couleur règlementaire[1] les uns sur les autres.

Une averse avait cela de bon que l'on pouvait stocker de l'eau pour pallier les coupures récurrentes de nos robinets (jusqu'à dix fois par jour), mais à Najayo ce n'était pas le point de vue de l'administration. Et pour une bonne raison : si une bouteille d'eau potable de cinquante centilitres coûtait quinze pesos dans la rue, et vingt-cinq en temps normal au *colmado*, l'épicerie de la prison, son prix montait jusqu'à cinquante pesos en période de sécheresse. Il n'y avait pas de petits profits et les surveillants (commissionnés, du directeur

1. Vert pour les prisonniers en instance de jugement, bleu pour les condamnés.

au simple VTP[1], par les fournisseurs et les vendeurs) se faisaient un plaisir de nous le faire comprendre à grands coups de pied dans nos réservoirs de fortune – les pots de peinture vides, également achetés à prix d'or.

C'est ainsi qu'il m'est arrivé de rester quinze jours sans boire (ou très peu), parce que l'arrivée d'eau était coupée, parce qu'il n'y avait plus d'eau potable au *colmado* et qu'il ne pleuvait pas. Prison modèle, Najayo ne payait pas ses factures, mais se branchait sur un réseau clandestin pour alimenter les immenses cuves en plastique installées sur les toits de béton.

Pas d'eau, pas de toilettes, dans ces circonstances plus que difficiles le moral partait en vrille.

À défaut de comprendre ce qui m'arrivait, je me suis concentré sur les destins de mes compagnons d'infortune, forcément riches d'informations concernant mon futur, mais aussi parce que je suis curieux. J'aime apprendre et j'aime savoir. Humaniste de cœur, je considère que tous les hommes sont dignes d'intérêt et qu'une bonne poignée de main et des paroles authentiques valent mieux qu'un stupide conflit. Jusqu'à une certaine limite, bien entendu. Faire preuve de respect, dire bonjour avec un sourire est un moyen infaillible de dissiper les tensions. Alors j'ai écouté les uns et les autres, pendant des heures. J'en ai profité pour perfectionner mes rudiments d'espagnol et, incidemment, je suis devenu un connaisseur éclairé des arcanes du trafic de cocaïne. Avant 2013, je n'y connaissais rien, en 2016 la question n'avait plus de secret pour moi, grâce à Precigou, sympathique *sicario*, Parra, le *sicario* au dos brisé[2], Momo le cinglé, Moïse surnommé « El Capo », grand chef mafieux, Maté Coco, voleur de voitures et tueur occasionnel, Josselito,

1. Les VTP étaient relativement bien payés par leur administration, avec un salaire d'environ 10 000 pesos mensuels (185 dollars). Ce qui reste néanmoins très faible pour faire vivre une famille. Ils avaient donc impérativement besoin d'améliorer l'ordinaire du bord, fût-ce sur le dos des détenus, beaucoup plus pauvres qu'eux…
2. Battu à mort par les policiers de San Cristóbal, qui ont tenté de lui briser les vertèbres lombaires pour le paralyser.

narco-machetero[1], Isaia, tueur homosexuel violent, Globo, un *sicariato* complètement cinglé, et d'autres encore.

J'ai dressé des portraits. Globo, justement, avait vingt et un ans en 2016 et il avait déjà été condamné à cent trois années (cumulées) de prison pour une longue série de meurtres crapuleux. De son vrai nom Uribeio Messas, alias « José Luis Lorenzo Santana », dit aussi « Cabeza », la tête en espagnol, sa principale caractéristique, une grosse tête dolichocéphale en forme de globe (*globo*) qu'il semblait toujours avoir du mal à garder droite, Globo était un parfait représentant de la schizophrénie ambiante, principale maladie de la Républicaine dominicaine[2]. Toujours vouloir passer pour ce qu'on n'est pas. Auto-désigné aboyeur en chef de notre QHS, il hurlait les noms des prisonniers appelés par les VTP et rythmait notre quotidien par des annonces rituelles : « *la comida ! la comida ! la comida !* » déjeuner servi entre 10 et 16 heures[3] ou « *concha, concha, concha* » pour ceux qui avaient droit à la promenade.

Le soir, Globo enfilait un autre costume, celui de chef de gang. Accroché à son téléphone portable, absorbé par de vraies ou fausses communications, il donnait des ordres à une vraie ou fausse armée de malfrats supposés lui obéir aveuglément *en la calle*. Dans la rue, à l'extérieur, là où les *hombres* buvaient, rigolaient et se déhanchaient avec les filles, sous les étoiles au rythme des *merengues*[4] crachés par des postes de radios énormes. Lui parlait à voix haute, toujours très très fort, pour que chacun comprenne bien que dans la rue il était un patron à seulement vingt ans, même si dans la prison il n'était qu'un larbin au service des plus forts, prêt à tout pour gagner quelques pesos.

---

1. *Narco-machetero*, tueur à la machette travaillant exclusivement au service des narcotrafiquants.
2. Les descendants des anciens esclaves forcés de prendre le nom de leur maître font ce qu'ils peuvent pour oublier cette origine tragique. D'où la multiplication des noms à rallonge, à l'espagnole, et les surnoms censés révéler leur personnalité.
3. Variation des horaires en fonction des pannes d'électricité quotidiennes en cuisine.
4. Le merengue est une danse ayant émergé en République dominicaine au milieu du XIXe siècle, basée sur la *upa habanera* (*habaneres* catalanes) venue de Catalogne.

Entre deux annonces de conciergerie, on le voyait laver les chaussures, les cellules, faire la lessive, la vaisselle, les courses, porter les messages, cacher de la drogue, des téléphones, etc.

Cela ne l'empêchait pas de penser. Globo avait deux rêves, devenir *sicario* nocturne en Colombie, une occupation paraît-il très bien payée, et comptable le jour pour donner le change, si l'on peut dire. Sa couverture en quelque sorte. Un vrai plan de carrière, à condition de réussir à s'évader bien sûr. Très jeune cocaïnomane, il avait vite compris comment fonctionnait *la calle*. Après avoir tué un policier pour lui voler son arme, « pour le look c'est mieux, les filles préfèrent les hommes armés avec une belle arme », il avait profité de la corruption générale pour acheter des munitions à ceux qui en avaient le plus à vendre, d'autres policiers. À 50 pesos la balle ou 2 000 pesos le lot de cinquante, ce qui me confortait dans mon idée que la police, en général, avait des armes non chargées.

Globo était allé plus loin en dépouillant un autre policier de son uniforme, ce qui lui avait ouvert la voie des attaques contre les touristes, dont il était devenu un spécialiste. Pas n'importe comment : « En général on prend juste leur argent, et parfois les bijoux, les cartes de crédit et les passeports. Ça dépend de leur nationalité. Les Russes, par exemple, on ne prend que le cash, le reste n'est pas utilisable. Les Espagnols ou les Sud-Américains, nous prenons tout. Les Américains, les Canadiens, les Européens, on prend systématiquement les passeports et les cartes de crédit parce qu'ils n'ont jamais d'argent sur eux, sauf les voyous. Les Maghrébins qui viennent déguisés en touristes pour acheter de la drogue ont souvent beaucoup d'argent sur eux. Ils ne portent jamais plainte, ils savent que cela ne sert à rien. » Quant aux viols, Globo, comme tous les criminels de la République dominicaine, appliquait un principe très strict : « Les meilleurs jours pour détrousser ou violer des meufs étrangères seules, c'est le jeudi ou le vendredi. En général, elles partent le lendemain[1] et ne veulent pas rater leur avion. »

1. Les locations touristiques courent souvent du samedi au samedi.

De la théorie à la pratique... Je supposais que Globo avait tout vu, tout expérimenté, tout pratiqué depuis son adolescence. Son apparence même était une encyclopédie ouverte aux pages importantes des us et des coutumes locales. Tatoué de haut en bas, comme presque tous ses alter ego, vivant torse nu dans notre petit cénacle à cause de la chaleur, il m'a raconté la face cachée des décorations épidermiques les plus courantes. « Il y a le signe d'appartenance à un gang, le nombre de personnes que tu as exécutées, les noms de tes femmes ou de tes amis décédés... » Quant au look, « tout est dans le look. Le pantalon se porte baissé jusqu'au caleçon, en solidarité avec les prisonniers qui n'ont pas le droit d'avoir une ceinture, idem pour les chaussures, qui se portent sans lacets ou les lacets défaits pour la même raison, pareil pour les bermudas dont les poches sont sorties, comme en prison où les prisonniers sont fouillés dès qu'ils se déplacent. Pour les "nègres[1]", ils relèvent généralement la jambe gauche de leur pantalon en souvenir des fers que portaient au pied leurs ancêtres esclaves. » Enfin, l'importance d'un *hombre* du crime, un *tigré*[2], se jugeait à sa boucle de ceinture. Une grosse boucle dorée si possible, mais de marque, même grossièrement contrefaite, de type Gucci, Vuitton, Dior, Versace, bien visible, soulignée par le tee-shirt, rentré au niveau du nombril, mais flottant sur les fesses. Idem pour les baskets, le plus gros budget d'un *tigré*, achetées jusqu'à 200 dollars la paire, l'idéal étant qu'elles soient dorées, comme le tee-shirt si possible, la chevalière, les bracelets ou la chaîne autour du cou.

— Plus la chaîne compte de maillons dorés, plus tu es riche... cela attire les filles.

— Et tes crimes ?

— J'ai tué un policier pour lui voler son arme, un autre pour me venger des coups et blessures qu'il m'avait infligés, une femme pour la voler, un Haïtien pour le voler, un commerçant dans une boulangerie, un autre commerçant

1. Traduction de l'expression employée par Globo.
2. *Tigré* : « tigre » en argot dominicain, soit un voyou assez malin, intelligent.

qui appelait à l'aide pendant que je le volais, le soupirant de ma fiancée, un copain pour le compte d'un *capo* qui m'a payé 100 000 pesos pour cela, un troisième policier qui m'a dérangé pendant que je dérobais tranquillement une voiture, un voyou qui avait braqué une banque aux USA, c'est la banque qui m'a payé, 300 000 mille pesos, l'amant d'une épouse pour le compte de son mari (200 000 pesos), un homme pour le compte d'un proxénète. Ce dernier avait vendu sa femme pour 80 000 pesos, puis il avait changé d'avis. Malheureusement, l'homme avait déjà revendu la femme à des Colombiens, je l'ai exécuté pour 500 000 pesos. Il y a aussi cet épisode à Higüey où on détroussait des touristes femmes venant chercher de la drogue. On a abattu deux revendeurs, les filles se sont enfuies, on n'a pas eu le temps de les violer. J'ai aussi tué un homme pour 600 000 pesos, encore pour une histoire de drogue, enfin j'ai réalisé une exécution secrète d'un homme connu, mais ça je n'ai pas le droit d'en parler. » Soit un total de quinze meurtres et assassinats, plus les viols, les vols, les braquages dont il ne tenait plus les comptes depuis longtemps. Un sale type, ce Globo, mais un petit joueur à mon étage, où José Aníbal Hidalgo García, surnommé « Mormon », avait été condamné en 2012 à trente ans de réclusion pour… cinquante-huit homicides. Au moins.

Comment voulez-vous dormir en paix entouré de tels personnages ?

13

Premières visites

Printemps 2016

« Naodine ! »

En République dominicaine, en 2016, il y avait deux types de Dominicains. La majorité, ceux qui avaient de la sympathie pour moi et m'appelaient *commandante*, et les autres, ceux en uniformes, presque essentiellement des policiers ou des magistrats, pour qui j'étais « Naodine », une mauvaise déformation de mon nom prononcé à l'espagnole.

« Naodine » donc pour les VTP de la prison de Najayo qui ce matin, quelques jours après mon entrée en QHS, sont venus me chercher dans ma cellule. Menottes, escaliers, couloirs puants envahis de rats et, au bout, une petite pièce triste meublée d'une table bancale et de deux chaises de jardin. Et toujours la même couleur jaune délavé. J'inaugurais à ma façon la salle des visites et, ce matin, surprise, je me retrouvais face à Angélique Martin et son sourire commercial. Moi, cradingue et entravé, elle pimpante et agitée comme d'habitude. Ne sachant absolument pas ce que je pouvais attendre d'elle, je lui ai demandé dans un premier temps le maximum : de l'argent et du savon. De son côté, j'ai surtout eu l'impression qu'elle était venue uniquement pour justifier son très lucratif contact avec ma femme, à qui elle a extorqué des milliers d'euros pendant des semaines avant que je mette fin à son racket. Partout où l'on va dans le monde, ce genre de personnage nocif ne manque jamais de s'incruster dans le paysage, même dans les pires circonstances. Entre mythomanie et appât du gain, ces esbroufeurs se présentent et s'imaginent comme d'indispensables intermédiaires.

Autre jour, même lieu, même couloir, mêmes menottes, même petite pièce sordide avec toujours ces chaises de jardin branlantes. À cette date, j'étais si dénutri et déshydraté que mon cerveau fonctionnait en mode hibernation, un comble sous les tropiques. J'avais appris dans la nuit que mon avocat français s'orientait vers une procédure de plaider coupable prévue par une convention signée en 2002 entre la République dominicaine et la France, prévoyant une demi-peine de prison sur place et l'autre dans l'Hexagone. Je pensais en boucle « Hors de question, hors de question, hors de question, je ne veux pas rentrer coupable en France puisque je ne le suis pas ! » mais c'était un effort qui m'épuisait encore plus. La fatigue pesait terriblement sur les épaules de mes neurones.

À Paris, une réunion de soutien avait été organisée au Sénat grâce à Christophe Lekieffre et Olivier Cadic. L'idée était excellente. J'avais bien conscience que tous les détenus français à l'étranger n'avaient pas droit à un tel privilège. Les deux avocats présents, Antoine Vey et Éric Dupond-Moretti, ont affirmé qu'ils contrôlaient la situation et demandé à mon comité de soutien qu'on les laisse agir. La salle était pleine, cependant, devant le récit glaçant des différents intervenants sur les multiples irrégularités dans la procédure en Égypte, la parole est restée muselée. Ceux qui promettaient d'intervenir pour faire bouger le gouvernement contre la République dominicaine et pour faire condamner l'attitude de l'Égypte n'ont rien dit. La presse française, pourtant amicalement présente, s'inspirant de la position du Quai d'Orsay qui prônait la « discrétion absolue afin de ne pas entraver l'action secrète des diplomates », n'a pas relayé cette information. Quelle erreur ! Croyant bien faire, elle m'enfonçait dans l'enfer.

Ce jour-là, de l'autre côté de l'Atlantique, exit l'insupportable Angélique Martin. Son attitude intolérable et sa mauvaise réputation auprès de l'ambassade ont fini par la discréditer totalement. Mon avocat, Miguel Valerio, me déclara un jour : « Je ne veux plus rien avoir à faire avec cette fille, elle est nocive. » Il avait raison. Bienvenue au consul de France, en mission d'information. Il m'a expliqué patiemment, avec une grande gentillesse, le chemin administratif que mes amis devaient prendre ou suivre pour me voir. Prévenir l'ambassade au moins deux mois à l'avance... deux mois ! Cette fois mes neurones se sont bloqués, mon horizon s'est obscurci. J'ai compris très confusément que ma libération n'aurait pas lieu avant au moins deux mois, peut-être quatre mois, voire six, et que la France, mon pays, bien que me considérant comme détenu arbitrairement de notre point de vue, n'avait pas l'intention de le dire officiellement, ni de déclarer la guerre aux Dominicains pour moi. Ni pour personne. Dommage. Comme elle n'avait rien fait pour Bruno et Pascal, bien que le ministre des Affaires étrangères de l'époque, Laurent Fabius, eût affirmé qu'il ne les croyait pas coupables[1].

Ils n'étaient pas coupables, mais Paris n'a pas levé le petit doigt pour les sortir de cet enfer. Alors moi...

— La République dominicaine est un pays souverain, a répété le consul, la justice, même si elle n'est qu'un simulacre, doit suivre son cours[2].

N'étant pas quelqu'un de grossier en temps habituel, je me suis abstenu de lui dire ce que je pensais de la justice en République dominicaine et de son ambassade de... Extradition illégale, arrestation illégale, détention illégale, et il fallait encore laisser la justice de ce « pays prétendument souverain » suivre son cours ? Dans quel but ? Dans quel intérêt surtout ? Je pensais à la construction du métro de Saint-Domingue, œuvre de grandes entreprises françaises et espagnoles, à la gestion des réseaux d'eau potable, à la gestion

1. France Inter, 10 juin 2014.
2. Ce consul, contacté pour nous donner sa version de l'inertie diplomatique de la France, a poliment invoqué son « devoir de réserve ».

des aéroports de l'île, essentiellement française, aux grands hôtels dirigés par des groupes français, des intérêts économiques puissants. Il ne fallait certainement pas se fâcher avec un État à qui nous versions des fonds chaque année au titre de l'aide au développement[1] en espérant qu'il voudrait bien investir cette manne tombée de la poche du contribuable, donc de la mienne, dans les poches de nos entrepreneurs. Un nouveau commerce triangulaire en quelque sorte que je contribuais, à mon corps défendant, à alimenter.

— Je dois vous dire encore…

Le consul continuait de parler et moi je pensais à m'évader. Je rêvais d'un papier et d'un stylo, de pouvoir écrire des lettres, de dresser des plans, j'enregistrai machinalement le nom de Mme D., officieuse correspondante entre l'ambassade et la prison, seule habilitée à apporter des colis aux prisonniers français, et tout de suite je me demandais si ma femme, envoûtée par la maléfique Angélique, accepterait de la contacter.

— Angélique Martin ? Laissez tomber, m'a dit le consul. Cette folle est une e… qui nous pourrit la vie. Elle n'est qu'une source de problèmes.

— Je m'en doutais, apparemment elle a déjà embourbé un colis qui m'avait été expédié[2].

Malheureusement, pour l'instant, cette petite voleuse était mon seul contact avec l'extérieur, avec ma femme, avec mes amis, et elle devait m'apporter du savon, peut-être un stylo, de l'argent, me payer à manger.

— Votre avocat nous a contacté. Que pensez-vous d'un arrangement ?

1. L'Agence française de développement a distribué 625 millions de dollars à la République dominicaine pour les années 2018-2020.

2. Quelques envoyés spéciaux venus m'apporter un peu de soutien en République dominicaine retrouveront plusieurs mois plus tard chez elle le fameux colis, ouvert et dans un sale état, qui contenait des vêtements, une biographie de Churchill, d'autres livres, des lettres, etc. Elle avait attribué une partie de mes habits à son ex-mari, les cahiers et les stylos à ses enfants et avait lu les livres, les restituant dans un état très usagé. Selon elle, elle avait ouvert le colis pour sa propre sécurité, afin de vérifier qu'il ne contenait aucune drogue ou objet interdit en détention.

— Quel genre d'arrangement ?

— Vous plaidez coupable, on se met d'accord sur la durée de la peine, vous en faites la moitié ici et l'autre en France.

J'en restais sans voix. Au Quai d'Orsay, les gratte-papier agissant sans risques (pour eux-mêmes) au nom de la France préféraient enterrer mon dossier sur la foi d'un mauvais accord dans mon dos avec Saint-Domingue plutôt que de protester officiellement contre les nombreuses irrégularités et de prendre ma défense. La défense d'un citoyen français. La convention concernant le rapatriement dans l'Hexagone de vrais coupables, car il y en avait, pourrait-elle également s'appliquer à de vrais innocents au nom du respect d'une « justice étrangère souveraine » ? Je risquais de passer des années en prison, et quelle prison, pour satisfaire la folie des grandeurs d'une clique de maniaques se prenant les uns pour Christophe Colomb et les autres pour Napoléon ? Des pervers en robe de juge et des procureurs financés par l'argent de la drogue ? Notre ambassadeur d'alors, M. José Gomez, représentant du « pays des droits de l'homme », ne semblait pas avoir à redire à cette aberration. Il faut reconnaître que si les instructions qu'il recevait de Paris ne lui permettaient pas vraiment d'agir, cela l'arrangeait bien. Il ne risquait pas de mettre en danger son poste, ni d'embrouiller les plus ou moins fructueuses relations qu'entretenaient le régime dominicain et la représentation française.

Autre visite, autre déconvenue, celle de mon avocat dominicain, le très coûteux Miguel Valerio, venu lui aussi me délivrer la bonne parole de mon avocat lillois, Me Franck Berton, engagé sur les conseils de Christophe Lekieffre, premier président de mon comité de soutien. Combien cette histoire allait-elle me coûter ? J'ai ajouté ce souci aux autres et essayé de comprendre ce que voulait me dire le ténor du barreau dominicain.

— L'audience d'appel pour obtenir votre libération provisoire aura lieu bientôt, mais les juges sont très fébriles après votre exploit.

— Mais…

— Je sais, je sais. Nous ne sommes pas dans le droit. Ils ont tort et vous avez raison, mais vous savez comment ça se passe ici. Tout se négocie… Que pensez-vous d'un an ?

— Quoi, une année ?

— Une année, et au mois de juin vous partez en France. Vous plaidez coupable. Votre avocat français prétend que c'est la meilleure solution pour que vous sortiez d'ici.

Il y eut un long silence, quelques souris ont couru le long des murs, j'ai essayé de réfléchir, toujours sans grand succès. Six mois, c'était une éternité à laquelle j'étais certain de ne pas survivre. Un accord avec la mafia judiciaire, qui pourrait alors se proclamer gagnante, genre « on vous l'avais bien dit, il a avoué », était un accord honteux. Je ne comprenais plus rien, j'avais déjà dit « non » à l'avocat, dit « non » au consul de France, mais personne n'en avait tenu compte. Miguel Valerio, devant moi à cette heure, n'avait-il pas été contacté par le consul ?

— Il ne veut plus nous parler, me dit Miguel.

— Super.

Mon avocat parisien n'avait donc pas parlé avec l'ambassade de France ? Comment le savoir ? J'étais le premier concerné et le dernier informé. Personne ne m'expliquait rien. Je n'imaginais pas que les uns et les autres puissent s'entendre sur mon dos, sans tenir compte de ce que je leur disais, mais ils me renvoyaient tous à cet « accord ».

Que je refusais absolument. Je n'étais coupable de rien, je devais sortir de République dominicaine la tête haute. La France se devait d'agir en ce sens. Je ne demandais pourtant pas la lune ! Il aurait suffi qu'une frégate de la Royale, accompagnée d'un couple de Mirage 2000, vienne faire « un exercice » au large de cette république « tropicalo-cocaïnée » pour qu'on me relâche, discrètement et rapidement. Mais ce qu'ils voulaient tous, c'était de la discrétion, ne pas faire de vagues. Qu'on s'arrange entre coquins et truands, comme les diplomates qui font semblant de parler d'égal à égal avec leurs ministres d'opérette et leurs généraux affairistes pour sauvegarder les apparences. J'étais d'accord, j'aurais promis de ne pas porter plainte devant la Cour européenne des droits de l'homme. On en serait restés là avec ces couillons si peu sûrs d'eux-mêmes, à qui leur supposée dignité tenait lieu de viatique.

Mais je ne voulais pas entrer dans le jeu d'un accord, je ne voulais pas reconnaître une quelconque culpabilité. Reconnaître quoi, par ailleurs ? L'accusation de trafic d'êtres humains était tellement stupide qu'il était difficile de trouver pire. Je me voyais déjà, à Paris, dire à la presse : « Pour sortir de prison, j'ai menti à la justice de République dominicaine à la demande du consul de France, et donc à la demande du ministère des Affaires étrangères. »

Attention aux vagues et vive la « respectabilité » de notre pays qui se met à genoux devant des bouffons. Je me promettais surtout de tout dire, de tout écrire, dans un bon gros livre témoignage, à condition de m'en sortir. Pour l'instant, l'odeur que je dégageais me soulevait le cœur, le décor de barreaux me semblait irréel. Ils étaient forgés pour d'autres, pas pour moi.

— Vous allez comparaître… une audience de mise en liberté… il faudra prendre une décision.

Miguel Valerio parlait, je ne l'entendais plus. Je me concentrais sur mon absence de colère, je m'épuisais à mobiliser l'énergie nécessaire à une montée d'adrénaline. OK pour l'accord d'une année, mais pas à la reconnaissance de culpabilité, qui ouvrirait d'autres portes. Je sentais derrière moi les surveillants ricaner de contentement. Encore un gringo sous la coupe de notre pouvoir. Vengeance, vengeance ! Tout le monde était contre moi, c'en était trop pour un seul homme.

Ce soir-là, j'ai envoyé un texto codé à PV (« Poussin Vert », nom de code de ma femme) que j'ai signé OC (« Ours Commandeur », ma signature personnelle codée), preuve que j'étais au bout du rouleau. J'avais besoin de la tendresse et du soutien de ma famille.

Néanmoins, je commençais à m'organiser. Le petit téléphone que j'utilisais maintenant, je l'avais acheté à prix d'or.

Je savais aussi que la puce que j'avais achetée à un détenu sur recommandation du colonel Valerio était probablement tracée. C'était un mobile de première génération, sans accès à Internet. Impossible de le détruire après usage, comme cela se ferait dans certaines situations. Je devais le garder. Je me méfiais des talents de la police dominicaine dans ce domaine. Nous les Occidentaux, les USA et la France, leur avions fourni les moyens techniques d'intercepter les communications sur leur territoire, alors je rusais. Je codais mes textos et j'appelais des numéros propres à déstabiliser les écoutes. « Allô, l'Élysée ? C'est Christophe Naudin, tout va bien à Paris ? » « Allô, le Sénat ? » « Allô, le MAE, est-ce qu'il fait beau sur le Champ-de-Mars ? » Je faisais tout pour qu'ils me croient en relation avec quelques hautes autorités de mon pays. Étant donné le prix des télécommunications et celui des cartes de rechargement, je ne restais jamais longtemps en ligne.

Si j'avais manqué d'argent dans les premiers jours, les premières visites m'ont permis de souffler et de payer mes dettes. Je remboursais d'abord Prieto, mon colocataire, qui m'avait prêté son téléphone dans les premiers jours, puis mes *rasos*[1], celui qui faisait le ménage à ma place car il ne sied pas à un officier[2] tenant son rang de passer le balai-brosse sur le ciment, celui qui se rendait tous les jours aux cuisines chercher mon plat du jour, l'inévitable poulet-riz-banane, et le *raso* du week-end, jours de fermeture de la cantine remplacée par une vente d'*empanadas* au détail, celui qui m'avait fourni le vieux pot de peinture me servant de gamelle, celui qui m'avait trouvé une cuillère, au manche cassé certes, mais c'était toujours mieux que de manger avec les doigts. J'ai payé aussi celui qui était chargé de surveiller mes affaires en mon absence, c'est-à-dire une serviette de toilette au début, puis un flacon de shampoing, puis du papier, des livres, des magazines.

1. De l'espagnol *raso*, soldat de seconde classe.
2. Commandante !

À mon grand désespoir, c'est une toute nouvelle vie qui se mettait en place, absurde, puante au sens propre du terme étant donné les incessantes coupures d'eau, une vie en huis clos avec un peuple innombrable d'insectes agressifs, un face-à-face violent avec des criminels sournois gardés par une chiourme inculte, persuadée que l'Angleterre avait volé la principale cloche du pays pour la suspendre à Westminster.

C'est peut-être pour se venger de cet outrage historique que les Dominicains volaient impunément les descendants des méchants colonisateurs. En Égypte, les gardes et les policiers des prisons s'appropriaient la majeure partie des colis alimentaires, faute de pouvoir mettre la main sur des espèces sonnantes et trébuchantes. En République dominicaine, les chefs en uniformes confisquaient les montres, le cash, les cartes de crédit, les véhicules de leurs victimes et, à l'étage en dessous, les VTP se servaient les uns après les autres dans les colis que recevaient les prisonniers. À Najayo, prison modèle il faut toujours le répéter, l'administration pénitentiaire dominicaine se jetait sur les colis de médicaments que m'envoyait Caroline, ma sœur médecin, via la valise diplomatique, sans réaliser quelles prouesses logistiques il fallait pour que ces malheureux cartons me parviennent.

Tout commençait en banlieue parisienne, où Caroline, terriblement inquiète pour moi, organisait des téléconsultations par texto. Avec le temps, et un autre téléphone, plus moderne, j'irai même jusqu'à lui envoyer des photos de ma nourriture, de ma peau martyrisée par les insectes, ou d'une sorte de grain de beauté qui dégénérait sur ma tempe droite. Malgré le décalage horaire, elle voulait tout savoir, combien de fois j'allais me soulager par jour, ma température, mon pouls, mon appétit, ce que je mangeais, si je buvais suffisamment. Elle multipliait les questions, surtout au sujet de ce qu'elle pensait être une tumeur temporale. Avait-elle évolué, grossi, diminué ? Cela l'inquiétait particulièrement, moi aussi, surtout quand elle se mettait à saigner la nuit. Des mois plus tard, l'excroissance sera si visible que, pour avoir la paix dans le QHS, je finis par annoncer que je souffrais de la peste bubonique, ce qui me procura une relative tranquillité. Très efficace, la peste ! Autant que le Covid-19. Tout est une question d'époque. Caroline consultait ensuite ses collègues spécialistes, préparait les ordonnances, multipliait les posologies en prévision des détournements à venir.

Il fallait ensuite emballer le tout dans un carton solide et le remettre à ma femme, qui le déposait au Quai d'Orsay, dans les bureaux de la valise diplomatique. Le colis s'envolait quelques jours plus tard vers Saint-Domingue avec une belle étiquette tricolore : « M. Christophe Naudin, Ambassade de France, etc. » De là, depuis cette jolie petite maison blanche de la *calle* las Damas, dans la *zona coloniale*, il était récupéré par le consul qui prévenait la direction de la prison avant de prendre la route de Najayo. Après une heure de route, il passait enfin les sinistres portes de fer jaunâtre encadrées de piliers bleu délavé du Centro Carceral de Rehabilitación numero 17.

À l'intérieur commençait la mascarade officielle, la gesticulation administrative destinée à justifier la régularité de la procédure carcérale, alors que tout un chacun connaissait la réalité de l'envers du décor. Cela débutait par des heures d'attente, dans l'infirmerie pour le consul, dans les escaliers pour moi, le temps que les VTP s'assurent de recevoir un bakchich pour leur peine. Une fois cette formalité réglée, le colis était ouvert solennellement en notre présence, le genre et le nombre de médicaments soigneusement répertoriés, comptés et notés à la main sur des feuilles volantes, en quatre exemplaires tamponnés, s'il vous plaît, que nous devions signer. Une procédure en apparence transparente, qui prenait des heures, mais pour la façade. À peine le consul avait-il regagné sa voiture et moi ma cellule que les gardes se partageaient une bonne moitié des pilules pour les revendre discrètement à des centaines d'autres prisonniers présentant tous des pathologies plus ou moins graves. Heureusement qu'aucune de ces médecines ne présentait un caractère dangereux et que ma sœur avait exagéré les quantités.

Le lendemain, moyennant un nouveau bakchich et bien encadré, j'étais autorisé à revenir à l'infirmerie, à récupérer des pilules et à commencer mon traitement. Prudent, je n'ai jamais fait remarquer aux VTP qu'il manquait au moins cinquante pour cent de la livraison, mais en quelques semaines j'ai guéri de la bilharziose, une saloperie rapportée d'Égypte, finalement identifiée par téléphone par Caroline et confirmée par un ami gastro-entérologue. L'eau des prisons, sans aucun doute possible.

Quand je le pouvais, je profitais de ces passages à l'infirmerie pour prendre ma tension, toujours « borderline » en général, avec un pouls très lent, mais qui ici se révélait particulièrement excellente. Systolique douze, diastolique sept. À chaque fois. Une tension de pilote d'avion de chasse en début de carrière. Je commençais à me méfier, je n'avais pas tort. J'ai découvert le pot aux roses quand l'un de ces organismes internationaux merveilleusement inutiles, mais qui font si bien dans le paysage onusien, a financé une étude sur la santé de la population carcérale en République dominicaine. Et bingo ! Les mille sept cents prisonniers mâles de Najayo se sont révélés être de véritables athlètes : douze/huit pour tout le monde ! J'avais toujours soupçonné le médecin d'être un sympathique analphabète scientifique en plus d'un charlatan souriant, j'en avais cette fois la confirmation. En conséquence, il y avait dans le colis suivant un tensiomètre neuf tandis que, à moins que je sois mal informé, personne à New York ou ailleurs ne s'est inquiété des résultats bizarres de cette étude sanitaire.

Ce médecin n'avait-il pas proposé, ne doutant de rien, de m'ôter ma « verrue » avec un simple fil à coudre ? « Non merci », avais-je répondu poliment.

Cet homme devait pourtant avoir des qualités puisque personne ne mourait, à Najayo. Jamais, c'était interdit. Cuni (Bienvenido de son vrai nom) par exemple, un prisonnier de trente-deux ans, sportif, condamné à vingt ans de réclusion pour meurtre, est mort devant moi à 20 h 30 en septembre 2016, victime d'un arrêt cardio-respiratoire. Assis sur un banc, il s'est écroulé soudainement sur le côté. Aucun doute possible. Mécaniquement, j'ai déclenché le chronomètre de ma montre. Un réflexe inexplicable. Ses codétenus ont tapé sur les portes, sur les barreaux, crié, hurlé pour alerter les VTP. Finalement, dix-huit minutes plus tard, la dernière des grilles s'est ouverte et Cuni a été descendu à dos d'homme vers l'infirmerie, puis transféré dans la nuit à l'hôpital de San Cristóbal. Le lendemain après-midi, le directeur de la prison nous a informés qu'il était décédé à l'hôpital. Il avait attendu, en apnée sans doute, pour ne pas déranger, d'être transporté à l'hôpital pour accepter d'être déclaré décédé. Son épouse et ses trois enfants obtiendront cette version officielle. Même chose pour G…, un Haïtien de vingt-huit ans, « tombé » dans la nuit de sa couchette en béton et retrouvé exsangue au petit matin, le pariétal droit fendu. Coopératif, ce dépressif a attendu d'être transporté à l'hôpital pour se suicider officiellement.

Enfin, au quatrième colis de médicaments, bien plus fourni que les précédents étant donné la demande, l'infirmerie de Najayo a décroché le titre de pharmacie la mieux fournie de toute la République dominicaine.

Il n'y avait rien dedans pour Sylvain malheureusement, un autre prisonnier français, compagnon d'infortune. Arrêté fin 2016 à Puerto Plata, dans le nord de l'île, où se trouve une importante communauté française, il avait été violemment précipité dans un escalier métallique qui mène aux geôles par les policiers de la DNCD. Puis ils l'avaient tabassé si fort que les vis et broches placées sur son fémur lors d'une ancienne opération s'étaient déplacées. Il souffrait donc le martyre. Fémur éclaté suite à une ancienne fracture, cet homme d'une quarantaine d'années était cloué au lit vingt-quatre heures sur vingt-quatre dans ce que nous surnommions l'UEN[1], l'Unité d'élimination naturelle, sans que, pas une seule fois en sept mois de souffrances atroces, Stéphane Sobanski, le consul de France, ne vienne prendre de ses nouvelles. Autant dire que Sylvain ne bénéficiait d'aucune assistance consulaire…

1. Unidad de Eliminación Natural.

Le consul avait pourtant visité Najayo et ses cellules, y compris la mienne. Il savait dans quelles conditions nous survivions, il était parfaitement informé de l'état de santé de Sylvain, mais il a fallu que ce soit Mme D., notre visiteuse officielle et véritable bienfaitrice humanitaire, qui se démène pour le faire rapatrier et soigner en France. Pour l'extirper de ce mouroir légal, forcément agréé par les organisations internationales puisque qui ne dit mot consent[1].

Je n'ai jamais regretté d'être allé chercher Bruno et Pascal, d'avoir fait partie de cette équipe formidable qui a réussi cette opération difficile, d'avoir fait ce que l'État français aurait dû faire. Et en ces heures difficiles, je le regrettais encore moins. Mieux, j'en étais fier.

Fier, mais à bout, autant physiquement que psychologiquement.

---

1. Malgré des recherches poussées, il a été impossible de trouver un rapport officiel condamnant la politique carcérale de la République dominicaine.

14

Torture et incertitude

2016-2017

L'incertitude est une forme de torture. En temps normal, tout un chacun se pose des questions simples. Par exemple, avant les vacances, c'est : où allons-nous ? Au restaurant c'est : au menu ou à la carte ? Le matin : costume gris ou costume bleu ? La vie est faite de choix. Notre liberté s'appuie sur notre capacité à faire des choix.

Dans ma cellule, je n'avais aucun choix. Il fallait à la fois lutter contre les insectes, garder un œil sur les allées et venues des uns et des autres, guetter le moment où l'eau recommencerait à suinter du tuyau sortant du mur des toilettes, surveiller mes affaires, épier les mouvements des VTP, supporter les hurlements des uns et des autres et l'horrible braillement de la microscopique télévision accrochée en hauteur dans le couloir, branchée du matin au soir sur une chaîne dominicaine consacrée exclusivement aux shows musicaux et aux *narconovelas* produites en Amérique latine, des séries ultra violentes mettant en scène des *narcos*, héros modernes, sur fond de guérilla, le tout accompagné de rafales de fusils automatiques et de musique de gang-rap latino. Insupportable pour moi qui suis plutôt un amateur de jazz. À cela s'ajoutaient les cris permanents, une caractéristique locale, et des bagarres stupides, mais souvent sanglantes.

Il n'y avait pas moyen de dormir, bien sûr.

Mais le plus dur, c'était l'incertitude. Ne rien savoir, n'avoir aucune perspective, c'est comme être condamné à mort sans connaître la date de son exécution. Je passais pourtant mes nuits à rechercher des infos, à tenter de me faire entendre, à faire le point avec ceux que je pouvais joindre par texto. Dès que la cellule était bouclée, avec chaîne et cadenas, je sortais mon portable de sa cachette (une bouteille de shampoing trafiquée à la manière des boîtes magiques des illusionnistes) et j'appelais. J'appelais jusqu'à épuisement de la batterie. Parfois pour entendre des bonnes nouvelles, de temps en temps pour passer des commandes, souvent pour me désoler de ce que j'entendais.

J'avais dit « pas un sou pour l'avocat tant que je ne serai pas sorti de prison », mais celui-ci obtenait quand même des avances de mon comité de soutien.

J'avais dit « faites un maximum de bruit, organisez des conférences de presse, dénoncez ce qui m'arrive », mais les avocats et les pouvoirs publics répondaient « pas de vagues ».

J'avais dit « je ne veux pas d'accord, je ne veux pas plaider coupable », mais les avocats organisaient cet accord dans mon dos, au mépris de ce que je disais et de ce que certains demandaient pour moi.

Je me débattais dans de la gélatine, y compris avec mon comité de soutien dont certains membres avaient tendance à davantage écouter les recommandations de mes « défenseurs » que les miennes.

De quoi se taper la tête contre les barreaux ! Je cherchais désespérément les mots, les bons mots pour me faire entendre. En vain. J'essayais de leur faire comprendre le poids de la culture dominicaine, toujours dans l'apparence, toujours en équilibre instable. Il était compliqué pour mon comité de soutien d'évaluer l'histoire tragique d'une nation bigarrée en quête constante de reconnaissance. Les Dominicains compensaient un présent mal assuré, lié à la période coloniale et ses répercussions dans le temps, par un chauvinisme inapproprié et une hypertrophie nationaliste. D'où les grands airs adoptés par les puissants du régime, souvent des métis au teint clair descendants des *conquistadores* qui prenaient des poses calquées sur des tableaux du XVIIe siècle, d'où les braillements permanents, dans les bureaux comme dans la rue, selon l'adage « je gueule donc j'existe », d'où le racisme, profond, à peine déguisé, envers les voisins de Haïti, considérés comme plus noirs que Noirs, ou du moins plus noirs que le Dominicain moyen. Les populations, descendants d'esclaves et descendants des colonisateurs européens, espagnols et français, s'étant mélangées pendant des dizaines d'années sur cette île minuscule, les différences culturelles étaient en fait imperceptibles. En République dominicaine, les hommes se peignent chaque matin d'un vernis qu'ils imaginent correspondre à ce à quoi doit ressembler l'homme moderne, mais la moindre contradiction y est vue comme une atteinte à leur souveraineté et déclenche des crises d'hystérie. La République dominicaine est une république paranoïaque.

C'est ce que je répétais inlassablement à mes correspondants : il faut attaquer la République dominicaine en dénonçant publiquement ses failles, ses erreurs et la corruption de ses dirigeants[1]. Des gens prudents qui refusaient d'être confrontés à l'incohérence de leurs gesticulations devant les caméras de télévision internationales. Je leur rappelais comment le procureur Guzmán trépignait de rage et de colère pour m'empêcher de témoigner lors du procès initial des pilotes en 2015, de quelle façon il supportait si peu que je montre du doigt ses mensonges et contrevérités, raisons pour lesquelles la présidente du tribunal avait dû l'expulser provisoirement. *En la calle*. Pas pour qu'il se calme, mais pour éviter que les télévisions ne diffusent dans le monde entier des images dérangeantes.

Je leur disais aussi pourquoi il fallait se battre via les médias, parce que la République dominicaine est une république bananière et comme telle totalement déconsidérée. Dans un monde accablé de violences, les excès barbares d'une microscopique république bananière ne font jamais la une

1. Un rapport d'Amnesty International du 10 octobre 2017 sur la corruption en Amérique latine et dans la Caraïbe, cité par le quotidien britannique *The Guardian*, mentionnait la République dominicaine comme deuxième pays le plus corrompu de la région, derrière le Mexique et devant le Pérou.

de la presse, sauf si elle égorge ses opposants par centaines en place publique. Et encore. Qu'on se souvienne de la dictature sanguinaire des Duvalier père et fils dans la partie haïtienne de l'île, ignorée de la plupart des journalistes à moins d'être présentée sous l'angle vaudou. Sombre culte, barbarie exotique, respect de la « souveraineté » des anciens esclaves, égards excessifs rendus à la différence des cultures, le politiquement correct, déjà, avait passé sous silence les fleuves de sang, les centaines de milliers de mort, torturés le plus souvent par les sinistres Tontons Macoutes.

Voilà pourquoi il ne faut pas se taire quand on évoque la République dominicaine. Parce qu'elle aussi condamne silencieusement chaque année des milliers de personnes à mort, dans un système carcéral conçu comme une machine à éliminer les indésirables. 100 000 prisonniers, au minimum, pourrissent dans ses dix-sept prisons. 100 000 prisonniers pour une population d'environ 11 millions de personnes[1], la plupart incarcérés sans procès et sans espoir de jugement. Dont un prisonnier essentiel : moi.

Et puis je me taisais, et puis j'écrivais. Des communiqués de presse qui ne seraient jamais diffusés, des analyses à peine lues, des comptes rendus de ma détention sans intérêt. Je me plaignais, j'envoyais des mots chaleureux pour les anniversaires des uns et des autres, je prenais des nouvelles des enfants de tous, je faisais tout ce que je pouvais pour ne pas être déconnecté de ma vie. Comme il n'était pas question d'expédier du courrier, je photographiais mes « pattes de mouche » et j'envoyais le tout à ma belle-mère, seule personne de mon entourage assez patiente pour les déchiffrer. Elle retranscrivait avec abnégation et faisait suivre à qui de droit. Pour chaque page noircie de mes écrits personnels sur mes cahiers à spirale, j'écrivais, en prenant ce cahier à l'envers, une page d'analyse des Évangiles trouvés à la bibliothèque. Rien

1. La population dominicaine est de 10 millions de personnes plus au moins 1 million d'Haïtiens en situation irrégulière.

d'étonnant, dans un pays où la foi évangéliste fait figure de constitution spirituelle. Les espions pouvaient dénoncer mes activités nocturnes, les VTP pouvaient ouvrir ces cahiers, je leur aurais bien volontiers traduit mon humble contribution à la religion.

Se succédèrent ainsi des critiques très sérieuses du livre d'Esther, de Daniel, d'Esdras ou des chroniques du Livre des Jours.

Plus tard, je mettrai aussi la main sur quatre exemplaires de *Tras sus Huellas*[1], un évangile selon Jésus-Christ (*sic*) écrit par un pasteur vivant en Floride, et trois de ces exemplaires partiront en France grâce à mes visiteurs. Un ramassis de banalités théologiques, de mon point de vue d'humble pécheur, mais là n'est pas le sujet. Car cet ouvrage, avec ses pages datées du 1er janvier au 31 décembre, était parfait pour coder des messages. Il suffisait de se référer à une date en quatre chiffres, puis à une ligne et à la place d'une lettre, toujours en quatre chiffres, et de rajouter encore quatre chiffres, aléatoires, deux devant, deux derrière, un préfixe et un suffixe. Ainsi la lettre A, à la date du 18 février, pouvait être marquée 2501. Vingt-cinquième ligne, première position. Avec la date, le préfixe et le suffixe, j'obtenais 45 250 157, une suite numérique de huit chiffres, incompréhensible pour qui ne disposait pas des tables de base de ce cryptage.

Enfin, je réfléchissais énormément. Comment me défendre devant une parodie de justice dont l'accusation piétine les preuves de la défense et ose menacer ses propres témoins en

1. « Dans ses traces », une traduction espagnole du livre du pasteur Richard O'Ffill. À travers des méditations matinales, l'auteur invite le lecteur à approfondir les relations entre les évangélistes Matthieu, Marc, Luc et Jean. S'appuyant sur des anecdotes basées sur sa propre expérience et aussi sur la vie du Christ, Richard O'Ffill aborde des thèmes essentiels comme le pardon, la victoire sur le péché, le retour du Christ et la Terre promise. La bibliothèque (appelons-la ainsi…) contenait une vingtaine d'exemplaires de cet ouvrage que personne ne lisait – 80 % des détenus étant totalement analphabètes –, offert par caisses entières à la prison par des âmes charitables.

plein milieu d'une audience ? Tout cela sous l'œil indifférent des juges.

Je me remémorais les inepties de Guzmán, procureur totalement obsédé par le besoin de requalifier toute affaire concernant des étrangers en « cas complexe », une fantaisie du Code de procédure pénale dominicain permettant de garder les prévenus pratiquement indéfiniment en prison, sans jugement. Pour cause de prétendue enquête. S'il n'avait pas gagné, peut-être grâce à la pression de la presse internationale, il n'avait pas tout perdu, puisque Bruno et Pascal avaient passé quinze mois dans la prison d'Inamoya, trois mois de plus que la période maximale de détention provisoire. Je me mettais dans leur tête au treizième, au quatorzième mois… et je comprenais leurs idées de suicide.

Je me souvenais de ce même Guzmán, au début de leur procès, le 9 mars 2015, incapable de se taire malgré les injonctions de la présidente du tribunal, lancé dans un monologue sur la culpabilité « évidente » des deux pilotes français alors que ce n'était pas le sujet du jour. Ulcéré par cette atteinte intolérable à sa logorrhée et après quelques vociférations salées, le chatouilleux barbichu avait accusé le tribunal de « partialité en faveur de la défense » et demandé sa récusation. Rejetée par la cour d'appel, qui confirma les juges dans leurs fonctions et débouta le procureur fou – ce dernier avait néanmoins réussi à gagner trente jours de plus d'interruption du procès. Un mois pour magouiller en coulisse et obtenir la nomination de nouveaux juges. C'est ainsi que le 20 avril, à la reprise de l'audience, surprise, si la présidente de la Cour était toujours là, les deux juges assesseurs avaient changé. Et Guzmán, immédiatement, avait repris sa diatribe, exactement la même que début mars, déclenchant les mêmes réactions furieuses des avocats, mais cette fois sans succès.

Par deux voix contre une, celles des deux nouveaux assesseurs versus la voix de la présidente, le procureur a obtenu le droit de continuer à déverser sa diarrhée verbale. C'est ainsi que l'on respecte, dans la très respectable République dominicaine, le très républicain principe de la séparation des pouvoirs. Quand la justice n'est pas assez docile, le pouvoir remplace les juges. Les accusés n'ont évidemment aucune chance face à un appareil d'État qui se moque totalement de sa propre Constitution, de ses propres lois, et encore plus de ce qu'on en pense à l'étranger.

Et il en sera ainsi tant que ce confetti de l'Atlantique Nord sera ignoré par les défenseurs des droits de l'homme, qu'il continuera à être subventionné par les puissances occidentales et que le décor de mauvais théâtre de ce paradis géré par des narcotrafiquants ne s'écroulera pas.

15

Miradors et mitrailleuse

Printemps-Été 2017

Je vais sortir de prison ! C'est ce que j'ai compris quand, un matin, les gardes sont venus me chercher à la porte de ma cellule alors que le jour se levait à peine. Ils avaient l'air mal réveillés et beuglaient, comme d'habitude : « Naodine, Naodine ! »

Escaliers, petite pièce, toujours et partout la même crasse, petit banc, grosses menottes et gilet pare-balles : il n'y avait pas de doute, j'allais sortir. Provisoirement bien sûr, pas pour un transfert dans un hôtel confortable. Je portais un pantalon crasseux et un tee-shirt vert puant. C'était mon uniforme de tous les jours, qui dégageait des odeurs déjà anciennes, celui que je lavais tout habillé. Si j'avais su, je l'aurais lavé la veille, mais la politique de la prison était de ne jamais prévenir les prisonniers qu'ils étaient attendus.

« Naodine ! Au tribunal ! Ha ha ha ! » Les gardes grimaçaient, j'étais prêt à parier les quelques pesos dissimulés dans ma poche revolver qu'ils ne savaient pas pourquoi, sinon pour le simple plaisir de m'avoir à eux, rien que pour eux, pendant quelques heures. De longues heures passées à poireauter sous les regards parfois narquois, souvent méchants, de ces Dominicains qui se considéraient personnellement humiliés du fait que j'avais publiquement ridiculisé leur administration. Ce n'était pas mon but, bien sûr, loin de là, mais je n'ai jamais cherché à le leur expliquer. Cela aurait été peine perdue.

Il était presque 10 heures quand mon escorte est arrivée, et c'était la même escorte flamboyante que le jour de mon arrestation. Quatre voitures sales de l'UTAR, genre taxi-brousse chinois rachetés à une compagnie africaine de transport, une dizaine de membres des forces de police en uniformes noirs, des gamins qui se prenaient au sérieux, avec casques, gilets pare-balles en kevlar, cagoules et M16 sur la poitrine. Comme cette fois il faisait jour, je notai avec un sourire que leurs fusils automatiques n'étaient pas chargés, au moins pour la moitié d'entre eux.

Quelques jours plus tôt, l'un de mes colocataires à Najayo, un ancien ministre, me racontait qu'il avait refusé de monter dans ces véhicules aussi pathogènes qu'accidentogènes. Il avait demandé à son chauffeur d'aller chercher sa propre Mercedes et proposé au chef de l'escorte de s'asseoir sur le siège avant. À l'arrière et sans mot dire, le reste de la troupe avait sagement suivi, dans d'autres véhicules.

Classe.

Malheureusement, ce n'était pas pour moi. Poussé sur la banquette arrière défoncée de la voiture de queue, j'ai fait le voyage entre deux malabars à l'air farouche, puant la sueur autant que moi, avec quand même le plaisir de revoir à travers les vitres l'animation toute tropicale de la capitale. À peine dépassées les haies de *cabañas* bordant les 40 kilomètres de routes ou de rues qui mènent aux faubourgs de la ville, les bidonvilles font office de banlieues, tandis que les stands des petits marchands de tout et de rien alternent avec les cuisines en plein air qui répandent des odeurs de viande grillée portées par des fumées grasses. Dans ces quartiers populaires, les bouchers de rue suspendent les chèvres écorchées à leur devanture et les mécaniciens de trottoir vidangent huiles et liquides hydrauliques dans le caniveau. En traversant le pont qui surplombe le rio Haina[1], j'observai les bateaux qui

1. Bajos de Haina fait partie des endroits les plus pollués de la planète, selon le Blacksmith Institute, et a été qualifiée de « Tchernobyl dominicain ». Selon les Nations unies, c'est le site présentant le plus haut niveau de contamination au plomb au monde. La quasi-totalité de sa population montrerait des signes d'intoxication à des niveaux sept fois plus élevés que la normale. Source : https://www.pureearth.org/project/haina/

continuaient inlassablement de rouiller dans le port de la ville du même nom.

Le tribunal en lui-même était situé dans un vaste quadrilatère à l'ouest de Saint-Domingue, dans les quartiers chics, à deux pas de l'Obelisco Macho[1] multicolore bordant le Malecón[2]. Il abritait également les bureaux du procureur général, le tout-puissant et très proche confident du président Medina, Domínguez Brito, et la direction de la police. De l'extérieur, personne ne pouvait deviner que le dernier étage du palais de justice dissimulait des cellules dignes du Moyen Âge. On y pénétrait soit par la grande porte, celle dissimulée derrière les colonnades, soit par une petite porte discrète située côté nord et donnant sur une espèce de voie mal entretenue menacée par les herbes folles. Je supposai que le choix d'utiliser une porte ou l'autre dépendait des caprices des uns et des autres, du nombre de journalistes présents, du besoin de publicité et du niveau de sécurité requis. Après l'euphorie qui avait suivi ma capture, je devinais que les magistrats oscillaient entre le plaisir de m'exhiber et la crainte qu'un commando venu d'on ne sait où saute sur le palais de justice pour me libérer.

S'ils surestimaient indéniablement les moyens dont mes amis disposaient pour mener ce type d'action radicale, ils étaient clairement conscients des limites de leurs capacités à riposter. La société du « faire-semblant » percutait de plein fouet le mur des réalités.

Ce matin-là, pour moi, c'était la porte principale et les photographes, devant qui j'arborai le plus sardonique des sourires que j'étais capable d'afficher. J'avais décidé une fois

1. Cet obélisque de 40 mètres de haut, inauguré le 11 janvier 1937, fut érigé par l'architecte Alfredo González Sánchez pour satisfaire la mégalomanie du dictateur Rafael Leónidas Trujillo qui voulait impérativement un monument équivalent à ce que l'on trouve dans toutes les grandes capitales occidentales. Voir le site dominicain : https://www.voyagerepubliquedominicaine.org/obelisque-saint-domingue
2. La Croisette locale, grand boulevard longeant la mer sur lequel se déroulent tous les grands événements du pays, dont le fameux défilé militaire de la Fête nationale, qui sera endeuillé le 7 avril 2013 par l'accident d'un avion T35 de la Fuerza Aérea Dominicana (armée de l'air) en pleine évolution, pendant sa présentation.

pour toute, contre l'avis de ma défense française et de mon comité de soutien, qu'ils ne me verraient jamais accablé ni avec l'air de celui qui prend au sérieux leurs ridicules mises en scène. Tout au contraire! Ce jour-là, les télévisions n'en ont pas eu pour leur argent, la presse écrite non plus, un gilet pare-balles surmonté d'un grand sourire ne correspond pas à l'image d'un prisonnier repentant, surtout quand celui-ci, affublé d'une petite boule suintante sur la tempe, ma tumeur, semble défier même la douleur.

Arrivés à 11 heures, nous avons patienté jusqu'à 15 heures, pas dans la grande salle d'audience climatisée, mais dans une minuscule salle d'audience. Pas de déjeuner, bien entendu. L'avocat était là, le consul aussi, c'était l'occasion pour eux de tenter de me convaincre une nouvelle fois d'accepter le compromis qu'ils avaient imaginé, passer un accord avec la *procuraduría*, et pour moi d'exiger une intervention diplomatique en ma faveur. De nous trois, j'étais finalement le plus honorable. Je me demandais quelle aurait été la réaction du consul Stéphane Sobanski à ma place s'il avait été dans la même situation, je ne le voyais pas plaider pour la doctrine « pas de vagues ». Diplomates, méfiez-vous de ne pas souffrir vous-mêmes un jour des affres de votre politique du « ne fâchons personne, nous sommes tous amis ».

La juge est finalement arrivée à 15 heures, bras dessus bras dessous avec le sardonique Milciades Guzmán. Je ne m'attendais pas à le revoir aussi tôt. Tous les deux sortaient visiblement d'un bon déjeuner. Miguel Valerio, l'avocat, avait préparé sa plaidoirie pour obtenir ma libération conditionnelle; il a été vite interrompu par le procureur. Comme dans un mauvais remake des années de prison de Bruno et Pascal, en 2013 et 2014, Guzmán a repris son antienne préférée, obtenir que mon cas soit déclaré « complexe », ce qui lui permettait de me garder enfermé sans jugement autant de temps qu'il lui plairait. Le cas complexe (*caso complejo*) est l'arme préférée de la justice en République dominicaine. Un argument imparable, improuvable et basé uniquement sur l'appréciation du ministère public.

Guzmán, Valerio et la juge ont palabré comme des copains en goguette, ce qui n'a pas manqué de m'énerver. En fin de compte, la juge a décidé de reporter l'audience pour réfléchir et de me maintenir enfermé un peu plus longtemps, tout en prétendant que mes droits étaient préservés du fait de la sérénité des débats. Si seulement elle savait ce que je pensais de la sérénité des débats…

Je n'ai pas été surpris par cette décision. Plus rien ne me surprenait. Nous perdions à chaque audience sur chacune de nos demandes, même les plus infimes. Le mauvais feuilleton continuait, toujours joué par les mêmes mauvais acteurs. Des délais, des reports, des retards, des arguties, des ajournements, des trucages, de la mauvaise foi et au final des mois et des années de prison qui s'accumulaient sans que l'on puisse rien reprocher à la République dominicaine, puisque « la justice suivait son cours ».

En sortant du palais de justice, ma décision était prise. Je ne tomberais pas dans le piège, je me sortirais de là à la première occasion, et je ricanais de plaisir à cette idée en montant dans mon carrosse. « *E loco el gringo*[1] » devaient se dire les *negros*[2].

Il restait à organiser cette évasion, ce qui était plus facile à dire qu'à faire. Du peu que j'en savais, deux tentatives d'évasion avaient eu lieu à Najayo dans un passé récent. La première avait impliqué trois véhicules, des hommes en armes et plusieurs prisonniers également armés qui avaient défouraillé à tout-va sur les gardiens. Le bilan avait été lourd, au moins sept morts dans les deux camps pour un résultat nul. Les voitures chargées de récupérer les fugitifs attendaient devant les mauvaises portes, celles de la prison d'à côté, la prison des femmes, Najayo Mujeres. Quand on ne sait pas lire…

1. « Il est fou le gringo. »
2. Appellation donnée aux membres de l'unité UTAR.

La seconde tentative d'évasion fut plus pittoresque. Augustin[1], détenu, rongé par la jalousie à l'idée que sa légitime puisse dormir avec un amant, ne supportait plus d'être enfermé. Il vivait pourtant des charmes de sa femme, prostituée, mais ne supportait pas qu'elle puisse passer la nuit entière avec un de ses clients. Ainsi est la nature humaine. Cet être torturé mais ingénieux réussit à passer les barreaux des bâtiments, ainsi que les barbelés de l'enceinte, et il rejoignit à pied son village, proche de Najayo, où il trouva sa belle endormie et seule. Il en fut soulagé, mais pas pour longtemps. Sa maison était entourée de résidences logeant des VTP, un détail qu'il avait oublié ; il rentra piteusement à Najayo quelques heures plus tard. Le tribunal ne lui fit pas de cadeau : dix ans de plus. Pour lui commença un nouveau régime de villégiature un peu plus vigoureux.

Je réfléchissais à tous ces éléments quand nous avons franchi les deux énormes portes de fer barrant l'entrée de Najayo et en étudiant le mirador de béton les surplombant. Encore en construction, il n'était pas très élevé. J'estimais sa hauteur à environ vingt-cinq pieds, un peu moins de huit mètres, mais stratégiquement placé. Depuis leurs miradors de béton bleu piscine, les surveillants avaient une large vue sur la route menant à la prison et sur la cour d'honneur. Pas sur les toits des bâtiments ni vers les cours de promenade situées au sud du complexe. Si je le devais, il fallait donc sortir vers le sud. Là, un autre mirador, entièrement terminé, avait été placé entre la prison des hommes et celles de femmes. Rien ne devait échapper aux vigies de quart, à condition qu'elles soient en alerte permanente. Ce qui était beaucoup moins sûr.

Ce que je redoutais le plus était la mitrailleuse pneumatique à gaz, une grosse bestiole toute noire que je voyais de loin et que j'avais du mal à identifier, probablement une Browning ou une Gatling de calibre .30 selon la rumeur carcérale. Du vieux matériel, mais dangereux quand même.

1. José-Luis Mejilla Guerero, trente-cinq ans à l'époque, dit « Augustin » (prononcer *Augustine*).

La cadence de tir d'une telle machine avoisine les 500 balles par minute et provoque des dégâts considérables quand les munitions de plus de 7 centimètres de long[1] atteignent leur cible. Sauf qu'à y regarder de plus près, il y avait fort peu de chances que les tireurs y parviennent. À cause des poteaux de soutènement du toit du kiosque. Il y en avait quatre, des poteaux en béton de coupe carrée, empêchant les opérateurs de cette mitrailleuse de tirer en rafales circulaires sur une cible sans risquer d'être atteints par le ricochet des balles. Énorme erreur de conception ! J'étais mort de rire.

« Bon, très bon », me dis-je. Et tout de suite une autre idée me vint à l'esprit. Il était possible que cette énorme mitrailleuse ne soit installée dans ce mirador que pour le décor. Pour l'apparence, le sacré besoin d'apparence des Dominicains, le « faire comme si », comme dans les séries télé US. Et j'avais une bonne raison d'avancer cette hypothèse car depuis le début de mon incarcération, soit plus de trois mois maintenant, jamais je ne l'avais entendu tirer. Or, tous les manuels d'armement sont formels, une mécanique de ce calibre doit être entretenue, démontée et graissée, mise en fonctionnement au mieux une fois par mois, au pire une fois par trimestre. C'est la seule façon d'empêcher que les pièces mobiles ne s'encrassent et que le canon explose à la gueule de l'opérateur.

J'y pensais encore au moment de la fouille – à poil comme il se doit, totalement inutile puisque mes gardiens ne m'avaient pas quitté des yeux de toute la journée – et en remontant dans ma cellule. Depuis mon arrivée, je n'avais pas entendu les *poum poum poum* caractéristiques et assourdissants de ce type de mitrailleuse. J'en étais certain. Cela ne signifiait pourtant pas qu'elle ne soit pas en état de fonctionner, mais il était possible qu'elle ne soit pas armée, faute d'être approvisionnée en munitions[2], ou que les serveurs soient totalement incompétents. Deux possibilités parfaitement compatibles.

1. La munition 7.62 NATO (nomenclature OTAN) fait 7,62 × 51 mm.
2. Je n'entendrai d'ailleurs jamais cette machine tirer, en vingt-quatre mois.

Les plus naïfs en auraient conclu que l'administration pénitentiaire, dans sa grande bonté, préférait impressionner les détenus avec une arme déchargée plutôt que risquer de les blesser avec une artillerie aussi redoutable, mais j'en doutais.

Puis je partis au contraire du principe que cette mitrailleuse pouvait être en parfait état de marche, correctement approvisionnée et les tireurs très doués. Je passai ainsi brusquement d'un point haut à un point bas. Dans mon état, il n'en fallait pas beaucoup pour sombrer et j'aurais bien aimé sombrer, ne serait-ce que pour quelques heures, dans un sommeil réparateur. Mais dormir en sécurité était un luxe inabordable tant que la cellule n'était pas bouclée ; or justement, les VTP étaient en retard ce soir. Alors qu'ils avaient pour habitude de nous enfermer entre 21 heures et 21 h 30, il était déjà presque 21 h 45. Et non seulement j'avais faim, mais en plus Pulpito rôdait.

Pulpito (« le Poulpe », ou « le Monstre ») était à mon avis l'un des prisonniers les plus dangereux du QHS. Quand il était en manque de coke, il n'hésitait pas à nous voler de la lessive ou quoi que ce soit d'autre. De son vrai nom Nathanaël, il n'aimait pas le surnom que lui avait donné la presse locale lorsqu'il était l'ennemi *numero uno* de la République dominicaine. Cela ne l'empêchait pas d'exhiber pour quelques pesos son tatouage dorsal, une pieuvre dont les longs tentacules débordaient sur la moitié de son dos, et un tatouage représentant une femme nue adossée à sa colonne vertébrale, se masturbant, le sexe en avant. Très élégant.

De mon point de vue, sous ses airs de pieux repenti – le Poulpe était très pieux en apparence – se dissimulait un être totalement cinglé. Je le comparais à un autre tueur diabolique, Michel Fourniret[1], car Pulpito était un tueur sanguinaire au point que toutes les polices de République dominicaine avait reçu une *carta blanca* pour s'en débarrasser par tous les moyens. À onze ans, il assistait son frère, avorteur à la pointe

1. Violeur, pédophile et tueur en série responsable de la mort d'au moins une dizaine de très jeunes filles en France et en Belgique.

du couteau, puis avait exercé son talent sur les filles que son autre frère Feliz mettait sur le trottoir. Complètement marabouté par la religion, il mettait les cadavres de celles qui ne réchappaient pas de sa barbarie sur le compte de leurs péchés. À treize ans, il avait décapité à coups de machette l'homme qui avait violé sa sœur quelques années plus tôt. À dix-huit ans, après avoir passé cinq années en prison, il s'était spécialisé dans la découpe, des mains, des pieds, des bras, des jambes et des épaules, des crânes, tant et tant qu'il avait oublié combien de victimes il avait à son actif. Plus de quatre cents, estimait-il à la louche, en ajoutant qu'il lui était arrivé de s'asperger du sang « purificateur » de ses victimes. Retrouvé par la police, touché de plusieurs balles, castré à vif par les policiers d'une balle dans les testicules, condamné à vingt ans, libéré au bout de six, il avait, quinze jours après sa sortie de prison, attaqué, tué et découpé vingt-neuf personnes dans un café de la ville.

En conséquence, quand Nathanaël rôdait et que ma porte était ouverte, je me méfiais. C'était épuisant.

16

Si la pluie continue, les fraisiers seront en retard[1]

2016-2017

6 heures, et *vlan*. Aussitôt la télé du couloir branchée, le son criard du rap hispanique, mélange de mariachis allumés et de techno désaccordée, résonnait entre nos murs de béton. La plupart des détenus raffolaient de ces airs frappés, des images saccadées de chanteurs obèses couverts d'or et de soie, et surtout des paroles tournant toujours autour des mêmes thèmes, les femmes, le sexe, les bagnoles, le fric, les flics. Qui n'a pas vu un gros balèze en maillot de basketteur se trémoussant sur des fauteuils roses avec un gros nounours en peluche n'a rien vu.

La télévision, de fabrication coréenne, était loin d'être de la dernière génération, ses haut-parleurs crachaient autant de postillons électromagnétiques que de chuintements du genre tuner au bord de la crise. Entre chaque morceau, il fallait compter le temps d'au moins dix vidéos publicitaires du meilleur goût, trois fois plus sonores, quatre fois plus excitées, mille fois plus stressées. Que ce soit pour vanter les mérites d'un soda ultra vitaminé pour « aspirant-bodybuilder », de stéroïdes illégaux partout ailleurs, ou le luxe d'un tout-terrain indestructible pour revendeurs de coke millionnaires. Puis suivaient les images du jour, des narcotrafiquants malchanceux menottés devant des piles de came, un spectaculaire

1. Référence à un film de Georges Lautner, *Les Barbouzes* (1964).

accident de la circulation, avec du sang partout, le président décernant la médaille du mérite de la canne à sucre, etc.

J'avais fait partie de ces images dites d'actualité et dès que je quittais le QHS tout le monde guettait mes apparitions sur le petit écran. Même quand je partais à « l'interro », c'est-à-dire en interrogatoire, car quelqu'un, je ne savais pas qui mais je le devinais, m'infligeait régulièrement ces séances aussi débiles qu'inutiles. Quelqu'un qui n'avait pas digéré que je participe à la disparition de Bruno et Pascal à l'insu de son pays.

Au début, prudent quand les autres détenus me questionnaient à ce sujet, je répondais invariablement avoir été aidé par des Dominicains haut placés, en donnant des noms relevés dans les journaux, rigolant à l'idée que ceux-ci seraient convoqués pour s'expliquer. Surtout les militaires. Au bout de six mois ou plus, les services de renseignement ont compris que je me moquais d'eux.

Franck Carela, chargé de m'espionner, n'a donc pas été libéré par anticipation comme il l'espérait, mais transféré dans une cellule beaucoup moins confortable pour y ruminer son échec. Il s'est replié sur lui-même et n'a presque plus adressé la parole à personne. Mes geôliers sont alors passés à la phase suivante, l'entretien en « tête-à-têtes » (ils étaient au moins trois à me questionner) façon *narcoseria*[1], saison douze, épisode vingt-trois. Sans les caméras, ce que je regrettais pour la postérité du cinéma comique, sans le sang, mais avec les décors et les costumes. Sous leurs uniformes noirs et cagoules assorties, les trois acteurs secondaires, de fins limiers, suaient autant que sous des projecteurs. Cela n'avait rien d'étonnant, le ventilateur poussif ne brassant qu'un air torride.

Je dois néanmoins avouer que la première fois, j'ai eu la trouille. Même si les visites régulières de l'ambassade me protégeaient partiellement de la violence physique des VTP,

1. « Narcosérie » ou « *narconovela* ». Série télévisée fictive dont les gros trafiquants de cocaïne sont les personnages principaux, et souvent les producteurs ! Plutôt que de susciter l'opprobre et le rejet, ils sont toujours représentés à leur avantage, beaux et bien habillés, vivant dans l'honneur et l'aisance, et finissent par constituer des modèles à imiter pour les petits trafiquants émerveillés.

j'avais vu tellement de types revenir complètement explosés de ce genre de causerie que je m'attendais au pire. Le décor, une pièce étroite sans fenêtre et une unique lampe dirigée sur moi pour faire contre-jour, n'incitait pas à l'optimisme. Au centre, la chaise sur laquelle j'étais assis. Devant moi, à quelques mètres, un bureau vide. Les trois « pieds nickelés » de l'interrogatoire y ouvraient un portable pour prendre note de mes réponses. Le chef dictait, le second tapotait sur le clavier, le troisième assistait les deux autres. La deuxième fois, ça allait déjà mieux, la troisième fois j'avais réalisé que ces faux durs étaient en fait de vrais nuls. Enfin, j'ai fini par comprendre que leur numéro de gestapistes s'arrêtait toujours vers 17 h 30, pile l'heure de leur fin de service.

Leur technique ne changeait pas. Ils me faisaient d'abord lanterner en silence, ignorant ma présence, puis arrivaient les menaces.

— On a le temps, de toute façon tu ne quitteras jamais la RD, tu vas mourir ici.

Cette même formule, répétée des centaines de fois, on finirait presque par y croire, sauf quand on commence à construire un plan d'évasion dans un coin de son crâne.

— Tu sais que nous n'arrêterons jamais de chercher tes complices ? Ceux qui t'ont aidé à faire évader les pilotes. Qui a participé ? Qui donnait les ordres ? Quand tu seras mort, qui doit-on prévenir ?

Je répondais par des conneries, je donnais le nom d'Emmanuel Macron, totalement inconnu de mes interrogateurs. *Su direccion ?* 55, rue du Faubourg Saint-Honoré, 75008 Paris, Francia. Un autre jour, j'ai même donné les noms de Georges Marchais et de Henri Krasucki[1] comme membres de mon équipe, me promettant d'envoyer ensuite un mot d'excuse aux familles.

— Ah enfin ! Nous étions certains que tu avais le soutien des Russes. Où habitent-ils ?

---

1. Anciens secrétaires généraux du Parti communiste français (PCF) et de la Confédération générale du travail (CGT).

— À Villejuif.

— Donne-nous d'autres noms !

Toute la Ve République a dû y passer. Il me suffisait de gagner du temps. Plus le temps passait, plus ils avaient chaud, et lors des dernières séances, quelques mois avant mon retour en France, ils finirent par ôter leurs cagoules – on aurait presque pu finir copains, c'était au point qu'ils me demandaient de relire leurs notes et de corriger l'orthographe des noms propres. Prudent, je ne cherchais pas à les froisser et les laissait dire que la France était, comme l'Espagne, un méchant pays colonisateur, mais aussi que Napoléon avait été battu à Saint-Domingue. Peut-être que dans un futur lointain, ils finiraient par comprendre progressivement ce qui se passait dans le reste du monde, mais ils avaient encore un long chemin à parcourir.

Ils m'appelaient aussi pour me confronter à tous les militaires dominicains que j'avais mentionnés dans mes confidences de cellule et j'avais alors beau jeu de leur demander de vérifier leurs notes.

Ils voulaient aussi me voir après chaque visite que je recevais. Surtout quand mes visiteurs étaient français. « Qu'avez-vous dit ? De quoi avez-vous parlé ? Qu'est-ce qu'on vous a répondu ? Qui sont ces gens ? Préparez-vous un plan d'évasion ? »

M'évader ? Moi ? Noooon. Je n'y pense même pas.

En fait, ce plan d'évasion avançait bien. Aussi bien que possible, entre deux visites au tribunal qui toutes mériteraient une place dans une nouvelle anthologie de l'humour noir. Il est arrivé que la juge ne se présente pas, puis que le traducteur officiel n'ait pas été prévenu de la date de l'audience, puis que Guzmán fasse tout un cirque, un de plus, parce que le traducteur n'était pas assermenté, puis que l'audience soit reportée parce que Guzmán refusait que le consul se charge de la traduction. Et aussi parce qu'il manquait un document, ou parce qu'un autre document n'avait pas été signé et timbré dans les formes. À chaque fois, je repartais en prison. Ce qu'on appelle en France, au Quai d'Orsay, une « justice respectable » n'était rien de plus qu'un spectacle de guignols. Mal élevés qui plus est et dont je n'attendais plus rien.

Je me concentrais sur mes cahiers. Mes précieux cahiers bruns, qui me parvenaient par l'intermédiaire des colis apportés par la représentante de l'ambassade. Toujours en double. Je passais un temps considérable à les noircir en écrivant le plus mal possible, toujours avec des considérations bibliques propres à rassurer ces évangélistes fervents adorateurs du Veau d'or. J'y ajoutais des exercices complexes de navigation aérienne pour me dérouiller les méninges, des listes de produits dont j'avais besoin en prévision des colis à venir, des lettres personnelles à des amis ou à mon association de soutien. Puis je recommençais à l'identique avec le second cahier, dans lequel j'insérais cette fois des messages cryptés beaucoup plus personnels.

À chaque visite, je descendais avec sous le bras deux cahiers tête-bêche et ne remontait que muni d'un seul, une astuce toute bête que les gardes n'ont jamais repérée.

Il fallait néanmoins ruser sérieusement, un lecteur plus curieux ou plus futé que les autres aurait pu deviner que je mijotais quelque chose de sérieux. Car plus mon plan d'évasion avançait, plus j'avais besoin de communiquer avec l'extérieur.

En quelques semaines, en profitant de chaque *concha*, les sorties autorisées sur le terrain de sport, j'avais réussi à dresser un plan réaliste de la prison vue du ciel. Tout y était consigné, le vrai Nord[1], les dimensions utiles, y compris les hauteurs des bâtiments, des murs et des grillages, l'emplacement des guérites où veillaient les sentinelles armées de M16, et naturellement l'emplacement de la grosse mitrailleuse perchée sur le mirador. J'avais même prévu l'axe qu'aurait dû emprunter un hélicoptère pour venir me cueillir et m'hélitreuiller entre les quatre paniers de basket-ball.

1. En navigation, il existe différents types de nord : le vrai, le magnétique, le compas, le gyro, etc.

Le tout se trouvait dans l'un des cahiers sous l'intitulé « Ruines du Temple de Salomon », et accompagné du texte suivant : « Pour récupérer l'Arche [moi] dans le Temple [la prison], le seul moyen d'en sortir rapidement est de profiter du passage d'anges [hélicoptères] dans le ciel, accompagnés d'une alouette ou d'un écureuil ou d'une bête semblable capable de hisser sans effort quatre-vingts kilos (…) il s'agit de récupérer l'Arche des Tables de la Loi après un stationnaire de moins de cinq secondes (…) de larguer des pastilles d'encens très concentrées [fumigènes] car le Seigneur aime l'odeur des offrandes qui lui sont adressées. Le plan du Seigneur est imprimé clairement dans l'Esprit saint. Il sera transmis en chiffres et en lettres dans un message, que seuls les scribes nimbés de la Foi peuvent décrypter. »

Suivaient des considérations moins joyeuses tant j'étais persuadé en écrivant que j'allais finir par mourir dans cette prison, comme beaucoup d'autres. Je me rendais bien compte des difficultés à appliquer ce plan, ne serait-ce que pour louer subrepticement un hélico dans la partie haïtienne de l'île, en pleine anarchie, livrée à des milices sanguinaires. Mais je m'obstinais. Calculée au 180[1], l'approche était parfaite, l'hélicoptère serait arrivé par surprise de derrière les collines faisant face à l'entrée principale de la prison, et dans l'axe d'un des poteaux en béton du mirador. La mitrailleuse n'aurait pas pu tirer. Armée ou pas, en état de fonctionnement ou pas, il était inutile de prendre des risques.

J'avais signé « Oncle Fernand », mon homonyme dans *Les Tontons flingueurs*[2]. Un clin d'œil à tous ceux qui connaissaient mon intérêt pour les polars en noir et blanc de cette époque.

Je rêvais quand je le pouvais. L'eau était coupée depuis vingt-quatre heures, j'avais soif, je puais, les toilettes dégageaient des odeurs épouvantables. Je pestais et je râlais contre

1. Orientation sur sud, sur un compas de navigation.
2. Dans ce film de 1963, le rôle principal, celui de Fernand Naudin, est interprété par Lino Ventura.

les VTP qui s'en mettaient plein les poches en multipliant tous les prix par trois, un détail qui crispe quand on est en mode survie.

Je venais heureusement de passer un bon week-end, j'avais reçu ma première visite personnelle, celle d'un ami, un vrai, Vincent, pilote d'hélicoptère, un des piliers de mon comité de soutien, et ça avait été toute une histoire pour l'organiser. Non seulement il fallait prévenir l'ambassade deux mois avant pour qu'elle en informe la prison, mais en plus réussir à imposer que cette visite s'étale sur le week-end, samedi et dimanche. Un minimum pour compenser cet aller-retour Paris-Saint-Domingue, presque neuf heures de vol, plus de 7 000 kilomètres et une fortune en euros. Le billet était cher, à cela s'ajoutaient le prix de l'hôtel et celui de la location de voiture. Le samedi était le jour préconisé par l'ambassade, en accord avec la direction de la prison, car c'était le jour des visites officielles, celle des familles. Le dimanche m'arrangeait mieux, parce que le dimanche est un jour très spécial à Najayo. C'était le jour des femmes et je haïssais les dimanches à Najayo.

Tout commençait vers 6 heures du matin, quand les *rasos*, nos « hommes à tout faire », se mettaient à récurer le béton dégueulasse comme s'ils avaient l'espoir de le faire briller et de nettoyer leur âme. Dans le même temps, *los hombres* se faisaient beaux. À 7 heures du matin, les odeurs mélangées des produits à récurer à base de chlore et des eaux de toilette bon marché soulevaient les cœurs, même ceux bien accrochés des vieux marins. À 8 h 30 précise, le « Superviseur » venait jeter un dernier coup d'œil, encaissait les bakchichs en retard et nous expulsait, nous les célibataires, de nos cellules, direction le couloir barreaudé jusqu'au plafond de la cellule d'attente, large d'un mètre cinquante au mieux, où il nous fallait patienter jusqu'à 16 h 30. Malheur à celui qui n'avait pas prévu son siège (j'avais dépensé l'équivalent de 40 dollars pour acquérir le mien), son jeu de cartes ou ses dominos. À 9 heures, les femmes entraient, épouses légitimes, petites amies, maîtresses de quelques heures, prostituées. Des intimités s'improvisaient derrière les draps sales suspendus entre les barreaux et l'odeur de parfums criards se mêlait à celle, puissante, de l'urine déversée à flots sous l'escalier, seul lieu d'aisance possible pour les exclus de ces réjouissances dominicales.

La télé avait beau hurler, l'hispano-rap et les *telenovelas* déverser leurs tombereaux de braillements, il était impossible de ne pas profiter des échos de ces rencontres souvent agitées, les femmes, toutes les femmes, semblant n'avoir qu'une idée en tête avant de se laisser faire, obtenir toujours plus d'argent. Et d'avance s'il vous plaît ! Pas de crédit. Aux détenus de se débrouiller pour donner des ordres de paiement à leurs complices à l'extérieur. Elles se plaignaient aussi d'être maltraitées, souvent par des membres du gang de leur amant, et celui-ci devait alors donner d'autres ordres. De différente nature. Et tous les dimanches, les mêmes rengaines reprenaient.

Assis bien calé sur ma chaise, marquée à mes initiales au feutre indélébile, avec mes cahiers, mes revues d'aviation françaises ou américaines, un livre et un stylo, je faisais passer le temps.

Mais si j'avais une visite le week-end, c'était Noël ! À moi le réfectoire avec mes invités le samedi, au milieu d'autres centaines de détenus dans une ambiance de foire du Trône, la musique en moins, les beuglements en plus. Il était presque impossible de s'entendre, mais cela m'arrangeait bien car les VTP, en admettant qu'ils parlent français, ne pouvaient pas non plus comprendre ce que nous disions. Dans l'affolement ambiant, il était aussi plus facile de passer des courriers sous la table et de recevoir des petites choses interdites, mais *indispensables*.

Cerises sur les gâteaux, même si les cuisines étaient officiellement fermées le week-end, il était possible de commander des *empanadas* assez grands pour qu'on puisse dissimuler à l'intérieur des rouleaux de billets ou des puces de téléphone portable enveloppés dans un sachet de film alimentaire. En fin de visite, après m'être gavé de sandwiches et, les dimanches fastes, d'une sorte de glace au chocolat coupée à l'eau, je rentrais dignement dans ma cellule, docile au moment de la fouille, les bras levés, mon éternel cahier-stylo dans la main gauche et un dernier *empanada* à moitié dévoré dans la main droite.

Les VTP n'ont jamais pensé à l'ouvrir pour en vérifier le contenu.

Voilà pourquoi j'étais contrarié que pour cette première visite d'un ami, Vincent n'ait pu venir un dimanche, d'autant plus que j'avais tout payé à l'avance. Le droit de sortir de ma cellule, le déplacement de mon escorte, les *empanadas*, les sodas, les sorbets, etc.

Mais que j'ai apprécié qu'il vienne ! Nous étions le 19 novembre 2016 et il était le premier visage amical que je voyais depuis un an. Depuis mon interpellation en Égypte, c'était aussi la première fois que je pouvais m'exprimer en toute liberté, en français, et avec l'assurance d'être écouté. On nous avait placés dans une pièce ouverte, avec télévision et ventilateur, une chaise et un vieux canapé. Il y avait une pièce plus grande à côté, une salle commune avec chaises et tables, mais elle était occupée par les familles. D'où nous étions, et je n'en revenais pas, nous pouvions voir la sortie de la prison, à une centaine de mètres à peu près. De quoi gamberger, mais nous avions tellement à nous dire.

Moi d'abord, il a fallu que je lui explique en détail mes conditions de détention, invraisemblables et incompréhensibles pour quelqu'un venant de l'extérieur. Je devais répéter, confirmer, essayer de dresser en paroles des plans de ma cellule, lui décrire son exiguïté et les barreaux en guise de plafond, la crasse, le manque d'eau. J'insistais surtout sur ce que j'attendais de mon comité de soutien, qu'il me soutienne justement, qu'il réponde à ma demande de « faire des vagues », au contraire de ce que voulaient les autorités françaises. Je soulignais une fois de plus que je refusais énergiquement l'idée d'un accord de culpabilité avec le procureur dominicain. Je le chargeais de messages, très personnels, pour les uns et les autres, de directives impératives pour ceux qui avaient le pouvoir d'agir, je n'arrivais pas à me taire.

Lui ensuite m'a raconté les conditions incroyables auxquelles il avait dû se soumettre pour arriver jusqu'à moi. Il m'a décrit la foule patientant depuis l'aube devant la porte d'entrée, les surveillants incapables de trouver son nom sur le formulaire des personnes autorisées, sa gueulante en appelant l'ambassade de France pour être admis, le coup de tampon sur la main droite en échange d'une pièce d'identité, et la fouille. Unique. Procédure identique pour les hommes comme pour les femmes : entièrement nu, penché, pas avec un doigt plongé dans l'anus, mais presque. Les femmes, en revanche, étaient régulièrement « palpées » jusqu'au fond du vagin par des matrones zélées. Encore un aspect méconnu des charmes de la République dominicaine, mais cela n'empêchait nullement la coke de rentrer à Najayo. Cette expérience, me dit Vincent, serait précieuse pour mes prochains visiteurs, prévenus qu'ils devraient déployer des trésors d'ingéniosité pour franchir cette étape. Il espérait bien organiser une espèce de « pont aérien » entre Paris et Saint-Domingue pour que je reçoive un maximum de visites chaque mois, ou au moins une fois par mois, avec les bonnes personnes, celles disposant de moyens d'action. Il me promit de revenir en personne, dès que possible[1].

Nous avons parlé pendant cinq heures – à peine cinq minutes selon mon horloge interne tant j'étais assoiffé de contacts humains. Mais il savait en partant dans quelles conditions je vivais, et moi que mes espoirs seraient fidèlement rapportés à Paris. Cela ne m'a pas empêché de rentrer dans ma cellule en pleurs. Cette première visite avait été un choc émotionnel terrible. Les VTP ricanèrent de plus belle.

1. Il tiendra parole. Il reviendra le 18 mars 2017, quatre mois plus tard.

17

Larry, Tinte, Matthew et moi

Printemps 2017

Quand Larry Davis est arrivé au QHS de Najayo, à la fin du mois de mars 2017, il a jeté un coup d'œil sur les murs pourris d'humidité, les graffitis esquissés sur le béton ravagé par le temps et la peinture délavée, sur l'étroitesse surpeuplée de son nouvel univers. Il a ensuite respiré un bon coup l'odeur de renfermé stagnante et il s'est dit : « *Fuck!... this is heaven*[1] ! »

Larry venait d'être transféré de la prison de San Pedro de Macoris, située à environ 70 kilomètres au nord-est de Saint-Domingue, une prison « ancienne génération » gérée par la police[2] dans laquelle avait été incarcéré Alain Castany, comme celle d'Anamuya où avaient vécu quelque temps Pascal et Bruno. Qu'il puisse se sentir privilégié d'avoir été transféré à Najayo en disait long sur l'enfer carcéral ordinaire de la République dominicaine. J'avais pourtant du mal à imaginer qu'il puisse y avoir pire que ce que nous vivions. De retour en France, je suis tombé sur une vidéo de propagande[3] de la République dominicaine datant de 2012 montrant les améliorations apportées à Najayo dans le cadre de la nouvelle politique pénale. Que du bluff, mais

1. « P..., c'est le paradis ici ! »
2. Il s'agit des prisons d'avant le nouveau modèle pénitentiaire. Ces prisons étaient gérées par la police. Les nouvelles prisons sont gérées par un personnel formé à ce travail : les VTP.
3. http://www.prisonsystems.eu/fr/dominican-penitentiary-reform-an-example-to-follow-in-latin-america/

avec quelques images marquantes de la période « avant », et particulièrement du quartier réservé aux *veteranos*, c'est-à-dire les prisonniers les plus anciens ou comptant de nombreuses années de détention. Des détenus plutôt calmes en général, mais extrêmement pervers, certains ayant pris de la distance avec les valeurs humaines. Avant 2012, le QHS ressemblait à un couloir de train-couchette avec des alvéoles insalubres en guise de bannettes, après 2012 c'était la même chose mais il n'y avait plus de caméras. Le mieux à Najayo ne durait que le temps de la visite des officiels.

Néanmoins, que Larry, nouveau venu, puisse considérer notre minuscule coursive et ses cellules étroites comme un lieu plus vivable que sa précédente prison me laissait perplexe. Je me promettais de l'interroger plus tard à ce sujet. En attendant, j'appréciais grandement son arrivée. J'étais à bout de force, à bout de ressources morales, terriblement affaibli, je me sentais horriblement seul et angoissé, et il était comme un rayon de soleil, je lui ai souhaité la bienvenue avec ferveur. En anglais car il ne parlait pas un seul mot d'espagnol, ce qui ne lui facilitait pas la vie.

Sa première question concernait la possibilité de téléphoner. Depuis huit mois qu'il avait été arrêté, ce père de deux enfants n'avait jamais pu entrer en contact avec eux ni avec Stacy, sa femme. Je lui prêtai bien volontiers mon portable, et sa première conversation avec ses proches fut aussi longue qu'émouvante.

Son histoire se résumait en quelques lignes. Américain pur jus, originaire de Houston, Texas, fils et représentant de son père, l'armateur Quent Davis, il avait acheté en 2009, au nom de sa société, le *Precon Express*, un pétrolier battant pavillon tanzanien, pour transporter toute sorte de carburants dans la zone Caraïbes. Rien de plus normal étant donné la proximité géographique du Texas avec les îles. En 2015, sa mère étant tombée gravement malade, lui et son père avaient décidé de rester à son chevet plutôt que de continuer à courir les mers, chargeant ici, déchargeant là. Le *Precon Express* fut donc loué (en janvier 2016) à Joseph Hinds, un *broker* du Honduras, pour une période renouvelable de six mois. Il s'agissait d'une location coque nue[1] (*dry lease*), c'est-à-dire sans équipage.

Un mois plus tard, le 28 février 2016, Larry reçut un coup de téléphone d'un transitaire du port Sans-Souci[2] à Saint-Domingue, requérant sa présence en tant que propriétaire du pétrolier, suite à une inspection surprise de la police dominicaine. Le 29 février, sans rien connaître de cette affaire qui justifiait cette inspection surprise, Larry atterrit à Saint-Domingue et se rendit directement au port, où l'attendaient des représentants de la DNCD et de la DEA. Ce sont eux qui l'informèrent qu'une tonne de cocaïne avait été trouvée à bord. Il répondit à toutes leurs questions, signa une déposition, puis une autre, et obtint le 4 mars le droit de rentrer aux États-Unis, après avoir demandé cinquante fois à son avocat si cela ne posait pas de problème. Mais le 5 mars, alors qu'il venait d'enregistrer ses bagages et se présentait à l'embarquement (bien après le contrôle de police) de son vol de Las Americas, l'aéroport international de Saint-Domingue, passeport et autorisation de sortie délivrée par la *procuraduría* en main, deux policiers l'arrêtèrent. Motif: complicité de trafic de drogue et tentative de fuite. Ses effets personnels disparurent, évidemment – pas perdus pour tout le monde, c'est un classique du pays.

Immédiatement transféré à Ciudad Nueva, ma première cellule, celle se trouvant au-dessus du tribunal, il y resta un mois avant d'être emmené à San Pedro de Macoris.

Le lendemain, je faisais mon entrée à Ciudad Nueva, et il est facile de comprendre que le premier avait été transféré pour laisser la place au second, le fameux très dangereux « Naodine » qui se devait d'être entouré de mesures de sûreté

1. Une précision importante, puisque c'est le locataire et non l'armateur qui est juridiquement responsable de l'embauche de l'équipage et de sa gestion.
2. Ça ne s'invente pas. C'est le nom du port intérieur de la ville de Saint-Domingue, construit sous la colonisation française et modernisé sous Trujillo au début du XXe siècle. L'orthographe a été hispanisée pour ne pas avoir à prononcer le « s » muet en français.

exceptionnelles. Hasard du destin qui nous lie amicalement pour l'éternité.

Je m'en serais presque excusé si Larry n'avait pas été aussi ravi d'échouer à Najayo dix mois plus tard et de pouvoir enfin parler normalement avec quelqu'un. Nous avions des millions de choses à raconter, à commencer par comment sortir de là et, de mon point de vue, Larry avait des atouts dont je ne disposais pas. Son comité de soutien, là-bas au Texas, était présidé par un avocat prestigieux, Sean Buckley, dont le moins qu'on puisse dire est qu'il faisait la pluie et le beau temps à Washington. Ancien procureur au DoJ (Department of Justice), il s'était reconverti comme vice-directeur du bureau chargé du terrorisme et des narcotiques de New York avant d'évoluer comme spécialiste du blanchiment d'argent dans la zone Caraïbe, mais aussi en Iran et en Corée du Nord. Eh oui, nous parlons toujours des mêmes endroits...

Dans ses relations, il avait Jeff Sessions, ancien sénateur d'Alabama, qui en 2017, sous la présidence de Donald Trump, avait été nommé procureur général des États-Unis. En comparaison, je devais faire avec la frilosité d'une ambassade pleine de bons sentiments dirigée par un Quai d'Orsay perclus de tiers-mondisme mondain, et j'avais perdu tout soutien politique, mis à part celui du sénateur Olivier Cadic, auquel je rends hommage pour son courage et sa détermination[1]. Et pour beaucoup d'autres qualités rares encore ! Les nombreux hommes politiques que je connaissais s'étaient instantanément détournés de moi au moment même où le mot « Air Cocaïne » avait été prononcé, tant ils avaient peur d'être associés à une affaire de drogue ! Cela fait d'ailleurs parti du génie diabolique du gouvernement dominicain, qui associe systématiquement les étrangers mis en cause par leur police au trafic de drogue pour être absolument certains qu'ils soient conspués dans leur propre pays, et surtout qu'ils

1. Ce soutien, dans la continuité de celui de Pascal et Bruno, lui vaudra le surnom malveillant de « Cadicocaïne » dans les couloirs du Sénat par certains de ses collègues sénateurs. Une méchanceté politique qui n'a rien d'innocente.

perdent intégralement tous leurs soutiens. Et cela marche à merveille, il faut bien le reconnaître !

Larry avait appris que l'avocat, Sean Buckley, avait rencontré Jeff Sessions, et il espérait que le tout-puissant procureur ferait pression sur l'ambassade américaine pour que celle-ci se bouge le c… Il voulait même voir dans son transfert de San Pedro de Macoris à Najayo le signe que, quelque part, on s'occupait de lui, puisqu'il se rapprochait de la capitale. D'une trentaine de kilomètres seulement, mais l'espoir fait vivre.

Comme d'habitude en République dominicaine, personne encore ne lui avait communiqué les quelconques résultats d'une enquête. Et pour cause, les Dominicains ne mènent jamais, jamais, jamais aucune enquête ! Les actes de procédure fantaisistes ne servent qu'à appuyer l'accusation dans l'unique but d'éviter que le ministère public ne perde la face. C'est comme cela depuis toujours, et ça le restera (malheureusement pour les Dominicains) tant que cette justice d'opérette ne sera pas placée sous tutelle internationale par des pays dignes de confiance. Une première audience avait envoyé Larry en prison pour trois mois, une seconde pour douze mois. Comme d'habitude, personne ne lui avait montré la drogue saisie[1], personne ne lui avait expliqué pourquoi son autorisation de sortie signée le vendredi n'était plus valable le samedi. Un jour citoyen honorable, le lendemain trafiquant de drogue en fuite. La grande spécialité de la justice dominicaine ! Il n'y comprenait rien. Sa famille non plus.

Nous avions beaucoup à nous dire, et aussi beaucoup de temps à tuer. Larry, en grand sportif, se dépensait autant qu'il le pouvait pour oublier. Il noyait son chagrin dans l'activité physique : musculation avec des bidons d'eau, pompes, abdominaux, stretching, etc. Il avait aussi beaucoup besoin de parler, et je suis fier et heureux de lui avoir apporté mon soutien comme il m'a apporté le sien. Enfin une personne normale, qui avait de la conversation et une bonne culture

1. Le contraire eût été surprenant.

générale. Nous nous retrouvions dans ma cellule, confinés au pied de mon lit, à discuter dans une langue que les autres ne comprenaient pas. Et manifestement, cela ne leur plaisait pas du tout ! Voir des gringos tenir un conciliabule sur leur territoire était motif à suspicion. Préparaient-ils un plan d'évasion ? Durant nos nombreuses conversations, nous abordions tous les sujets : la géopolitique du Proche-Orient, les techniques pétrolières (Larry avait travaillé dans le pétrole en Arabie Saoudite avec son père), la politique étrangère des administrations Trump et Obama, celle des Européens, nos familles, nos affaires, la haine manifeste et grandissante du tiers-monde envers le monde occidental, la présence de Dieu, les bienfaits de la prière en enfer. Du plus simple au plus compliqué. Nous rigolions aux larmes, nous plaisantions, une attitude qui nous faisait du bien à l'un et à l'autre. La plus grosse blessure, pour Larry, celle qu'il ne pardonnerait jamais à la République dominicaine et à son misérable semblant de justice, c'était de l'avoir empêché de revoir sa mère, décédée pendant sa détention arbitraire. Nous nous évadions donc par la parole, nous nous libérions de nos chaînes par la pensée, tout en respectant l'espace personnel de chacun.

Je lui ai expliqué en détail le procès de Bruno et Pascal. Pas pour lui remonter le moral, seulement pour qu'il comprenne qu'il n'était pas un cas unique. Assis sur l'un des trois bancs de notre couloir, celui entre ma porte de cellule et la sienne, une cellule de neuf places pour à peine plus de surface logeable.

— Ils n'étaient pas un peu naïfs, tes pilotes ?

C'est une question que je m'étais déjà posée et j'y avais déjà répondu : oui, certainement. Mais pas dans le sens que l'on peut imaginer. Bruno, par exemple, est un parfait exemple de militaire obéissant aux ordres, toujours loin de penser qu'il puisse recevoir des instructions illégales. Après des années au service du lunetier Afflelou, après avoir transporté des centaines de hautes personnalités, dont un ex-président de la République, il n'avait, comme la plupart d'entre nous, aucune idée de ce que représente le trafic de drogue au niveau international. Même chose pour Pascal, qui connaissait peu la République dominicaine pour n'y avoir atterri que trois fois, aux manettes d'un DC10 pour le compte du voyagiste Nouvelles Frontières. Pour eux, la République dominicaine n'était ni mieux ni moins bien que les Antilles. Certes, il devait bien y avoir du trafic de stupéfiants, quelques « mules » transportées, mais rien qui puisse inquiéter ou affoler les opérateurs aéronautiques. Aucun pilote, et c'est un tort, n'a de formation géopolitique ou criminologique sur les lieux d'escale qu'il fréquente. Quels pays sont dangereux ? Quels sont ceux qui sont juridiquement instables ? Une idée pourtant simple à développer dans le cursus de sûreté des pilotes de ligne[1]. Escale, hôtel, mer chaude et sable blanc, les avions étaient toujours revenus *clean* en apparence, sans une seule trace de coke dans les soutes. En tout cas sans que rien ne soit découvert, puisque l'on sait aujourd'hui que c'est beaucoup plus fréquent qu'on ne le croit. Il est vrai que le tourisme est la pire des façons de voyager pour qui veut découvrir un pays.

Ni Bruno ni Pascal n'avait la moindre idée de la guerre permanente qui se jouait sur l'île entre militaires, policiers et politiciens, pour grappiller quelques miettes d'une autre guerre se jouant à une échelle beaucoup plus vaste, entre les États-Unis, l'Amérique centrale en général, principalement le Mexique, l'Amérique du Sud et naturellement les Caraïbes. Une guerre impliquant des cartels, mais aussi des services de renseignement[2] et la fameuse DEA américaine. Tout cela

1. J'ai également proposé en 2015 de faire modifier la convention de Tokyo afin que les équipages mis en cause dans des affaires judiciaires non immédiatement probatoires ne puissent être poursuivis qu'une fois de retour dans leur pays. Balivernes ? Non, c'est possible. Négation de la souveraineté juridique de certains États ? Les États-Unis le font en faisant pression sur l'OACI pour que des normes et recommandations soient mises en place à travers l'ensemble des pays du monde si elles concernent des citoyens américains. Je continue de me battre en ce sens.

2. Contrairement à ce que beaucoup imaginent à tort, l'argent de la drogue n'est pas uniquement destiné à l'enrichissement personnel de certains trafiquants gros ou petits. Une grosse partie des fonds est utilisée avec des objectifs politiques (achat d'armements, contournement d'embargo, financement de groupes paramilitaires ou révolutionnaires, financement occulte de campagnes électorales, déstabilisation, actions terroristes, etc.). Les services de renseignement occidentaux ont donc fort à faire pour identifier les canaux de financement, leurs acteurs politico-criminels,

depuis les années 1980, sur fond de livraisons d'armes clandestines à l'Iran, d'opérations secrètes contre les révolutionnaires du Nicaragua, d'avions abattus au-dessus des jungles du Venezuela et d'exécutions sommaires sous les cocotiers.

Une époque qui avait vu les plus hauts responsables de la République dominicaine compromis les uns après les autres, des policiers mais aussi un directeur de la DNCD, son adjoint, et de nombreux militaires, qu'ils s'agissent de colonels de l'armée de l'air, d'officiers de la marine, d'un capitaine de l'armée de terre, de pilotes et de propriétaires d'avions[1]. Tous remplacés au fil du temps, mais tous continuant de diriger leur fructueux business depuis leurs luxueuses résidences, voire depuis leurs cellules aménagées comme des suites. Il faudrait ajouter à ce tableau à peine esquissé les liens, loin d'être clairs, entre la République dominicaine et sa voisine Haïti, où l'anarchie est telle que le trafic de cocaïne, par bateau ou par avion, ne cherche même pas à se dissimuler.

Naïfs, les pilotes français ? Romantiques plutôt, puisqu'ils imaginaient que Nicolas Pisapia, leur passager qu'ils trouvaient assez insignifiant pour un agent immobilier[2], ne s'intéressait qu'à l'or. L'or des pirates des XVIIe et XVIIe siècles.

— Ils n'avaient aucune raison de se méfier. Leurs PDG et directeur, Pierre-Marc Dreyfus et Fabrice Alcaud, avaient même contacté l'OCRTIS pour être sûrs de ne pas avoir affaire à un trafiquant. Et ils avaient reçu un feu vert. Pascal était pétrifié de trouille à la simple idée d'être mêlé à quelque chose d'aussi grave.

---

et les neutraliser, tandis que les services de renseignements des narco-États font le travail inverse : désinformer les services de renseignements occidentaux, faire croire aux pays qui les financent qu'ils luttent efficacement contre les trafics de drogues, protéger leurs propres actions. Personne n'est dupe, à ce petit jeu, sauf l'opinion publique internationale.

1. Cocaine Trafficking in the Caribean and West Africa in the Era of Mexican Cartels, par Daurius Figueira, Universe, 2012.

2. Nicolas Pisapia leur avait été présenté par Alain Castany (*broker* des vols et pierre angulaire de l'affaire « Air Cocaïne »), comme un richissime agent immobilier de Roumanie. Bien entendu, il n'appartient pas aux pilotes d'un aéronef commercial de porter un jugement sur leur client.

— Ils acceptaient de transporter de l'or, mais pas de la drogue ?

J'expliquai alors à Larry que les pilotes ne sont jamais responsables de ce que transportent leurs passagers. Ils n'ont pas le droit d'ouvrir leurs valises[1]. Au pire, le transport illégal d'or est un délit financier, ce n'est pas un crime. « Attention, un cafard ! » Larry avait encore de bons réflexes et, en sportif affuté qu'il était, il écrasa la bestiole d'un coup sec. Un de moins. Un jus jaune dessina une petite trace, une de plus, sur le sol de béton mal lissé de ma fétide cellule.

Je lui racontai les bizarreries de l'aviation d'affaires. Un monde bien particulier, inaccessible et incompréhensible aux béotiens. J'ai eu l'occasion d'observer au cours de ma carrière des roitelets africains, à la tête de pays misérables, voyager luxueusement avec vingt, trente, cinquante valises, ne parlons même pas de leurs caprices dans certains palaces parisiens. Il peut même arriver qu'ils louent un avion-cargo pour se déplacer avec leurs véhicules préférés (Ferrari, Humer, Rolls-Royce, etc.). Des cheiks arabes, propriétaires de gros porteurs qu'ils avaient fait transformer en salon géant, les stationnaient en France ou en Grande-Bretagne de peur de les voir sabotés par leurs opposants. De nombreux dirigeants de pays pauvres ont le complexe de l'avion présidentiel et ressentent l'irrépressible besoin d'imiter Air Force One. Sans cet outil de prestige, ils se sentent mal considérés par les autres pays du monde. La République dominicaine n'échappe pas à ce sentiment d'infériorité, ce que le colonel Valerio nous confirmera dans les discussions que nous aurons ensemble. N'oublions pas que les dirigeants du pays ont tenté de s'approprier à bon

1. En droit, du fait des dispositions indiquées dans l'annexe 17 de la convention de Chicago du 7 décembre 1944 dont la France et la RD (membres de l'ONU) sont signataires, les articles 4.3.1 et 4.4.1 démontrent bien que ce sont les États contractants qui doivent mettre en œuvre les mesures de contrôles des bagages à main et des bagages de soute des passagers. L'article 4.4.8 précise que depuis le 1er janvier 2006, l'État contractant est responsable de tout ce qui est chargé dans un aéronef effectuant des vols internationaux. Précisons également que l'article 4.17 de l'annexe 9 de la même convention mentionne que c'est bien l'État contractant qui est responsable des mesures appropriées au contrôle des stupéfiants.

compte le Falcon 50 d'Alain Afflelou pour en faire l'appareil présidentiel.

— Pascal et Bruno, comme pilotes de jet d'affaires, avaient l'habitude des clients excentriques. Il y en avait un qui avait déménagé tout son appartement en plusieurs vols. Ce qui n'est pas forcément simple, puisqu'il ne faut pas oublier que les vols internationaux obligent les compagnies aériennes à recourir à une société agréée sur chaque escale[1] pour faire enregistrer les bagages, effectuer le contrôle de sûreté et les dédouaner.

— Ils n'avaient donc rien à craindre.

— Absolument rien, mais ce n'était pas l'avis du procureur. Il s'est acharné contre la représentante dominicaine de cette société de handling (Swissport) à Santo Domingo, une petite jeune femme, puis contre sa mère, jusqu'à les faire pleurer en pleine audience. Ils voulaient qu'elles avouent leur complicité en reconnaissant qu'il s'agissait d'un vol privé et non d'un vol commercial, ce qui changeait tout en termes de droit. Dans le premier cas, les pilotes sont intégralement responsables de leur chargement, dans le second c'est l'État de République dominicaine qui est responsable de ce qu'il laisse entrer dans l'avion après le passage des bagages au contrôle de sûreté (inspection radioscopique aux rayons X, détection de traces).

— Alors ?

— Swissport a produit une copie de la facture[2] payée par les pilotes pour SN-THS, elle indiquait clairement qu'il s'agissait d'un vol commercial. Mais cette preuve a été rejetée par le tribunal au motif qu'elle était rédigée en anglais, une langue que les pilotes n'étaient pas censés parler[3], un vrai gag, et qui donc était « préjudiciable à leur défense ». *Sic.*

— C'est de l'acharnement !

---

1. Toutes ces sociétés sont agréées par l'aviation civile du pays, et travaillent sous le contrôle et sous la responsabilité de l'administration. C'est une norme de l'OACI (Organisation de l'aviation civile internationale).
2. Facture payée par Bruno Odos pour le compte de la société SN-THS.
3. Tous les pilotes du monde qui effectuent des vols internationaux sont tenus d'être titulaires d'une qualification de radiotéléphonie internationale en langue anglaise délivrée par l'aviation civile. De notre temps, Pascal, Bruno ou moi avons

— Et ce n'est pas tout.

Je m'enflammai, parler de l'affaire « Air Cocaïne » me permettait d'oublier mon propre sort. De plus, Larry étant plus versé en droit maritime qu'en aviation, je me devais de lui donner des détails pour qu'il comprenne comment fonctionne le monde de l'aérien.

— Il y a une autre preuve qu'il s'agissait bien d'un vol commercial, la déclaration de vol. Avant le décollage, les pilotes doivent déposer un plan de vol auprès du service de contrôle de la navigation aérienne du pays, ou directement auprès d'un système central mondial en ligne. Ils sont obligés de déclarer la nature du vol, privé ou commercial, la destination, la route, les heures de décollage et d'atterrissage, le nom des pilotes, avec copie des passeports, et le nom des éventuels passagers. À l'autre bout, dans les pays de survol et celui d'arrivée, le même genre d'organisme valide ce plan de vol, vérifie les informations et donne ou pas son accord. Dans le cas présent, c'est l'IDAC, l'autorité aérienne dominicaine, qui avait certifié que le vol avait été accepté en tant que vol commercial charter[1]. C'était marqué noir sur blanc, « FPL » pour plan de vol, « THZ192 » pour le numéro de vol, « IN » pour vol aux instruments et vol commercial. Pour un vol privé, cela aurait été « IG ». Devine ce qu'a fait le procureur…

— Aucune idée.

— Il s'est assis dessus. Il a gueulé sur l'IDAC, il a traité les fonctionnaires de l'aviation civile dominicaine d'incompétents, déclaré qu'il allait tous les faire virer, etc. Il avait déjà fait le coup en 2010 à deux pilotes américains, arrêtés puis libérés quelques jours plus tard[2] sous la pression de l'ambassade

---

passé la QRI, qui s'appelle en 2020 « Examen de compétences linguistiques en langue anglaise », FCL055.

1. Un vol charter est un vol commercial organisé en dehors des lignes à horaires réguliers.

2. Le 20 décembre 2010, deux pilotes américains d'un avion-cargo, Kevin H. Kuranz et Christopher L. Schmidt, ont été libérés sur décision de la cour d'appel après avoir passé seize jours de détention à la DNCD. Le service antidrogue de l'aéroport Las Américas de Santo Domingo avait découvert 145,9 kilos de cocaïne

américaine. La République dominicaine avait dû reconnaître ses torts et leur rendre l'avion qu'elle avait déjà confisqué[1]. Idem en 2000 avec un avion et un équipage vénézuélien. Dans l'affaire « Air Cocaïne », de mon point de vue, le procureur Guzmán voulait cette fois offrir l'avion, un Falcon 50, à son patron, le procureur général Domínguez Brito, qui avait déjà déclaré vouloir le garder. Très officiellement.

Larry ne savait plus quoi dire. Pour cet Américain élevé dans le culte de la franchise, de l'honnêteté, du travail et du droit, une telle situation paraissait inconcevable.

— Mais moi, pourquoi est-ce qu'ils me gardent ?

— Il vaut combien ton bateau ?

— Deux millions de dollars.

— Est-ce qu'ils t'ont montré la cocaïne prétendument saisie à bord ? Est-ce que tu sais ce qu'est devenu l'équipage ?

— Non. Le loueur hondurien a fui ! Et ils ne font rien pour le rechercher. Certains membres d'équipage du bateau sont emprisonnés et m'accusent d'être la tête pensante du trafic.

— Bienvenue au club, mon cher Larry ! Je suis également accusé d'être le chef du réseau français de trafic de cocaïne. Tu as tout compris. Il y avait peut-être de la cocaïne à bord, ou peut-être pas, l'équipage était complice, ou pas, des policiers ou des militaires étaient impliqués, ou pas, on ne saura jamais.

---

et 2,03 kilos d'héroïne dans la cargaison de l'avion que Schmidt et Kuranz s'apprêtaient à piloter. Les deux pilotes travaillaient pour l'entreprise Air Cargo Carriers LLC, ayant son siège à Milwaukee (WI). L'ambassade des États-Unis ainsi que le PDG de la société, James Germek, étaient présents à l'audience pour soutenir leurs compatriotes et garantir leur représentation. Bien que le ministère public ait annoncé avoir présenté des preuves contre les pilotes, la procureure Carmen Amézquita accepta leur libération contre caution afin qu'ils ne rentrent pas aux États-Unis. L'avocat de la société et des deux pilotes, Miguel Valerio (eh oui!), sollicita la libération de ses clients, estimant qu'en droit, il ne leur appartenait pas de vérifier la cargaison. Contre une amende de 450 000 pesos (12 160 dollars), ils furent libérés et quittèrent immédiatement le pays. Le PDG, James Germek, déclara en fin d'audience que c'était la première fois en vingt-huit années d'exercice qu'Air Cargo Carriers rencontrait un tel problème, et fit annuler immédiatement tous ses contrats avec la République dominicaine.

1. https://diariodominicano.com/justicia-y-derecho/2010/12/20/67849/liberan-con-fianza-a-dos-pilotos-detenidos-por-drogas

Mais une chose est certaine, tu ne reverras jamais ton bateau. Il doit rouiller quelque part sur la côte, du côté de Sans-Souci. Sans compter qu'ils ont dû décharger les 20 000 tonnes de gasoil de ton bateau pour les revendre à leur profit ! À 150 pesos le gallon (3,78 litres), ça devrait leur faire 95 millions de pesos, soit 1,7 million de dollars. Ils n'ont plus aucune raison de te relâcher et encore moins de reconnaître qu'ils se sont trompés.

— On ne m'a rien dit, on ne m'a jamais rien dit. Ils m'ont tout pris, mon argent, mes cartes de crédit, mon téléphone, ma montre, mais ils ne m'ont rien dit. Je m'en fous de l'argent, je veux juste pouvoir quitter « ce pays pourri[1] », retourner aux États-Unis et retrouver mes fils et ma femme.

Je le laissais dire. Il y avait tellement d'histoires similaires à la sienne dans cette prison.

Je lui citais le nom de Kiloa, un pauvre bougre haïtien arrêté sur une plage tandis qu'il ramassait des noix de coco au moment même où une *lancha* venue du Venezuela remplie de coke s'échouait sur le sable. Cueilli au pied de son cocotier, il s'est immédiatement vu proposer un marché par les hommes de la DNCD : « Appelle quelqu'un de ta famille ou de tes amis, dis-lui de venir avec 15 000 pesos et on te libère. » Kiloa avait ouvert de grands yeux, il n'imaginait même pas ce que représentait une liasse de 15 000 pesos[2]. Lui qui n'avait sans doute jamais vu autant d'argent est parti en prison, sans procès, accusé de complicité de trafic de drogue, association de malfaiteurs avec des gens qu'il ne connaissait pas. Simplement parce qu'il était là et qu'il n'avait pas pu satisfaire au racket institutionnel. Il n'avait que sa liberté à perdre et on lui avait volée[3].

Je lui parlais d'Erick Padrón Montoya, un jeune Basque espagnol de vingt et un ans, louant avec ses amis une villa en République dominicaine pour les vacances. Arrivent deux

1. « *Filthy country* », selon l'expression de Larry.
2. En 2019, 15 000 pesos représentaient 275 dollars US.
3. Kiloa sera libéré en 2018 sans caution ni amende après vingt mois de détention pour rien. Toutes les charges contre lui seront abandonnées.

touristes hollandais désireux d'occuper la villa à sa suite. Obligeant, et répondant à la demande du propriétaire de la villa, il leur fait visiter les lieux et ils repartent. Quelques jours plus tard, les deux hommes sont retrouvés morts, assassinés, dans une autre ville. Convoqué au siège de la police locale de La Romana, il a été torturé pendant trois jours et deux nuits[1], puis incarcéré. Et quatre mois après que le véritable meurtrier eut été arrêté, il était encore en prison[2]. Il faut dire que ce jeune garçon, frêle et fragile, défendu vigoureusement par Miguel Valerio (mon avocat dominicain), cumulait les désavantages : il était européen, il appartenait à la jeunesse dorée de Saint-Domingue et était le fils d'un chef d'entreprise prospère. Autant de facteurs que déteste le Dominicain moyen, et plus encore les policiers ou les magistrats de basse extraction.

Je connaissais les statistiques par cœur. La DNCD était pourrie jusqu'à l'os, en trois ans, entre 2010 et 2013, 300 (!) de ses agents étaient tombés pour avoir fait ou participé au trafic de cocaïne. Étrangement, le correspondant français de l'agence France-Presse, Jean-Michel Caroit[3], déjà cité, et décidément assez peu curieux, avait titré ainsi l'une de ses dépêches, en 2013 : « Des dizaines d'Européens arrêtés chaque année dans les aéroports dominicains ». Comme si, pour chaque policier dominicain viré, la République dominicaine prenait un malin plaisir à détourner l'attention des médias en mettant en avant une pseudo-délinquance étrangère.

1. Erick était menotté aux poignets, dans le dos et aux chevilles. Ils ont serré les menottes à l'extrême jusqu'à entailler la peau du jeune homme, l'ont tiré par les cheveux dans les couloirs, l'ont frappé avec un gant de cuir puis ont préféré utiliser un sac en plastique, lui en recouvrant la tête pour qu'il suffoque. Les policiers dominicains l'ont également obligé à marcher sur les genoux. À aucun moment il n'a pu boire ou manger durant ces trois jours d'interrogatoire, et n'a pas eu la possibilité de rencontrer son avocat.

2. Le véritable assassin fut arrêté début 2018 en Colombie, mais pour autant Erick Padrón Montoya ne fut pas libéré, malgré les efforts de Miguel Valerio. Après une année de prison pour rien, il rentrera chez lui, poursuivi provisoirement pour complicité et autres fadaises, la justice dominicaine ne voulant pas se désavouer publiquement si rapidement, et surtout ne pas reconnaître une erreur judiciaire.

3. Également correspondant du journal *Le Monde*.

— Et celle de la grand-mère, tu la connais ?

Larry ne la connaissait pas. Cette Strasbourgeoise de quatre-vingt-sept ans, au retour de vacances en RD en 2012, avait trouvé 25 kilos de cocaïne dans sa valise[1]. La gendarmerie, appelée, l'avait blanchie… s'il l'on peut dire.

Mais ces histoires passionnantes ne semblaient pas consoler Larry, et pourtant j'en avais des centaines du même genre en réserve. Au contraire, il avait l'air de plus en plus déprimé. Alors je décidais de lui raconter des histoires drôles, comme celle de notre superviseur, un modèle de vice nommé Jimenez, qui avait perdu non seulement les clés des cellules, mais aussi celles des cinq portes nous séparant du reste de la prison. Douze clés au total. Les clés ont été retrouvées, bien sûr, mais ce matin-là nous n'avions pas eu à subir l'appel de 6 heures du matin, assis sur notre litière, les mains sur les genoux. Les VTP avaient alors délégué à quelques prisonniers le soin de meuler les barreaux des portes puis de les ressouder le soir ! En revanche, j'avais bien rigolé, car si on me l'avait demandé j'aurais pu, moi, ouvrir toutes les portes.

Comment ? Avec une clé spécialement fabriquée pour moi en France par des experts en la matière. Il leur avait suffi de quelques photos des cadenas pour obtenir le dessin parfait d'un passe-partout redoutablement efficace qui m'avait permis, une nuit, d'ouvrir les cinq premières portes menant vers la sortie. Je m'étais arrêté là – cela faisait partie de mes plans d'évasion, et naturellement je n'en parlais pas à Larry. Je lui donnais néanmoins tous les trucs que je connaissais pour faire entrer dans la prison les petits objets dont il pouvait avoir besoin. P., un de mes très vieux amis, s'était spécialisé dans la paire de baskets à double fond. Il lui avait fallu des semaines pour trouver la bonne marque de chaussures dont les semelles pouvaient être découpées et suffisamment creusées pour accueillir des clés USB, des puces de téléphone spéciales, des câbles ou raccords spéciaux, etc. Malin, à chacune de ses visites, il prenait plaisir à humilier les gardiens simplement en

1. *L'Express*, 4 octobre 2012.

levant les bras au moment de la fouille. Jamais ceux-ci n'ont pensé à regarder ce qu'il dissimulait dans ses poings fermés. Ni à s'interroger sur les couvertures anormalement épaisses des livres qu'on m'apportait, ni à se demander pourquoi certaines pages des magazines étaient collées les unes aux autres. P. était parfaitement au point sur ces techniques et faisait des prouesses grâce à son courage et son espièglerie. Il détestait les ennemis de la France (en tous cas ceux qui s'estimaient comme tels) et adorait les mettre en défaut. Je partageais avec Larry les trucs que je maîtrisais bien et reconnaissais au passage que mes amis étaient très courageux. Très.

Malheureusement pour lui, Larry ne recevait pas de visites, en dehors de celles de son ambassade. Sa famille, non sans raison, était pétrifiée de terreur à la simple idée de poser les pieds en République dominicaine ; son avocat à Houston décourageait aussi ses amis de faire le voyage. Tout comme j'interdisais à ma famille de venir me voir, pour les mêmes raisons.

Alors je lui présentais Tinte, un Sicilien haut en couleur qui avait acquis la nationalité colombienne par obligation, après avoir épousé la fille d'un riche baron responsable de la « branche transport » d'un cartel[1] du Meta[2] à Villavicencio. Tinte, un type sympa, petit, trapu, au charme latin et à l'accent chantant, toujours de bonne humeur, condamné à vingt ans de réclusion pour avoir organisé l'expédition de 400 kilos de cocaïne par semaine vers l'Europe dans des containers truqués. Son beau-père l'avait envoyé mettre de l'ordre dans leur filiale dominicaine, laquelle manquait de fiabilité, ce qui se révéla manifeste. Cette sous-branche expatriée du cartel de Villavicencio réceptionnait la cocaïne venue de La Guajiraw (Colombie) avant de la réexpédier vers l'Europe via la RD, par voie maritime. L'organisation était assez pointue, avec l'utilisation de l'immatriculation

1. Cartel, organisation criminelle en quatre branches : production, transformation, transport, distribution. Le beau-père de Tinte était en charge de la partie transport vers l'Europe.
2. Le département du Meta est l'un des trente-deux départements de la Colombie. Il se situe au centre du pays et sa capitale est Villavicencio.

d'un container existant[1], une transformation de la structure métallique de la boîte pour l'alléger de 400 kilos, le dédoublement des parois, la nouvelle peinture avec le bon numéro, le sablage afin que le container ne paraisse pas neuf, le certificat de navigabilité, la paperasse douanière, etc. Manifestement, Tinte était le chef d'orchestre d'un système bien huilé. Entre deux allers-retours vers la Colombie, Tinte a été dénoncé par ses complices dominicains (les douaniers du port de Haina, devenus plus gourmands) et son usine de containers récupérée par la *procuraduría*. Visionnaire, Tinte était persuadé qu'il ne sortirait jamais de Najayo[2]. Cet ancien parachutiste d'une cinquantaine d'années, ex-officier attaché de défense de l'armée italienne en Colombie, qui passait le temps en construisant des maquettes d'avions, avait été emprisonné trois ans en Allemagne et un an au Costa Rica avant de tomber à San Cristóbal pour vingt ans. Il a toujours assumé sa culpabilité, reconnaissant qu'il était logique qu'il soit en prison, à l'inverse de moi, Larry, et de quelques autres. Il le disait haut et fort, et le faisait comprendre aux voyous, en ajoutant que nous étions sous sa protection. Comme il parlait parfaitement espagnol, il avait à un moment été chargé par la direction de la prison de gérer Najayo, dont il connaissait tous les rouages. Le CCR17[3] n'avait plus de secrets pour lui. Combien de détenus, qui, quoi, où, comment, pour quelles infractions, etc. Mais pas seulement. Il savait aussi combien de litres de gasoil étaient siphonnés de la cuve du groupe électrogène pour faire le plein des véhicules personnels des VTP, il connaissait les pourcentages et la répartition des revenus annexes, ou pourboires, aux directeurs et aux agents,

1. Chaque container ISO certifié possède un numéro d'immatriculation le reliant à son propriétaire (4 lettres qui identifient le propriétaire, 6 chiffres au numéro du container). En cas de découverte de la drogue dans le container, c'est évidemment le propriétaire qui est mis en cause.
2. Tinte est mystérieusement décédé à l'hôpital de San Cristóbal fin mars 2020, d'une tumeur au cerveau qui l'a emporté en une semaine, selon l'administration pénitentiaire dominicaine. Son corps a été immédiatement incinéré, empêchant toute contre-expertise.
3. Centro de Corrección y Rehabilitación numero 17.

le nombre de prostituées admises chaque dimanche, quelle était la consommation de cocaïne hebdomadaire[1], et même le nombre de bouteilles de 25 cl d'eau revendues, etc. Ayant accès à toute l'administration de la prison, Tinte bénéficiait d'un réseau élargi, connaissait pratiquement tous les détenus et leur pedigree. Cela lui permettait d'être respecté. Il adoubait certains, qui pouvaient s'enorgueillir d'une dignité retrouvée, récusait quelques autres, pardonnait parfois, et vendait ses services et ses conseils en centaines de pesos. Il se comportait d'ailleurs avec la bienveillance d'un parrain de la Cosa Nostra, dans la plus pure tradition de sa Sicile natale, recherchant la paix et le compromis tout en renforçant son pouvoir d'influence. Sa *peluchita* (son « amie de cœur »), Maxielle, installée dans la ville de San Cristóbal, à deux pas de Najayo, nous rendait bien des services en venant le visiter. C'est grâce à elle que j'avais pu me procurer une montre en plastique, sans grande valeur mais dotée d'un chronomètre. Très important et très utile ! Il y en avait une autre, identique, pour Tinte. Bleue pour moi, orange pour Tinte. Maxielle nous faisait aussi passer en douce de l'argent envoyé par ma femme, avec à chaque fois un petit cadeau pour l'un et l'autre.

Je racontais à Tinte, qui parlait un anglais scolaire, un résumé de l'histoire de Larry.

— À San Pedro de Macoris, c'est comme ici ! Il faut payer pour tout, et c'est plutôt bien organisé. Pour manger il fallait acheter des tickets, pour acheter des tickets il fallait payer. Pareil pour la cocaïne, il y avait des tickets pour en acheter. Sinon violence permanente et policiers imbuvables, ne vivant que du racket.

C'était au point qu'une épidémie de choléra[2] s'étant déclarée, son ambassade lui avait apporté de quoi se faire une injection de pénicilline. Le représentant de l'ambassade était resté sur place, juste pour vérifier que c'est bien à lui qu'on l'injectait.

1. La prison de Najayo accueille 1 700 détenus hommes qui consomment environ 1 kilogramme par semaine de cocaïne, par doses d'un quart de gramme.
2. Huit détenus de Najayo sont décédés du choléra en 2015.

Tinte connaissait par cœur ce type d'itinéraire, je ne lui apprenais rien. En revanche, je n'ai jamais su pourquoi il avait été transféré au QHS. Peut-être parce qu'il en savait trop sur la prison[1] ? Un jour, j'eus la surprise d'apprendre que Tinte, du temps de sa liberté, avait eu l'occasion de rencontrer Alain Castany en Colombie, alors que celui-ci essayait de vendre des hélicoptères (ce qui est interdit dans ce pays) par le biais de l'Équateur.

— Je le connais bien, me dit-il alors, il voyageait avec son propre jet. À un moment, il était même intéressé par la reprise d'une compagnie aérienne colombienne Aerosucre, bien connue pour ses amitiés aéroportées avec les cartels de *narcos* du Sud.

Alain Castany semble avoir connu d'autres aventures palpitantes dans sa jeunesse puisque les autorités colombiennes ont un jour transmis une demande d'assistance à la justice française, afin que cet assureur bien sous tous rapports soit interrogé à propos d'une Caravelle qu'il avait lui-même vendue en Amérique du Sud, probablement à des clients peu recommandables. Or, l'avion s'était crashé au Mexique en atterrissant dans le désert, une technique bien connue des narcotrafiquants, qui sacrifient un vieil avion pour lui faire transporter quelques tonnes de cocaïne d'un seul coup depuis l'Amérique du Sud et les rapprocher de la frontière des États-Unis[2].

Un Français ressemblant à un autre? Je le lui demandais de me le décrire, ce qu'il fit, agacé:

— Il était incarcéré avec moi à San Pedro de Macorís. C'est un *narco*, j'en suis certain! Il est antipathique, grand, mince,

---

1. Je savais pourtant beaucoup de choses sur Tinte, qui m'avait raconté sa vie depuis sa naissance en 1970, à Baju Bagheria, en Italie. Cet homme était un spécialiste du transport de drogue, peut-être le meilleur, même s'il assurait avec raison ne «jamais avoir vendu un gramme de coke». Voir *Narcos et Sicarios* dans la bibliographie.

2. Voir l'histoire de Joaquín Archivaldo Guzmán Loera dit «El Chapo» («le Petit»), chef du cartel de Sinaloa au Mexique, qui importa pendant vingt-cinq ans de la cocaïne depuis la Colombie, puis qui la fit passer aux États-Unis par le biais de tunnels sous la frontière.

vieux, cheveux blancs, il parle assez bien l'espagnol et est très cultivé. Souvent seul, il ne recherche pas la compagnie des autres. Il lit beaucoup. Un jour, il m'a prêté de l'argent pour faire expédier 5 kilos de cocaïne en Europe. Il me manquait 10 000 dollars pour le faire. Il a participé en apportant les fonds, ce qui lui a rapporté 25 000 dollars en un mois[1]. Si cela pouvait lui être utile, Castany n'hésiterait pas à enc… son chien !

Bref, un portrait particulièrement flatteur.

Je présentai ensuite Matthew à Larry. Notre étage devenait un club mondain dont j'étais le plus vieux membre, ce qui était tout sauf un honneur. L'histoire de Matthew, un grand type maigre et dégarni, était encore une histoire de cornecul à la dominicaine. Ce Québécois, ingénieur spécialisé dans l'aérospatiale, sentant vers cinquante ans le besoin de changer de métier, avait eu la très mauvaise idée d'écouter les conseils de sa femme, une superbe Cubaine ayant passé trente ans dans le froid polaire de l'Ontario. Tous deux avaient investi leurs économies dans l'immobilier de luxe. Pas n'importe où, dans les îles paradisiaques où le tourisme se développait et où les maisons en bord de mer étaient encore abordables. Il avait ainsi acheté quatre résidences à Cuba, les investissements en dollars y étant encouragés, et huit en République dominicaine. Douze propriétés transformées en gîtes de luxe qu'il louait 400 ou 500 dollars US la semaine.

Mais en République dominicaine les ennuis ont vite commencé. Ses luxueuses locations de vacances ont fait des jaloux. Vue sur la mer, au pied de la plage, c'est beau, c'est chic, mais c'est dérangeant pour les *lanchas* surmotorisées qui s'échouent la nuit avec quelques paquets plastifiés, avant de repartir pêcher en haute mer dans la Caraïbe. Toutes ces villas étaient à l'origine d'un remue-ménage néfaste aux affaires nocturnes. Les barons des cartels locaux, aidés de quelques relais dans la police, ont commencé à asticoter Matthew, puis

1. Ce témoignage a été filmé par le journaliste Julien Mignot.

le pire est arrivé, il a été accusé de... trafic de cocaïne. Bien sûr! Une bonne vieille accusation de trafic de drogue, histoire qu'il perde à coup sûr le soutien de son gouvernement et de son ambassade, mais pas seulement. La République dominicaine a bien compris, depuis qu'elle se livre au jeu de la prise d'otages judiciaires qu'une seule accusation, surtout fausse, ne suffit pas pour garder en prison un étranger, surtout un Occidental. Elle a donc ajouté *lavado de activo*, « blanchiment d'argent », et faux et usages de faux. Impossible de se dégager des trois accusations en même temps.

Seulement voilà, Matthew étant un type ultra brillant, il a vite compris d'où venait ce coup fourré et que le seul but des Dominicains était de s'emparer de la propriété de ses villas. Il a donc demandé à sa femme, parlant parfaitement l'espagnol puisque cubaine, de quitter le pays au plus vite et de transférer les titres de propriété à ses enfants, qui vivaient à Londres. Ce qui fut fait en quelques semaines! La fureur du *fiscal* chargé de son cas a été à la hauteur de cet affront. Transféré au QHS de Najayo, à notre étage donc, Matthew s'est vu proposer un marché: sa liberté contre 2 millions de dollars. Ne disposant pas de cette somme, il s'est effondré dans sa cellule, la même que Larry et Sylvain G.[1], en totale dépression. Il se jurait, il me l'a dit, de monter, une fois rentré au Québec, une campagne contre la République dominicaine pour dissuader les touristes de s'y rendre.

Cela n'a l'air de rien, mais faire les présentations en prison est une fonction hautement sociale. Les nouveaux prisonniers qui débarquent, ignorant qui est qui, ont naturellement tendance à se méfier des « anciens » et perdent beaucoup de temps à prendre leurs marques.

---

1. Sylvain G. est un détenu français interpellé par la DNCD à la demande de la justice française. L'interpellation fut très violente, et les policiers dominicains ont précipité Sylvain – qui ne se débattait pas – dans un escalier. Résultat : fémur droit facturé. Sylvain restera huit mois incarcéré sans soins, allongé en permanence, sans pouvoir se déplacer.

J'en profitais pour leur dresser un tableau presque exhaustif des galonnés de l'armée dominicaine qui partageaient notre quotidien. À commencer par l'épais colonel Valerio, qui se prenait pour le chef, mais dont le pouvoir tenait essentiellement à sa fortune et à son ancien statut de directeur d'un service de police. À cette occasion, Carlos Valerio, mondain à l'excès au fond d'un répugnant trou à rats, dilapida en une phrase unique les cinq mots d'anglais qu'il connaissait pour impressionner les autres détenus dominicains. Matthew, qui ne manquait pas de cruauté, lui déclara poliment qu'il n'avait pas compris un traître mot de son charabia américanisé, et le pria dans un anglais littéraire, à mots choisis, de répéter son propos. Surpris, l'officier de police dominicain bredouilla quelques syllabes incompréhensibles pour une oreille anglo-saxonne honorable, puis renonça pendant des mois à torturer ainsi Shakespeare en notre présence. C'était mauvais pour nos oreilles, mais surtout pour son prestige personnel auprès des autres détenus. Déçu, il expliqua tout de même à Larry et Matthew, en espagnol que je traduisais, que c'était bien lui, le colonel Valerio, il fallait le savoir, qui régnait sur la répartition des corvées, l'attribution des couchages par cellule, et monopolisait le commerce des chaises de jardin, élément d'ameublement indispensable, ce qui impliquait d'avoir quelques considérations pour lui.

En revanche, les dix hommes qui étaient sous ses ordres à la DICAN ne lui obéissaient plus. Ils habitaient les cellules alentour, ainsi que deux procureurs. Tous, y compris Valerio, étaient condamnés pour trafic de drogue et pour d'autres délits dont je doutais fort qu'ils soient réellement coupables. Un parfum nauséabond de règlement de comptes flottait autour d'eux, ce qu'ils prenaient avec philosophie, la rage ayant été remplacée par la raison. Patients, ils attendaient un changement de régime pour sortir.

Je leur désignai Sigifredo, le procureur indocile, incarcéré pour avoir refusé de poursuivre deux hommes qu'il savait innocents. Un acte d'indépendance qui ressemblait fort à un crime de lèse-justice. Sigifredo faisait popote avec trois de ses confrères emprisonnés pour je ne sais quelles raisons, mais certainement tous accusés de complicité de trafic de drogue[1].

Je mentionnai aussi la présence de mon compagnon de route, le colonel Carlos Piccini, salement empêtré dans l'affaire de l'achat des Super Tucano et qui aurait, avec des sénateurs partisans de l'ancien président Leonel Fernández, empoché des commissions conséquentes. Comme moi, le colonel Piccini subissait une pression constante pour signer un « accord », en réalité une reconnaissance de culpabilité synonyme de liberté. La République dominicaine ne pouvant rien prouver contre lui, elle espérait s'en tirer sans procès.

Il y avait aussi un brave homme, directeur d'une petite compagnie d'aviation dont les avions ou hélicoptères étaient régulièrement affrétés par la police dominicaine, et qui un jour avait refusé d'effectuer des vols douteux pour la DNCD à la demande du... général Rosado Mateo ! Que le monde est petit. Cet homme que j'avais rencontré à plusieurs reprises les jours de visites m'avait encouragé, m'assurant en présence du colonel Valerio que mes amis Pascal et Bruno n'avaient fait que tomber dans un piège dominicain machiavélique et qu'il était totalement convaincu de leur innocence. Le pauvre directeur de la petite compagnie avait dû brader tous ses appareils après plusieurs mois de prison, et ne voulait plus entendre parler d'aviation dans son pays. De quoi précisément avait-il été accusé ? Je n'en ai aucun souvenir.

Je pensais également à Manuel Antonio Rivas. Nous le surnommions affectueusement « don Manuel », marque de respect. Rivas était l'ex-président de l'OMSA (Oficina Metropolitana de Servicios de Autobuses), l'équivalent de la RATP de Saint-Domingue, accusé d'avoir sollicité un réseau criminel[2] pour faire assassiner l'avocat, syndicaliste engagé

1. C'était le cas des procureurs Ramón Augusto Veras Castro et Máximo Antonio Díaz Ogando, accusés de trafic de drogue, complicité, association de malfaiteurs et faux et usage de faux.
2. L'assassin, Argenis Contreras, un ancien chauffeur de bus de l'OMSA, a déclaré qu'il avait agi sur ordre de son patron Manuel Rivas, puis a fui aux États-Unis, où il se trouvait toujours en 2020.

et professeur d'université Yuniol Ramírez[1] en octobre 2017. Au passage, Manuel Rivas a été accusé de corruption. Improuvable évidemment, mais ça peut toujours permettre le maintien en détention et justifier des poursuites quoi qu'il arrive. Manuel Rivas a été libéré le 7 octobre 2019 après deux ans de prison et après avoir été blanchi des accusations d'assassinat. Toutefois, lors des audiences préliminaires du 12 février et du 6 mars 2020, le ministère public a maintenu les poursuites pour corruption[2]. On ne sait jamais, cela peut toujours servir. Sa carrière est bien évidemment brisée.

Et puis je passais aux *narcos*, les gros, les vrais, ceux qui comptaient réellement dans la hiérarchie de notre pourrissoir, comme « Chino », de son vrai nom Jésus Pascal Corbero, un des *narcos* du top 10 de la République dominicaine. Les VTP, malins, l'avaient enfermé avec cinq des policiers de la DICAN, ceux-là mêmes qui avaient perdu beaucoup de temps à le rechercher alors qu'il se planquait en plein jour sur la *costa del sol* dominicaine, sous la protection d'autres policiers. Chino n'avait pourtant rien à craindre, une véritable armée l'attendait à l'extérieur, prête à déclencher un massacre si l'on touchait à un seul de ses cheveux gras.

Et puis je me taisais. J'en avais marre, vraiment marre, d'être dans cette taule.

---

1. Yuniol Ramírez, agitateur politique, n'était pas spécialement l'ami du pouvoir dominicain. Le deuil de sa disparition fut probablement expéditif.
2. https://www.diariolibre.com/actualidad/justicia/manuel-rivas-exdirector-de-la-omsa-busca-hoy-su-libertad-JI14582847

18

Jours de colère

Été-Automne 2017

Cela fait des jours que je suis en colère, très en colère. J'en veux au monde entier, ce qui ne fait pas de moi un excellent compagnon de réclusion. Je suis submergé par la crasse et les hordes d'insectes qui me sucent le sang jour et nuit. Je n'ai plus la patience de subir la méchante stupidité de certains VTP, je ne digère plus le riz dur et encore moins les bananes frites hyper salées, le manque d'eau qui peut durer plusieurs semaines m'épuise, la chaleur du jour me terrasse. Comme si nous n'avions pas déjà assez chaud en temps normal, les barreaux du couloir donnant sur le ciel ont été doublés de plaques de tôle. Une connerie de plus, comme cette saloperie de peinture jaune étalée régulièrement qui nous intoxique et qu'en plus nous sommes obligés de payer.

J'en veux au monde entier. Matthew a réussi à se faire extrader au Canada et j'en veux à la France d'être restée muette. Le gouvernement canadien a agi exactement comme aurait dû agir la France, en tapant du poing sur la table. Ils ont promis d'ouvrir une enquête et envoyé un avion spécial pour venir le chercher. Plus question bien sûr de payer l'« amende » de 2 millions de dollars, ont-ils dit en rappelant aux Dominicains que les touristes canadiens représentaient presque les deux tiers des 3 millions de gens modestes (et encore, pas toujours) venant dépenser leur argent dans leurs usines à bronzer.

Une fois arrivé à Québec, questionné pour la forme, Matthew a été relâché sous quarante-huit heures et s'est empressé de me téléphoner pour me dire que tout allait bien. J'étais bien sûr ravi pour lui, mais tellement en colère contre mon propre gouvernement.

Pour Larry, je pressentais qu'il en serait de même. Son gouvernement aussi avait tapé du poing sur la table et menacé de couper de cinquante pour cent les « aides au développement » versées chaque année par l'administration de Washington. On s'acheminait donc vers une conclusion honorable pour les uns comme pour les autres et je me sentais encore plus seul.

En outre, je ne supportais plus l'ambiance malsaine de la détention, surtout le dimanche, et surtout depuis l'arrivée de Chino. Cela faisait à peine trois jours qu'il était là et, déjà, le corpulent Valerio était à ses pieds, pour mieux lui lécher les bottes. Ils se tapaient sur le ventre tous les deux autour de repas pantagruéliques (de mon point de vue). Ils échangeaient des souvenirs d'anciens combattants.

— Tu te souviens quand j'ai failli t'attraper à La Romana ?

— Je l'ai appris ensuite, en fait tu poursuivais mon sosie.

— Ha ha ha, tu m'as bien eu.

Et ainsi de suite. Mais ce dimanche, leur duo était encore plus insupportable. Avec le temps, j'avais appris à plus ou moins faire la différence entre les femmes qui pénétraient notre univers. Entre l'*esposa* (l'épouse), la *querida* (la maîtresse de cœur), l'*amiga* (la maîtresse de confort), la *chiapadora* (la fille facile, légèrement profiteuse) et les *guaguitas* (les prostituées), nettement plus nombreuses, qui pouvaient être retenues par plusieurs prisonniers le même jour. La plupart des VTP étant illettrés, la liste des heures d'arrivée des unes et des autres étant complexe, les billets de 100 pesos servaient à prouver que les prétendantes étaient bien sur la liste d'attente[1]. Inutile de préciser que l'admi-

1. Il n'était pas rare qu'un prisonnier fortuné achète plusieurs heures d'intimité auprès des VTP et de ses compagnons de cellules. Il pouvait ainsi recevoir une, deux ou trois femmes dans la journée. Un planning bien organisé évitait qu'elles se croisent. Aucun des détenus obligés de vendre à bon prix son créneau horaire contre dédommagement n'osait protester.

nistration de la prison adorait les dimanches, synonymes de rentrées d'argent exceptionnelles.

Surtout avec des prisonniers comme Chino.

L'épouse de Chino, son *esposa*, ressemblait à son époux. Quinquagénaire plantureuse, aussi hautaine que dangereuse, sûre d'elle et de son pouvoir, elle savait qu'un claquement de doigts de sa part suffisait à envoyer *ad patres* le moindre importun et que personne ne s'aviserait de se mettre en travers de son chemin. Re-carrossée à l'américaine, accessoirisée à la mode *latina* par le port de marques brillantes et voyantes, Mme Chino arborait négligemment des seins de trentenaire et des fesses d'apprentie-coiffeuse. Un anachronisme corporel aggravé par la vision d'un visage marqué de quelques tentatives désespérées de lissage, gommage et autre remodelage. Après avoir snobé le charnu colonel Valerio, courbé en quatre pour bien marquer son respect, elle rejoignait Chino dans sa cellule désertée (une cellule de douze lits) pendant une grosse demi-heure et en repartait sans commentaire, accompagnée de son chauffeur et garde du corps. Quelques minutes plus tard, une nouvelle Mme Chino, plutôt style *péluchita*, beaucoup, mais alors beaucoup plus jeune, se présentait. Cette fois, l'éclipse de Chino dans la cellule durait presque une heure.

Encore une colère, dirigée cette fois contre la justice locale, mais pas que. C'est Carlos Piccini, de retour d'interrogatoire, qui a déclenché cette crise de rage au plus profond de moi. Lui qui est d'habitude un homme affable, éduqué, poli, est revenu totalement démoralisé, on venait de lui offrir sa liberté contre une fausse confession télévisée, écrite à l'avance. S'il avait accepté, il n'aurait eu qu'à lire, les uns après les autres, les noms de ses présumés complices. Comme il a refusé, il s'est entendu dire qu'il pourrait rester vingt ans dans ce trou. Sa détresse me tord les boyaux, j'en veux à ses amis qui ne se battent pas assez pour le faire sortir, j'en veux à ce pays de voyous qui se prennent pour des lumières, j'en veux à tous les pays qui financent cette parodie de démocratie et qui fricotent avec leurs institutions de pacotille.

J'ai heureusement eu de la visite ce week-end, ce qui m'a procuré un immense plaisir. Brigitte et Polo, deux piliers de mon comité de soutien, ont fait l'interminable et coûteux voyage juste pour passer quelques heures avec moi. Ils ont apporté quelques colis, essentiellement des produits d'hygiène de base, mon eau de toilette française et des magazines, laissés aux bons soins de l'excellente Mme D. qui me les déposera plus tard dans la semaine au nom de l'ambassade de France, et de petites choses qu'ils m'ont passées discrètement en profitant du désordre ambiant. Comme la première fois ; car c'était leur deuxième visite, leur présence m'a fait fondre de bonheur et nous avons passé deux jours merveilleux – façon de parler.

Le premier jour, le samedi, nous étions dans le réfectoire, une bonne occasion pour moi de commander des *empanadas* et des glaces coupées à l'eau. Vive le sucre ! Le second jour, le dimanche, nous avions été relégués dans le couloir du QHS (dix mètres de long, un mètre de large), mais j'avais loué des chaises en prévision de cette longue journée commencée à 9 heures et qui s'est achevée à 16 heures. Brigitte et Polo ont rencontré presque tous mes camarades d'infortune, qui pour la plupart ont été très gentils avec eux, et ils ont supporté toute la journée, stoïques et souriants, le bruit insupportable, les braillements de la télé, la promiscuité, les odeurs dégueulasses et l'infâme crasse trop grasse et trop épaisse pour être décollée. Surtout quand elle est couverte de cette… peinture jaune. Heureusement, le ciel a été clément et il n'a pas plu, mes amis ont donc échappé aux tombereaux de flotte tombant à travers les barreaux du plafond.

J'essayais de me mettre à leur place, débarquant d'un univers civilisé et se retrouvant brusquement plongés au centre de ce monde invraisemblable, dont personne en Europe ne peut croire qu'il existe, malgré toutes les descriptions de ceux qui en ont réchappé. J'essayais de me mettre à leur place, mais je n'y arrivais pas, sans doute parce que je n'y croyais pas moi-même bien que séquestré au cœur de cette infernale machinerie. Je savais surtout qu'à la fin de la journée, ils partiraient libres pour rentrer chez eux en France, tandis que je regagnerai ma geôle sans savoir si j'en sortirais un jour. J'étais heureux pour eux, triste pour moi. Malgré les prières dominicales nocturnes organisées par les évangélistes qui hurlaient leur amour de Dieu, les fins de week-end étaient très dures à vivre.

Oui, même au centre de l'inconcevable, il fallait se pincer pour se convaincre qu'il ne s'agissait pas d'un mauvais rêve.

Le troisième jour, le lundi, a été un jour de très grosse colère. Non seulement je me retrouvais seul, mais en plus je culpabilisais terriblement en imaginant ce que Brigitte et Polo avaient dû subir pour arriver jusqu'à moi. Arrivés à 8 heures du matin, ils avaient dû patienter jusqu'à 9 heures en faisant la queue en plein soleil au sein d'une file interminable, avant que les portes ne s'ouvrent, alors qu'il faisait déjà 35 °C à l'ombre et que devant la prison il n'y avait pas d'ombre. Puis étaient venues les premières vexations incompréhensibles, fouille à nu, intégrale, pas de montre, pas d'éventail, tout dépendait de l'humeur des VTP ou des bénéfices qu'ils espéraient retirer du règlement qu'ils venaient d'inventer. Heureusement que Polo et Brigitte n'étaient pas des enfants de chœur. Ils avaient vite fait la connaissance de « Leïdi[1] », quadragénaire haute en couleur, créatrice d'un business original, très particulier, « l'assistance aux détenus et à leur famille ». Compagne d'un ancien prisonnier, elle-même ex-détenue de la prison des femmes pour avoir administré jadis un établissement de tolérance non déclaré, Leïdi était désormais l'heureuse tenancière d'une honnête cabane en bois de palette et tôles ondulées au bord de la route de Najayo, juste en face du complexe carcéral. Grâce à une patente informelle versée aux bonnes œuvres des directeurs et des sous-directeurs de la prison, elle était le lien quasi incontournable de tous les visiteurs avec l'administration pénitentiaire de Najayo. Moyennant quelques centaines de pesos, elle conservait précieusement les objets interdits de visite (afin qu'ils ne soient pas déclarés

1. *Lady* en phonétique dominicanisée. Il faut donc prononcer à l'anglaise.

perdus par les VTP, qui avaient l'habitude de s'en approprier quelques-uns) et louait au besoin des vêtements jugés décents aux femmes trop court vêtues, ou trop vêtues. Exception faite des bonnes sœurs, pourvu qu'elles arborent ostensiblement la croix et la coiffe, il n'était en effet ni bon pour une femme d'être trop vêtue ni de ne pas l'être assez. Dans le premier cas, elle était soupçonnée de dissimuler quelque objet interdit sous sa toilette, et dans l'autre suspectée d'avoir quelque chose à vendre. L'équilibre entre les deux situations était subtil et surtout totalement abandonné à la subjectivité des surveillantes. Brigitte et Polo étaient ensuite passés par le secrétariat où, comme d'habitude, le surveillant n'avait pas trouvé dans ses papiers leur autorisation de visite et où, comme d'habitude, ils avaient dû menacer d'appeler l'ambassade, la direction de la prison, et jusqu'au secrétaire général de l'OTAN s'ils avaient été en mesure de le faire. Après menaces, palabres et attente, l'insistance permettait finalement au fonctionnaire analphabète de retrouver la mémoire ; les noms figurant bien sur la liste, mais sur une page annexe. Heureusement qu'il avait eu la présence d'esprit de le vérifier. Une crispation de plus, prélude à une humiliation insoutenable : la fouille. Les hommes d'un côté, les femmes de l'autre, tout le monde à poil, jambes écartées, de dos, penchez-vous, toussez !

Un traitement que la juge d'instruction de Marseille, celle qui avait renvoyé en prison Bruno et Pascal, n'avait certainement pas subi quand elle était venue interroger les deux pilotes.

Et tout ça pour seulement deux heures de visite le samedi matin, puisqu'il leur avait fallu suivre le même processus pour la visite de l'après-midi et le même encore le dimanche.

Tout ça pour moi.

Rien que d'y penser, je me sentais à la fois coupable, égoïste, malade, suicidaire et furieux. Fou de rage face à mon impuissance, désespéré de ne pas avoir eu le courage de leur dire de ne pas revenir, surtout Brigitte, et honteux du plaisir qu'ils m'avaient apporté. Sans oublier les informations, vitales pour moi, concernant ce qui se tramait dans mon dos, à Paris.

Pour ce que j'en comprenais, ma femme, la seule à avoir le droit légal de me représenter, faisait entièrement confiance aux avocats qu'elle avait embauchés. Ceux-ci l'avaient convaincue qu'un accord avec la République dominicaine était le seul moyen de me faire revenir et mon comité de soutien ne cherchait pas non plus à se compliquer la tâche. Les avocats avaient même écrit à Emmanuel Macron pour que la présidence soutienne cette initiative auprès de son homologue de République dominicaine, sans bien sûr me consulter. C'était avaliser une solution que je m'évertuais à rejeter car je ne souhaitais pas revenir coupable de quoi que ce soit en France, juste pour satisfaire la susceptibilité politique des Dominicains.

J'ai longtemps cherché le mot, sans le trouver, pour exprimer ce que représente la colère ajoutée à la colère.

Je revoyais Bruno et Pascal à leur procès dominicain, totalement dépassés par le grotesque de la situation, face au procureur Guzmán, affabulateur scélérat les accusant de figurer parmi les organisateurs d'un trafic de drogue sans drogue. Leur avocat Fabian Mélo, plaidant au nom de María Helena Gratereaux, avait eu beau brandir la preuve absolue qu'ils n'avaient jamais décidé de venir en République dominicaine de leur plein gré, c'est-à-dire la lettre de la DGAC imposant à la société SN-THS de les désigner comme pilotes étant donné leur expérience[1], le tribunal s'était assis sur ce bout de papier sans doute sans valeur puisque provenant d'un pays tiers, la France, bien connue selon les Dominicains pour la corruption de son administration.

Idem pour la photo prouvant sans aucun doute que les quatre Français avaient poussé l'avion à la main pour le rapprocher d'une partie du grillage aéroportuaire découpé, par où la drogue serait rentrée sur l'aéroport ! Une photo

1. Il est important de rappeler que Pascal Fauret et Bruno Odos ne se sont jamais portés volontaires pour cette mission. Ils ont été désignés par la DGAC du fait de leur expérience des vols transatlantiques. C'est d'ailleurs ce qui a permis à la société SN-THS de décrocher les trois rotations commandées par Alain Castany pour le compte de Franck Colin.

montrant un bout de grillage… en parfait état. Idem pour la valise cassée, celle qui aurait prétendument laissé échapper de la drogue directement sur le tarmac de l'aéroport. Présentée au procès, examinée de près par une journaliste française, elle s'était révélée être en parfait état. Il n'y avait même pas une trace de poudre à l'intérieur. Et alors ? Rien… Idem pour les témoins du procureur, il y en avait seize en principe, témoins que celui-ci a été incapable de présenter aux audiences préliminaires, sauf deux qui ont fini par se rendre au procès. Le premier, un chauffeur de taxi, témoin essentiel, a affirmé sur l'honneur qu'il avait bien conduit les pilotes de leur hôtel à l'aéroport. Le second, témoin capital, aurait dû reconnaître avoir vu les pilotes charger eux-mêmes les valises supposées pleines de cocaïne. Aurait dû… mais n'a pas osé.

(*Témoin*) : Au contraire, je n'ai rien vu, je n'étais pas à l'aéroport.

(*Procureur, avec une grosse voix*) : Ce n'est pas ce que nous avions décidé.

(*Témoin, décidé*) : Je ne peux pas mentir.

(*Procureur, en tapant sur la table*) : Tu étais à l'aéroport !

(*Témoin, un peu apeuré*) : Non.

(*Procureur à genoux*) : Tu dois dire exactement ce que nous avons décidé que tu dirais.

(*Témoin tremblant*) : Je ne me souviens plus.

(*Procureur écumant, son pompon branlant sur son crâne de malade dopé à on ne sait quoi*) : Menteur, je vais t'envoyer en prison pour vingt ans[1] !

La presse était là, a pris des notes qui n'ont pas fait la une des journaux. C'est dingue comme les journalistes, qui nous bassinent avec leur éthique de source et de vérification, ne s'intéressent jamais à ce qui ne va pas dans le sens de leurs préjugés. Raison invoquée : les détails d'un procès ennuient

1. À ce moment, toutes les personnes le connaissant se sont sans doute réjouies qu'il n'ait pas été armé. Il est vrai que cet énergumène venait juste d'être acquitté d'un meurtre de sang-froid. https://www.elcaribe.com.do/2014/11/27/fiscal-mata-hombre-que-penetro-casa/

toujours les lecteurs. Le consul Stéphane Sobanski, représentant de l'ambassade de France, était présent, mais que pouvait-il dire puisque la principale pièce de l'accusation reposait sur une feuille de papier à en-tête de la République française ? Le fameux rapport signé par Michel Segura, l'attaché de sécurité intérieure de l'ambassade, qui avait « discuté » sans se présenter avec les pilotes quelques heures après leur arrestation à Punta Cana et leur avait prédit qu'ils seraient condamnés à vingt ans de prison. Un rapport établi par l'administration française, paraît-il accablant, qui n'a jamais été versé au dossier, et dont personne, à l'exception de Milciades Guzmán, n'avait pu prendre connaissance. Sauf peut-être la juge d'instruction française Saunier-Ruellan, de la même façon que le procureur avait fait le voyage jusqu'à Marseille pour, peut-être, se voir remettre discrètement des copies de pièces essentielles du dossier instruit dans l'Hexagone.

Que faire quand Kafka s'en mêle ?

Et l'argent ? Quid des 6 000 euros retrouvés dans l'un des tiroirs de la maison de Bruno ? Qui l'aurait cru s'il avait expliqué au tribunal que dans un pays de… comme la République dominicaine, comme dans de nombreux pays similaires[1], il faut payer les services de l'aéroport en cash sous peine de ne pas pouvoir remplir les réservoirs.

— Le vrai problème, c'étaient leurs passagers.

Tinte, qui était venu me rejoindre dans ma cellule pour me remonter le moral, n'avait pas tort. Le passager principal, Nicolas Pisapia, semblait être un grand naïf s'étant fait rouler sur toute la ligne. Peu curieux, cet ancien marin-pompier au crâne rasé et arborant le prénom de son fils tatoué sur son avant-bras, ancien garde du corps de son ami Franck Colin s'était, disait-il, reconverti dans l'immobilier[2] et avait

1. La République dominicaine n'est pas le seul pays douteux à racketter les pilotes d'avion, une réalité malheureusement rarement évoquée.

2. Il eût été intéressant que Nicolas Pisapia puisse s'exprimer devant le tribunal français pour démontrer sa crédibilité à propos de son activité professionnelle, les affaires qu'il avait rondement menées en France, en Roumanie ou ailleurs, et qui lui permettaient de voyager en avion d'affaires. Malheureusement, et l'on se

sans doute compris bien trop tard ce à quoi l'avait exposé le commanditaire des vols, son ex-patron, Franck Colin.

— C'est vrai que l'on peut faire des affaires dans l'immobilier en République dominicaine ?

J'en doutais, mais Tinte en était certain.

— Ils sont plusieurs milliers de Français à s'être installés au nord de l'île, à l'est de Punta Plata, dans la région de Las Terrenas, à une époque où les maisons en terrasses en bord de mer ne valaient presque rien. Depuis, il y a un marché.

Je ne connaissais pas Nicolas Pisapia, mais je savais que Bruno et Pascal pouvaient lui être reconnaissants de ne pas avoir cédé à Guzmán. Le procureur lui avait proposé un deal tout à fait officiel, une sentence de dix ans de prison au lieu de vingt en échange de son témoignage contre les pilotes. Il avait refusé et, à l'époque, je ne savais pas ce qu'il était devenu[1].

— En fait, il n'y en a qu'un qui connaît la vérité, c'est Castany, l'autre passager.

— Qui ça ?

— Castany.

— Alain Castany ?

— Oui.

Alain Castany possède l'art de passer à travers les gouttes. Alors qu'il est la clef de voûte de toute cette affaire, il semblait traverser ce drame sans que ses responsabilités soient évoquées par les justices dominicaines et françaises.

Rapatrié sanitaire en juin 2017 à la suite d'un mystérieux accident de la circulation en octobre 2015, un choc violent avec un deux-roues qui lui a brisé les deux jambes, Castany avait disparu dans la nature à peine ses béquilles posées sur le

demande pourquoi, la justice dominicaine ne l'a pas autorisé à revenir en France pour y être jugé, ni à participer à une audience en vidéo-conférence. Tout cela alors que le ministère des Affaires étrangères essaye de nous vendre la coopération judiciaire entre nos deux pays.

1. En 2020, Nicolas Pisapia était toujours bloqué en République dominicaine par la justice locale, sans autorisation de travailler. Il était assigné à résidence sans possibilité de quitter le pays. Cependant, il semble qu'il ne soit pas très motivé à l'idée de revenir en France. On le comprend. Sa stratégie n'est pas si idiote.

sol français. Il devait être amputé d'une ou deux jambes, mais voilà qu'aussitôt arrivé il court comme un lapin. Probablement les bienfaits de l'air bénéfique de la France. C'est pourtant lui, je le savais, qui avait organisé les trois vols de la SN-THS vers Puerto Plata, vers Quito et enfin vers Punta Cana, toujours pour le même client, son copain Franck Colin. Je n'étais pas surpris. Je savais aussi qu'Alain Castany avait très mauvaise réputation dans le milieu.

Mais je m'en foutais. Il était évident que Pascal et Bruno s'étaient fait avoir. Par Castany d'abord et avant tout, qui les avait plongés sciemment dans un bourbier infernal. Par la police française, qui n'avait rien dit quand ils avaient signalé un premier vol suspect, le Paris-Quito, par Michel Segura, l'attaché de police français en poste à Saint-Domingue, qui avait rédigé un rapport sans doute accablant[1] puisque le procureur Guzmán l'avait présenté comme une preuve à charge, et enfin par la justice française qui a soutenu jusqu'au bout les délires de ce bouffon. Délire antimafia, toutes les mafias, mafias marseillaises, corses, françaises, des mafias qu'il allait toutes dénoncer car, disait-il, « je n'avance rien que je ne puisse prouver[2] ». On avait vu par la suite l'inanité de ses propos. Mais nos deux amis s'étaient surtout fait avoir par la France, qui les a laissés tomber. Comme un célèbre bateau.

Si je m'en foutais, c'est qu'à cette heure j'avais un problème bien plus grave à régler : il pleuvait. À verse. L'eau se déversait sans retenue au travers des barreaux du plafond. Ne rien faire, c'était prendre le risque de voir toutes nos affaires moisir. Je me suis donc précipité dans ma cellule pour placer mes vêtements au sec dans un sac marin étanche, cadeau de Brigitte et Polo, rouler mon matelas et le recouvrir d'une couverture de survie, cadeau de P., et profiter provisoirement du fait que

1. Sans doute… puisque personne, sauf le procureur Guzmán, ne l'a jamais lu.
2. Lors du procès d'assises en France, en 2018, les avocats comme le public seront stupéfaits d'entendre le président du tribunal ouvrir la première audience en remerciant la République dominicaine et la justice dominicaine « du travail réalisé dans l'enquête dominicaine ». La juge d'instruction fera de même plus tard. Il fallait l'entendre pour le croire.

les insectes, volants, rampants et grenouillants s'étaient eux aussi mis au sec.

Néanmoins, la simple idée qu'ils reviendraient après l'orage, mille fois plus nombreux, cent mille fois plus agressifs, suffit à décupler ma colère du jour. Cette colère, je la canalisais en pensant au colonel Valerio, que je ne supportais décidément plus. Il y avait quelques jours, un dimanche, il était encore parti dans l'une de ces longues envolées dont il avait le secret, contre les pays occidentaux « qui ne cessent de nous donner des leçons de morale ». Carlos Valerio qui soutient ouvertement le régime de Kim Jong-un, petit timonier de la Corée du Nord en mal de reconnaissance internationale et sa supposée bombe atomique qui ferait trembler le monde, Carlos Valerio qui rêvait désormais d'aller s'installer à Montevideo, de travailler comme agent double pour le Mossad (et qui commet la bêtise incommensurable de m'en parler déjà...), Carlos Valerio qui me demandait, au détour d'une phrase sibylline de désespoir :

— C'est dur d'obtenir l'asile politique en France ?

Je lui avais expliqué, aussi délicatement que possible, qu'il était insolite qu'un ancien haut fonctionnaire, collaborateur zélé d'un régime politique douteux, obtienne un droit d'asile parce qu'il a perdu la faveur du pouvoir qui l'a établi. Habituellement la procédure du droit d'asile en France (et en Europe) est réservée aux ressortissants persécutés par des dictatures diverses, pour leurs engagements moraux, éthiques ou politiques. Je savais aussi mieux que personne qu'en cas de nécessité ou de raison dite d'État, l'administration française a le pouvoir de faire secrètement ce qu'elle veut, quand elle le veut, sans jamais avoir à se justifier. Mais je ne lui en dis rien. Selon la procédure normale, pour obtenir l'asile politique, il faut être sur le territoire français, ou en transit dans un aéroport français. Même incarcéré, le colonel Valerio restait un collaborateur du régime de Danilo Medina, ne désirant que servir l'administration pénitentiaire dans l'attente d'un quelconque bénéfice à venir. La moindre enquête de l'OFPRA[1],

1. Office français de protection des réfugiés et apatrides.

même mal faite, révèlerait promptement qu'il n'était pas apatride et qu'il ne méritait pas le statut de réfugié.

— Ah bon !

Il a réfléchi un moment, puis :

— Et sinon, ça coûterait combien ?

Je ne m'étais même pas donné la peine de lui répondre. Cela faisait des centaines de fois que je lui expliquais que la corruption, en France, et même en Europe, était négligeable[1]. Le mépris des Dominicains pour les pays occidentaux était tel que Valerio pouvait affirmer tranquillement, sans être contredit, que les Américains n'étaient jamais allés sur la Lune. Ou que les attentats du 11 septembre 2001 étaient une manipulation de la CIA, ou encore qu'aucun avion n'avait percuté le Pentagone à Arlington. Le lendemain, il chantait les louanges de tous les pays communistes et de leurs chefs charismatiques, sans exception, Hugo Chávez en tête, le surlendemain il vantait la gastronomie de pays dont il n'avait visité que les aéroports lors d'escales, et ainsi de suite. Valerio savait tout sur tout, avait tout connu, amusait une cohorte d'admirateurs analphabètes en extase et me tapait sur le système. Je n'étais pas le seul agacé. Ne parlons même pas de Larry ou Matthew. Tous les Dominicains ou Colombiens prisonniers de droit commun ou prisonniers politiques ayant un minimum d'éducation n'avaient que mépris pour ce manipulateur ultranationaliste et arrogant. Carlos Piccini, Victor Diaz Rua, Arsenio Quevedo, Tinte bien sûr, et même Manuel Rivas.

J'étais énervé. Je devais m'enfuir, partir, m'évader.

J'en avais vraiment marre.

J'en avais marre des évangélistes qui passaient le dimanche soir à notre étage pour hurler les mérites de leur Foi miraculeuse. Un dimanche, ça va… À croire que Dieu est sourd, tant

1. Non pas qu'elle n'existe pas du tout, mais elle est négligeable en comparaison de ce qui existe dans de nombreux pays sous-développés. Il faut admettre que 99,99 % des fonctionnaires français tous corps confondus, sont des gens honnêtes et droits. Quand des actes de corruption sont découverts, les peines prononcées sont généralement très sévères.

ils hurlaient et pleuraient leurs mauvais psaumes en regardant les cieux.

J'en avais marre de mes avocats qui me tapaient sur le système, qui s'obstinaient à vouloir me faire signer un accord dont le peu que je savais impliquait que je reconnaisse ma culpabilité, complicité de trafic de drogue, traite d'êtres humains et j'en passe. Une culpabilité invraisemblable pour des accusations délirantes, mais qui judiciairement deviendraient vraies grâce à ma signature. Un comble. La plus mauvaise des solutions. La pire. Mais celle qui convenait évidemment à tout le monde, aux avocats (le dossier était plus simple à gérer), au MAE (pas de conflit avec la RD), aux Dominicains (victoire!), à mon comité de soutien (fin de l'engagement personnel de chacun).

Je n'en pouvais plus. Ma tumeur devenait douloureuse, la violence permanente et le bruit me faisaient perdre les pédales, les inepties que j'entendais du matin au soir me ravageaient le cerveau.

Je voulais sortir d'ici. Je devais sortir de cet enfer, quitte à en mourir si je ne réussissais pas à m'évader.

19

La défaite

Été 2017

Je ne sais plus quel jour nous sommes. Pour me retrouver dans l'espace-temps, je dois me référer au journal personnel que je tiens scrupuleusement depuis que Larry m'a quitté, après quinze mois de détention arbitraire. Heureux homme. La stratégie de son ambassade : exiger, parler fort, menacer de ne plus payer les aides d'État, et au besoin vexer, a parfaitement fonctionné. Enfin, plus ou moins. Larry a tout de même été obligé de régler une amende de 75 000 dollars et d'oublier, je suppose, qu'il possédait un bateau d'une valeur de 2 millions de dollars. Les Dominicains ont sauvé la face et il a regagné sa liberté non sans se jurer à lui-même et jurer à son épouse Stacy qu'il ne sortirait plus jamais des États-Unis. Je le comprends.

Quand il est parti, avec des larmes dans les yeux, les VTP ont fait grise mine. Arrivé les mains vides, le Texan repartait de même et les méchants n'avaient rien à se mettre dans les poches. Leur tactique était connue, extraire le prisonnier de sa cellule à l'aube, le fouiller à nu, entasser ses affaires dans un sac plastique devant tous les prisonniers réunis et, une fois les premières portes passées et sous prétexte d'une nouvelle fouille, confisquer tout ce qui avait un semblant de valeur, comme un téléphone, pour le revendre quelques centaines ou milliers de pesos. Le libéré n'avait d'autre choix que de se taire ou de retourner en cellule et je ne connais personne qui ait eu le courage de remonter les marches du QHS pour le prix d'une montre ou d'un portable.

D'autres, bien informés, ne se donnaient même pas la peine de prendre quoi que ce soit de valeur avec eux. C'était le cas de notre star du narcotrafic, Chino, qui quelques jours à peine après son arrivée faisait une démonstration de force en faisant venir dans le QHS un méga gâteau d'anniversaire, genre trois étages de génoise bourrative au maïs, farcie d'une crème écœurante hyper sucrée, le tout décoré d'un nappage rose clair ou bleu piscine. C'est à des détails de ce genre qu'on réalise que nous sommes à des années-lumière de la pâtisserie française. Tout le monde avait été invité à y goûter. Quinze jours plus tard, changement d'ambiance, les VTP nous avaient réveillés à 4 heures du matin et avaient demandé à Chino de faire son sac. Une besogne immédiatement prise en charge par ses *rasos* serviles, toujours en admiration devant l'obscène *padrino*[1] qui leur distribuait des babioles, ses tee-shirts pailletés de marque, des paires de baskets à la mode, sa collection de montres tape-à-l'œil supposées être de valeur, le tout sous le regard absent des VTP, prudents. Seule sa très grosse chaîne en or massif avait fait l'objet d'un traitement spécial, discrètement confiée à l'un de ses hommes de confiance, en charge de la lui faire parvenir quand Chino donnerait sa nouvelle adresse. Aucun risque qu'il ne retrouve pas son précieux bijou, symbole de sa réussite, l'inconscient qui se risquerait à s'en emparer ou même à en détacher discrètement un maillon étant sûr de finir en *salchitas*[2].

En revanche, une chose était certaine, nous étions assurés, nous, de faire l'objet dans les prochains jours d'une fouille approfondie. Une expérience toujours désagréable, réalisée à grands coups de gueulantes, de matelas jetés à terre, de draps déchirés, de canons de M16 pointés vers nos têtes, de seaux cassés et autres brimades. Les VTP viendraient chercher tout

1. Parrain. Le patron est très souvent sollicité par ses *rasos* pour être parrain de ses enfants nouveau-nés d'une femme ou d'une autre. Cela créé un lien familial dont chacun se prévaut en cas de coup dur.
2. Saucisses de porc façon dominicaine, équivalent du boudin antillais, en plus rustique.

ce que Chino aurait pu abandonner derrière lui, en espérant tomber sur des téléphones portables.

Toutes mes affaires précieuses étant soigneusement dissimulées, je ne risquais rien. Quant à mes cahiers, mes livres et mes magazines, ils pouvaient rester exposés à la vue de tous puisqu'ils n'avaient aucune valeur marchande pour les VTP, tous analphabètes. J'aurais fort bien pu y dissimuler les plans d'une bombe artisanale pour faire sauter la prison, ils ne les auraient pas remarqués.

Ce qui m'inquiétait le plus, c'était mon évasion, mon plan B – le plan A, celui de l'hélicoptère me cueillant au centre du terrain de sport ayant été abandonné. Trop cher, trop hasardeux, malgré la foule de volontaires enthousiastes voulant y participer, au point de réaliser des essais sur des terrains libres en France. Mon plan B avait l'avantage d'engager très peu de moyens et d'être réalisable seul pour passer les murs d'enceinte. Augustin et d'autres l'avaient déjà fait, y compris récemment, sans être détectés par les vigies. Je savais donc que c'était possible. J'avais prévu qu'une voiture m'attendrait au-dehors avec des habits propres pour me conduire jusqu'à la frontière avec Haïti. Pas le poste le plus proche, et le plus rapidement accessible, comme à Pedernales Independencia, au sud, ou même Pepillo Salcedo, au nord, mais vers la frontière naturelle du « rio Massacre[1] », fleuve que j'aurai traversé de nuit, aux abords sud de Dabajon. Après quoi, une autre personne m'aurait récupéré à quelques kilomètres de la frontière, et m'aurait convoyé vers une planque dans laquelle j'aurai patienté le temps que la météo se calme. Quelques jours ou semaines plus tard, j'aurais embarqué clandestinement sur un bateau ami à destination de la France par la route atlantique. Le plan était bon et validé, peu coûteux.

1. La rivière a été nommée ainsi à la suite du massacre des travailleurs haïtiens commis en 1937 le long du cours d'eau par l'armée dominicaine, sur les ordres du dictateur Rafael Leónidas Trujillo Molina, au cours duquel 20 000 saisonniers furent tués.

Il avait le mérite d'être simple, mais reposait sur un élément essentiel, ma capacité à quitter l'enceinte de Najayo.

Malheureusement, c'est ce que tout le monde à Najayo attendait que je fasse : m'évader. Et ils étaient nombreux à espérer partir avec moi. Pas une journée ne se passait sans que j'entende sur mon passage « Emmène-moi avec toi » ou « Commandante, je pars avec toi sur ton bateau ». La plupart d'entre eux étaient sincères, les autres étaient des *chivatos*, des donneurs, des balances prêtes à tout pour se faire bien voir des VTP. Je restais coi. Personne ne sut jamais rien de mes intentions ni de mes plans. Je savais trop que je ne pouvais faire confiance à quiconque. Résonnait dans ma mémoire la phrase du Groom, installé depuis des années sur l'île, qui nous avait affirmé, à Aymeric Chauprade et à moi-même, en septembre 2015, avec une petite pointe de xénophobie : « Aucun Dominicain n'est fiable. » Aucun.

Toutefois, je sentais bien qu'il y avait urgence. J'étais plus que jamais persuadé de ne jamais sortir de cet enfer, certain d'être condamné à y mourir dans l'indifférence la plus totale. Il n'y avait pas de raison que cela ne soit pas le cas. À Paris, j'étais administrativement condamné à l'oubli total. Le « surtout pas de vagues » faisait des ravages dans mon entourage et dans mon comité de soutien. Même auprès de ma famille. J'avais de moins en moins de visites, et à chaque fois les nouvelles étaient toujours plus déprimantes. Je n'essayais même plus de dire à qui que ce soit que je refusais de plaider coupable, que je ne voulais pas signer un accord avec la République dominicaine.

L'homme que j'étais n'écoutait plus les avocats, qui pouvaient plaider ce qu'ils voulaient. Cela ne me regardait plus. J'étais déjà au lendemain, à l'heure de la *cancha*, la promenade, en train de peaufiner mon plan d'évasion bis. Mon idée était de sortir du pavillon du QHS par le toit, les barreaux en hauteur n'étant jamais inspectés. Les scier était donc éventuellement possible, le tout serait de ne pas faire de bruit. Puis de me laisser glisser dans le jardin, descendre du bâtiment en rappel avec des cordes de papier tressé, facile, et enfin courir jusqu'au mur d'enceinte. Mais il y avait un os, et même plusieurs sacs d'os : les chiens faméliques qui jouaient efficacement leur rôle de gardiens de nuit. Leurs maîtres les entraînaient parfois à intercepter des prisonniers en pleine course. Pour cela, ils utilisaient des volontaires[1], presque toujours haïtiens. Contrairement à leurs ivrognes de maîtres, ces bébêtes étaient sobres sept jours sur sept et montaient la garde avec une motivation exemplaire. Surtout le week-end. *Grrr...* Putains de cabots ! Enfermés sous les gradins du terrain de sport, ils étaient lâchés à la nuit tombante et se jetaient sur toutes les odeurs à portée de truffe. Je supposais qu'ils espéraient attraper des rats.

Le jour, pendant la promenade, je les regardais attentivement en essayant d'établir un contact. Persuadé qu'il n'y a pas de chien méchant au naturel, je multipliais les contacts visuels, avec l'idée de les convaincre que, comme eux, j'étais un prisonnier et que nous devions nous unir contre cette injustice. « Regagnons notre liberté tous ensemble », leur disais-je en prenant un air de chien battu que j'espérais convaincant. Sans grand succès.

Je tentais alors la méthode hypnotique, le dialogue, la voix humaine modulée en plusieurs modes, français, anglais, espagnol : « Il est joli le toutou, on est copains toi et moi ? »

En vain. La zoopsychologie, ça ne fonctionne pas. C'est alors que j'eus une illumination en regardant El Chapito[2], un *raso* de service, leur balancer par-dessus le grillage quelques misérables restes de cette boustifaille immangeable en provenance des cuisines dont même les prisonniers ne voulaient pas. Les pauvres bêtes se jetèrent dessus avec une telle avidité, engloutirent si rapidement les quelques os de poulet déjà

1. Les volontaires étaient récompensés ou dédommagés en nourriture, d'après la rumeur. Ils ne portaient aucune protection. Même si les chiens étaient muselés, on imagine qu'il n'est pas très agréable de se faire renverser en pleine course par un molosse de 40 kilos. Les chiens étaient également utilisés pour effrayer la population pénale la nuit, ou pour réveiller les détenus à coup d'aboiements, histoire de débuter une fouille surprise.
2. « Le nabot », en argot dominicain.

rongés par les détenus ainsi que le riz pourri que je compris qu'ils n'avaient pas seulement l'air affamés mais qu'ils crevaient littéralement de faim.

Étaient-ils prêts à avaler n'importe quoi ? Je me renseignais aussitôt, avec la prudence d'un *chen diyu*[1] :

— Chapito, tu les nourris souvent ?

— Oh oui, dès que je peux, *commandante.* Ces chiens n'ont pas assez à manger.

— Quelle tristesse... Où trouves-tu la nourriture ? Y'en a déjà pas assez pour les hommes.

— Les VTP m'autorisent à récupérer les restes de la cuisine ou ceux du pavillon des vétérans. Mais c'est souvent insuffisant pour des chiens de cette taille. Ils n'ont pas demandé à venir ici, ces animaux. Nous devons en prendre soin.

— Pauvres bêtes. Si je peux, je t'aiderai en t'apportant des restes.

— Merci à vous, *commandante.* Dieu vous le rendra.

Je ne répondais pas à ce souhait, je préférais que Dieu ignore quels vilains desseins j'ourdissais grâce aux bons soins de ma sœur médecin et de ses complices, qui veillaient tous à approvisionner ma pharmacie de guerre avec une régularité de métronome. Parmi les drogues à ma disposition, des vraies, pas des contrefaçons en provenance du Sud-Est asiatique comme l'infirmerie de la prison en distribuait, il y avait un régulateur de tension, du L... 50. En grande quantité, puisque ma sœur en expédiait non seulement pour moi, mais aussi pour Tinte, Carlos Piccini, et précédemment pour Larry, avec la posologie à appliquer pour chacun de nous. La notice disait que le principe actif était du chlorhydrate de nicardipine, un vasodilatateur aux effets secondaires très intéressants : bouffées vasomotrices, céphalées, hypotension, nausées et vomissements, œdèmes des membres inférieurs,

1. « Poisson d'eau profonde », en chinois. Espion chinois particulièrement bien formé travaillant pour le Gonganbu – services secrets de la République populaire de Chine.

palpitations, syncopes, tachycardies, troubles cardiaques, thrombopénies, vertiges et j'en passe.

Dans les jours suivants, je confectionnais en secret des bonbons en forme de boulettes dont l'une d'elles renfermait 500 milligrammes de L… 50 mélangés à des restes de vieux poulet faisandé. Je les donnais à Chapito, qui les donna à deux des chiens, et j'attendis. Et j'attendis encore, presque désespéré. Rien ne se passant, j'en conclus que le L… 50 n'avait aucun effet sur les canidés et que je devais trouver une autre idée.

Deux jours passèrent et je repris mon observation du chenil en quête d'une solution pour endormir les canidés à coup sûr.

— El Negro est mort hier, me dit alors Chapito.

— El Negro ?

— Oui, le chien. Le gros noir.

— Ah, c'est la vie, Chapito. C'est la nature, on naît, on meurt. C'est ainsi.

— Amen, amen, me répondit l'ancien *sicario* aux douze victimes.

Je versais une larme hypocrite et rentrais dans ma cellule presque heureux. Je savais maintenant que je pouvais neutraliser tous les chiens le moment venu en triplant ou quadruplant la dose.

C'était la deuxième bonne nouvelle de la semaine. La première était que mon cher et indispensable P., l'homme aux semelles trouées, avait accompli à ma demande et avec succès une mission de première importance, trouver la fameuse Angélique Martin et récupérer chez elle tout ce qu'elle avait conservé des colis envoyés par ma femme. En gros, tout ce qui lui plaisait ou dont elle s'imaginait avoir besoin. Il y avait, dans le désordre, un costume neuf dont la veste avait été dégueulassée par on ne sait qui, le livre sur Churchill expédié neuf, mais qui semblait avoir été passé dans une machine à laver, deux cravates, des rasoirs, des flacons de mon eau de toilette préférée, de la lessive et d'autres petites choses.

P. m'en avait fait une liste, remise sous la table du réfectoire en frétillant de plaisir. En échange, je lui en avais transmis une autre. Rien que de l'essentiel :

– une batterie[1] de téléphone et des écouteurs pour mon nouveau téléphone ;

– des magazines de presse divers, magazines d'aviation, un magazine sur les automobiles de luxe (pour l'un de mes codétenus), deux ou trois magazines Sudoku grand format niveau douze/quinze ;

– une polaire verte marquée à mon nom, mise sous vide, dans une pochette plastique, deux ou trois paires de chaussettes de sport marquées à mon nom mises dans une pochette sous vide (j'avais froid).

Enfin, la journée s'était achevée sur une troisième bonne nouvelle, un appel de Larry. De retour dans sa maison de Houston, au milieu de sa famille, gavé de bonnes choses pour reprendre du poids et de médicaments pour se refaire une santé, il avait de l'émotion dans la voix pour me dire combien il pensait à moi. J'étais pourtant le premier à souffrir de ce coup de fil, car lui était libre. La conversation s'était achevée sur une promesse : tout comme Matthew, Larry affirmait s'engager à parler partout où il le pourrait pour dissuader les Américains de partir en vacances en République dominicaine.

Ni lui ni moi n'en voulions pourtant aux malheureux Dominicains qui travaillaient pour presque rien dans les faux hôtels de luxe de la République dominicaine. Nous savions combien ces emplois étaient importants pour leur survie mais, et nous en avions parlé, torpiller la première ressource de la République dominicaine était l'unique moyen à notre disposition pour tenter de faire pression sur un État qui ne

1. Il n'y a pas de prise de courant en prison, d'autant que les téléphones sont interdits. Pour les recharger, on fait appel à un *cargador*, un prisonnier haïtien prêt à s'électrocuter pour gagner 20 pesos par charge, et dont le métier est de connecter les batteries avec deux morceaux de fils électriques branchés sur les douilles des ampoules d'éclairage. Cela suppose que l'électricité fonctionne, ce qui est rare. En cas d'alerte, il lui appartient de tout démonter avant que les VTP ne découvre l'installation clandestine.

respectait rien, pas même son propre peuple. Nous regrettions d'ailleurs que les grands pays démocratiques, comme les institutions internationales et la presse, ne cherchent pas à aller voir par eux-mêmes l'envers du décor dans ce pays d'illusions.

Déjà, à l'époque du procès de Pascal et Bruno, la menace d'un boycott de la République dominicaine par le syndicat international des pilotes de ligne[1] avait ébranlé le pouvoir à Saint-Domingue. La presse s'était interrogée, les grands propriétaires de chaînes d'hébergement hôtelier avaient interpellé la présidence, Domínguez Brito et Milciades Guzmán avaient senti passer le vent du boulet. Cette menace n'avait malheureusement pas été suivie d'effets.

Dommage[2]. Car il suffisait de lire la presse locale pour comprendre que le peuple dominicain n'en pouvant plus de cette dictature[3] de la corruption, la moindre poussée un peu forte suffirait à lui rendre sa liberté, les vrais hommes honorables et compétents ne manquant pas pour reprendre les rênes du pays. À condition qu'ils sortent de prison.

Ce n'était pas gagné. Quelques jours auparavant, l'imposant Valerio, colonel de la police, et le fin Piccini, de l'armée de l'air, avaient failli en venir aux mains, et pas pour un prétexte futile. Le premier, grand admirateur de Che Guevara et pourfendeur attitré des démocraties occidentales, voulait imposer son point de vue très élogieux sur Cuba et le Venezuela au second, élevé aux États-Unis et disposant de beaucoup plus de recul sur la géopolitique latino-américaine. Deux hommes, deux colonels dont l'un se prenait pour un

1. Le 25 août 2015, l'IFALPA, la Fédération internationale des associations de pilotes de l'air, qui représente plus de 100 000 pilotes dans une centaine de pays, après avoir écrit à Domínguez Brito puis à Danilo Medina, avait rendu publique une lettre à ses adhérents leur demandant « d'être extrêmement prudents » s'ils devaient s'envoler pour la République dominicaine.
2. Le tourisme en provenance d'Amérique du Nord représente environ 1 million de personnes, le tiers des arrivées annuelles, derrière les 2 millions de Canadiens, qui sont les premiers en nombre de visiteurs.
3. Voir les nombreuses « marches vertes » qui se sont déroulées toutes les semaines à Santo Domingo en 2017, sous-estimées, sous-évaluées et parfois réprimées par l'administration de Danilo Medina.

général, deux points de vue, un seul décor, un couloir jaune blafard avec des cellules surpeuplées de part et d'autre, un seul destin, des années et des années d'enfermement durant lesquelles se disputer sur l'avenir de leur pays serait leur seule forme de liberté.

Le tout sous l'œil très intéressé de Francis Miguel Burgos, dit « Maté Coco » (« tronc de cocotier ») en raison de sa haute taille, près de deux mètres. Relativement bien éduqué pour un *sicario*, il réfléchissait beaucoup au sens des choses, ce qu'il aurait dû faire bien plus tôt. Entré très jeune dans l'univers du crime, la distribution et la vente de petits sachets de cocaïne, après avoir « trouvé » un pistolet Smith & Wesson et acheté des munitions auprès d'un « ami policier[1] », après avoir abattu quelques malheureux ayant eu la malchance de lui résister, toutes ses inhibitions étaient tombées et il avait défouraillé à tout-va. Il avait eu au moins une cinquantaine de victimes à son actif avant de tomber, en 2011, après en avoir fait une dernière, un avocat et homme politique célèbre, proche du président de l'époque, Leonel Fernández. Un peu choqué de se retrouver en prison (condamné à trente ans), il avait été encore plus déstabilisé par le dénuement inhérent à l'incarcération. Lui qui avait l'habitude de dépenser des fortunes *en la calle* se retrouvait les poches vides. Qu'à cela ne tienne, avec la complicité active de ses petites amies et à leurs généreuses cachettes naturelles[2], il s'était reconverti dans la vente de cocaïne à l'intérieur même de la prison. Avec naturellement la complicité de l'administration pénitentiaire « corrompue, du stagiaire au directeur ». Une administration organisant par ailleurs une vente clandestine d'alcool.

Incapable néanmoins d'imaginer passer trente années de sa vie derrière les barreaux, surtout ceux du QHS, il avait fait partie de la grande tentative d'évasion d'octobre 2014, celle qui avait fait six morts et onze blessés parce que leurs

1. 50 pesos (environ 1 euro en 2019) la munition.
2. Précis, Maté Coco affirme qu'un vagin peut contenir 150 grammes de coke et un anus jusqu'à 200 grammes. Prieto, le spécialiste, confirme.

acolytes avaient confondu les portes des deux prisons, celle des hommes et celle des femmes. C'est alors que Maté Coco, après douze mois de *plancha*, commença à réfléchir à un avenir plus paisible, « peu d'argent, mais la paix intérieure », et à *écouter* les discussions des prisonniers politiques, supposés avoir les pieds sur terre et être plus intelligents.

Le jour où il m'a vraiment épaté est celui où, à la suite du passage de l'ouragan *Maria*[1], nous avons reçu des centaines de noix de coco provenant des plantations dévastées. Alors que je me demandais comment les ouvrir, sans couteau ni marteau, Maté Coco a pris l'initiative de justifier son surnom à grands coups de mâchoires. Lui et quelques-uns parmi les détenus les plus jeunes ont entrepris de déchiqueter patiemment les coques épaisses avec leurs dents et ils y sont arrivés. Ce soir-là, j'avais dégusté avec reconnaissance quelques morceaux de pulpe de coco bien blanche, une véritable cure de vitamines, conscient de ce que je devais à ces mauvais garçons.

Ce souvenir agréable ne suffisait pas à me faire oublier la réalité, d'autant plus ignoble qu'après avoir été inondés par *Maria*, nous étions une fois de plus privés d'eau. Et ne pas avoir accès à l'eau courante, quand on est prisonnier, confiné à trois dans cinq mètres carrés, est une expérience à laquelle il est impossible de s'habituer. On peut y survivre, puisque Larry et moi avions résisté à deux coupures exceptionnelles, la première ayant duré vingt et un jours et la seconde trente-trois jours. En situation normale, nous n'aurions pas pu survivre sans le dévouement de nos *rasos* qui tous les jours allaient vider et nettoyer nos seaux on ne sait où et nous rapportaient, quand il y en avait au *colmado*, des petites bouteilles d'eau potable. Trente jours, ou même quinze sans pouvoir boire de l'eau saine en quantité suffisante, sans pouvoir s'hydrater en s'humectant ou en s'arrosant, et cela devient rapidement l'enfer. Au départ, nous tentions tous de nous adapter à ce rationnement d'eau potable et d'eau courante (car évidemment tout arrivait en même temps), mais rapidement le

1. 20 septembre 2017.

manque d'eau devenait une obsession au fur et à mesure que gagnait la déshydratation invisible du corps. Ne plus pouvoir aller aux toilettes est une torture. L'atmosphère devient irrespirable en quelques heures. Puis viennent les premiers symptômes au bout d'une semaine, avec une vie de plus en plus ralentie, le manque de dynamisme, la peau qui perd de sa souplesse, l'insuffisance rénale qui se traduit par des urines sombres ou sanguines. Beaucoup n'ont plus la force de se lever. Les méninges, qui souffrent probablement du stress hydrique, nous abandonnent. Les hommes deviennent fous et adoptent des comportements irrationnels, passent le temps à écouter leur rap latino à toute puissance sans se soucier de leurs voisins. Les conflits éclatent. Les détenus crient, chantent n'importe comment des chansons qui n'ont de sens que pour eux. Certains remercient Dieu pour cette épreuve qui met à l'épreuve leur foi, d'autres considèrent que c'est là une punition divine. Ils n'ont plus la force de se battre, mais ils restent dangereux les uns pour les autres. Ces pénuries, voulues ou non par l'administration pénitentiaire, tombaient toujours en période de fortes températures. Périodes terribles dont mon corps conservera bien malgré moi quelques stigmates.

L'eau était bien notre problème principal. Même en situation normale, les petites bouteilles étaient toujours en nombre insuffisant étant donné la température épouvantable qui régnait dans les cellules. Quand le manque d'eau potable se conjuguait avec les coupures d'eau courante, sans compter les coupures d'électricité synonymes d'arrêt des ventilateurs, nous étions proches de l'enfer. Nous avions deux trucs pour ne pas mourir de déshydratation. Le premier était de prier, après avoir étudié la météo (un domaine que je maîtrise raisonnablement), pour qu'il pleuve sur la prison et en profiter pour remplir nos seaux, oui, toujours les mêmes seaux. Inconvénient, cette eau gratuite, ce manque à gagner, mettait les VTP dans une telle rage qu'ils passaient régulièrement après l'averse pour renverser nos seaux à grands coups de talon. Mieux valait s'être largement désaltéré avant leur passage. La seconde astuce était d'avoir recours à des bouteilles vides dans lesquelles je tentais de récupérer l'eau de condensation coulant sur la façade des téléphones portables orientés à l'aube vers la brise du soleil levant. On pouvait y recueillir quelques symboliques gouttes de rosée, bienvenues mais insuffisantes après des nuits qui nous laissaient exsangues, sans force ni volonté. Il ne s'agissait bien sûr que d'un pis-aller métaphorique, mais la capture d'une seule goutte d'eau était vécue comme une victoire morale essentielle contre l'adversité, suffisante pour trouver l'énergie d'écraser quelques cafards. Disons un dans le meilleur des cas, deux si la chance nous souriait.

Mais les hommes les plus fragiles s'évanouissaient parfois et je voyais bien que ce n'était pas une perte de connaissance feinte. Transférés à l'occasion dans notre ersatz d'infirmerie, ils avaient généralement droit à une bouteille de Coca-Cola ou à une Présidente[1], puis réintégraient la *maxima* (notre QHS) le soir venu pour y être à nouveau enfermés. Il m'est arrivé de me demander comment j'arrivais à survivre dans cet environnement et tout de suite l'espoir d'une évasion réussie surgissait pour justifier mes efforts.

Je sentais instinctivement que je devais accélérer mes préparatifs. Des mouvements de personnel avaient eu lieu à l'ambassade, l'ambassadeur et le consul avaient été remplacés. Les nouveaux venus, tous charmants et très aimables, auréolés du principe de précaution absolue, tenaient visiblement à se débarrasser de mon cas sans entrer en opposition ou en conflit avec qui que ce soit. J'étais un obstacle médiatiquement dangereux pour la poursuite de leurs petits arrangements avec la République dominicaine, ses militaires, sa justice, la DNCD, la DNI et la DICAN. Que sais-je encore ? Ma seule présence à Najayo les empêchait de dormir en paix. Je ne les plaignais pas, étant donné que moi, je dormais à peine.

1. La Présidente est une bière blonde à fermentation basse typique de République dominicaine. Elle contient 5 % d'alcool.

La communauté française installée sur l'île venant régulièrement me rendre visite, sans que l'ambassade en soit informée, chacun me rapportait à sa façon avec discrétion ce que disait l'ambassadeur dans mon dos, et surtout ce qu'il ne disait pas. Ainsi, j'appris un jour que, s'adressant publiquement à nos compatriotes lors de la fête nationale, il reconnut à demi-mots qu'il allait falloir s'interroger sur l'instabilité judiciaire de la République dominicaine et, en aparté à quelques-uns, que j'étais effectivement quelqu'un d'honnête, victime collatérale des relations artificielles existant entre les deux pays. Mais exiger ma libération, c'était rompre les chétives coopérations existantes.

De l'autre côté de l'Atlantique, mon comité de soutien adoptait un fonctionnement chaotique. Une présidence bicéphale rejetée par l'énorme majorité des personnes me soutenant, des sociétaires désunis et désinformés, des interventions non coordonnées. J'étais soit un faire-valoir politique, soit un boulet dont il fallait se débarrasser. Comme ma famille, hypnotisée par les avocats, l'idée que je puisse revenir rapidement après avoir signé un aveu de culpabilité, même contre mon gré, leur semblait être une excellente solution pour en finir avec toute cette histoire. Ils fatiguaient. Ils avaient tort.

Quant à ces fameux avocats – après que j'avais dû rompre avec Dupond-Moretti et Antoine Vey, qui me faisaient attendre depuis des mois alors qu'ils devaient déposer une plainte à l'Onu contre la République dominicaine – malgré leurs dénégations ils n'avaient toujours rien compris au fonctionnement de la justice de ce pays. La meilleure preuve en étant que la *procuraduría*, donc Domínguez Brito et Milciades Guzmán, avait selon la presse locale réintroduit au tribunal un projet d'accord rejeté une première fois par une juge nommée Kely Romero Severino. Un projet dont je ne connaissais évidemment rien, mais dont je devinais que sa rédaction, sa certification par une flopée de fonctionnaires armés de tampons avaient permis à la République dominicaine de gagner progressivement quelques semaines, puis quelques mois encore, tout en permettant aux paillasses de

Saint-Domingue d'afficher leur prétendue bonne foi. « La procédure suit son cours », pouvaient-ils répéter en permanence, alors que j'en étais à mon cinq cent cinquante-sixième jour de détention arbitraire, alors que l'on promettait de me libérer dans les deux mois pourvu que je respecte la justice dominicaine et surtout que je le dise à la télévision. Cela s'appelle des excuses publiques. Dix-huit mois d'emprisonnement illégal dans des conditions terribles. Tout ça non pour l'honneur d'un prétendu État de droit, mais pour le plaisir narcissique de quelques fonctionnaires pervers ravis de s'afficher comme des égaux vis-à-vis de la France.

Il m'arrivait de me demander comment les ministres des Affaires étrangères se succédant au Quai d'Orsay, l'un des ministères les plus puissants de la République, supportaient que cette honte soit vécue par leurs services, puis je renonçais face à la vacuité des réponses que j'imaginais. C'est ce que la nouvelle vice-consule de l'ambassade m'avait confirmé en venant livrer mes médicaments et en me remettant une lettre signée par Laurent Pic[1], le chef de cabinet du ministre en fonction. Il y était précisé noir sur blanc que l'intervention du MAE se ferait dans le strict respect de l'indépendance de la justice dominicaine. Dix-huit mois de prison pour lire ça ! Le MAE ignorait donc que les clés de l'indépendance de la justice dominicaine se trouvaient quelque part dans les jungles de Colombie ou d'Équateur, là où est produite la

1. Laurent Pic, chef de cabinet du ministre des Affaires étrangères, a pu réaliser au cours d'un déjeuner au printemps 2016 avec le sénateur Olivier Cadic que son cabinet avait été désinformé par un télégramme diplomatique de mars 2013 inspiré du rapport initial mensonger de Michel Segura. Ce document présentait Pascal Fauret et Bruno Odos comme coupables, une version que les ambassadeurs Blandine Kreiss et José Gomez ont reprise de bonne foi, satisfaits de ne pas bousculer leur tranquillité. Eux coupables, je devenais théoriquement complice de narcotrafiquants, une situation que le chef de cabinet a bien évaluée comme incohérente à la suite de sa rencontre avec le sénateur Cadic. Laurent Pic sera nommé ambassadeur du Japon en 2018. Il aura la malchance d'être en poste quand les autorités judiciaires japonaises décideront d'incarcérer Carlos Ghosn, immense capitaine d'industrie représentant le groupe Renault-Nissan. Par chance, M. Ghosn quittera le Japon en décembre 2019 pour fuir l'injustice.

cocaïne qui transite par les plages où la présence des touristes sert de couverture économique au trafic ?

Il n'y a pas de pire aveugle que celui qui ne veut pas voir. Personne, au moment du procès des quatre Français, ne s'était posé la question de savoir d'où provenaient les 700 kilos de cocaïne prétendument saisis, ni à qui ils étaient destinés[1]. Ni pourquoi il n'y avait eu aucunes représailles de la part des vendeurs lésés ou des acheteurs, alors qu'en général la disparition de seulement 100 grammes de poudre se traduit par des exécutions savamment mises en scène[2].

Je me souvenais que les avocats de Bruno et Pascal, Éric Dupond-Moretti et Antoine Vey, avaient pointé du doigt le fait que, sur les uniques photos de cette prétendue saisie, on pouvait distinguer les marques d'au moins trois cartels différents imprimés sur les paquets supposés contenir la drogue. Comme si les mafieux avaient groupé leurs envois. Pour faire des économies sur le transport ?

Il n'y avait décidément rien à attendre du MAE : c'est ce que m'a confirmé mon avocat dominicain, Miguel Valerio, à la veille de demander une énième remise en liberté, une

---

1. J'ai pu rencontrer Arias, capitaine d'un navire de pêche intercepté en 2017 sur une plage dominicaine à son arrivée avec quelques centaines de kilogrammes de cocaïne. Incarcéré avec tout son équipage en *maxima seguridad* à Najayo, c'était une personne très réservée. Après avoir gagné sa confiance, il finit par me confier qu'il connaissait parfaitement les dessous de ce que l'on appelait *el caso* « Air Cocaïne ». Sa connaissance de certains détails du dossier ne laissait pas trop de doutes. Il m'expliqua alors que Castany et Pisapia devaient convoyer 500 kilos de cocaïne, 250 vendus par la DNCD et la *procuradoria*, provenant d'une saisie ayant eu lieu trois semaines auparavant, et 250 kilos vendus par un *narco*. Toujours selon lui, cette drogue prétendument détruite a été revendue quinze jours plus tard à un cartel new-yorkais. Il n'y a donc pas eu de préjudice pour les vendeurs. Afin de se crédibiliser aux yeux des autres pays et de déjouer la surveillance de la DEA, la DNCD a pour habitude de gonfler les chiffres des saisies réalisées.

2. Au prix de gros non coupé, le kilo de cocaïne vaut environ 8 000 dollars dès qu'il touche la côte dominicaine. La drogue est généralement vendue *cortada*, c'est-à-dire avec 25 % de cocaïne pure. 1 kilo devient donc 4 kilos. Le quart de gramme étant vendu 200 pesos (4 dollars), le gain final estimé au détail est de 60 000 dollars environ, dont la moitié pour le vendeur.

procédure automatique en République dominicaine après dix-huit mois d'emprisonnement sans procès.

— Je n'ai pas arrêté de solliciter l'aide et l'appui de l'ambassade en lui ouvrant mes dossiers, m'avoua-t-il, mais on ne me reçoit même plus. Cela n'intéresse plus personne.

— Et si la demande de remise en liberté ne marche pas ?

— Nous irons en appel.

Autrement dit, encore de longs mois de prison en perspective, le temps que « la justice suive son cours ».

— Que veux-tu ? ajouta-t-il, je n'ai aucun appui de ton ambassade.

— Je sais. L'appui dépend de l'équipe en poste, de l'intérêt du chef de poste sur un tel dossier, à savoir l'ambassadeur, de l'avis de l'attaché de sécurité intérieure, de l'analyse du bureau Amériques/Caraïbes au Quai, du climat politique, et probablement de la vitesse du vent au sommet de la tour Eiffel. Y a-t-il pour tous ces gens un intérêt personnel ou professionnel à se fâcher avec les Dominicains ? Non. Ce n'est pas l'école de la diplomatie française. Nous portons la marque maudite des anciens pays colonisateurs, ce qui nous paralyse et que nous n'assumons pas.

Je savais que Miguel avait fait le maximum depuis 2016, mais que progressivement il baissait les bras, ce que je peux parfaitement comprendre. Comment faire face à une telle adversité ? Il observait impuissant la transformation de son pays en *dictablanda*, le recul économique, et surtout, pire, la montée de la compromission politique.

Cette même semaine, ma sœur avait directement appelé l'ambassade pour les implorer d'agir et cela s'était fini par un cri : « Votre boulot est de faire revenir Christophe en France ! » Un cri dans le vide, comme d'habitude. De l'énergie dépensée en pure perte.

Un peu comme quand j'essaye d'enseigner le français à mes codétenus, une fonction que j'ai accepté d'occuper en pure perte, pour me passer le temps. Et le leur. Ils me préféraient, moi le *frances*, dans le rôle d'écrivain public, bien que pas de langue maternelle hispanique. Des demandes de visite pour l'administration aux lettres d'amour à des dulcinées toutes aussi illettrées que leurs amoureux transis, et je leur faisais profiter pour quelques pesos de ma « belle écriture », comme ils disaient. Ceux-là au moins sauraient me protéger si j'étais menacé par l'un des fous qui partageaient notre espace.

Un fou comme Bonilla par exemple, un quadruple assassin au visage à moitié ébouillanté sur le côté droit, ce qui donnait à sa face noire un aspect effrayant, surtout quand il esquissait un sourire. Bonilla faisait partie des *ranas*, les prisonniers qui travaillaient pour les autres. Un matin, en hurlant, comme tout le monde ici, il s'est présenté pour nous vendre de la lessive. Manque de chance pour lui, j'ai tout de suite repéré le bleu de ma lessive, un bleu unique. Cette poudre m'avait été volée par un autre *rana*, Wincho, mon homme de ménage. Nous avons échangé quelques mots, des insultes en fait, lors d'un bref échange conclu par cette phrase que je ne supportais pas :

— Je fais ce que je veux ici. C'est mon pays.

Sans réfléchir, en deux temps, trois mouvements, je lui ai balancé ma chaise dans la figure et l'ai poussé à terre avant de lui bloquer la trachée avec le dossier. Le tout sous les applaudissements des autres détenus. Il n'a pas insisté, il venait de comprendre, lui et ceux qui m'en voulaient pour une raison ou une autre, que je serais défendu en cas de nouvelle provocation. Coup de chance pour moi, je n'avais pas cassé ma chaise. Pas cette fois.

Une chaise qu'il m'arrivait pourtant d'avoir envie de briser, sur les crânes coriaces des fonctionnaires de la justice dominicaine et de ceux des ronds-de-cuir du MAE, qui appliquent un processus identique pour tous les détenus français aux mains d'une justice étrangère. Surtout, pas de différence dans le traitement. Un principe jacobin domine : tout Français incarcéré à l'étranger est automatiquement considéré comme coupable par les Affaires étrangères, quelle que soit la réalité des faits. L'individu et sa famille devront se contenter de la formule politiquement très correcte « d'assistance consulaire ».

Certes, la personne est automatiquement sacrifiée à la raison d'État, mais que diable, sur les pays non européens ou non occidentaux, cela concerne seulement quelques centaines d'individus par an. Négligeable. Pour les Affaires étrangères, c'est plus simple, et plus confortable à traiter. Surtout, sans danger pour qui que ce soit.

Pour moi, la situation était compliquée. Le nouvel ambassadeur José Gomez et ses relais parisiens insistaient pour que je signe une reconnaissance de culpabilité, quitte à être l'objet du déshonneur national dès mon retour. Ne pas signer, c'était renoncer à l'assistance consulaire et à son appui. Je ne pouvais pas leur en vouloir, car même mon nouvel avocat, Me Stephen Monod, introduit auprès du comité de soutien par mon copain Jean Serrat, conseil qui venait de reprendre mon dossier derrière Dupond-Moretti et Vey (que je n'intéressais plus), plaidait en faveur d'un accord de transfèrement rapide accompagné d'aveux. Devrais-je admettre également l'assassinat de Kennedy ?

— Votre prétendue culpabilité est un détail que nous résoudrons plus tard, me dit-il.

Facile à dire. Vivre coupable est un traumatisme, surtout quand les mystificateurs se plaisent à accoler à votre nom le mot « stupéfiants », une infamie malveillante qui ne doit rien au hasard. Ils savent parfaitement que dans notre monde vertueux, l'accusation vraie ou fausse vous condamne moralement avant même que votre culpabilité ne soit démontrée. En attendant, je mesurais fort bien la détresse de ma famille, qui avait peur pour ma vie. Mais j'avais eu pour exemple durant plus de mille jours la souffrance des familles de Bruno et de Pascal, avant qu'ils ne regagnent la France dans les conditions que l'on sait, ce qui me faisait relativiser ma propre affliction.

C'est aussi ce que mes interlocuteurs de la nuit me disaient, en ajoutant que cet avocat promettait de lancer une vaste offensive juridique contre la République dominicaine dès que je serais de retour en France.

J'essayais de résister à cette offre, enfin une nouveauté – mais les images de Matthew, puis de Larry quittant le QHS, désormais libres, chez eux, en famille, dansaient jour et nuit devant mes yeux, qu'ils soient ouverts ou fermés. Ces visions d'un monde ordinaire, d'une vie confortable redevenue normale, de douches chaudes le matin m'affaiblissaient. J'imaginais reprendre mon travail avec mes chers collègues, conduire sur les routes ensoleillées de France, déguster un bon burger en Floride, des croissants à Paris, une virée en voilier au large de l'île de Ré, une approche de nuit sur La Rochelle, une partie de golf avec mes amis. Je sentais bien que mes convictions fondaient au fur et à mesure que les jours passaient et que mes forces m'abandonnaient.

À chaque fois que je disais non, je savais que je devrais retourner au quotidien du QHS, aux fouilles, aux humiliations, aux cadenas qui se fermaient sur mes envies d'aller et de venir, aux coupures d'eau et aux seaux en plastique qu'il fallait remplir honteusement, à la crasse et à la stupidité, aux rats et aux cafards, sans oublier les fourmis, les mouches et les moustiques…

Ma famille me manquait terriblement, elle avait besoin de moi, je le savais. Je n'étais néanmoins pas encore au point de succomber. Sans répondre ni oui ni non à cette dernière proposition, j'insistais pour que des plaintes soient déposées le plus rapidement possible, à tous les niveaux possibles, auprès de la Cour interaméricaine des droits de l'homme comme devant la Cour européenne des droits de l'homme. Je savais que mes précédents avocats avaient déjà rédigé un texte dans ce sens, mais que celui-ci n'avait jamais quitté leur bureau. Il suffisait de le recopier et de le poster.

Mais la seule, la bonne, l'unique solution, c'était l'évasion. Un soulagement pour moi, une très bonne chose pour la France[1], qui ne serait pas obligée d'avaliser une décision judiciaire aussi absurde qu'injuste, et ce serait surtout une grande

1. Malgré ma colère contre la France, sa justice et sa diplomatie, il m'arrive d'être obligé de soutenir ma patrie jusqu'aux bouts des orteils. J'estime que l'image de mon pays n'a pas à souffrir des lâchetés ou de la démission de sa gouvernance.

baffe à la République dominicaine, une fois de plus humiliée mondialement. Penser à m'évader me regonflait, physiquement et moralement. Et je me voyais déjà, à Paris, fort de ma nouvelle notoriété, dénoncer publiquement les mystifications d'un régime où les deux tiers des officiers de police sont autorisés à tuer impunément, à travailler équipés de leur arme de service pour des firmes privées ou, pire, comme gardes du corps d'individus douteux. J'aurais aimé aussi dénoncer une justice qui en 2005 avait libéré 54 policiers, dont les responsables avaient été reconnus coupables d'avoir gardé pour eux 365 véhicules de luxe, sous prétexte qu'il était « dans la culture dominicaine » de confisquer les biens volés[1].

Je m'imaginais dénoncer à la face du monde une justice où toutes les bidouilles pour retarder l'ouverture d'un procès, de la perte des actes d'accusation, excuse fréquente, à l'intimidation des juges, sont légales.

Je rêvais enfin de comparer publiquement le sort des prisonniers français abandonnés par leur gouvernement et celui des prisonniers britanniques, canadiens ou américains, secourus par leurs pays respectifs, des pays puissants qui se moquent totalement de la respectabilité factice de la justice dominicaine parce qu'ils savent à quoi s'en tenir.

Pauvre petite France, si mal informée. Nos services de renseignements seraient-ils aussi déficients ? Non, je suis bien placé pour savoir que le problème n'est pas là. C'est tout simplement que le renseignement n'est pas toujours pris en compte par certaines administrations qui s'autocensurent, gèrent les susceptibilités internationales en fonction de leurs propres tropismes politiques. Mettre en cause la République dominicaine, un pays situé dans les Grandes Antilles, pourrait fortement froisser bon nombre de nos compatriotes issus de l'Arc caraïbe. Alors on ferme les yeux et on s'interdit toute critique objective de peur qu'elle soit mal interprétée.

1. *Justice System in the Dominican Republic*, Schwartz Research Group. https://timothyschwartzhaiti.com/.

Même les prisonniers dominicains coupables et extradables vers les États-Unis jouissent de plus de faveurs qu'un innocent français. Quatre d'entre eux, je devinais qui, ayant envoyé des photos de leurs cellules et du QHS à l'ambassade des USA, avec les fameux téléphones portables qu'il était interdit de posséder, ont déclenché l'alerte rouge à Najayo.

Pendant des heures et des heures, nous avons guetté en vain l'arrivée de VTP déchaînés prêts à tout pour trouver ces téléphones et faire main basse, par la même occasion, sur tout ce qu'ils pourraient s'approprier. Je ne risquais rien. Mon téléphone, dissimulé dans une bouteille de shampoing truquée, était indétectable, et mon argent, attaché à l'intérieur de mon pantalon, celui avec lequel je dormais et que je ne quittais jamais, était en sûreté.

Pendant ces longues heures d'épouvante, la simple idée des VTP débarquant en force à notre étage n'ayant rien de réjouissant, nous avons tremblé. Inutilement, l'administration pénitentiaire préférant jouer la carte de la prudence et se préparer à une inspection surprise d'ambassadeurs outrés. Miraculeusement, des peintres et des maçons ont été envoyés en urgence pour donner un coup de jeune à nos quartiers, et nous avons vu éclore sous l'escalier des pancartes hilarantes, comme «*por fabor no rinarse hay*», du très mauvais espagnol phonétique pour «*por favor no urinarse aqui*», ce qui signifie «s'il vous plaît ne pas uriner ici».

Classe, non? Nous étions désormais (presque) aux standards d'un établissement pénitentiaire de classe internationale. À un détail près: quatre-vingt-dix pour cent des détenus étant analphabètes, ces bouts de cartons aux couleurs vives ne pouvaient que les amuser. Pas les informer.

Qu'importe, seul comptait décidément pour moi mon projet d'évasion. Parfaitement au point, désormais. Un plan secret, connu de moi seul, et qu'il ne tenait qu'à moi d'appliquer.

D'un autre côté, mon évasion se traduirait immédiatement par l'émission d'une notice rouge, une vraie celle-ci, qui me bloquerait définitivement dans l'Hexagone jusqu'au jour où

Milciades Guzmán, toujours prêt à laver son honneur dans le sang des autres, me ferait exécuter par un *sicario* de ses connaissances, un soir, du côté de la place Balard.

Ces réflexions me tournaient encore dans la tête le jeudi 26 octobre 2017, journée la plus horrible de mon existence. Transféré une nouvelle fois au palais de justice, dans une salle isolée, sans témoins, je devinais que le piège venait de se refermer sur moi. Miguel Valerio était présent, son projet d'accord à la main. Je remarquais que pour la première fois les UTAR se tenaient à l'écart et que Guzmán me souriait presque. Il était évident qu'on allait me présenter une nouvelle fois ce maudit projet d'accord et qu'ils se demandaient si j'allais le signer.

De leur point de vue, ma signature était essentielle puisque, selon leurs propres lois, j'avais dépassé de quatre-vingt-dix jours la durée maximale d'emprisonnement préventive en République dominicaine (six cent trente jours de détention arbitraire !) sans avoir été accusé de quoi que soit. Ce qui les obligeait, en principe selon le droit dominicain, à présenter leurs preuves de ma culpabilité pour me garder en prison. Eh oui ! De reports en reports, d'absences en excuses, de pannes de véhicules en convocations erronées, j'étais enfermé depuis vingt mois sans que l'on m'ait annoncé officiellement de quoi j'étais accusé. Et cela ne choquait personne. Ni la justice dominicaine, ni mon ambassade, ni ma défense française.

J'étais bien placé pour savoir qu'ils ne disposaient pas de ces prétendues preuves[1] puisqu'elles n'existaient pas. Je savais aussi très bien qu'il suffisait pour eux de présenter n'importe quel bout de papier pour lancer un processus de procès qu'ils pourraient faire durer pendant des années. Ils n'attendaient que cela. Des années sans que je sois jugé et remis en liberté, des années perdues entre les quatre murs de Najayo, des

1. Rappelons que j'étais accusé de trafic de migrants (quels migrants ?), trafic d'êtres humains (quels êtres humains avaient souffert d'un trafic de mon fait ?) et d'association de malfaiteurs dans le cadre d'un trafic international de stupéfiants (quels malfaiteurs et quels stupéfiants ?).

années supplémentaires de souffrances inutiles pour moi et pour mes proches. Voilà ce à quoi la diplomatie française contraint ses compatriotes incarcérés à l'étranger dans les pays d'un autre droit !

Pour nos ronds-de-cuir parisiens dénués d'empathie – pas tous évidemment –, accepter l'indignité et procéder à un transfèrement judiciaire est un processus administratif mécanique facile qui satisfait tous les camps sauf celui des accusés ; surtout quand ils sont innocents.

Nous étions donc à un moment clef et j'essayais de penser vite. Mon avocat français s'entretenait en vidéoconférence avec Miguel Valerio quand le juge Vargas, surnommé « Satanas », a fait son apparition. Le même Vargas qui, six cent vingt-neuf jours auparavant avait reconnu n'avoir aucun motif de me garder, mais qui pourtant m'avait envoyé en prison. De quoi serait-il capable, cette fois ?

J'ignorais si Miguel Valerio avait été menacé, comme cela avait été le cas après la première audience de mise en détention, au point qu'il avait dû louer les services de gardes du corps pendant quelques semaines, mais il m'expliqua rapidement les enjeux de cette nouvelle audience.

Pas de signature signifiait des mois et des mois de prison en attente d'un hypothétique procès ; une signature, et j'étais certain de sortir rapidement de Najayo. Mes jambes vacillaient, ma tumeur se faisait douloureuse et je savais qu'en rentrant je serais immédiatement diagnostiqué et soigné. José Gomez, notre ambassadeur, toujours pressé de me voir quitter son champ d'action diplomatique, s'était rendu en personne à la *procuraduría* pour rencontrer le tout-puissant procureur général Domínguez Brito et, faute d'avoir été reçu, avait été autorisé à laisser « à Son Excellence » un mémo lui expliquant qu'un petit fonctionnaire français, le président de la République, appuyait l'accord de transfert entre les deux pays[1]. Entre la très grande et merveilleuse République dominicaine et ce petit pays du bout du monde, la France.

1. Il s'était fait jeter comme un malpropre.

Tout était en place pour en finir. Ne manquait que ma signature.

On évoque les preuves. Je sais qu'il n'y en a pas, pourtant Guzmán exige un CD correspondant à une conversation sur RTL entre Marc-Olivier Fogiel, le sénateur Olivier Cadic et moi-même. « Il a avoué, hurle-t-il ! C'est sur le disque ! » Personne n'entendra évidemment l'interview ni sa traduction. Seconde preuve qui m'étourdit instantanément : « Le narcotrafiquant Castany, condamné à vingt ans, a témoigné contre l'*interno* Naodine, et Castany affirme que Naodine est le chef du réseau de narcotrafiquants français, venu chercher ses complices pour qu'ils ne parlent pas ! C'est la raison pour laquelle il a organisé l'évasion des deux pilotes, les deux autres Français ayant refusé de les suivre. » Je ne m'y attendais pas. Je me retourne aussitôt vers mon avocat, Miguel Valerio, puis vers les deux représentants de l'ambassade de France :

— D'où viennent ces c… ?

— Pas grave, pas grave, répondent-ils précipitamment, tous en chœur, craignant que je n'interrompe Guzmán en pleine plaidoirie et que je ne signe plus l'accord. On verra cela plus tard…

Décidément, Castany possède bien des ressources en abjection qui dépassent la bassesse commune. Je comprends qu'il ait pu échanger son témoignage à charge contre un quelconque avantage auprès des Dominicains. Alain Castany, l'homme clef de cette affaire dite « Air Cocaïne », celui sans qui cette histoire n'aurait jamais existé, se révèle pire que ce que l'on pouvait imaginer.

Il y en avait un, dans cette salle, qui était au courant de tous ces détails et comprenait parfaitement les tenants et aboutissants de cette réunion : l'âme damnée de Domínguez Brito, l'écumant rabougri à barbichette en robe noire et pompon arrogant, Milciades Guzmán. Lui jouissait visiblement, en brandissant à bout de bras l'accord qu'il voulait me voir signer, un accord en culpabilité pour un homme qui n'avait été jamais accusé. Du jamais vu, même pour cette baudruche dégoulinante de haine antioccidentale qui s'empressa d'énoncer, en hurlant toujours, en bavant presque de joie, les différents items de cet accord. Non seulement, en signant, je reconnaissais ma complicité de narcotrafiquant, plus le trafic d'êtres humains, mais en plus j'abandonnais toute possibilité de recours contre ces fantoches. Je ne pouvais pas faire appel, je ne pouvais contester la décision du tribunal devant aucune juridiction, qu'elle soit dominicaine, française ou internationale[1], je ne pouvais attaquer ni un fonctionnaire ni l'État dominicain. Et, cerise sur leur gâteau, j'avais besoin de leur permission pour finir de purger ma peine de prison en France.

J'étais estomaqué, c'était une capitulation en rase campagne. Waterloo. Ou juin 1940. J'étouffais, j'avais envie de vomir, conscient de l'injustice de la situation, pétrifié à l'idée de ce qui m'attendait si je ne signais pas. Matthew et Larry pouvaient faire confiance à leur gouvernement et signer n'importe quoi, sûrs et certains que leurs pays seraient derrière eux pour les rapatrier, pas moi. Je n'avais plus aucune confiance en ce pays que j'avais servi tant d'années, j'avais touché du doigt sa diplomatie souvent veule, j'avais pu constater son manque de crédibilité internationale, même face à des guignols aux robes noires parsemées de grains de poudre blanche. Une fois de retour en taule, j'étais certain que l'ambassade m'oublierait.

— Signez, signez, me disaient mes avocats, pressants, comme si cette signature était le seul moyen de me sortir de là, grâce à une clause secrète connue d'eux seuls.

Je n'avais aucune raison d'avoir confiance en eux non plus. Ni en Catherine D., une amie personnelle, qui n'avait rien fait en son nom propre pour défendre ma famille en mon absence (pire, elle a même fait l'inverse de ce que je lui demandais !), ni en Franck Berton, constamment injoignable, ni en Éric Dupond-Moretti et Antoine Vey, qui n'ont jamais le temps et qui sont certains d'adopter la bonne stratégie. Cela faisait maintenant presque deux ans que ni les uns ni les autres ne

1. Dingues certainement, mais pas si fous que ça, les Dominicains !

m'écoutaient plus. Et ils avaient tort. Ils ont toujours eu tort, car ils ont voulu résoudre cette crise sur le plan juridique, alors qu'il aurait fallu la résoudre politiquement, par une communication très agressive. Ils n'en faisaient qu'à leur tête, comme beaucoup d'avocats, et j'en étais las. En signant, je leur rendais service, ils n'avaient plus à se préoccuper de moi. Miguel, mon avocat dominicain, après avoir touché un pactole qu'il estimait justifié, pouvait s'en laver les mains. Me Monod pouvait se féliciter d'avoir participé au processus légal permettant mon retour en France, mais lui au moins n'avait pas eu d'autre choix que de poursuivre ce que Dupond-Moretti et Vey avaient initié contre ma volonté. On ne peut donc pas le lui reprocher, sachant qu'en plus il avait eu du mal à récupérer mon dossier auprès de ses confrères. La France avait peut-être voulu compenser diplomatiquement l'exfiltration réussie de Bruno et Pascal, alors qu'en fin de compte, ce sont les Dominicains qui avaient obtenu tout ce qu'ils voulaient. Mon retour en France s'annonçait un désastre absolu.

Je regrettais, et je regrette toujours, et je maintiens que ce fut une erreur, que mon avocat français n'ait pas déposé les plaintes que je lui avais demandé de déposer à l'ONU contre la République dominicaine. Elles auraient instillé un doute sérieux dans la magistrature française et dans le processus judiciaire. Je serais rentré certes coupable, mais avec la preuve que toute cette affaire n'était qu'une mystification organisée par une narcodictature. J'avais donc une fois de plus été trahi et abandonné.

C'était à pleurer. Seules ces plaintes pouvaient pousser le gouvernement dominicain à négocier. Car je sais, pour fréquenter le secteur depuis quelques années, que ses responsables ne craignent que le bâton politique et la perte de leurs visas US ou Schengen. Sans ces plaintes, la justice dominicaine n'en a fait qu'à son bon gré.

Et finalement j'ai signé, non sans me demander si je ne faisais pas la plus grande connerie de ma vie. J'étais seul contre tous. Il n'y avait pas eu de débat et encore moins de début de procès.

Mes prédateurs sont partis déjeuner, je me suis écroulé sur mon banc, ignorant que le pire était encore à venir. Ils sont en effet tous revenus après les crèmes glacées et les cafés, avec une petite surprise : la presse. Leur victoire se devait d'être éclatante, elle ne l'aurait pas été sans les caméras de télévision. Cette après-midi fut le moment de gloire de ce diabolique Satanas qui porte trop bien son nom. Lui et Guzmán s'étaient rendus coupables d'arrestation illégale, de mise en détention arbitraire par personne dépositaire de l'autorité publique, de complicité d'extradition illégale et ils étaient, par magie, grâce à moi, blanchis. Depuis que j'avais signé, on ne pouvait plus rien leur reprocher.

Alors Guzmán s'est lâché. Pendant une bonne heure, en valet servile du régime, il a chanté bêtement les louanges de ses patrons et la grande sagesse de la justice dominicaine, puis il a affirmé avoir pris connaissance de toutes les preuves avant de décider que si mes crimes méritaient une peine de deux à cinq ans de prison, cinq ans, le maximum, lui paraissait un temps approprié.

— Reconnaissez-vous les faits, Naodine ?

Je lui répondis prudemment en français :

— J'admets avoir signé cet accord aujourd'hui.

Ce que le traducteur agréé par la *Corté suprema* (Cour de cassation dominicaine) traduisit précipitamment par « Oui, je reconnais ».

La subtilité de mes précautions oratoires ne servait à rien. J'ai eu la vanité de penser que mon propos serait rapporté tel que je le formulais, eh non ! Ils me prenaient pour un crétin. Je n'ai même pas eu le courage de rectifier la traduction scélérate, un peu plus, un peu moins, vanité et naïveté.

Le coup de tampon a été immortalisé par les photographes, et c'était fini. Pour le peuple dominicain, je devais rester coupable à jamais. Les UTAR s'apprêtaient à me reconduire à Najayo, enchaîné à quatre autres bougres miséreux. Mon avocat avait disparu, j'avais encore l'impression d'avoir été trahi, et je ne digérais pas la victoire dominicaine.

— Naodine, tu vas rentrer direct en France…, m'a dit Madé, un VTP d'UTAR, avant d'ajouter, sans doute pour se prouver qu'il avait un trait de culture : Direct au château d'If!

Peut-être. Mais savait-il qu'Edmond Dantès deviendrait, en s'évadant, le comte de Monte-Cristo ? Je mesurais alors tout le chemin qu'il me restait à parcourir.

20

Derniers jours

Janvier 2018

Daniel David Tibi est rentré en France après avoir passé huit cent quarante-huit jours, soit deux ans et trois mois, entre 1995 et 1998, dans une prison pourrie d'Équateur, faussement accusé de trafic de cocaïne. La dénonciation était bidon, la torture était réelle et quotidienne. Il a fallu qu'un journaliste français et qu'un consul de France à Quito prennent fait et cause pour lui pour qu'il soit enfin libéré. Libéré, indemnisé au bout de dix ans et avec les excuses de la République d'Équateur.

Je suis tombé sur cette histoire par hasard, mais trop tard. David avait eu le courage de tenir cent jours de plus que moi en enfer et en était sorti la tête haute, exactement comme je voulais m'en sortir, sauf que j'avais craqué, signé et que je ne me le pardonnerai jamais.

C'est ce que j'ai dit à Brigitte et Polo qui, courageusement, ont une fois de plus fait l'aller-retour Montpellier-Najayo. Avec encore des mauvaises nouvelles de Me Stephen Monod, qui n'avait pas renoncé à attaquer la République dominicaine, mais voulait d'abord obtenir que ma condamnation soit annulée dès mon retour en France. Autant rêver. Tout ceci n'avait plus aucun sens, j'étais démoralisé. Je ne savais même plus si je devais m'évader ou pas.

L'attitude des surveillants avait changé envers moi, puisque désormais j'étais un coupable reconnu comme tel par la presse et la télévision dominicaine. La presse française, elle, se contentait de reprendre les informations dominicaines sans rien vérifier, grâce à Jean-Michel Caroit, le fameux correspondant de l'AFP à l'oreille sélective. Les VTP étaient plus durs avec moi, tout était plus compliqué ici depuis qu'ils savaient que j'échapperais à leur pouvoir pervers en rentrant en France. Ils ne me faisaient aucun cadeau mais, changement notable et remarquable, ils essayaient de m'engraisser. Miraculeusement, ma gamelle remontait de la cantine à chaque fois bien pleine. Il y avait moins d'éclats d'os dans mes morceaux de poulet!

Même nouveauté déconcertante avec mes visiteurs. Alors que la veille, un samedi, Brigitte et Polo avaient pu rentrer à Najayo sans problèmes, ce dimanche matin ils avaient été bloqués dans le couloir d'entrée par Jimenez, superviseur et grand inquisiteur de la prison. Brigitte, heureusement, qui avait compris qu'ils ne devaient pas se laisser faire, a bravement haussé le ton. Dans l'incertitude, Jimenez a préféré bloquer toutes les entrées de longues minutes, le temps d'en référer à ses supérieurs. Le sous-directeur et l'adjoint à la sécurité ont été extirpés de leurs bureaux, perplexes quant à ma véritable notoriété dans la presse internationale, puis ils ont finalement accepté le principe d'un deuxième jour de visite. Pas dans le couloir du QHS comme d'habitude, mais dans la petite entrée principale, désertée, très calme, celle équipée d'un vieux canapé éculé qui fait face à la sortie, une pièce sans porte mais dotée d'une grande ouverture, à cause de la chaleur.

Fait exceptionnel, c'est le colonel Carlos Valerio en personne et non l'un de ses *rasos* qui m'a apporté le déjeuner que j'avais commandé pour nous trois, dont une petite salade fraîche, une sorte de miracle gastronomique pour quelqu'un qui n'a pas mangé un seul légume depuis vingt-deux mois. Brigitte et Polo m'offriront généreusement leur part de verdure, se contentant du riz et du poulet.

Pourquoi Valerio était-il venu en personne? Est-ce qu'il ambitionnait toujours d'obtenir l'asile politique en France et comptait sur mon intermédiaire? Cela lui a permis d'exercer son français: « Bonjour Madame, Bonjour Monsieur », a-t-il sorti à mes invités avec assurance. La nouvelle de mon futur transfert avait changé l'attitude qu'adoptaient les autres détenus envers moi. J'avais tenté de ne pas divulguer cette information, mais la télévision dominicaine avait triomphalement annoncé mon retour en Europe. Les chaînes aux pieds. Coupable, évidemment ! Il y avait ceux qui ne savaient pas quoi en penser, ceux qui m'enviaient, ceux qui comme Wincho, escomptaient déjà récupérer mes affaires, et enfin ceux (comme Arsenio Quevedo[1]) pour qui mon départ ressemblait à une trahison. Mais pour tous, je n'étais déjà plus des leurs, je n'appartenais plus vraiment à la *maxima seguridad*. Je n'étais qu'un gringo chanceux récupéré par son pays, un ex-héros de la liberté incapable de renouveler son exploit.

En fait d'évasion, je mettais surtout au point, autant que faire se peut, la tactique judiciaire et médiatique à adopter en prévision de mon retour à Paris. Ma sœur m'avait fait parvenir par un canal détourné un message concernant ce qu'elle considérait comme « une tumeur » et non une verrue ; on l'opérerait dans les jours suivant mon arrivée.

Le lundi matin, je n'ai pas coupé à l'interrogatoire. Je pensais en avoir fini avec ces rendez-vous inutiles et fatigants : que nenni. Guzmán n'avait pas renoncé à exercer sa vengeance contre tous ceux qui avaient participé à l'exfiltration des pilotes français. Avec ces passages répétés à la question, il espérait probablement faire pression sur moi, du genre « parle ou alors tu ne sortiras jamais d'ici ». Je savais qu'il en était capable, après tout ce que j'avais vu dans ce pays.

1. Arsenio Quevedo, communiste et ex-député du PLD candidat à sa réélection, chef d'une entreprise de transport de plus de 800 minibus, accusé d'assassinat, d'association de malfaiteurs, de trafic de gasoil et de blanchiment de capitaux. En réalité, on lui reprochait plutôt la disparition de 30 millions de pesos qu'il avait collectés pour la campagne électorale de Danilo Medina, une somme qui s'était évaporée dans les instances du PLD. Quevedo, politicien et homme de conviction engagé, aurait souhaité que je ne cède jamais aux autorités dominicaines, en refusant tout accord et toute reconnaissance de culpabilité, ce qu'il a eu lui, le courage de faire pour son propre cas.

Je répondais donc à la curiosité des toujours trois mêmes factionnaires en prenant en compte ce paramètre. Guzmán n'avait pourtant pas plus que moi intérêt à ce que mon séjour à Najayo se prolonge, le risque d'un accrochage diplomatique devenant trop grand. Ainsi, quand le chef des trois limiers masqués me demanda des renseignements sur Brigitte et Polo, je répondis que mes invités étaient passés par la case ambassade avant de venir me voir. Qu'ils avaient diné avec l'ambassadeur et le consul, ce qui était parfaitement faux, mais l'information ne devait pas manquer de les inquiéter. Et comme, Dieu merci, Brigitte et Polo avaient été un peu arrogants pour se faire ouvrir les portes, sûrs de leur fait, nos trois VTP camouflés étaient prudents.

Une fois sûr qu'ils avaient digéré ce gros mensonge, le petit jeu des questions stupides et des réponses encore plus stupides a repris, comme lors de tous les précédents interrogatoires.

— Polo C., c'est un nom français ?

— Non, c'est du latin.

— Latin, c'est quel pays ça ?

— Ben Europe du Sud, tout le monde sait ça.

Silence.

— Et Birgit ? [« Brigitte » est imprononçable en espagnol]

— C'est du celte, cela vient de *birgh*, ça veut dire « force » en gaélique.

— Celte ? C'est quel pays ?

— La Bretagne.

— C'est en Europe ?

— Oui. Il y a la Bretagne et la Grande-Bretagne.

— Ça s'écrit comment ?

— B. r. e. i. z. h.

Et ainsi de suite. Évidemment, je ne faisais rien pour les aider. Le plus drôle était que chaque échange de ce type donnait lieu à de longues minutes de réflexion, je voyais presque leurs crânes bouillir sous la pression. Il leur fallait ensuite retranscrire notre conversation sur un petit ordinateur portable. Le chef dictait, son premier adjoint tapait, difficilement, dans la pénombre, le troisième indiquait au second où se trouvait la touche sur laquelle appuyer.

Dans ces moments, je m'ennuyais ferme et j'en profitais pour les embrouiller davantage.

— À la place de Polo C., vous pouvez écrire Pablo si vous le voulez, puisque Polo est le diminutif de Pierre. Mais *polo*, ça veut dire « poulet » en latin. *Polo C.* veut dire « attention au poulet ». Vous ne saviez pas ?

Discussions, il fallait tout réécrire, même s'ils n'avaient rien compris à la nouvelle version. Encore un quart d'heure de gagné.

— De quoi avez-vous parlé ?

— De plein de choses. Vous voulez savoir quoi ? De ce dont nous avons discuté au début de la visite, avant le repas, après le repas, avant de partir ?

Puis je me lançais dans une longue tirade sur le temps que nous avions perdu à cause du superviseur Jimenez. Au moins, ils parleraient de leurs propres insuffisances. Je leur expliquais que l'ambassade avait été prévenue, que les autorités de la prison avaient dû intervenir, et donc que nous n'avions pas pu parler de choses importantes comme nous le voulions.

Et je les laissais écrire que l'attitude du superviseur était à l'origine d'un regrettable manque d'informations, finalement.

— Et ensuite ?

Ensuite je m'en donnai à cœur joie. Polo ayant la passion de faire pousser des citronniers dans son jardin, je partis dans un interminable récit totalement inventé sur la culture des fruits exotiques à laquelle je ne connais strictement rien, les citrons de Thaïlande, les *kaffir*, ou le *combava* de la Réunion. Puis je glissais sur l'entretien de ces arbres fragiles, et enfin sur les meilleures recettes incluant du citron, comme le poulet au citron avec une sauce curry, et bien d'autres. De quoi totalement les déstabiliser.

— Mais c'est où la Thaïlande ? Et pourquoi y a-t-il des réunions de citrons en Thaïlande ?

— Non, la Réunion est une île française.

— Au large de la Thaïlande ?

— Pas vraiment, mais c'est joignable par mer en traversant l'océan Indien.

— Il y a des indiens dans l'océan Indien ?

— Oui, beaucoup.

— Plus qu'en Amérique ?

— Beaucoup plus !

Sympa quand même, j'essayais de me montrer pédagogue, quand l'un deux finit par trouver la Thaïlande sur son téléphone portable.

— La Thaïlande, c'est un peu la République dominicaine dans le Sud-Est asiatique. Très belles plages, beaucoup de prostitution, c'est un pays qui vit de la drogue et du tourisme sexuel. Vous ne seriez pas dépaysés.

Cette fois, ils avaient compris mon ironie et ne goûtaient plus la plaisanterie. Je m'en foutais, nous étions au bout de la séance et je m'étais offert un petit moment de plaisir.

Était-ce mon dernier moment de plaisir à Najayo ? Les signes que l'organisation de mon départ avançait se multipliaient. Le consul était venu me remettre les papiers de la demande de transfèrement, en reconnaissant qu'il manquait la copie du jugement à la sauce dominicaine, qui ne lui avait toujours pas été remise.

Le contraire m'eût étonné.

Pour ne rien arranger, le diplomate avait ajouté que je ne devais pas compter rentrer en France avant juin 2018, et donc que j'allais attendre encore sept mois. Nous étions alors à la mi-novembre 2017, cela me faisait donc passer au moins deux cents jours de plus derrière les barreaux, alors que Miguel Valerio parlait d'un délai de deux semaines après la signature et me promettait que je passerais les fêtes de fin d'année en famille. Tu parles ! C'était juste pour que je signe. Noël en famille ? C'était exactement le contraire de ce que me souhaitait la *procuraduría*, trop heureuse de me garder pendant cette période uniquement pour affirmer son pouvoir.

Comme si cela ne suffisait pas, la prison nous a annoncé une nouvelle campagne de peinture, une de plus, que bien sûr nous devions payer. 1 000 pesos (17 euros) pour les Dominicains, 2 000 pour les étrangers. Le colonel Valerio, toujours très collabo, a donné l'exemple en offrant 5 000 pesos ! J'ai également contribué, pour avoir la paix.

Mon avocat dominicain, Miguel Valerio, est revenu me voir. Il voulait m'expliquer pourquoi mon transfert risquait de prendre plus de temps que prévu. Cette fois, le retard était dû au non-paiement de l'amende, ou plutôt au fait que l'argent n'était pas encore arrivé de France. Cette amende, 33 000 dollars, c'était l'humiliation de plus, et une somme que mes amis et ma famille devaient avoir du mal à réunir. La République dominicaine, comme beaucoup de pays du même acabit, a créé un « marché du prisonnier occidental » pour se rembourser des frais de justice et d'incarcération, non sans réaliser un bénéfice confortable. Il en découlait que le jugement autorisant mon transfèrement n'avait pas encore été publié ni même signé par Satanas. Tout était une histoire de fric. Les vacances judiciaires des uns et des autres, de chaque côté de l'Atlantique, pendant les fêtes, allaient retarder également ma sortie de Najayo.

Trois jours plus tard, j'ai compris la raison du pourquoi de la nouvelle campagne de peinture. Elle faisait suite à une visite de l'ONDP[1] dominicain (Oficina Nacional de la Defensa Pública), dont le rapport, expurgé bien sûr, était paru dans le journal *Listin Diaro*, proche du pouvoir. Un rapport qu'il était impossible de dissimuler. À cette occasion, j'ai fait la lecture de cet article à voix haute à mes codétenus, ce qui a été l'occasion d'une franche partie de rigolade. Essentiellement axé sur la prison La Victoria[2], une des plus vieilles prisons de

1. L'équivalent de l'OIP (Observatoire international des prisons). Cette association créée à Lyon en 1990 a obtenu un statut consultatif à l'ONU en 1995. L'OIP a pour but de promouvoir le respect des personnes incarcérées dans le monde, vis-à-vis des droits de l'homme.

2. La prison de la Victoria (« La Victoire [du peuple] ») a été construite par Rafael Trujillo en 1952 pour contenir les ennemis de la nation dominicaine (2,364 millions d'habitants en 1950). Originellement, sa capacité était de 13 000 places. À titre de comparaison, la plus grande prison d'Europe, Fleury-Mérogis, a une capacité

République dominicaine, encore administrée par la police, alors que Najayo, prison modèle, est administrée par… l'administration pénitentiaire, ce rapport semblait redécouvrir la Lune. Le paragraphe sur la surpopulation, estimée à soixante pour cent, soit 8 000 prisonniers pour 5 000 places, a eu un grand succès car chacun ici savait, par expérience, que le nombre réel de prisonniers était plus proche des 18 000. Dont 13 000 dormaient par terre.

Isaïa et Ivan, ex-meurtriers condamnés à trente ans, anciens résidents de La Victoria pendant une décennie, le confirmaient bien volontiers tout en éclatant de rire. Rien à dire, en revanche, sur les quelques photos publiées, comme celle des détenus mangeant à même le sol. Rien non plus sur les émeutes qui éclataient régulièrement et qui finissaient invariablement par des coups de feu, des morts[1] et des blessés.

Il manquait aussi du vécu. Pascal m'avait raconté les dessous d'Anamuya, « sa » prison, encore administrée par la police. Simplement pour fumer une cigarette, une vraie, pas un bout de bois trempé dans l'alcool, il devait payer non seulement la cigarette, mais aussi l'allumette, et encore les guetteurs, deux au minimum, pour le prévenir de l'arrivée des policiers. Au final, ça faisait cher la blonde, mais se faire piquer était pire. Le délinquant était bon pour un séjour à la *plancha*, un comble dans un établissement où le cannabis et la cocaïne circulaient presque librement. Il n'y avait pas de raison qu'il en soit autrement à La Victoria.

Seul point positif de cette étude, la constatation par les auteurs du rapport que dans les prisons dominicaines, les prisonniers vivaient dans « des conditions de dignité inférieure

---

d'accueil de 4 000 détenus. Ces quelques chiffres donnent une idée de la politique pénale dominicaine. En 2020, le nombre exact de détenus à la Victoria reste inconnu. On cite le chiffre de 18 000, mais personne ne sait vraiment.

1. Le 17 août 2017, quatre Haïtiens, Ferdinand Bruner, Jean Dieumanece, Pié Luis et Seis Yefri, ont été poignardés et/ou égorgés dans la *plancha* de la prison de la Victoria par cinq voyous dominicains, Juan Carlos Vargas, Richard De Los Santos, Carlos Luis Romero Frias, Neuvar Alejandro Diaz Guillen et Dignario De Jesus Gonzalez. L'arme utilisée était un couvercle métallique de boîte de conserve.

à celles dont bénéficient beaucoup d'animaux». Mais ça, nous le savions déjà.

En attendant, les travaux de peinture se poursuivaient et l'odeur nous rendait tous plus ou moins malades. Coup de chance pour moi, j'ai reçu la visite du consul et de Mme D., une vraie bouffée d'air frais. Le consul Pascal Donnet, expérimenté et lui aussi très sympa, commençait à comprendre ce que signifiait avoir à faire aux Dominicains. Son précédent poste était en Équateur, un pays avec lequel il avait également vécu des situations complexes. Bien que lui et l'ambassadeur José Gomez n'avaient désormais qu'une idée en tête, me voir quitter la République dominicaine dès que possible, ils se heurtaient à la mauvaise volonté du juge et de son administration, qui n'avait toujours pas transmis de copie du jugement. Perversité volontaire non avouée: faire durer mon incarcération dominicaine, sachant que je serais probablement libéré très rapidement en rentrant en France, et surtout m'empêcher d'avoir le plaisir de passer les fêtes avec mes amis ou mes proches.

En conséquence, les Affaires étrangères françaises avaient donc décidé, pour gagner du temps, de me faire signer une demande de transfèrement en blanc en attendant de pouvoir la compléter et l'envoyer à Paris.

Bilan de cette visite, une heure de gagnée à respirer un air plus frais que celui du QHS où, comme par hasard, nous avions été consignés dans nos cellules malgré les odeurs de peinture, et tant pis pour les symptômes d'intoxication, nausées, picotements des yeux, céphalées, etc. Fait exceptionnel, le lendemain les VTP nous ont accordé trois heures de sortie dans la cour pour nous réoxygéner, in extremis. Trop de détenus étaient tombés en syncope. Des épisodes comme ça me redonnaient envie de m'évader. Ne croyant plus à un retour rapide en France, je ressassais mon plan la nuit, puis vers 2 ou 3 heures je crochetais silencieusement le cadenas de ma cellule, puis celui de notre couloir, sans oser en sortir ni aller plus loin.

J'étais désormais certain de ne pas m'échapper légalement avant Noël. Miguel Valerio était venu me voir et m'avait montré la copie du jugement infamant, ainsi que le reçu pour l'amende de 33 000 dollars. Mais je commençais à connaître la République dominicaine : pour l'administration judiciaire tropicale, signer un ordre de transfert est un acte hautement risqué qui engage le signataire bien au-delà de son paraphe. Il suffisait d'un changement à la tête de son service pour que lui ou elle soit accusé(e) de complicité d'évasion. Autant dire que les volontaires ne se bousculaient pas et que les vrais responsables traînaient des pieds.

Coup de chance néanmoins, entre le moment où l'on m'a descendu de ma cellule pour attendre Miguel et le moment où je suis remonté, on ne m'a pas mis dans la cellule d'attente où Bienvenido le Cannibale[1] rongeait son frein. Autre coup de chance, il ne m'a pas souri, et vraiment ça tombait bien car j'avais l'impression de prendre du poids, la faute en revenant à ma gamelle toujours plus pantagruélique alors que je ne commandais rien de spécial. Les portions étaient désormais trop grosses pour moi, elles débordaient de pâtes détrempées et de riz croquant, il y avait même des bouts de gâteaux, en fait une simple ganache bien dense et bien sucrée que les détenus surnommaient *pan* (pain). J'avais faim les premiers jours et je mangeais presque tout, partageant peu, indifférent aux regards de quelques-uns qui devaient se contenter du quotidien. Avec le recul, je reconnais que c'était un peu indécent de ma part.

J'ai vérifié avec mes collègues de taule les mieux lotis, comme le colonel Carlos Valerio et Manuel Rivas, si eux aussi avaient droit à un traitement amélioré. Pas vraiment. Seules quelques feuilles de salade agrémentaient leur pitance quotidienne, cela n'avait rien à voir avec mes plateaux-repas « de luxe ».

— Ils cherchent à t'engraisser en prévision de ta sortie, m'a dit Brigitte au cours d'une conversation mémorable.

1. Voir chapitre 1.

Elle, Polo, Vincent, Dominique et Julie m'avaient fait la surprise de se réunir pour ce coup de téléphone presque normal.

Après cela, j'aurais presque pu dormir sur mes deux oreilles, si une bagarre n'avait pas éclaté dans la nuit. Trois poignardés, trois évacués, un mort, bruit, fureur, du sang partout, des hurlements, la routine.

Le plus effrayé était Ivan, un jeune *raso* efféminé d'une petite vingtaine d'années, né à une mauvaise adresse. Voleur de poules accusé sans trop de preuves de l'assassinat d'une personne qu'il ne connaissait pas, condamné à trente ans en 2010, Ivan a eu la malchance de croiser des fugitifs en 2014 le jour de leur évasion et d'être sous le feu d'une riposte mal maîtrisée. Après quelques jours d'hôpital pour soigner sa rotule explosée par une balle, il avait été envoyé convalescent à la *plancha* pour six mois et torturé. Ivan[1] dans le viseur de certains VTP du fait de son orientation sexuelle, m'a raconté qu'il n'y avait « aucune règle, ils pouvaient venir en pleine nuit ou à n'importe quelle heure du jour. À chaque fois, ils nous frappaient dans les côtes avec leurs matraques afin de nous briser la cage thoracique sans laisser de trace. Parfois même sur le genou blessé. Pas de soins évidemment, et peu de traces visibles. C'était alors très douloureux pour respirer le temps que les côtes se ressoudent naturellement. C'était leur objectif : que nous soyons perclus de douleurs. Autre torture, ils nous suspendaient avec les menottes pour que nos pieds ne touchent plus le sol. Nous pouvions rester vingt-quatre heures pendus tandis que les VTP masqués nous tapaient dessus à chaque fois qu'ils passaient. C'est ainsi à Najayo ! »

Depuis, il tremblait dès que la tension montait dans le QHS, et je me disais que j'avais de la chance. Façon de parler bien sûr, ce qui me donnait l'occasion de philosopher sur le sort de nos camarades disparus. Cuny, par exemple,

---

1. Ivan Fernando Feliz Ramirez a été reconnu en 2016 victime collatérale d'une évasion. Boitant légèrement et souffrant de douleurs récurrentes du rachis, il était libérable (en liberté conditionnelle) à partir de 2028.

condamné à trente ans, était mort d'un infarctus devant moi après deux ans de détention, il avait donc évité vingt-huit ans d'enfermement. Marcello, en revanche, était mort sur sa couchette d'une embolie pulmonaire après dix-huit ans d'incarcération, à deux ans seulement de sa libération conditionnelle. Ils n'étaient pourtant pas les plus malheureux.

Les plus malheureux, les plus nombreux, étaient ceux qui mouraient en préventive après des années de détention. Ils nous quittaient sans savoir s'ils auraient gagné ou perdu leur procès.

Et pendant que toutes ces pensées me tournaient dans la tête, je surveillais mes codétenus du coin de l'œil. L'annonce que j'allais sortir avait fait le tour de la prison et ils se demandaient tous ce qu'ils pourraient bien récupérer après mon départ. Mes stylos, le tube de dentifrice, ma petite glacière, mon téléphone… que des trésors pour lesquels ils seraient presque prêts à s'entretuer. Les VTP aussi lorgnaient sur mes petites affaires.

En attendant, tant que je pouvais écrire, j'en profitais. J'écrivais à Marianna[1], cette copine avec qui je correspondais depuis que nous nous étions rencontrés dans les sinistres cellules du palais de justice. Je l'avais tenue au courant, semaine après semaine, de mes aventures, nous nous soutenions mutuellement. Toutefois, je ne l'informai pas de l'épisode « morpions ». De sales bêtes qui n'ont qu'un ennemi : le coiffeur. Ils sont arrivés en commando dans notre pavillon, les coiffeurs, pas les morpions, armés de tondeuses, et nous ont rasés de la tête aux pieds avant de nous asperger d'une poudre blanche. Du DDT, je suppose, insecticide dont l'usage est interdit aux États-Unis depuis 1972. En fin de journée, glabres comme des gladiateurs, les survivants ont eu droit à une douche collective au tuyau d'arrosage.

Tous à poil sauf Erick, le jeune Espagnol qui attendait toujours, depuis cinq mois, sa libération, même si l'auteur

1. J'ignorais en revanche ce qu'était devenue Minerva, et je crois que je ne le saurai jamais.

du crime dont on l'accusait avait été retrouvé. Erick, pendant l'épisode « morpions », se trouvait à la *plancha* pour avoir été incapable de s'asseoir sur son lit comme le veut le règlement à l'heure du comptage. Il faut dire que le malheureux, souffrant de la *turista*[1], se trouvait alors sur son pot de peinture, le pantalon aux chevilles. Malheureusement pour lui, le superviseur du jour était Niña, un gamin sadique à la gâchette nerveuse, qui n'appréciait pas qu'on lui résiste. Pour quelque motif que ce soit.

Les petits plaisirs étant rares, je profitais de toutes les occasions possibles pour ridiculiser ces surveillants imbuvables, toujours ravis d'infliger les pires brimades aux prisonniers incapables de leur répondre. Cette fois, il était question de chocolats apportés par le consul, Pascal Donnet, et Mme D., en guise de cadeau de Noël, chocolats que le planton de service aurait bien aimé garder pour lui. Après une première tentative avortée de s'en emparer face à la ferme opposition de Mme D., qui invoquait des ordres donnés par la directrice de la prison, Niña ne nous a plus quittés de l'œil jusqu'à la fin de leur visite. Cela ne m'a pas empêché, sous son nez, de transférer la boîte de chocolats à Tinte, qui justement se rendait à l'infirmerie, où il travaillait. Boîte qu'il m'a discrètement rendue le soir même.

— Où sont les chocolats ? m'a demandé la sentinelle au moment de la fouille.

— Repartis avec mes visiteurs, tu ne les as pas autorisés à me les donner malgré les ordres de ta directrice. Tu devras t'arranger avec elle.

La tête déconfite qu'il a alors faite valait pour moi toutes les vengeances face aux souffrances endurées à Najayo.

Méchamment, j'ai ajouté :

— Tant pis pour toi, j'aurais pu t'en faire goûter un ou deux. Tu es trop con, *mamaguevo*[2].

---

1. Embarras gastrique bien connu des voyageurs en régions tropicales.
2. « Imbécile, crétin », en argot dominicain.

Petit plaisir, grande misère, Tinte a été transféré le lendemain dans un autre pavillon. Sans préavis. Je perdais d'un coup un allié et un ami. Pour ne rien arranger, j'avais pris froid. Je toussais, je grelottais de fièvre, j'étais en mode zombie, couché du matin au soir, roulé en boule dans ma couverture de survie, et je développais un début de haine contre les ventilateurs, porteurs d'insupportables courants d'air.

Miguel Valerio est revenu me voir pour me faire, encore, signer des papiers. Nous étions à la veille de Noël. Par le premier document, je reconnaissais tout ce que je n'avais pas fait, par le second j'admettais que le processus judiciaire en République dominicaine était un légitime chef-d'œuvre de légalisme.

Il n'y avait pas eu d'enquête, il n'y avait pas eu de procès, pour des raisons obscures j'avais été abandonné par la France, mon propre pays, dans une prison cauchemardesque pendant deux années, comme si mon absence de présence justifiait toutes les indignités cachées d'une administration mécanisée. Je n'avais plus droit à la parole. Je déplorais principalement les lâchetés du ministère des Affaires étrangères, essentiellement au service de ses propres intérêts et de ceux de ses collaborateurs. Une administration se voulant éthique, humaine, politiquement correcte, mais totalement indifférente au sort des Français qu'elle est censée représenter, assister, défendre.

Une administration trop jacobine, trop vieille pour être réformée, trop ancrée dans l'histoire pour être secouée, trop arriviste pour se sentir concernée par quoi que ce soit hormis son propre bien-être et la conservation de ses privilèges. Une administration comme un musée qui préserve ses plus belles pièces dans les sous-sols, témoignages d'un passé qui fut glorieux, mis à l'abri des regards trop curieux, justificatifs désuets de la raison d'État, preuves incontestables de la logique de sa survie.

Ces deux signatures, qui m'ont été littéralement arrachées sous peine de finir mes jours à Najayo, ont précipité le processus de mon transfert. À partir de ce jour, j'ai compris que je pouvais partir à tout instant – car la République dominicaine ne prévient jamais les prisonniers de ce qui va leur arriver. J'ignorais s'il s'agissait d'une tactique pour éviter une rébellion de dernière minute, d'un moyen d'humilier davantage les détenus, ou du simple je-m'en-foutisme d'une justice foutraque. Il s'agissait peut-être tout simplement d'un effet de l'anarchie ambiante, véhicules aux réservoirs vides, aux pneus crevés et non remplacés, membres des UTAR surpris en plein trafic de coke, procureurs distraits, etc.

Le 22 décembre 2017 à minuit, Jean Serrat, le porte-parole de l'ASCN, en qui j'avais placé ma confiance et qui avait promis de venir me visiter en République dominicaine, m'appela dans un état second pour me dire que les écrits quotidiens de mon journal « emmerdaient tout le monde » et n'avaient aucun intérêt. Il ajouta que ses amis magistrats l'avaient convaincu qu'on ne pouvait lutter contre des accords internationaux, et qu'à ce titre je devais accepter ma punition judiciaire dominicaine sans sourciller. C'était ainsi. Voilà donc des paroles bien corporatistes de magistrats, reprises dans la bouche d'un pilote de ligne béotien. Son discours n'était pas d'une clarté limpide, il avait eu des mots désagréables pour le président de l'association. Je compris surtout qu'il avait initié sans mon accord une nouvelle stratégie de défense française, qui me serait plus tard très défavorable, et que le comité de soutien avait décidé de le suivre, ce qui signifiait que je ne devais plus écrire. Soit.

Le coup fut très rude. Le peu d'optimisme et de dynamisme qu'il me restait venait de s'effondrer. Comprenant que je décevais les gens qui me soutenaient, je décidais dès le lendemain d'arrêter mon journal et de me préparer à me séparer de mon téléphone, les deux étant indissociables, puisque je photographiais la nuit la calligraphie hiéroglyphique de mes cahiers pour en envoyer chaque page à Martine, qui déchiffrait patiemment le tout grâce à son ordinateur. Chaque mois, les photos partaient à Paris sur une minuscule clef USB cryptée, les cahiers aussi, dans les bagages de mes derniers visiteurs. Pendant plusieurs semaines, je restai silencieux, donnant peu de nouvelles, n'écrivant plus un mot. Je me préparais à partir, soit par la porte, soit par les murs.

J'avais fixé la date de mon évasion au vendredi 23 mars. Une veille de week-end, le jour où les VTP sont « beurrés comme des coings » au rhum local dès 21 heures tapantes. Je savais que le samedi et le dimanche tout fonctionnait au ralenti dans ce pays, ce qui me laissait vingt-quatre heures pour gagner la frontière haïtienne. Plus qu'il m'en fallait. J'espérais le retour de mes soutiens opérationnels pour savoir si tout serait OK de chaque côté de la frontière. Et j'ai commencé à attendre.

Et à attendre, encore et encore, comme d'habitude depuis des mois et des mois, assis sur le banc de béton devant ma cellule, souffrant sans broncher les sermons du colonel Valerio reconverti en prêcheur en chef de notre minuscule univers. Son principal thème de méditation était Évangélisme et Charité, ce qui ne l'empêchait pas de me faire les gros yeux quand je distribuais les trois quarts de mes rations aux pauvres diables affamés qui découvraient l'effarante quantité de riz dans ma gamelle.

Il ne faisait plus aucun doute pour personne que la prison cherchait à me gaver pour que je reprenne une silhouette vaguement humaine, signe indéniable que le jour de ma sortie approchait à grands pas. Enfin, à grands pas est une façon de s'exprimer dans les pays occidentaux, mais une notion toute relative dans cette démocratie de marionnettes. Toujours est-il qu'à partir du lundi 15 janvier 2018, tous les jours je fus prêt à partir, habillé de pied en cap, avec ces mêmes vêtements que je portais jour et nuit, autant pour me réchauffer que pour ne pas me les faire voler. Mon sac était bouclé, cadenassé, je prévoyais le moment où les VTP feraient brutalement irruption dans notre couloir en gueulant « Naodine, Naodine ! ».

Je n'en pouvais plus d'attendre et je sentais bien que les autorités dominicaines étaient de plus en plus fébriles à mesure que le temps passait. Je ne savais pas de quoi ils avaient peur, que je me suicide peut-être ? Ou que je m'évade. Mais personne n'était au courant de mes plans, donc je ne pouvais pas être trahi. Aucun message en clair depuis mon téléphone. Je ne dirais pas que les VTP étaient tout sourires avec moi, mais leur attitude était devenue plus civile, presque polie. Je devinais que pour eux je n'étais plus un de leur prisonnier, que je ne dépendais plus d'eux, comme si déjà je n'appartenais plus à Najayo.

Un mois est passé, tout le mois de janvier 2018, un mois entier à cogiter sur le pourquoi et le comment de cette attente. Tous les scénarios me passaient par la tête. J'imaginais Brito et Guzmán rigolant dans les bureaux de la *procuraduría* à l'idée que Paris attendrait longtemps encore qu'ils se décident à me libérer. Une libération qui dépendait uniquement de leur bon plaisir, comme il était spécifié dans l'accord de transfèrement. Je n'imaginais pas en revanche que la France cherche à imposer mon retour dans les plus brefs délais. Elle n'avait rien fait pour Bruno et Pascal pendant leur séjour forcé en République dominicaine, elle n'avait rien fait pour moi pendant plus de dix-huit mois, il n'y avait donc aucune raison pour qu'elle se manifeste avec dynamisme maintenant. Au mieux, me disais-je, le cas Naudin serait réglé par l'ambassade lors de l'une de ces honteuses cérémonies où l'ambassadeur décerne des médailles en chocolat à des militaires ou des policiers du pays d'accueil, tous corrompus notoires, voire lors d'une non moins honteuse remise d'un gros chèque, l'argent du contribuable français, aux « bonnes œuvres » de cette république avariée. Celle-là ou une autre. Une occasion pour l'ambassadeur de glisser un mot à qui de droit : « Au sujet de notre petit Naudin, nous nous demandons si vous pouvez faire avancer les choses… » Sans illusion, la formule selon laquelle *les petits cadeaux entretiennent l'amitié* n'est valable qu'à condition qu'il existe un réel lien d'amitié, soit entre des individus, soit entre des pays. Ce n'était pas le cas entre la République dominicaine et la France, et cela ne l'est toujours pas. Malgré nos « petits cadeaux », la République dominicaine méprise et hait l'ex-méchant colonisateur. Il faut être aveugle et sourd pour ne pas s'en rendre compte.

Me vint alors à l'esprit que le MAE, aidé par les attachés de police de la DCI en poste dans les ambassades, ne supportait les avanies de Saint-Domingue que pour garder un œil sur les nombreux criminels français, dont certains très connus, qui se sont réfugiés fiscalement avec leur magot dans ce nouveau paradis du blanchiment d'argent. L'hypothèse valait ce qu'elle valait. Il fallait bien que je trouve une réponse au pourquoi de cet entêtement de la France à considérer la République dominicaine comme une république respectable. Il y avait de la politique politicienne là-dedans et je n'étais qu'un pion sur un échiquier où toutes les pièces, qu'elles soient noires ou qu'elles soient blanches, jouaient contre moi. Tout était truqué.

Je lisais tout de même attentivement la presse locale quand je pouvais mettre la main dessus, à l'affût d'un article annonçant une quelconque cérémonie protocolaire impliquant la France. On ne sait jamais. Mais rien.

Alors je poursuivais mon plan d'évasion. Ce serait bien pour la nuit du 23 au 24 mars, quoi qu'il en coûte. Mon calcul était simple : j'étais certain que si à cette date je n'étais pas sorti, alors je ne sortirais jamais vivant de Najayo. J'étais prêt à risquer une balle dans le dos sur le mur d'enceinte de Najayo, ou à être poursuivi le restant de ma vie par toutes les polices du monde, pour au moins sortir de cette taule la tête haute et regagner librement la France.

Et puis, alors que je n'y croyais plus, les UTAR sont venus me chercher. En fin de journée, à l'improviste, début février, presque indifférents, pour me conduire dans une autre prison de la capitale. Aussitôt, je fis subir un sort radical à mon téléphone, un bain de chlore et de sel de quelques secondes, comme me l'avait suggéré mon neveu, avant de le sécher en surface, persuadé qu'il serait récupéré par les VTP pour étude de mes communications[1]. Je passais un bon moment

1. Tinte me confirmera quelques mois plus tard, quand je prendrai contact avec lui, que les surveillants avaient bien récupéré mon téléphone auprès d'un pauvre *raso* qui l'avait acheté à Wincho. Comme je l'avais prévu !

à dissimuler dans la poignée de mon sac marin[1] les dernières cartes mémoire qu'il me restait. Polo m'avait fait parvenir une grande aiguille pour cela. Enfin, j'ai distribué à tous mes compagnons ce que j'étais sûr de ne pas pouvoir emporter, c'est-à-dire presque tout. Tous mes habits, mes chaussures de sport, mes produits d'hygiènes, mes médicaments, tout !

C'est à peine si j'ai eu le temps de faire mes adieux avant de me retrouver en pleine ville, la nuit, dans un cachot aveugle de la DNCD, où ces policiers antidrogue toujours habillés de noir se sont livrés à leur petit jeu favori, le vol. Il fallait leur en laisser un peu pour satisfaire leur vice ou esprit de vengeance, et surtout pour qu'ils ne s'intéressent pas trop à la couture récente de la poignée de mon sac. En observant attentivement, on voyait bien qu'il y avait des coutures propres et grossières, et d'autres impeccables et anciennes. Vol donc du peu de pesos qu'il me restait (sans importance, j'avais laissé tout mon argent à Agapito, qui le méritait bien), vol de quelques médicaments de réserve, vol de mon cadenas à combinaison, vol de mes papiers. Ces crétins m'ont toutefois laissé mes fringues dégueulasses et mon sac marin, sans chercher à savoir ce que sa poignée pouvait dissimuler. Petite victoire.

L'attente a continué, presque une dizaine de jours, sans manger tous les jours, dans les gueulantes quotidiennes, les cris, le bruit, les mauvaises odeurs, le manque d'eau potable… Mais bon, quand on a survécu à Najayo, à Cuidad Nueva et aux prisons égyptiennes, qui sont dix fois pires, on finit par tout relativiser.

La suite, je la connaissais. Me Monod avait conseillé à mes amis d'éviter tout ce qui pouvait ressembler à une provocation médiatique au moment d'embarquer. Dommage, c'était encore une occasion de perdue d'envoyer des claques transatlantiques. Je savais que trois de mes proches seraient à Las Americas, l'aéroport de Saint-Domingue, pour m'accueillir, et que nous rentrerions ensemble à Paris. Il y aurait

---

1. Malgré une fouille minutieuse à Najayo, à la DNCD et auprès des services de sûreté de Saint-Domingue, elles n'ont jamais été découvertes.

Caroline, ma sœur, désireuse d'effectuer un check-up médical immédiat, P., mon fidèle compagnon, et Dominique, un ami journaliste réellement courageux. Il y en a peu.

Par amis interposés qui avaient repéré mon nom sur le vol, Polo avait pris soin de prévenir le commandant de bord de l'équipage du vol Air France sur lequel j'étais programmé. Tous connaissaient bien la fameuse histoire « Air Cocaïne », laquelle avait défrayé la chronique, mais peu connaissaient la vérité. Polo s'était fait un malin plaisir de leur transmettre une synthèse enrichie. Évidemment, cela changeait la vision des choses.

Toute la chaîne de transfèrement était en place, il ne restait plus qu'à attendre. Comme d'habitude. Et de me poser une ultime question : savoir si je regretterais quelque chose de la République dominicaine. Curieusement, je me suis répondu, *in petto* : oui, le peuple dominicain allait me manquer. Ces pauvres gens pris dans un système qui les dépassait, accablés par la corruption et la misère, désinformés du matin au soir, analphabètes pour la plupart, sans aucun moyen de se défendre face aux représentants d'un régime fantoche, qui survivaient avec un courage incroyable. Je leur reprochais seulement d'être trop susceptibles et beaucoup trop nationalistes, conséquences compréhensibles d'un lavage de cerveau quotidien.

Le 14 février, jour de mon transfert, est arrivé très vite, trop vite sans doute pour Brito et Guzmán, que je soupçonnais d'être à l'origine de mes ultimes emm… dans ce pays. Pascal, Caroline et Dominique m'attendaient comme prévu en salle d'embarquement, à Saint-Domingue. L'avion venant de Paris et Punta Cana était stationné sur le Tarmac. Tout le monde était prêt, il ne manquait que moi, et comme d'habitude la DNCD prenait son temps. À moins qu'ils n'aient reçu des ordres à ce sujet. J'ai cru qu'ils tentaient exprès de me faire rater l'avion. Heureusement, le commandant de bord du 777 m'attendait et savait que je devais être à bord. Plus tard, on m'a raconté qu'une première fois, après avoir constaté que je n'étais pas dans l'avion, le pilote a quitté son poste pour aller aux nouvelles. Les surveillants français chargés de m'escorter n'en sachant pas plus que lui, le CDB[1] a été obligé d'aller s'informer auprès des Dominicains, qui n'en savaient pas davantage. Après une demi-heure et après avoir reçu la certitude que j'étais sur le point d'arriver, il a repris son poste dans le cockpit, indifférent au fait que le vol risquait de prendre du retard. Pendant ce temps, j'étais bloqué dans une petite pièce de l'aérogare, au milieu d'une nuée de types en uniformes. « Des uniformes, des uniformes, c'est tout ce j'ai vu à Saint-Domingue », me dira plus tard ma sœur. Elle n'avait pas tort, l'aéroport de Saint-Domingue ressemble à une caserne version aviation civile. Ravis, les touristes sont persuadés que tous ces militaires sont là pour leur protection. Ils ignorent que ces déploiements de force n'ont rien à voir avec leur tranquillité, mais avec celle des narcotrafiquants qui se croisent impunément à toute heure du jour entre les halls départ et arrivée.

À l'heure de décoller, comme je n'étais toujours pas à bord, l'attaché de police de l'ambassade, remplaçant de Michel Segura, s'est présenté. Cela faisait des mois que je demandais à le voir et je n'ai jamais compris son refus de rendre visite à l'un de ses compatriotes le sollicitant. C'était même scandaleux. Devant le policier et Linda, la surveillante-chef de mon escorte française, les Dominicains ont alors sorti le grand jeu : une fouille intégrale absolue de mes affaires pour la dixième fois de la journée, histoire d'essayer de prétendre qu'ils étaient de vrais et irréprochables professionnels. Linda, sentant que je bouillonnais d'impatience, a tenté de me calmer alors que je gueulais contre ces crétins. « Moins on intervient, plus ça se passera rapidement », m'a-t-elle glissé gentiment. C'était faux, mais elle avait l'excuse de ne pas connaître le pays. L'ASI[2], déjà pollué par les consignes scélérates, a confirmé.

1. Commandant de bord.
2. ASI : attaché de sécurité intérieure.

— Oui, je le sais, ai-je répondu, mais ne pourriez-vous pas avoir le courage de les envoyer balader, comme le font les Américains, qui refusent toute ingérence dans leur processus de voyage ?

Non, ils ne pouvaient pas et ne le voulaient pas. Toujours cette même école tiers-mondiste de la diplomatie.

À l'entrée de la passerelle d'embarquement, les policiers dominicains ont tenté de nous faire croire qu'ils avaient besoin d'une photographie de moi avec eux, embarquant dans l'avion d'Air France. J'ai refusé. Ils n'auront pas leur souvenir et ils ne pourront pas publier ce trophée sur les réseaux sociaux.

Je suis monté à bord les mains libres. Un détail qui a pour moi son importance. Malgré mon apparence peu ragoutante, mes habits puants, une charmante hôtesse et un steward m'ont salué avec un grand sourire.

— Bienvenue à bord, monsieur Naudin ! Nous sommes heureux de vous ramener à Paris.

— Merci, c'est très gentil.

Et c'est vrai que j'appréciais cet accueil.

À bord, cela sentait bon. C'était la première impression que j'ai ressentie. Les hôtesses étaient parfumées, Linda était parfumée, maquillée. Ça doit être cela, la renaissance. Les passagers n'avaient pas l'air de m'en vouloir d'avoir retardé le vol. J'ai retrouvé au fond de l'avion Caroline, Pascal et Dominique, qui m'attendaient avec les surveillants de l'administration pénitentiaire. Retrouvailles émouvantes. L'équipage de cabine a eu du mal à calmer notre joie. On m'a servi immédiatement et à volonté de l'eau minérale française. Un luxe inouï, un vrai délice que j'ai dégusté béatement. On me pressait de questions, je devais reprendre mes esprits.

« PNC[1] aux portes s'il vous plaît. » Mise en route, roulage et décollage en 08 (piste 08 orientée vers l'est). Tant mieux, nous étions dans le bon sens pour partir plus vite. Je savais que vingt minutes après le décollage, nous ne serions plus

1. Personnel navigant commercial.

dans l'espace aérien dominicain et que, quoi qu'il se passe, nous ne nous reposerions pas à Punta Cana. Caroline m'avait apporté du linge propre, j'ai donc pu faire un brin de toilette dans les sanitaires et me changer. Humm, qu'elles sentaient bon les lingettes Air France que j'avais si souvent snobées lors de précédents vols !

Enfin vêtu d'un jeans propre et d'un nouveau polo tout frais, j'ai commencé à me décontracter. J'ai dévoré mon plateau, et celui des autres. C'était un vrai bon repas, propre et sain, tel que je n'en avais pas eu depuis vingt-quatre mois. Nous avons rigolé, j'ai raconté quelques bribes de mon aventure. Dominique nous a fait rire grâce à sa bonne humeur et le souvenir qu'il avait de sa rencontre avec Guzmán. Il m'a interviewé à bord. Le commandant de bord a eu la gentillesse de venir me saluer quelques minutes, le copilote également, la chef de cabine principale, ses collègues, etc. Un vrai défilé. Je n'ai manqué de rien. J'ai bu beaucoup d'eau, presque un litre et demi, je pense. Linda rigolait avec nous, blaguait avec Dominique et me rassurait. Ma sœur a fait sortir la trousse de secours de l'appareil pour m'examiner, au cours d'une petite visite médicale improvisée.

Onze heures plus tard, nous étions en France. L'arrivée à Roissy s'est faite sous un chaud ciel bleu d'hiver. Je n'ai rien manqué de l'approche jusqu'à notre atterrissage en 09L (piste 09 gauche, également orientée plein est). Je reprenais mes marques. Le médecin d'Aéroports de Paris devait nous retrouver, mais il n'a pas eu l'autorisation de monter à bord. L'après-midi, j'ai retrouvé Me Monod pour être présenté à la substitute du procureur, une magistrate jeune et malheureusement obtuse qui n'a pas eu l'intelligence de comprendre la machination politique à l'origine de ma présence dans son bureau. Le soir, j'étais hospitalisé en urgence[1].

Il s'est avéré quelques jours plus tard que la verrue que j'avais sur la tempe dissimulait en fait deux tumeurs cancéreuses, qui

1. Merci, Caroline.

s'étaient dégradées depuis dix-huit mois faute de diagnostic adapté et de soins appropriés. Après biopsie et analyses, l'institut Curie pratiqua une exérèse, puis je commençais une longue convalescence jusqu'au mois de mai 2018, avant de reprendre mon travail au mois de juin.

Si j'avais pu avoir peur d'être oublié pendant cette si longue absence, j'ai été vite rassuré. Mes collègues et mon patron m'attendaient, ils avaient conservé mon bureau absolument intact, comme si j'étais parti la veille. Rien n'avait bougé, ni le moindre stylo, ni mes dossiers. Un témoignage d'amitié qui oblige à une loyauté sans faille, à une solidarité de groupe indéfectible. J'y pense tous les jours avec admiration, et j'y penserai jusqu'à la fin.

Il me faut conclure. Le reste de mon histoire n'est que détails sans importance.

21

Un engagement

Été 2020

Quel est pour moi le bilan de cette histoire ?

Je dois avant toute chose remercier toutes les personnes, et elles sont très nombreuses, connues ou inconnues, amis, famille, qui se sont mobilisées et m'ont soutenu durant ces deux années terribles. Je dois notamment remercier le président de la République française, Emmanuel Macron, pour son intervention épistolaire en ma faveur, les députés et sénateurs de toute provenance politique, surtout Sergio Coronado ainsi qu'Olivier Cadic, les anciens ministres, magistrats, policiers, médecins qui sont intervenus discrètement dans les arcanes complexes des pouvoirs pour me venir en aide. Enfin, je veux remercier spécialement les personnels du ministère de l'Europe et des Affaires étrangères qui ont fait pour moi le maximum, malgré les contraintes diplomatiques exigeantes du moment, principalement les consuls Planson, Donnet et Sobanski. Je veux être digne de la confiance de tous mes compatriotes, de leur don et de leur soutien. Ces soutiens de la nation française m'obligent désormais à des devoirs : celui de ne pas abandonner mes camarades Pascal et Bruno jusqu'au point final de cette affaire, celui de soutenir les équipages des compagnies aériennes et des armateurs maritimes injustement mis en cause par des justices étrangères en quête d'honorabilité, celui d'aider mes compatriotes arbitrairement ou abusivement détenus à l'étranger. J'ai aussi le devoir de témoigner pour que les droits des personnes détenues soient respectés partout dans le monde ; principalement ceux de nos compatriotes français et européens. J'ai le devoir de dire que les actes des pays européens porteurs autant que garants d'une certaine vision universelle des droits de l'homme, d'une vision légaliste de la présomption d'innocence, d'une justice avec mesure et équité doivent devenir la norme, que cela plaise ou non à quelques tétrarques orientaux ou caciquats tropicaux. Utopie ? Pas du tout. Nous devons, je crois, adopter plus de cohérence entre les idées que nous défendons et leur application à travers le monde, et ce malgré les pressions économiques, politiques et coopératives. L'hypocrisie diplomatique ne devrait plus être de mise au XXIe siècle. Arrêtons d'afficher vaillamment nos convictions médiatiques bien-pensantes sans exiger qu'elles soient mises en application pour nos ressortissants à l'étranger. C'est une évolution indispensable à la modernisation de nos démocraties contemporaines.

Aujourd'hui, je suis évidemment heureux d'être libre en France, malgré un arrière-goût de regrets. Regrets d'abord envers les miens à qui j'ai infligé pendant deux années, sans le vouloir, des souffrances bien inutiles, regrets que le ministère des Affaires étrangères et la justice française se soient alliés pour empêcher l'humiliation plénière immédiate de la République dominicaine. Elle le méritait et le méritera toujours tant qu'elle n'aura pas admis ses torts dans cette affaire.

Aspects positifs : nous avons gagné, et haut la main ! Le régime de la République dominicaine a montré sa bassesse. Incontestablement, tout le monde s'accorde à le dire. D'abord par la revendication de ma capture illicite comme d'un trophée de guerre. Ensuite parce que Pascal et Bruno ont été sauvés d'une mort certaine, l'unique raison de mon action. Ils sont maintenant en France et ont évité vingt années d'agonie à travers une incarcération arbitraire imméritée. L'objectif était de les secourir ; il a été atteint. Nous avons gagné certes, mais pas totalement. Ils sont tous les deux ruinés, ont perdu leurs licences de pilote, n'ont pas le droit de travailler dans l'aéronautique pour cause de récidive potentielle (n'importe quoi !). La rumeur publique les a désignés comme indignes à travers le monde, leurs enfants sont traumatisés, leurs familles déstructurées. L'adversaire n'a pas encore assez payé. Aujourd'hui, mes deux amis sont libres, même s'ils sont sous contrôle judiciaire en attendant de savoir ce que la magistrature française leur réserve. Une attente insoutenable et interminable, indigne.

Malgré leurs tentatives opiniâtres, malgré leurs interceptions téléphoniques et informatiques illégales, les services secrets dominicains n'ont jamais réussi à obtenir les noms de ceux qui avaient participé à l'opération « Dîner à Paris ». Aucun nom. Je n'ai jamais parlé. La stratégie du sacrifice d'une pièce de l'échiquier a fonctionné. Sauf que la pièce, c'était moi. Je l'ai accepté au nom des grands principes que nous défendons.

Aspects négatifs : rien de tout cela ne serait arrivé sans la lâche trahison de toute une équipe menée par Aymeric Chauprade et Pierre Malinovski, pour de méprisables desseins. Les deux hommes et le Groom y auraient gagné en dignité s'ils avaient agi en professionnels jusqu'au bout de leur engagement, prévenant en code la Serveuse qu'il y avait un problème et qu'ils requéraient de l'assistance pour s'exfiltrer. Non, ils ont silencieusement quitté le bateau par une bien calme tempête. Oxymore révélateur d'un égoïsme sordide, le plus grave défaut de l'humanité du XXIe siècle. La traîtrise… n'est-ce pas là une incapacité à se prétendre hommes de valeurs, de confiance, ou hommes d'État ?

J'ai perdu quelques amis chers. Par temps calme, ils étaient prêts à braver tous les dangers, mais finalement au cœur de la tempête, la peur a fini par l'emporter. Cela arrive, il faut le savoir. J'ai aussi perdu quelques membres de ma famille qui ont osé douter de mon intégrité pendant mon absence. J'en suis blessé. Leur indifférence vis-à-vis de mes proches en pleine détresse n'est pas pardonnable.

Autre trahison, celle de la justice française. Ai-je commis un délit ? Non. Aux yeux des Dominicains peut-être, mais cela doit-il compter à nos yeux quand le droit est perfide ? Certainement pas ! Nous aurions pu écraser l'adversité plus encore si la justice française n'avait pas piétiné ses propres résolutions en réservant dès 2015 un bien sinistre accueil à Pascal et Bruno dès leur retour en France, collaborant pleinement et reprenant ipso facto les thèses farfelues du ministère public dominicain. Tout ça parce qu'une juge d'instruction isolée, une seule, se drapant de son indépendance constitutionnelle, a fait primer ses sentiments personnels, son analyse sociétale, son engagement idéologique au lieu de faire simplement son métier. N'aurait-elle pas dû vérifier les faits? Recueillir des preuves matérielles? N'aurait-elle pas dû observer la stricte présomption d'innocence de tous les accusés[1] avant toute autre considération? Puisqu'il n'y a aucune preuve, ni drogue, ni argent, ni faits, le doute en droit pénal français ne profite-t-il pas aux accusés? Dans cette affaire, la justice française a fait tout le contraire[2] et s'est efforcée de crédibiliser les pseudo-preuves de la justice dominicaine. Certes en s'appuyant sur le rapport scélérat d'un policier peu éclairé, Michel Segura, qui s'efforçait d'affirmer que les pilotes de ligne d'un appareil commercial étaient complices d'un trafic de stupéfiants. Une justice corporatiste qui ne veut pas décider à chaud d'aller contre ses propres escadrons. Pourquoi la justice française – qui se veut indépendante – ne veut-elle pas voir les incohérences grotesques du dossier judiciaire dominicain? Pourquoi la justice du peuple français doit-elle se prononcer sans jury populaire? Artifice de droit? Est-ce le peuple français qui juge des accusés ou est-ce un collège de magistrats qui se jugent et se défendent eux-mêmes?

J'aimerais comprendre. Je n'ai pas de réponse satisfaisante.

---

1. Il est absolument évident que Pierre-Marc Dreyfus, Fabrice Alcaud, Pascal Fauret et Bruno Odos sont totalement innocents des accusations de trafic de stupéfiants formulées contre eux. Qui connaissant parfaitement le dossier ne s'en apercevrait pas?

2. La juge d'instruction Christine Saunier-Ruellan a placé sous écoute téléphonique pendant deux années l'ancien président de la République Nicolas Sarkozy, au prétexte délirant qu'il avait été passager du Falcon 50 F-GXMC à trois reprises et qu'il pourrait être le chef d'un réseau de narcotrafiquants français. Naturellement, cette surveillance n'a rien donné, mis à part augmenter considérablement les frais de justice.

La France n'est l'ennemie d'aucun peuple. Je m'associe pleinement à cette résolution. Je n'ai rien contre le peuple dominicain ou le peuple égyptien. Je les plains et les soutiens dans leurs combats pour leur liberté politique. Je suis seulement et je reste l'adversaire des régimes autocratiques de ces deux pays, qui foulent aux pieds impunément les droits de leurs propres peuples. Leurs dirigeants singent à merveille les postures démocratiques des pays occidentaux pour tenter de faire croire à une souveraineté politique qu'ils n'ont pas. En réalité, ils n'y adhèrent pas.

Nous sommes désormais dans une nouvelle ère géopolitique. Je suis convaincu que la grandeur de nos valeurs héritées de notre histoire passe par le fait que nos compatriotes sous main de justice étrangère doivent bénéficier de la protection diplomatique de la France, et non d'une vague protection consulaire sans réelle valeur. Pourquoi n'est-ce pas le cas ? C'est à nos diplomates et non à des avocats locaux de s'assurer que la présomption d'innocence est respectée selon les déclarations des mis en cause, versus celles des autorités locales évidemment. Pourquoi ne le font-ils pas depuis toujours ? Seules exceptions : les journalistes ! Pourquoi eux ? Que représentent-ils de plus ? La diplomatie craindrait-elle le pouvoir de révélation ? Ce n'est pas normal.

En pareil cas, s'il y a un doute, la France devrait exiger le retour en France des accusés en attendant que le ministère public du pays en question présente ses preuves ! Voilà la règle que nous devrions adopter. Très contraignante pour les régimes instables, cette règle devrait asphyxier le business des « otages judiciaires » pratiqué par quelques pays douteux. Reconnaître la souveraineté judiciaire de tous les pays ? Pas question ! D'autres démocraties ne le font pas, pourquoi l'Europe le ferait-elle ? La diplomatie française, c'est avant tout la défense des intérêts de la nation française, y compris celle des prisonniers français. La France, c'est d'abord les Français ! C'est ma conviction. Nous ne sommes pas des contrats ou des conventions anciennes. Après devraient venir les considérations économiques et politiques.

Une question demeure : tout cela valait-il la peine d'être vécu ? Sans hésiter, je réponds oui. Deux hommes formidables, deux hommes innocents accusés de charges absurdes par une dictature vaudevillesque auraient dû rester incarcérés vingt années pour rien ? Non, ce serait absurde. Moi et bien d'autres avons contribué à leur éviter cette injustice. J'en suis plutôt fier.

On m'a souvent dit que je ne devais pas craindre de revenir coupable en apparence, même innocent, car si j'étais resté en République dominicaine, je serais probablement mort. On m'a souvent dit que l'objectif du régime dominicain était de me tuer, par accident. Possible. Je ne sais pas. Il y a plus grave pour moi. Le déshonneur, même momentané, l'indignité, même temporaire, ne sont-ils pas une sorte de trépas de l'âme ?

Pour moi la mort n'est pas si tragique. C'est mourir qui est compliqué.

Postface

Survivant…

Les personnages sont réels et l'histoire est malheureusement vraie. Après avoir refermé ce livre, puissions-nous savourer chaque jour notre bonheur et le privilège qui est le nôtre de vivre dans une démocratie et de n'avoir jamais été les victimes innocentes d'une machination judiciaire aussi absurde que révoltante.

En République dominicaine, on a jeté des hommes dans un cul-de-basse-fosse, une prison féodale. Des Français. Accusations montées, jugement expéditif… La justice d'une démocratie, la nôtre, celle de la France, aurait observé objectivement tous les éléments du dossier du début à la fin. Elle aurait respecté le contradictoire, donné la parole aux accusés et à leurs avocats, répondu à des demandes d'actes. Elle aurait instruit à charge et à décharge, et considéré les avocats. Elle n'aurait pas cherché à nuire à tout prix mais à comprendre, et notre monde est à l'opposé du leur, où la corruption et l'enrichissement illégal d'un système verticalement corrompu fixent le quantum de la peine.

La Républicaine dominicaine n'est pas une carte postale. Sous la plage, où les estivants viennent dépenser leurs dollars, se cache un autre monde : les sept, huit et neuvièmes cercles de l'Enfer de Dante dans sa *Divine Comédie*. La violence, la ruse et la tromperie, la trahison…

J'ai connu Christophe sur les plateaux télé. C'est un expert incontesté de la sécurité aérienne et un ancien de l'aéronavale. Son crime ? Croire en l'innocence de ses deux amis pilotes, Bruno et Pascal, et les avoir exfiltrés de la République dominicaine, avoir monté une opération millimétrée avec une équipe d'amis fidèles qui étaient tout sauf des barbouzes et, surtout, avoir ridiculisé aux yeux du monde les autorités dominicaines. Voilà ce qu'on lui reproche.

La pieuvre avait des tentacules, et l'Égypte puis les États-Unis d'Amérique se sont fait ensuite les complices de la livraison de Christophe Naudin à la République dominicaine, en violation de toutes les règles du droit international. L'argent est souvent plus convaincant que la loi. L'argent des démocraties, versé chaque année pour soutenir la juste lutte contre le narcotrafic, dont personne ne sait ensuite à quoi et surtout à qui il sert.

J'ai assisté à une partie du procès de Christophe Naudin en Républicaine dominicaine. J'ai vu se lever le juge Guzmán, je l'ai vu interrompre en permanence, éructer, refuser de donner la parole, pointer du doigt et mener seul l'instruction et l'audience avant de prononcer la sentence. J'ai eu peur de cette justice et peur de ce pays. Je me suis retourné dans la rue en rentrant à mon hôtel le soir et j'ai revérifié cent fois mes poches avant de reprendre l'avion pour la France.

Je suis entré dans la prison de Najayo sans préciser ma fonction. On m'a fait déshabiller dans un cagibi pouilleux et m'accroupir à plusieurs reprises pour être sûr que je ne cachais rien. Je connais bien le monde de la prison et j'en ai vu beaucoup, un peu partout dans le monde. On dit que c'est à l'état de ses lieux de détention qu'on juge une démocratie. Celle de Najayo est sordide, puante et aussi dangereuse et imprévisible qu'un crotale sous votre couette. C'est un lieu d'enfermement indigne.

Et c'est ici qu'il était. Au dernier étage, sous des tôles rougies par le soleil, dans la gueule d'un laminoir à chaud, au milieu d'une cour des miracles. En l'enfermant derrière les murs de cette prison, les Dominicains pensaient l'avoir brisé. Ils avaient tort.

Ils le sauront en lisant ce livre. Et le monde entier doit le savoir…

Dominique Rizet
Journaliste, présentateur de télévision et écrivain français

ANNEXES

Chronologie succincte

8 décembre 2012	Alain Castany et Franck Colin commandent à SN-THS un AR Paris-Puerto Plata en République dominicaine. Passager : Nicolas Pisapia.
Février 2013	Alain Castany et Franck Colin commandent un second vol à SN-THS direction Quito. Passager : Nicolas Pisapia à l'aller, Nicolas Pisapia et Alain Castany au retour. À Quito, l'avion, qui revient à vide, est fouillé par la police locale. Fabrice Alcaud, actionnaire de SN-THS, alerté par les pilotes du Falcon sur cet incident, prévient l'Octris, la police des stupéfiants.
Mars 2013	Alain Castany et Franck Colin commandent un troisième vol à SN-THS, pour Punta Cana, en République dominicaine. Au moment de repartir vers la France, le 19 mars, Bruno Odos, Pascal Fauret et leurs deux passagers, Alain Castany et Nicolas Pisapia, sont arrêtés sur l'aéroport de Punta Cana. Le général Rosado Mateo, directeur de la DNCD, annonce avoir saisi 700 kilos de drogue dans l'avion.
21 mars 2013	Michel Segura, l'attaché de police de l'ambassade de France, vient en personne de Saint-Domingue pour interroger les pilotes et les passagers dans la prison de la DNCD, sans leur dire qui il est exactement. Il rédigera par la suite un rapport à charge contre les quatre

hommes, rapport secret transmis aux autorités judiciaires dominicaines, qui le mentionneront sans le publier. Le document est peut-être conservé dans les archives du ministère des Affaires étrangères français.

22 mars 2013 — L'expert chargé d'expertiser cette saisie de drogue se suicide. Il laisse derrière lui un rapport daté du 13 mars, soit une semaine avant l'arrestation des pilotes.

24 mars 2013 — Nouvelle visite à Bruno et Pascal de « Michel de l'ambassade », accompagné d'un certain Pierre se présentant comme un directeur de la DGSE. Toujours sans témoins.

2 avril 2013 — Bruno Odos, Pascal Fauret, Alain Castany et Nicolas Pisapia sont incarcérés pour douze mois de détention préventive par le tribunal de Higüey, ville dont dépend l'aéroport de Punta Cana.

3 avril 2013 — Bruno Odos et Pascal Fauret sont transférés à la prison d'Anamuya, en quartier de haute sécurité. On leur rase la tête.

16 avril 2013 — Arrestation du général Rosado Vicioso Matéo commandant la DNCD, pour corruption et narcotrafic international. Le mandat d'arrêt international est requis par la justice espagnole. Les États-Unis et l'Europe annulent immédiatement ses visas. C'est lui qui, sous les ordres de Dominguez Brito, procureur Général de la RD, avait organisé et fait procéder à l'arrestation des quatre français sur l'aéroport de Punta Cana le 19 mars 2013. La RD n'extradera jamais Rosado Matéo. Quelques mois plus tard, le n° 2 de la DNCD, le lieutenant-colonel Liriano Sanchez, chef du commando de la DNCD à Punta-Cana, a également été arrêté.

21 avril 2013	Création d'un comité de soutien « pour le retour de Pascal et Bruno ». Première réunion de crise.
Début mai 2013	Mme Saunier-Ruellan, juge d'instruction à Marseille, qui a ouvert une enquête à la suite du premier vol Paris-Puerto Plata, vient en personne interroger les deux pilotes et les deux passagers dans leur prison de Higüey. À l'issue de ces interrogatoires, les quatre hommes sont placés sous le statut de témoins assistés.
22 et 23 mai 2013	Audition des deux pilotes et des deux passagers dans leur prison par la juge Saunier-Ruellan.
14 juin 2013	L'Association internationale des pilotes de l'air (Ifalpa) envoie un courriel à Domínguez Brito, procureur général, pour lui demander des explications. Il ne répondra jamais.
26 juin 2013	Le général Rosado Mateo, responsable de l'arrestation des Français à Punta Cana, est démis de ses fonctions du fait d'un mandat d'arrêt délivré contre lui par les autorités américaines et espagnoles. Ses visas américains et européens sont annulés.
3 juillet 2013	La juge d'instruction Saunier-Ruellan met Bruno et Pascal en examen, compte tenu de leurs auditions du 22 et 23 mai 2013, sur l'adjonction de « l'acte de flagrance » dominicain au dossier français, ainsi que sur sa conviction personnelle « qu'ils ne pouvaient pas ne pas savoir » [ce qu'ils transportaient].
Septembre 2013	Arrestation en France de Pierre-Marc Dreyfus, PDG de la compagnie SN-THS, et de Fabrice Alcaud, actionnaire. Ces arrestations ainsi que la non-restitution de l'avion par les Dominicains entraîneront la mise en liquidation de la compagnie aérienne quelques mois plus tard.

12 septembre 2013	Destitution du lieutenant-colonel Emilio Liriano Sanchez, ancien adjoint du général Rosado Mateo, de la DNCD. Il est soupçonné d'assassinat, de blanchiment d'argent lié au trafic de drogue et de trafic de drogue.
23 septembre 2013	Arrestation et incarcération du lieutenant-colonel Emilio Liriano Sanchez.
8 janvier 2014	Lettre du président de l'Ifalpa[1] au président de la République Dominicaine Danilo Medina.
18 février 2014	Le site Internet du ministère des Affaires étrangères publie un avertissement aux Français se rendant en République dominicaine quant au transport de drogue placée dans leurs bagages à leur insu. Elle met également en garde les Français contre l'instabilité du système judiciaire.
25 février 2014	Plusieurs syndicats de pilotes décrètent un boycott de la République dominicaine.
17 juin 2014	Le tribunal de Saint-Domingue décrète la libération des deux pilotes et des deux passagers en les assignant à résidence. L'administration pénitentiaire refuse d'exécuter la décision.
21 juin 2014	Les deux pilotes sont relâchés par le tribunal de Saint-Domingue après quinze mois de détention préventive arbitraire, dont trois mois de prison non justifiés (légalement, la détention préventive ne peut excéder douze mois). Ils sont assignés à résidence sous surveillance électronique, avec interdiction de travailler comme de quitter le pays.

1. Cette association comprend plus de 100 000 membres dans une centaine de pays.

27 novembre 2014	Le procureur dominicain Milciades Guzmán abat un homme devant chez lui. Officiellement, il s'agissait d'un voleur tentant de lui dérober sa bicyclette. Officieusement, le voleur fréquentait Mme Guzmán.
29 mai 2015	Ouverture officielle du procès de Bruno Odos et Pascal Fauret, après quatre tentatives avortées.
23-24 juillet 2015	Je témoigne pour la première fois au procès de Pascal et Bruno après 9 renvois des témoins de la défense, pourtant venus de France.
14 août 2015	Les deux pilotes, ainsi que leurs deux passagers, sont condamnés à vingt ans de prison, la peine maximale. Ils font appel et restent en résidence surveillée.
Septembre 2015	Je rencontre Pascal et Bruno en République Dominicaine afin de m'assurer qu'ils acceptent bien d'être exfiltrés.
25 octobre 2015	Pascal et Bruno sont transbordés sur le *Cormoran*, où je les attends, en dehors des eaux territoriales dominicaines.
31 octobre 2015	Les pilotes s'envolent pour la France.
Novembre 2015	Le procureur général Domínguez Brito annonce avoir lancé un mandat d'arrêt international contre moi. Accompagné d'une notice rouge d'Interpol, ce qui se révélera faux.
4 février 2016	Je suis arrêté au Caire, en Égypte, où j'étais venu conseiller les forces de police aéroportuaires pour l'achat de matériel.
2 mars 2016	Les pilotes sont arrêtés à Marseille et placés en détention provisoire. Ils y resteront cinq mois. Pour rien.

3 mars 2016	Je suis transféré de la prison de Tora, en Égypte, à New York puis à Saint-Domingue.
4 mars 2016	J'atterris à Saint-Domingue. Je resterai emprisonné en République dominicaine jusqu'au 15 février 2018.
15 février 2018	Je suis transféré en France, où je suis hospitalisé le soir même.
Mars 2018	Une biopsie révèle que je suis atteint de deux tumeurs cancéreuses. Je suis opéré en urgence pour exérèse des tumeurs, qui ont atteint l'os temporal.
Juin 2018	Je retrouve mon bureau, mes amis, ma vie.
16 mars 2020	300 kilos de cocaïne sont saisis à Zaventem, l'aéroport de Bruxelles, dans les soutes d'un vol régulier en provenance de Saint-Domingue. Ni la police, ni la douane, ni la DNCD, ni les employés de piste n'étaient au courant. Cela va de soi.

Que sont-ils devenus ?

Les innocents

Bruno Odos — Condamné à vingt ans de réclusion criminelle dans le volet dominicain et à sept ans dans le volet français de l'affaire dite « Air Cocaïne », Bruno attend toujours, en 2020, l'audience d'appel. Il vit dans le Vercors, en famille, et travaille comme bûcheron et dameur de piste. Victime de l'entêtement au plus haut niveau de la justice dominicaine et d'une justice française incapable de désavouer des magistrats étrangers.

Pascal Fauret — Condamné à vingt ans de réclusion criminelle dans le volet dominicain et à sept ans dans le volet français de l'affaire dite « Air Cocaïne », en 2020 Pascal attend l'audience d'appel. Il vit à Lyon, en famille, et travaille comme ambulancier. Victime de l'entêtement au plus haut niveau de la justice dominicaine et d'une justice française incapable de désavouer des magistrats étrangers.

Les autres Français

Alain Castany — L'homme sans qui toute cette histoire n'aurait jamais existé, la clef de voûte de l'affaire « Air Cocaïne ». Condamné à vingt ans de réclusion criminelle en première instance et en appel dans le volet dominicain de l'affaire, Alain Castany a signé un accord stipulant qu'il acceptait sa peine. Il a donc été transféré en France, incarcéré à Fresnes puis hospitalisé pour y être soigné d'un cancer, avant d'obtenir une libération conditionnelle pour raison médicale. Septuagénaire, Alain Castany a été reconnu médicalement incapable de comparaître à Aix-en-Provence dans le volet français. Il est pourtant « le » personnage clef de toute cette affaire, le *broker* des vols ainsi que le représentant auprès de la compagnie SN-THS de son client et ami Franck Colin. Son avocat a obtenu la disjonction de son cas, aussi devrait-il être jugé avec Nicolas Pisapia ultérieurement, pour association de malfaiteurs. On comprend bien que les deux hommes ne sont pas pressés de se revoir en France.

Aymeric Chauprade — Après avoir quitté le FN en novembre 2015, il a annoncé début 2016 la fondation de son propre mouvement politique, « Les Français libres », qui a disparu presque aussitôt. À la suite de ces deux échecs, en 2017 il a tenté, sans y parvenir, de rejoindre le parti LR, mais à la suite de la trahison de ses propres équipiers dans l'affaire « Air Cocaïne », de nombreux élus ainsi que leurs conseillers se sont opposés à ce ralliement. Aymeric Chauprade n'a pas pu briguer un nouveau mandat de député européen lors des élections de 2019. Il essayait en 2020 de donner des conférences de géopolitique et de faire des affaires avec la Russie.

Nicolas Pisapia — Condamné en 2015 à vingt ans de réclusion criminelle en première instance et en appel dans le volet dominicain de l'affaire « Air Cocaïne », Nicolas Pisapia était en 2020 assigné à résidence à Punta Cana depuis 2015, dans l'attente du jugement de la Cour suprême. C'est très exceptionnel et incompréhensible puisque, normalement, les condamnés en appel attendent en prison leur procès devant la Cour suprême. Il n'a pas été autorisé par la justice dominicaine à se rendre en France en 2018 pour y être entendu par la cour d'Aix-en-Provence lors du procès français en première instance. La justice française n'a pas non plus essayé de l'entendre par vidéoconférence. Il a vraisemblablement été victime d'une manigance de Franck Colin et d'Alain Castany, qui l'ont incité à jouer les passagers modèles. Que savait-il de cette affaire ? Mystère. Il est probable que Nicolas Pisapia n'est pas pressé de regagner la France pour y rendre des comptes, judiciaires ou non.

Pierre Malinovski	Ancien attaché parlementaire de Jean-Marie Le Pen et d'Aymeric Chauprade, Pierre Malinovski s'est très sévèrement fâché avec son mentor, dont il a juré la perte. En 2020, nous ne lui connaissions pas d'activité professionnelle.
Sylvain G.	Recherché par la France pour escroquerie à la TVA, Sylvain est rentré en France en 2017 et a été soigné à l'hôpital pénitentiaire après une trop longue attente. Opéré avec succès du fémur droit, il peut désormais marcher avec une légère claudication. Malgré son séjour dominicain, il a été condamné à six années d'emprisonnement et a été libéré sous le régime de la liberté conditionnelle, équipé d'un bracelet électronique, en septembre 2019.

Les prisonniers politiques

Agapito Muñoz Evangelista	Ex-caporal de la DICAN, condamné à dix années de réclusion criminelle pour trafic de stupéfiants en bande organisée. Peine confirmée en appel. Libérable entre 2020 et 2025, il est toujours incarcéré à Najayo en 2021. Prisonnier politique entraîné par hasard dans une affaire fictive inventée par la DNCD.

Arsenio Quevedo	Ancien chef d'une entreprise de transport de 800 minibus, membre du PLD (parti présidentiel au pouvoir début 2020), accusé d'assassinats de chauffeurs de bus en bande organisée, d'association de malfaiteurs, de trafic de gasoil et de blanchiment de capitaux. Il a été incarcéré 842 jours (dont près de 300 jours alité sans pouvoir se lever) avant d'être reconnu non coupable, le 16 mars 2018, des accusations d'assassinats. Apparemment les autres accusations, de trafic et de blanchiment d'argent, ont été maintenues par le ministère public, qui ne souhaitait pas perdre la face. Arsenio Quevedo, soixante-sept ans, a quitté Najayo durant l'été 2018 en très mauvais état de santé, après plusieurs alertes cardiaques graves et des problèmes de dos. Il est désormais ruiné. Son épouse avait également été incarcérée quelques mois avant d'être mise hors de cause. Prisonnier politique.
Bárbaro Torres Beltrán	Ex-lieutenant de la DICAN, condamné à dix années de réclusion criminelle pour trafic de stupéfiants en bande organisée, faux et usage de faux. Peine confirmée en appel. Libérable en conditionnelle entre 2021 et 2026. Incarcéré à la prison de la Victoria. Prisonnier politique entraîné par hasard dans une affaire fictive inventée par la DNCD.
Carlos Piccini	Ex-colonel de la Fuerza Aera de République dominicaine, en liberté conditionnelle depuis décembre 2019, après trente-six mois d'incarcération. Il était en 2020 assigné à résidence avec interdiction de quitter le pays, alors que son père de quatre-vingt-dix ans, infirme, vit seul aux États-Unis. Accusé de détournement de fonds et de blanchiment d'argent. Le ministère public a tenté pendant des mois de le convaincre de dénoncer les sénateurs qui ont profité de l'argent détourné

d'Embraer dans l'achat de huit Super Tucano[1]. L'acquisition, pour 100 millions de dollars, avait alors été ratifiée sous la présidence de Leonel Fernández. Le détournement de fonds subitement révélé par Domínguez Brito ressemble à une tentative politicienne destinée à salir le nom de l'ex-président de la République dominicaine au sein de son propre parti, le PLD. Carlos Piccini est un prisonnier politique, victime d'un chantage au sein de sa propre administration.

Carlos Valerio	Ex-colonel de la DICAN, condamné à vingt années de réclusion criminelle pour trafic de stupéfiants en bande organisée, faux et usage de faux. Peine confirmée en appel. Arrogant, mythomane et corrompu, son attitude suffisante vis-à-vis de ses codétenus n'a pas arrangé ses affaires. Sa volonté farouche de collaborer avec l'administration pénitentiaire pour gagner quelques privilèges l'isole. Parfaitement bien éduqué, il maîtrise à la perfection le langage politiquement correct propre aux hauts fonctionnaires de son pays. Libérable entre 2026 et 2036. En août 2019, il a été poursuivi par ses codétenus de Najayo pour abus de pouvoir et maltraitance[2]. En 2021, il était toujours incarcéré à Najayo, en quartier de haute sécurité. Il est manifestement un prisonnier politique assumant une affaire fictive de guerre des polices inventée par la DNCD.
Erick Padrón Montoya	Après une année d'incarcération, Me Miguel Valerio a obtenu sa libération moyennant une grosse caution. Victime de l'entêtement de la police et de la justice dominicaine, Erick

1. À partir de 2015, il n'y avait plus que deux Super Tucano en état de voler sur les huit initialement acquis.
2. https://relampagoinformativo.com/2019/07/31/investigaran-maltratos-comete-ex-jefe-de-la-dican-en-carcel-de-najayo/

	est totalement innocent des faits d'assassinat dont il a été accusé. Début 2021, je ne connaissais pas sa situation judiciaire.
Félix Humberto Paulino López	Ex-colonel de la DICAN, ex-numéro deux du service, condamné à vingt années de réclusion criminelle pour trafic de stupéfiants en bande organisée, faux et usage de faux. Peine confirmée en appel. Libérable entre 2026 et 2036. En 2020, il était toujours incarcéré à Najayo, en quartier de haute sécurité. Prisonnier politique dénoncé par son ex-patron, lui-même victime d'une affaire fictive inventée par la DNCD.
Jorge	*Raso* et homme de ménage au service du colonel Carlos Valerio. Il a été condamné à vingt ans pour complicité de meurtre. C'est lui qui conduisait la moto sur laquelle Cuny s'est enfui après avoir tué un homme à qui il devait de l'argent. Jorge n'est pas un voyou, c'est visible. En 2021, il était toujours détenu à Najayo. Il est libérable sous le régime de la liberté conditionnelle à partir de 2026.
Kiloa	Haïtien nommé Fouassy, en situation irrégulière, mais incarcéré sous une fausse identité dominicaine : Francisco Arasco Félix. Il parle mal l'espagnol. Kiloa vit de la récolte de noix de coco sur les plages. Accusé en janvier 2017 d'être un guetteur pour un groupe de *narcos,* il sera jeté à la rue un beau matin de janvier 2019, sans ses affaires, ni caution, ni amende. Personne ne sait où il est allé.
Larry Davis	Ex-armateur, Larry est rentré chez lui à Houston, au Texas, pour y couler des jours heureux avec sa famille. Il a été innocenté après plus d'une année de prison face à de très injustes et absurdes accusations. Il n'a pas pu récupérer son bateau, qui pourrit désormais dans le port de Haina. En 2021, Larry a retrouvé un travail à Houston Texas dans l'industrie pétrolière.

Luciano Gómez Cabrera	Ex-commandant de la DICAN, ex-numéro trois du service, condamné à vingt années de réclusion criminelle pour trafic de stupéfiants en bande organisée, faux et usage de faux. Peine confirmée en appel. Libérable en conditionnelle entre 2026 et 2036, toujours incarcéré à Najayo en 2021. Prisonnier politique entraîné par hasard dans une affaire fictive inventée par la DNCD.
Manuel Rivas Medina	Ex-PDG des transports public de Santo Domingo (Oficina Metropolitana de Servicios de Autobuses – OMSA), équivalent de la RATP à Paris, membre du PLD en détention préventive depuis 2017 pour assassinat et blanchiment d'argent. Son procès était toujours en cours en 2020, après 42 reports d'audience. Le ministère public aux ordres du PLD essayait de le raccrocher à une sinistre histoire de meurtre d'un avocat, en y ajoutant les ingrédients habituels : corruption et blanchiment d'argent. Improuvables bien entendu. Prisonnier politique sans aucun doute. Il a été libéré en 2020 contre une très importante caution.
Matthew S.	Ex-ingénieur en astronautique à la retraite, Matthew est retourné vivre à Québec. Il a été immédiatement libéré sous caution puis a été relaxé des accusations de trafic de drogue qui pesait contre lui. Il n'est plus revenu en RD et a fait vendre tous ses biens.
Pedro Almánzar	Ex-sergent de la DICAN, condamné à dix années de réclusion criminelle pour trafic de stupéfiants en bande organisée. Peine confirmée en appel. Libérable entre 2020 et 2025. En 2021, il était toujours incarcéré à Najayo. Prisonnier politique entraîné par hasard dans une affaire fictive.

Les corrompus, assassins, mafieux, narcos, etc.

Arroz

Henry Antonio Blanco Polanco, condamné à vingt ans de prison pour l'homicide volontaire de l'amant de sa fiancée. « Arroz » a eu le tibia et le péroné de la jambe droite explosés en plusieurs morceaux par une balle perdue de M16 en 2014. Il a été emprisonné sans soins pendant deux ans, et sa jambe a commencé à pourrir. Il a finalement été opéré en 2016. D'un point de vue profane, médicalement parlant, il semble presque impossible qu'il remarche sur ses deux jambes. Arroz a été transféré à San Pedro de Macoris. Il est libérable à partir de 2026.

Augustin

José-Luis Mejilla Guerero, dit « Augustin », voleur, violeur, cambrioleur et proxénète, a été condamné à dix années de prison pour diverses infractions. Encore plus bête que méchant, totalement analphabète, il s'est évadé de Najayo en 2016 parce qu'il soupçonnait sa femme de mœurs légères puis, s'étant réfugié chez lui, a été repris le lendemain. Vingt années se sont ajoutées au compteur. Incarcéré à Najayo. Il devait obtenir une libération conditionnelle à partir de 2026.

Cuni

Bienvenido de son prénom, trente-deux ans, incarcéré depuis 2014 pour homicide volontaire, condamné à vingt ans, il fera une crise cardiaque au repos en 2016, et selon la formule consacrée, sera déclaré décédé à l'hôpital un ou deux jours plus tard.

Francisco Domínguez Brito

L'ex-procureur général de la République dominicaine, qui a orchestré toute l'affaire « Air Cocaïne », a été contraint de démissionner le 10 août 2016 après avoir perdu la confiance de ses subalternes (emprisonnement et destitution de nombreux procureurs, policiers, juges et directeurs de prison) au prétexte de lutter contre la corruption. Reste qu'il maîtrise parfaitement la communication « politiquement correcte » chère au régime dominicain, indispensable dans le cadre d'une représentation internationale, tout en faisant exactement le contraire. Calme en apparence, il serait très colérique selon les gens qui le connaissent. Le 16 août 2016, il a été nommé ministre de l'Environnement par Danilo Medina. Il démissionnera de son poste le 10 mai 2018. Francisco Domínguez Brito est redevenu simple sénateur de la province de Santiago de los Caballeros, ce qui lui confère au moins une immunité judiciaire.

Franck Carela — Ex-policier corrompu, a été libéré en 2019 sous le régime de la libération conditionnelle après avoir purgé neuf ans de prison, et payé une forte amende de plusieurs millions de pesos. Il avait pour projet d'ouvrir une ferme piscicole dans le nord de la République dominicaine.

Hassan Bidar — Ancien officier de renseignement des services de la marine égyptienne naviguant en eaux troubles au Moyen-Orient, entre l'Irak et le Soudan, il a repris ses activités sous une couverture commerciale. Bon musulman le jour, jet-setter endiablé la nuit, Hassan a parfois la naïveté de croire les quelques jeunes créatures qui l'entourent et qui lui disent qu'il est aussi beau qu'à vingt ans.

Ivan — Ivan Fernando Feliz Ramirez, petit voleur efféminé, condamné à vingt ans en 2010 pour l'homicide d'un inconnu. Ivan est un *raso* au service des autres détenus. En 2015, il a obtenu du tribunal de Saint-Domingue l'autorisation d'être transféré à la prison de la Victoria, mais l'administration a refusé d'exécuter le jugement. En 2021, Ivan était toujours incarcéré à Najayo. En principe, il est éligible à la liberté conditionnelle entre 2022 et 2030.

Jean Alain Rodríguez Sánchez	Successeur de Domínguez Brito au poste de procureur général de la République dominicaine, il était toujours en poste en 2020. De mère française, et donc parfaitement francophone, cet ambitieux personnage politique verrait bien sa carrière évoluer vers le palais présidentiel. Bien qu'à moitié français, il n'a pas cherché à revenir sur les manigances de son prédécesseur. Le Quai d'Orsay se méfie de lui à juste titre. Ni fiable, ni ami de la France.
Marcello	Petit voyou multicarte de quarante ans environ, condamné à vingt ans, mort subitement dans sa cellule en décembre 2017 après dix-huit années d'incarcération.
Maté Coco	Francis Miguel Burgos dit « Maté Coco ». Condamné à deux fois trente ans en 2011 et 2014 pour assassinats et tentative d'évasion. Détenu en 2021 à la prison de San Pedro de Macorís. Libérable en conditionnelle à partir de 2051.
Milciades Guzmán Leonardo	Ancien avocat, Milciades Guzmán était toujours procureur de la République (*fiscal*) en charge de la lutte contre la criminalité organisée en 2021. Il a fait l'objet de plusieurs mises en cause en 2019 et 2020 pour maltraitance des détenus dans une prison dont il a la charge. Bien qu'il soit peu brillant et peu cultivé, sa docilité envers le régime actuel en fait le valet zélé de ses maîtres. Il prétend parler parfaitement le français. Hyper susceptible, il s'emporte assez facilement.
Momo	Thomas Cristobal, dit « Momo » ou « Mono » (« singe » – en raison des cris qu'il pousse régulièrement), est un criminel multirécidiviste instable et un survivant. Alors qu'il participait à une sanglante évasion de Najayo en 2014, un VTP lui a volontairement tiré une balle dans la tête pour l'achever, tandis que

Momo était couché au sol, faisant le mort. Par chance, la balle a ricoché sur son crâne, ne lui laissant qu'une balafre indélébile. Cette anecdote en dit long sur la qualité d'entraînement au tir des personnels pénitentiaires. Momo a passé une année en étant menotté à la *plancha,* violemment frappé toutes les semaines, ce qui lui a fait perdre une partie de sa raison. Ses rêves étaient de devenir ingénieur en travaux publics et de découper un homme vivant à la tronçonneuse. Peu probable qu'il réalise l'un ou l'autre. Momo a été condamné à deux fois trente ans, autant dire à perpétuité. Il n'obtiendra jamais de libération conditionnelle. Les VTP ont juré de le tuer, pour une raison ou pour une autre, afin de venger leurs camarades décédés ? En 2020, il a été transféré au quartier de haute sécurité de la prison d'Higuëy.

Prieto

José Marcial Cuello Soto, dit « Prieto[1] », dit « Peluché[2] », dit « El Patron ». En 2020, avait effectué huit années d'incarcération en attente d'une condamnation plus lourde pour trafic de stupéfiants et assassinats en bande organisée. Prieto s'était déjà évadé une fois sans avoir été repris pendant deux ans. Il est probable que Prieto ne puisse sortir en conditionnelle avant 2030.

Rolando Rosado Mateo

L'ex-général en chef de police, directeur de la DNCD, a été destitué en juin 2013 par le pouvoir exécutif. Officiellement, c'est Rosado Mateo lui-même qui aurait demandé sa mise à la retraite. Peu probable, on ne tue pas la poule aux œufs d'or ! Officieusement, il aurait un peu trop tiré sur la corde, trop visiblement en tous cas. À sa destitution s'ajoute un conseil : ne pas requérir de visa pour les

1. Prieto : « le Bronzé, le Tanné, le Basané ».
2. Péluche : « le Séduisant, le Dragueur de ces dames », etc.

USA ou pour l'UE, afin d'éviter qu'on lui refuse (ou qu'on lui annule définitivement), comme ce fut le cas de son prédécesseur, le général en chef Julio Cesar. Les deux hommes ont un patrimoine personnel impressionnant, ce qui n'étonnait personne dans les postes diplomatiques occidentaux en 2020.

Siete Dedos — Alejandro, dit « Siete Dedos » en raison des sept doigts qu'il lui reste, trois sur une main, quatre sur l'autre. Siete Dedos était un voleur multirécidiviste condamné à vingt ans de réclusion criminelle pour vol à main armée. Ses doigts ont été coupés à la machette, en réprimande de quelques erreurs qu'il a dû commettre autrefois. Il a été libéré de Najayo en juillet 2017, mais il est décédé en août, abattu par des policiers pour une raison inconnue.

Tinte — Nicolo Nicosia, alias « Carlos Nicosia », alias « Calogero Nicosia », alias « José Mecosia », dit « Tinte », est décédé en mars 2020 d'une tumeur fulgurante au cerveau selon l'administration pénitentiaire, maladie qui l'a emporté en une semaine. Condamné à vingt ans de réclusion criminelle sous une fausse identité pour trafic de stupéfiants en bande organisée, il avait accompli douze années au moment de sa mort et était en attente de sa liberté conditionnelle qui devait être effective en février 2020. Il préparait son transfèrement en Italie. Sa famille n'a pu récupérer que ses cendres.

Wincho — Jose Alberto Retillo, condamné à trente ans pour homicide. *Raso* et homme de ménage, il était toujours enfermé à Najayo en 2020. Il a tenté de s'évader de Najayo et a reçu une balle de M16 alors qu'il se trouvait sur la route de la prison, à l'extérieur des murs. Pendant deux ans, il a été équipé d'une colostomie (anus artificiel), une balle lui ayant transpercé et déchiré le rectum.

Bibliographie

Fauret-Roux Michèle, *Du ciel aux abîmes, biographie de mon fils Pascal Fauret,* édité à compte d'auteur, 2019.

Figueira Daurius, *Cocaine Trafficking in the Caribbean and West Africa in the Era of the Mexican cartel*, iUniverse Books, Indiana (USA), 2012.

Inoa Orlando, *Historia dominicana*, LetraGráfica, Santo Domingo (RD), 2013.

Jauvert Vincent, *La face cachée du Quai d'Orsay, enquête sur un ministère à la dérive*, Robert Laffont, 2016.

Rudel Christian, *La République dominicaine*, Karthala, 2001.

Tibi Daniel David, *Dans l'enfer d'une prison équatorienne*, Mareuil, Paris, 2019.

Zorka Domic et Olievenstein Claude, *L'État Cocaïne,* Presses universitaires de France, 1992

Stewart Susan L., *Unjustly Accused, The True Story of One Man's Experience in, and Escape from, a Dominican Republic Prison*, Take Flight Press, Littleton (Colorado, USA), 2017

Table

Annexes

Remerciements

À toutes celles et ceux qui m'ont soutenu de façon inconditionnelle en général,

À toutes celles et ceux qui savaient que j'étais innocent des accusations farfelues inventées par la République dominicaine, et qui ont toujours su que Pascal Fauret et Bruno Odos étaient également innocents,

À tous celles et ceux qui ne baissent jamais les bras devant l'injustice, et à toutes celles et ceux, au service de l'État, qui m'ont aidé et soutenu silencieusement, secrètement, contre l'avis d'une hiérarchie timorée, fidèlement et loyalement durant ces longs mois de privation non méritée de liberté,

Ils et elles se reconnaîtront. Que toutes et tous soient remerciés. Je leur devais ce livre.

Toute ma reconnaissance à Gérard Pouradier pour sa participation si motivée à l'écriture de cet ouvrage. Ce fut un plaisir de travailler en tandem avec lui. J'ai découvert un homme très humain et de très grand talent !

Post-Scriptum

Il est temps que la diplomatie française change ! Elle fait mécaniquement le choix de ne pas intervenir dans les affaires judiciaires étrangères en préférant abandonner ses ressortissants non journalistes ; qu'ils soient coupables ou innocents, en se réfugiant derrière le soutien de l'assistance consulaire. Cette attitude de non-interférence valide trop souvent une grande injustice !

Cet ouvrage a été composé
par Soft Office à Eybens (Isère)

Impression réalisée par

PRESENCE GRAPHIQUE
à Monts (Indre-et-Loire)

en mars 2021
pour le compte des éditions de l'Archipel,
département éditorial de la S.A.S. Écriture-Communication

Certifié PEFC
Ce produit est issu de forêts gérées durablement et de sources contrôlées.
PEFC 10-31-2677
pefc-france.org

Imprimé en France
N° d'impression : 032168684
Dépôt légal : mai 2021